本书得到北京教育科学规划重点课题“基于人力资本和社会资本视角的北京大学生就业质量研究”（ADA12062）资助。

北京高校大学生就业与创业调查研究

黄敬宝 / 著

知识产权出版社
全国百佳图书出版单位

图书在版编目（CIP）数据

北京高校大学生就业与创业调查研究／黄敬宝著．—3版．—北京：知识产权出版社，2015.4

ISBN 978－7－5130－3377－0

Ⅰ．①北…　Ⅱ．①黄…　Ⅲ．①大学生—职业选择—调查研究—北京市　Ⅳ．①G647.38

中国版本图书馆CIP数据核字（2015）第046603号

内容简介

本书基于连续3年北京18所高校调查，系统地反映了北京高校大学生就业与创业的整体状况。就业意愿偏高，就业行为分层，就业结果差异很大，创业率不高；近3年有一定的变化，尤其是就业率下降趋势明显，本书提出了有针对性的系统建议。

责任编辑：张筱茶　　**责任校对**：谷　洋

封面设计：刘　伟　　**责任出版**：孙婷婷

北京高校大学生就业与创业调查研究

黄敬宝　著

出版发行：知识产权出版社有限责任公司　　**网　址**：http：//www.ipph.cn

社　址：北京市海淀区马甸南村1号　　**邮　编**：100088

责编电话：010－82000860转8180　　**责编邮箱**：baina319@163.com

发行电话：010－82000860转8101/8102　　**发行传真**：010－82000893/82005070/82000270

印　刷：北京中献拓方科技发展有限公司　　**经　销**：各大网上书店、新华书店及相关专业书店

开　本：700mm×1000mm　1/16　　**印　张**：26

版　次：2015年4月第1版　　**印　次**：2015年4月第1次印刷

字　数：452千字　　**定　价**：78.00元

ISBN 978－7－5130－3377－0

内容摘要

《北京高校大学生就业与创业调查研究》连续3年以北京18所高校毕业生的抽样调查为基础，系统地反映了北京大学生就业与创业的整体状况。

首先把大学毕业生分为无接收单位、有接收单位没签协议或合同、已签三方协议、已签劳动合同或临时合同、考上研究生、出国、自主创业、暂时不准备就业8种情况。然后从就业意愿、就业行为、就业结果三方面对有找工作经历的大学生就业状况进行深入考察。

调查表明：（1）大学生就业意愿偏高。2011～2013年期望的北京比分别为71.6%、67.1%、60.5%，沿海比分别为92.9%、90%和89.6%；不愿意去农村工作的分别占71%、71.1%、64.4%；高工资行业比为73.8%、73%、74.4%；体制内单位比为82.4%、78.8%、79.7%；平均期望月薪是4683.8元、4957.8元、5186.6元；保底月薪是3386.8元、3740.1元和3976.4元。即就业意愿主要集中于收入高、工作条件优越、稳定性高、发展前景较好的单位。（2）大学生就业行为分层。近3年平均收集信息25.4小时、30.8小时和29.7小时；投简历为26.4份、27.9份和25.6份；主动联系4.2次、4.9次和4.1次；求职费用为828元、1075.1元和896.8元；面试6.3次、7次和5.8次；运用社会关系的占45.5%、52.9%、50.7%。（3）大学生就业结果差异很大。2～4个、1个、0个为接收单位的前三位；北京、其他沿海和西部地区是三大地区分布；金融保险、建筑、教育文化和传媒是三大行业分布；国企、个体民营、其他事业单位是三大性质分布；3000～3999元、2000～2999元、4000～4999元为三大月薪分布。平均接收单位分别为1.92个、2.17个和1.58个；狭义就业率分别为43.36%、39.65%、41.74%，广义就业率为53.32%、51.05%和48.85%；北京比为64.1%、66.1%、52.7%，沿海比为82.9%、86.5%、79.4%；高工资行业比为61.8%、65.8%和64.3%；体制内单位比为73.4%、66.6%和71.9%；承诺月薪为3483.2元、3974.6元和4046.1元。后两年专业对口率为81.7%和

79.7%，就业满意度为64.8%和66.2%。（4）未就业的成因基本相同。工作经验不足、预期太高、专业不好是影响就业的三大障碍。（5）分类大学生就业状况有差异。学习成绩、学科专业、高校层次、地区生源、城乡生源、家庭收入、性别对大学生就业都有影响，其中，成绩、地区生源、城乡生源、家庭收入、性别对就业结果有显著的正面影响。（6）大学生创业率不高。2011～2013年大学生生存型创业意愿分别占35.6%、33.2%、36.2%，机会型创业意愿占37.5%、41.5%、36.3%。已创业或正准备创业的分别有11人、13人、13人，创业率分别为0.83%、0.76%、0.68%，很低，且呈下降趋势。大学生的创业能力普遍不足、创业环境较差都是创业率低的原因。大学生最希望政府设立创业基金、搭建信息平台、提供优惠政策，提供资金支持、加强与创业者交流、加强实践指导是促进高校创业教育发展的三大建议。来自城镇、有经商经历、高收入家庭的男生，工学、管理学和经济学，成绩优秀、英语较好、曾做学生干部、有实习经历并获得奖学金的大学生，更可能创业。（7）大学生就业和创业有变化。2011～2013年北京大学生总体就业状况、分类就业状况、创业状况都有一定的变化。

要促进大学生就业，大学生要提高综合素质，形成合理的就业意愿并采取积极的就业行动，增强就业竞争优势。高校要开展就业能力导向的教育体制改革，即根据社会需要和大学生的就业能力来调整高校教育的制度及其规范，为大学生积累更多的人力资本提供条件。政府要改善劳动力市场环境，尤其要建立以人力资本为主、社会资本为辅的大学生就业机制。

政府要改善大学生的创业环境；高校要普及创业教育并提高质量，提升大学生的创业能力；大学生要转变观念，并注重创业知识和技能的积累，共同促进大学生创业。

关键词：北京高校；大学生；就业；创业；人力资本；社会资本；就业能力。

目　录

第一章 绪论

大学生就业形势日益严峻，2013 年被称为史上“最难就业年”。这不仅关系到大学生的人力资本投资能否收回，还关系到大学生的生活质量，“蜗居”现象已经引起社会的广泛关注。对于家庭经济条件不好的大学生，尤其是来自中西部农村的大学生，其上学费用可能是靠全家或全村来支撑的，如果他们无法就业，对于整个家庭来说，显然不是一个好消息。从国家层面，大量素质较高的大学生失业或就业质量不高，是人才资源和经济资源的浪费，会影响整个社会财富的创造。如果大学生一直无法就业，又缺乏必要的引导和帮助，负面影响积聚到一定程度，可能影响社会的和谐和稳定。因此，大家需要关注大学生就业问题。

研究大学生就业难问题的前提，是要摸清大学生就业的现状。本书以北京 18 所高校调查为基础，考察我国大学生就业与创业的状况及其动态变化，并提出建议。

第一节 文献综述

一、大学生就业问题研究

我国关于大学生就业问题的研究较多，主要集中在以下几个方面[1]。

（一）大学生就业状况

1. 全国综合性的调查研究

《全国高校毕业生就业状况（2004—2008）》是根据全国高校上报给教育部

[1] 黄敬宝：《中国大学生就业问题研究综述（2009—2011 年）》，《经济研究参考》2012 年第 36 期，第 46—52 页。

的就业数据而形成的统计分析报告。2004—2008 年总体初次就业率分别为 77.5%、72.8%、78.8%、78.1%和 81.3%。2008 年专科、本科、硕士和博士的初次就业率分别为 80.2%、82.3%、84.2%和 84.1%；985 院校、211 院校、一般本科院校、高职院校的初次就业率为 89.4%、84.3%、79.4%、83.3%；哲学、经济学、法学、教育学、文学、历史学、理学、工学、农学、医学、管理学、军事学初次就业率分别为 74.5%、81.8%、76.2%、76.4%、80.4%、77.1%、81.1%、87.2%、80.8%、77.3%、82.9%和 92.5%；男女初次就业率为 81.8%和 81%。东部地区是主要就业地区，事业单位和企业是大学生就业的主要单位。本地就业率较高，但东部地区、西部地区和中部地区依次下降，生源地和院校所在地具有重要的影响。东部地区和中部地区分别是流入和流出规模最大的地区❶。

《2010 年中国大学生就业报告》覆盖 2599 所高校和 1182 个专业。2009 届 211 院校大学生的求职途径主要是通过大学生招聘会，非 211 院校和高职院校主要是通过亲朋好友；211 院校、非 211 院校和高职院校大学生的求职花费分别为 1230 元、1138 元和 1061 元。毕业半年后的总体就业率为 86.6%；211 院校非失业率为 91.2%，非 211 本科院校、高职院校的就业率为 87.4%和 85.2%；本科生就业率最高的是工学，最低的是法学。民营企业/个体是大学生就业最多的雇主类型。211 院校毕业生半年后的月收入是 2756 元，非 211 本科院校为 2241 元、高职院校为 1890 元；经济学本科生最高、医学最低。211 院校和非 211 院校读研比例为 11.9%和 7.7%；本科生留学最多的是工学，出国后最多的是学习工商管理专业。211 院校对学校的总体满意度为 83%，非 211 本科院校为 74%，高职院校为 68%❷。

全国高校学生信息咨询与就业指导中心和中央财经大学完成的《2011 年中国大学生就业状况调查》表明，2011 年 6—7 月高职院校、211 高校与 985 高校、独立学院和普通本科院校的毕业生签约率分别为 50.1%、49.3%、44.6%和 44.1%，工学、管理学、经济学、理学、军事学、历史学、教育学分别为 61.1%、49.8%、45.7%、40.7%、25.3%、23.9%、23.7%，起薪不足 1000 元

❶ 全国高等学校学生信息咨询与就业指导中心、北京大学教育学院：《全国高校毕业生就业状况（2004—2008）》，北京大学出版社 2009 年版，第 33—100 页。

❷ 麦可思研究院：《2010 年中国大学生就业报告》，社会科学文献出版社 2010 年版，第 10—18 页。

的占6.5%，1000~3000元占68.6%，3000元以上占17.2%❶。

《中国大学毕业生失业问题研究》表明，大学生就业偏好于城市、东部沿海地区、垄断产业和大企业。家庭社会经济地位高的毕业生更可能继续学习、去企业工作、期望月薪更多、独立求职的努力程度更低，但实现就业的概率更大。在职位搜寻的过程中，男生表现出更明显的主动性和持久性。大学生对学校职业指导或就业服务的满意度偏低❷。

2009年对湖北、湖南等12省份大学生的调查表明，本科生是高校毕业生待就业者的主体，经管与法律类毕业生又是其中的主体，待就业者心理压力较大，渴望获得就业信息与职业技能培训❸。中国青少年研究中心课题组综合各种调研结果、概括出2009年青年就业状况的特点：大学生供求矛盾突出，不同学校的就业差异明显，就业行业、产业和区域的结构有变化，劳动力市场制度性分割影响大学生就业，供求匹配度有待提高；青年失业率高于社会平均水平，结构性失业突出❹。史淑桃参照多种调研、总结了高校毕业生的就业态势和特点：就业率持续走低，就业质量呈下降趋势，起始工资下降，私营企业的就业人数猛增，中西部和基层就业的比例明显提高，劳动权益受损逐渐显现，学非所用的矛盾日益突出❺。

2. 分地区的调查研究

《2008—2010年北京大学生就业与创业调查报告》以北京十余所高校本科生的连续三年抽样调查为基础，系统地反映了北京大学生就业的整体状况。调查表明：①大学生就业率较低，狭义就业率在30%~40%之间，而广义就业率为50%~60%，且呈下降的趋势。②大学生就业结果多样化。从就业机会来看，有些大学生获得多个接收单位，有些大学生却没有单位接收。从就业结果来看，主要集中于北京，其他沿海地区、中部地区和西部地区均有分布；金融保险业、制造业和党政机关最为集中，但覆盖了全部16个行业；国有企业、个体民营企业和事业单位最为集中，但体制内和体制外单位均有分布。从就业形式来看，有些

❶ 《2011年中国大学牛就业状况调查》，《职业技术教育》2011年第33期，第20—21页。

❷ 赖德胜、孟大虎：《中国大学毕业生失业问题研究》，中国劳动社会保障出版社2008年版，第7—10页。

❸ 段敏芳、田恩舜：《我国高校毕业生待就业调查分析》，《统计研究》2010年第6期，第106—107页。

❹ 中国青少年研究中心课题组：《中国青年就业创业状况研究报告（2009）》，《中国青年研究》2010年第8期，第31—37页。

❺ 史淑桃：《高校毕业生的就业态势与促进政策》，《教育与经济》2010年第1期，第18—21页。

大学生签订了“三方协议”，很多大学生只签了劳动合同或临时合同。③大学生未就业的原因多元化，工作经验不足、专业不好和预期太高是三大原因，但政治面貌、性别、身高相貌、成绩、就业信息的作用逐渐增强。④就业地区期望、就业行业期望、单位性质期望、期望月薪等都在一定程度上高于现实，但具有一定的弹性。⑤大学生就业行为具有明显的分层性，有些大学生在收集信息、投递简历、主动联系用人单位、参加面试等方面不够积极。⑥综合素质、就业意愿、就业行为和社会关系都会影响就业结果。面试、专业和学生干部是就业机会的重要影响因素，专业是就业率的重要影响因素，生源地、专业、家庭收入、学习成绩、实习和社会关系是就业地区的重要因素，专业、高校、父母职业、英语水平和求职费用是就业行业的重要因素，专业、求职费用和社会关系是就业单位性质的重要因素，专业、高校、父母职业、英语水平、发表论文、单位性质期望和求职费用是承诺月薪的重要因素。⑦母校仍需要为未就业的毕业生提供就业帮助[1]。

《2009上海高校毕业生就业状况》和《2009届上海市高校毕业生就业情况调研报告》显示，9月份2009届上海大学生总体就业率为90.6%，研究生、本科生和高职生分别为94.4%、90.7%和88.6%；留沪就业12万人，比2008年下降了11%，而参加“三支一扶”、西部志愿者和村官计划的人数显著增加。工学、医学、管理学的研究生就业率位列三甲；前三位学校就业率可达100%，而后三位学校就业率低于50%。211高校毕业生薪酬最高、平均为3700元，其次是市属高校，高职院校最低；博士、硕士、本科生中值为4750元、4000元和2900元。用人单位看重专业、知识和技能、社会实践、项目经验、工作经验和所在院校，也注重沟通协调能力、积极的态度和行为能力、职业道德、思考与解决问题能力、团队合作能力等[2]。

对浙江2006—2008年大学生的调查显示，6个指标与就业质量均呈正相关性，但重要程度不同，依次为“工作满意度>职业发展前景>人职匹配度>薪金水平>单位性质>工作地区流向”；不同学科的就业质量无显著差异，但不同年度存在着显著的差异[3]。对江苏20所高校的调查表明，存在大学生就业观念落

---

❶ 黄敬宝：《2008—2010年北京大学生就业与创业调查报告》，中国社会科学出版社2012年版，第379—386页。

❷ 徐敏：《上海大学生就业呈现新特点》，《中国人才》2010年第5期，第58—59页。

❸ 柯羽：《基于主成分分析的浙江省大学毕业生就业质量综合评价》，《中国高教研究》2010年第4期，第74—76页。

后、就业期望居高不下、人力资本含量较低、结构性矛盾突出、用人单位“人才高消费”、高校毕业生就业市场不规范等问题[1]。对河北6所高校2009届本科生的调查发现，毕业生更期望在大中城市和经济发达地区就业、进入国有单位、拿高工资；择业标准集中在薪酬和福利待遇、行业发展前景以及兴趣或发挥特长，并多元化发展；动态择业意识增强[2]。2009年对河南10所高校的调查显示，金融危机下大学生的就业压力较大，就业观念、择业取向呈现多元化；大学生最注重发展机遇，对中小企业的认同度较高，对就业政策和高校就业服务较满意[3]。基于2011年北京4所高校大学生的调查表明，大学生的就业压力偏高，其中社会环境带来的压力最大，个人环境的压力较大，个人条件的压力一般，时间的压力不大[4]。

3. 特殊就业群体的调查研究

针对苏南高校2009届大学生的调查发现，就业弱势群体的就业现状不乐观，存在就业率偏低、女生就业质量不高且受到歧视、家庭困难的学生陷入就业困境等现象[5]。对33个少数民族大学生的调查表明，存在一次就业率低、就业成本高、待业时间长、就业层次低、收入少、专业不对口、受到歧视等问题[6]。残疾大学生存在着就业率偏低、同工不同酬、就业理想与现实差距较大、可持续就业问题突出等现象[7]。

4. 特殊就业形式的调查研究

第一，西部志愿者计划。针对湖北高校2003—2008年123名服务期满志愿者的深度访谈表明，西部计划经历有利于就业，但优惠政策保障力度不足、跨省

---

[1] 许进军：《关于我国当前大学生就业问题的实证研究》，《继续教育研究》2009年第8期，第87—88页。

[2] 高玉峰、刘泽义：《地方高校本科毕业生择业趋向调查分析》，《国家教育行政学院学报》2010年第4期，第77—80页。

[3] 胡杨、陈兆仓：《金融危机下大学生的择业取向与政策认知分析——基于高校学生的问卷调查》，《湖北社会科学》2009年第10期，第173—176页。

[4] 李胜强、李虹、金蕾莅：《大学生就业压力的类型及分析》，《清华大学教育研究》2011年第2期，第71—76页。

[5] 杨建超：《大学生就业弱势群体的现状调查分析》，《学校党建与思想教育》2010年第5期，第90—91页。

[6] 赵晓芳：《少数民族大学生就业问题的特殊性及对策建议》，《西北民族研究》2009年第3期，第216—219页。

[7] 庆祖杰、周春梅：《残疾人大学生就业存在问题及对策研究》，《江苏高教》2011年第1期，第112—113页。

落实困难，配套措施不全，服务期满后出口窄；报考公务员与研究生的优惠待遇缺乏明确规定、不具有可操作性；受乡镇机构改革、编制冻结的影响，很多志愿者难以留在当地发展[1]。第二，大学生村官计划。调查显示，近八成选择村官是受到就业压力和优惠政策的影响，存在整体待遇和满意度偏低、功能定位不明确、有效激励不足等问题[2]；大多数村官很快适应了基层工作，并在新农村建设中发挥了积极作用，但多数收入偏低，专业不对口、专业优势难以发挥，人才流动机制不健全、多数不愿意继续留在农村[3]。第三，科研助理项目。科研助理岗位项目促进了大学生就业，但面临经费缺少、高校体制改革的复杂性与艰巨性带来的挑战，会影响项目的可持续发展[4]。第四，考研。考研在本质上不算就业，但属于毕业去向的一种形式，暂且看作是一种“特殊的就业形式”。受到社会、家庭、同龄人等影响，很多大学生把报考研究生当成规避就业的理想选择[5]。第五，“被就业”。“被就业”只是一种虚假的就业。由于就业率会影响招生，有些高校为了提高就业率，可能代毕业生签订虚假的就业合同，即“被就业”现象[6]。

（二）大学生就业问题的原因

1. 综合性的原因分析

赖德胜、孟大虎在《中国大学毕业生失业问题研究》中指出，在高等教育快速发展中大学生失业不可避免，自愿性失业的存在在一定范围内意味着不是大学生就业难，而是择业难；这也是体制改革深化和未到位的表现，劳动力市场分割、尤其是制度性分割，导致大学生一旦去了第二类市场工作，再离开就面临很高的成本，因而就业偏好于城市、东部沿海地区、垄断产业和大企业；大学生失

---

[1] 孟芳兵：《大学生志愿服务西部计划服务期满志愿者就业对策研究》，《中国青年研究》2010 年第 2 期，第 40—42 页。

[2] 王志刚、于永梅：《大学生村官的择业动机满意度评价及长效发展机制研究》，《中国软科学》2010 年第 6 期，第 87—96 页。

[3] 蔡杨：《“大学生村官”制度的改革与创新——基于北京市百位“大学生村官”的调查》，《华中师范大学学报》2010 年第 4 期，第 149—153 页。

[4] 万祎、闫志刚：《科研助理：一项大学生促就业政策带来的启示》，《教育与职业》2010 第 4 期，第 62—64 页。

[5] 徐晓鹏、冯刚、马宏：《大学生就业与报考研究生行为选择的影响因素研究——以北京地区某高校为例》，《教育理论与实践》2010 年第 9 期，第 45—48 页。

[6] 程秀华、李超：《高校毕业生“被就业”问题的深层探讨及对策》，《中国成人教育》2010 年第 16 期，第 18—19 页。

业还与就业观念密切相关❶。

曾湘泉所著的《“双转型”背景下的就业能力提升战略研究》针对当前“体制转型和结构转型”的艰巨任务，提出必须高度关注劳动者的就业能力的观点。大学生就业能力是造成我国高校毕业生就业问题的重要原因。2009年对中关村企业用人单位及其主要生源高校的教师和毕业生的调查显示，大学生就业难的深层次原因主要是，高校毕业生就业能力与用人单位的实际需要有很大差距；高校培养中最突出的问题是教学脱离企业需求，导致大学生所学的理论脱离实际。人力资本和社会资本是对毕业生就业以及就业质量最有帮助的两大因素。就业观念受家人与老师的影响较大，就业压力部分源于过高的社会期待。本科生和研究生均存在就业能力缺口，人文类本科生的就业能力缺口最大，参加校外培训和职业资格认证有助于缩小就业能力缺口，高校的课程和专业设置、教材师资、就业指导等对就业能力缺口没有显著的影响❷。

武毅英在《转型期的大学生就业问题与对策》中强调，大学生结构性失业是有多种原因的。高等教育的“精英定位”不符合社会的“大众需求”，“跨越式”发展不符合经济形态的“双重跨越”，高等教育结构单一，培养目标不清，课程改革滞后等都是重要因素。经济持续增长和第三产业层次偏低，就业信息不对称均有重要的影响。经济体制改革深化不断释放出隐性失业者、压缩毕业生的就业空间，就业受到指标限制，用人制度中残留的计划因素阻塞了毕业生的择业渠道，制度性分割导致毕业生流动困难❸。

黄敬宝在《就业能力与大学生就业——人力资本理论的视角》中提出了就业能力假说，并得到了北京某高校2000—2005届毕业生典型调查的检验。从单个大学生的角度，就业结果取决于其就业能力；从大学生群体的角度，就业结果取决于其相对就业能力，就业能力对于就业结果的决定性作用同时还受到学科专业和学历层次的影响而呈现出一定的多样性❹。

---

❶ 赖德胜、孟大虎：《中国大学毕业生失业问题研究》，中国劳动社会保障出版社2008年版，第7—10页。

❷ 曾湘泉：《“双转型”背景下的就业能力提升战略研究》，中国人民大学出版社2010年版，第215—254页。

❸ 武毅英：《转型期的大学生就业问题与对策》，广东高等教育出版社2009年版，第135—166页。

❹ 黄敬宝：《就业能力与大学生就业——人力资本理论的视角》，经济管理出版社2008年版，第58—215页。相对就业能力是指大学生的就业能力在所有大学生的就业能力中的排序，与政府扩招政策和高等教育规模相关。

基于重庆高校和用人单位的调查，肖云认为，大学生就业不仅是总量失衡问题，还存在就业能力与用人单位要求、就业期望与用人单位就业容量、市场需求与高校供给、用人单位歧视与大学生弱势地位、用人单位的经验要求与大学生实践缺失、毕业设计与就业时间冲突、职业生源规划与就业指导“短期促销”、创业热情较高与创业教育缺失等十大深层次的矛盾❶。

基于辽宁2009届毕业生、企业和人才市场的调查，张凤林强调，就业难是总量性过剩与结构性矛盾并存的结果。高校扩招过快是大学生总量过剩的直接原因，教育质量下降加剧了矛盾；学科专业结构与产业结构不协调是导致就业结构矛盾的深层原因，摩擦因素是导致结构矛盾的制度性原因❷。

段敏芳指出，大学生供给相对过剩，第三产业发展滞后，高校人才培养不能适应市场需求，就业市场不完善、就业渠道不畅通，都是大学生就业困难的重要影响因素❸。

边文霞综合我国学者的观点，梳理出中国大学生就业困境的七大诱因。即大学扩招导致论，体制弊端论，劳动力市场结构缺陷论，就业率统计局限论，结构性或摩擦性失业论，高端产业发展不足论，就业能力欠缺论❹。

2. 大学生方面的原因分析

（1）人力资本或就业能力不足。周必彧基于浙江19所高校2006—2007届大学生的调查表明，人力资本机制是主导性机制，社会资本机制处于辅助性地位，“读书无用”是没有基础的❺。黄敬宝的回归分析表明，学习努力程度决定着人力资本存量的大小，就业意愿和就业行为影响人力资本价值的实现程度，在很大程度上也成为大学生就业的决定性因素；但与2005年相比，人力资本及其价值的实现程度对于大学生就业结果的影响减弱了❻。刘丽玲对2009届大学生和用人单位的调查发现，沟通能力、问题解决和决策能力及自我管理能力是大学生必备的

---

❶ 肖云、邹力：《大学毕业生就业十大矛盾分析》，《人口与经济》2010年第2期，第27—32页。

❷ 张凤林：《大学生就业问题研究——基于辽宁数据的理论分析与政策论证》，《财经问题研究》2010年第9期，第106—112页。

❸ 段敏芳、田恩舜：《我国高校毕业生待就业调查分析》，《统计研究》2010年第6期，第106—107页。

❹ 边文霞：《中国大学生就业状况与面临困境动因研究成果综述》，《现代财经》2010年第4期，第92—97页。

❺ 周必彧、翁杰、韩翼祥：《大学生就业和劳动力市场效率研究》，《高等工程教育研究》2010年第1期，第46—52页。

❻ 黄敬宝：《人力资本与大学毕业生就业——基于2008年北京大学生就业状况调查》，《中国青年政治学院学报》2010年第2期，第16—21页。

就业能力，并决定初次就业成功率和初期就业质量；但就业能力普遍欠缺，而大学生普遍高估了自己的就业能力[1]。李慧对北京、陕西1000家用人单位的调查表明，用人单位最看重思想品德、学习能力和抗挫折能力，专业知识和解决专业问题的能力，团队合作、解决问题的能力、口头表达能力、人际交往能力和赢得他人信任的能力，主动性、责任感和忠诚度。用人单位认为，高职生缺乏工作经验的占42.7%，专业技能差占30.1%，期望值高占21.2%，对行业和职业了解不够占9.4%，责任心不强占6.7%[2]。柯羽指出了大学生就业难的道德困境，表现为大学生急功近利与企业可持续发展的矛盾，大学生贪图安逸与企业吃苦耐劳的矛盾，大学生诚信缺失与企业诚实守信的矛盾，大学生散漫任性与企业自律协作的矛盾，大学生事业心和责任感的缺失与企业敬业爱岗的矛盾[3]。

（2）大学生就业期望偏高。大学生就业偏好与用人单位选择偏好不一致是导致大学生就业困难的重要原因[4]。邓光平对2009届武汉7所高校的调研发现，大学生对于整体薪酬、行业薪酬、岗位薪酬、单位薪酬和区域薪酬的预期普遍高于现实，成为影响大学生就业的主要因素[5]。

（3）大学生就业行为不积极。张晓满的分析表明，信息收集渠道和参加宣讲会次数对就业结果起积极作用[6]。谢勇对南京高校的调查发现，就业成本与毕业生就业和起薪水平没有明显的关系；但招聘会门票、交通费和简历制作等方面支出的收益相对较高[7]。求职不积极，就会导致大学生就业困难。

3. 高校方面的原因分析

（1）扩招速度过快。吴慧芳认为，高校毕业生大规模增加成为城镇登记失业率上升的重要因素[8]。周必彧的调查发现，高等教育规模扩大后，所学专业和

---

❶ 刘丽玲、吴娇：《大学毕业生就业能力研究——基于对管理类和经济类大学毕业生的调查》，《教育研究》2010年第3期，第82—90页。

❷ 李慧：《用人单位对高职生需求状况调查》，《教育与职业》2010年第3期，第42—43页。

❸ 柯羽：《当代大学生就业难的道德困境与破解策略》，《教育探索》2010年第8期，第140—141页。

❹ 石永昌、林玳玳：《对用人单位选择偏好的调查与分析——一个大学生就业难问题的另解》，《生产力研究》2010年第3期，第117—120页。

❺ 邓光平：《大学生薪酬预期与实际支付的对接》，《江苏高教》2010年第1期，第105—106页。

❻ 张晓满、汪贤裕：《大学生就业行为对就业影响的实证分析》，《社会科学家》2010年第5期，第53—55页。

❼ 谢勇、王永义：《大学生就业成本的调研报告》，《国家教育行政学院学报》2009年第7期，第75—78页.

❽ 吴慧芳、佘成：《中国高等教育发展与就业增长相关性的实证分析》，《中国劳动关系学院学报》2010年第5期，第54—57页。

工作岗位相匹配的比例明显降低[1]。

（2）培养模式不当。程远义的调查表明，就业率偏低、就业领域狭窄的主要原因是专业设置与课程目标不尽合理，导致大学生基本素质缺乏[2]。朱国玮强调，用人单位与应届毕业生对就业能力的影响因素的认知存在较大的差异，这是大学生就业能力培养缺失和用人单位招聘困境的根本原因[3]。

（3）就业指导不足。何建华对广东4所高校的调查显示，大学生对职业指导服务需求迫切、期望值高，但知晓度差，接受频率低，满意度不高[4]。谭诤对福建5所高校2009届毕业生的调查发现，不同生源毕业生对学校就业指导和创业教育的需求存在显著差异，但职业生涯和创业教育欠缺，就业指导效果欠佳，毕业生的满意度偏低[5]。宋志海指出，校园就业市场存在经费不足、运行体制不成熟、信息交流不畅通和管理机制不完善等问题[6]。张育广指出，青年就业创业见习基地的见习岗位较少、质量不高，学生参与热情受到影响，创业见习少、创业指导性不强，“传、帮、带”的培训指导功能较弱[7]。

4. 劳动力需求方面的原因分析

（1）用人单位要求较高。林霓裳的调查发现，企业的短视行为是导致知识失业的重要原因之一[8]。乔雪峰指出，人才筛选标准被异化为各种指标，影响到招聘顺利进行，并将在校学生置于无形的规训权力的操控之下；就业市场中存在的话语霸权使高校、市场和学生角色发生异化，影响了大学的教育质量[9]。

---

[1] 周必彧、翁杰：《大学生所学专业与工作岗位的匹配度及其对工资水平的影响》，《教育发展研究》2010年第13、14期，第87—90页。

[2] 程远义、李英：《四川省体育院系毕业生就业现状及影响因素研究》，《教育与职业》2008年第35期，第177—178页。

[3] 朱国玮、黄珺：《大学生就业能力影响因素研究》，《教育研究》2011年第8期，第64—68页。

[4] 何建华、刘煦：《大学生职业指导服务的现状及其需求分析——来自广东省4所高校的调查》，《黑龙江高教研究》2010年第3期，第94—96页。

[5] 谭诤：《从毕业生视角审视高校就业指导工作——基于福建省5所地方本科院校2009届毕业生的调查》，《国家教育行政学院学报》2010年第4期，第81—84页。

[6] 宋志海、李鹏：《高校毕业生校园就业市场运行现状、存在问题及对策》，《现代教育管理》2009年第7期，第114—116页。

[7] 张育广：《就业创业见习基地服务——大学生就业的现状与对策》，《中国青年研究》2010年第8期，第43—45页。

[8] 林霓裳：《企业短视行为对知识失业的影响——基于北京市用人市场的调查分析》，《人口与经济》2010年第1期，第44—47页。

[9] 乔雪峰、操太圣：《表现指标化：大学生就业市场中的潜规则探析》，《复旦教育论坛》2010年第2期，第43—47页。

（2）宏观经济环境不佳。赖德胜、田永坡认为，这种知识失业在很大程度上是由劳动力市场的制度性分割引起的❶。孟大虎认为，只有找到相匹配的岗位才能充分实现职业专用性人力资本的价值，产业密集带、沿海地区和大企业能提供更多的岗位选择和职位流动的可能性，成为大学生选择的重点；不均衡的经济发展水平导致了我国大学生就业分布的不均衡性❷。谭庆刚指出，我国各地资源分布极不平衡，上学成为一种迁入城市、享有资源的方式，使大学学历具有重要的资源分配作用，导致大学生的总量过剩和结构不合理❸。薛泉强调，经济发展的阶段性特征是造成大学生就业难的重要原因。中国经济发展增速放缓，产业结构不合理、第三产业的贡献率低，处于全球产业链的低端、占主体的加工制造业很难创造出知识型工作岗位，区域经济不平衡，就业环境不健全、信息不对称等都制约着大学生就业❹。王保义认为，收入差异增大导致了大学生择业中的“羊群效应”，发展前景不明朗导致大学生的自愿性失业，中小企业发展的不明确性导致了逆向性就业，产业发展水平低导致了结构性失业❺。杨观来指出，改革开放以来职工工资占 GDP 的比重一直偏低，并呈下降趋势，阻碍了分工演进，不利于产业结构升级、工业化扩展和就业增长，是我国大学生就业难的病根所在❻。余东华认为，“民工荒与大学生就业难”并存现象反映了我国产业结构不合理、制造业处于全球价值链低端环节、增值能力不强的困境❼。

5. 劳动力市场方面的原因分析

甘春华认为，从早期农民工“找工难”与大学生“不愁嫁”的扭曲状态，转变为目前企业用工荒与大学生就业难的另一种扭曲状态，都反映出我国劳动力

---

❶ 赖德胜、田永坡：《对中国“知识失业”成因的一个解释》，《经济研究》2005 年第 11 期，第 111—119 页。

❷ 孟大虎：《专用性人力资本研究：理论及中国的经验》，北京师范大学出版社 2009 年版，第 152 页。

❸ 谭庆刚：《制度性失业与中国大学生就业难》，《人口与经济》2011 年第 1 期，第 22—26 页。

❹ 薛泉、刘园园：《从我国经济发展的阶段性特征看大学生就业难问题》，《教育发展研究》2010 年第 13、14 期，第 82—86 页。

❺ 王保义：《宏观经济政策视角下的大学生就业难问题研究》，《教育探索》2010 年第 10 期，第 131—134 页。

❻ 杨观来：《收入分配失衡对分工演进和就业增长的影响——对我国大学生就业难的新解释》，《生产力研究》2010 年第 8 期，第 138—141 页。

❼ 余东华、范思远：《生产性服务业发展、制造业升级与就业结构优化》，《财经科学》2011 年第 2 期，第 61—68 页。

市场运行机制存在顽疾[1]。梁红梅也强调就业市场机制缺陷对大学生就业困难的重要影响。一方面，市场要素不完善，即市场主体不成熟、市场信息不对称，使市场机制缺乏稳定性；另一方面，市场环境不健全，包括非均衡的社会保障体系损害公平的就业环境、不健全的金融市场体系影响了创业融资，使市场供求缺乏稳定性[2]。

6. 社会方面的原因分析

（1）社会资本的负面影响。陈永杰强调，最有竞争力的学生一般来自重点院校和经济发达地区，大学生的就业竞争力与各种先赋因素有重要的关系，反映了社会流动机制不畅[3]。黄敬宝的调查表明，学历层次相同，北京生源毕业生的京城比、北京比和东部比较高，变化幅度较小，非北京生源毕业生则较低，变化幅度较大；社会资本的作用大小与学历高低成反比；社会资本限制了劳动力的合理分布和流动[4]。薛在兴的研究表明，社会资本能否发挥积极作用在很大程度上取决于其社会资本的社会地位[5]。

（2）就业歧视或就业排斥的负面影响。石莹的调查表明，性别歧视、户籍歧视、学校歧视等现象明显，影响了大学生就业[6]。肖云指出，大学生就业社会排斥包括以个体自然特征为由的排斥，以学历、院校为“门槛”的排斥，以实践经验欠缺为由的排斥，以及社会资本欠缺带来的排斥四个方面[7]。

（三）大学生就业问题的对策

1. 综合性的对策建议

赖德胜、孟大虎认为，要认识到高等教育具有的声誉、社会资本等非人力资

---

[1] 甘春华：《劳动力配置的二次扭曲分析：兼论大学生就业难与企业用工荒》，《深圳大学学报》2010 年第 3 期，第 82—87 页。

[2] 梁红梅、汤黎明：《大学生就业的市场机制缺陷及其财税政策调节》，《财会研究》2010 年第 9 期，第 8—10 页。

[3] 陈永杰：《大学生就业能力与社会不流动》，《武汉大学学报》（哲学社会科学版）2011 年第 3 期，第 81—89 页。

[4] 黄敬宝：《人力资本和社会资本：大学生就业地区分布的双重驱动》，《青年研究》2008 年第 10 期，第 12—18 页。京城比是指在北京东城、西城、海淀、朝阳、丰台、石景山就业的比例，北京比是指在北京地区就业的比例，东部比是指在东部沿海地区就业的比例。

[5] 薛在兴：《打开大学生就业之门的钥匙——社会资本、人力资本与大学生就业》，中国社会科学出版社 2011 年版，第 150—273 页。

[6] 石莹：《大学生就业中的歧视现象：基于离散选择模型的实证分析》，《浙江学刊》2011 年第 1 期，第 169—176 页。

[7] 肖云、邹力：《大学生就业社会排斥问题研究》，《中国青年研究》2009 年第 7 期，第 80—83 页。

本积累功能对社会发展的积极意义，用多元目标决定教育资源的投入和配置；在确定高等教育发展规模时还要考虑劳动力市场的发育状况，并逐步消除劳动力市场分割，鼓励大学生到西部和农村等次要劳动力市场上就业；高校还要进行就业指导❶。

曾湘泉指出，优化经济结构是解决大学生就业难的根本之策，要以培养就业和创业能力为目标推动高等教育改革，做好岗位信息采集和发布工作，建立科学的大学生就业能力评价和跟踪机制，并把毕业生就业能力作为评价高校办学质量的指标，大学生就业政策不仅要缓解就业的暂时性压力，更应当注重创造有效的岗位需求❷。

武毅英提出了四条建议。一是制度安排。继续深化体制改革，扫除劳动力流动中的制度性障碍，拓展毕业生的就业渠道；建立各种就业指导机构，以及政府、社会和高校三位一体的毕业生就业评价体系，形成新型毕业生就业机制。二是市场整治。形成法律制度健全、用工制度合理、劳动力市场统一、就业信息公开、市场监督到位、就业指导得力的局面，规范劳动力市场行为，促进毕业生就业。三是以社会需求为出发点的适度规模控制。四是调整高等教育的层次、类型和专业结构，以解决结构性就业问题❸。

马力强调，解决大学生就业问题要出台综合措施，产业结构升级是解决就业矛盾的根本，优化就业制度安排是保障，提升大学生就业能力是关键❹。

2. 大学生方面的对策建议

（1）提升人力资本或就业能力。葛建纲认为，解决大学生就业问题的关键是提高大学生就业力，包括求职能力、工作能力、适应能力等❺。李友俊主张增强大学生的行业意识，完善知识结构，提高计算机应用能力和创新能力等❻。边

---

❶ 赖德胜、孟大虎：《中国大学毕业生失业问题研究》，中国劳动社会保障出版社2008年版，第7—10页。

❷ 曾湘泉：《“双转型”背景下的就业能力提升战略研究》，中国人民大学出版社2010年版，第215—254页。

❸ 武毅英：《转型期的大学生就业问题与对策》，广东高等教育出版社2009年版，第1—272页。

❹ 马力：《缓解“十二五”时期大学生就业矛盾之浅见》，《中国人才》2011年第2期，第76—77页。

❺ 葛建纲、涂明峰：《金融危机下的大学生就业力调查》，《中国青年研究》2010年第6期，第74—78页。

❻ 李友俊、邵强、刘洪颖：《行业院校经管类大学生就业能力缺失的表现及对策》，《教育探索》2010年第4期，第71—72页。

文霞提出大学生学习能力提升的五层递进方案，提升大学生的学习行动力、思维能力、表现力、“读写算”基础学力，社会适应能力[1]。

（2）采取积极的就业行动。易世志提出，运用营销理论进行科学的就业市场细分、目标市场选择和就业定位，并采用合适的就业营销组合策略，帮助大学生顺利实现就业[2]。

3. 高校方面的对策建议

（1）控制招生规模。苗国指出，国民教育素质一定要与经济发展、产业结构相适应，教育投入与发展规划要将宏观人口发展战略纳入其中[3]。吴克明的计量分析表明，教育与被解雇之间是负相关关系，增加教育投资是降低失业风险的有效途径，人们不应因大学生就业难而放弃接受大学教育的机会[4]。辛爱洪认为，高校应保持适当的招生规模，根据产业结构协调各办学层次的比例，以社会经济发展需求为导向设置专业，增强大学生就业的适应性[5]。

（2）创新培养模式。黄敬宝认为，要推动就业能力导向的高校教育改革，即根据社会需求和大学生的就业能力来调整高校教育的制度及其规范[6]。黄勇荣强调，高校必须构建“订单式”人才培养模式，即企业开具订单，高校照单培养，中介协调培训，基地提升能力，以提升大学生的就业能力[7]。戴前虎指出，要坚持以就业为导向，建立高校、地方政府、企业“三位一体”的高职院校学生成才新模式，并通过“社会实践学分制”和“校企合作基地”，提升大学生的实践能力[8]。王霆、曾湘泉、杨玉梅提出了基于就业能力的高校人才培养模式改

---

[1] 边文霞：《高校大学生学习能力与就业质量状况调查与分析》，《首都经济贸易大学学报》2011 年第 6 期，第 114—118 页。

[2] 易世志：《大学生运用市场营销理论进行就业营销的策略探析》，《江苏商论》2010 年第 4 期，第 76—78 页。

[3] 苗国：《生育率下降背景下高等教育扩张与大学生就业困难——从“98 亚洲金融危机”到 2008“次贷金融危机”》，《人口与发展》2010 年第 4 期，第 86—91 页。

[4] 吴克明、凌媛：《教育与被解雇的关系》，《财经科学》2010 年第 8 期，第 74—82 页。

[5] 辛爱洪：《西部地区高校大学生就业问题研究》，《云南民族大学学报》2011 年第 4 期，第 152—155 页。

[6] 黄敬宝：《试析就业能力导向的高校教育体制改革》，《黑龙江高教研究》2012 年第 6 期，第 130—132 页。

[7] 黄勇荣：《提升区域性就业能力：“订单式”人才培养模式的构建》，《成人教育》2010 年第 5 期，第 19—20 页。

[8] 戴前虎：《高职院校学生成才就业新模式刍议——以工商企业管理专业为例》，《职教论坛》2010 年第 23 期，第 77—78 页。

革，培养内容中加入软能力的训练，培养方式上加大实习实践的比重，办学机制上开展广泛的社会合作，评价体系上充分考虑毕业生就业能力[1]。吴御生认为，高校应加强职业生涯规划教育、引导大学生提升就业能力，优化课程结构与内容、培养大学生的专业能力，改革教学方法、培养大学生的自主学习能力与创新能力，开展多样化的实践、加强大学生的实践能力培养[2]。

（3）加强就业指导。陈啸提出，要建立研究、教学、服务、指导、咨询“五位一体”的高校就业工作新体系，提高大学生就业指导与服务的水平[3]。司懿敏认为，以全程化就业指导理论为基础，以就业基地建设和市场开发为保障，以高素质的专业化教师队伍建设为保证，以就业实践和就业反馈为拓展，构建更加完善的全程化、专业化、信息化的就业指导体系[4]。付嫦娥强调，要推进就业关系网络的多元化和立体化，构建基于社会资本增值的高校毕业生就业服务模式[5]。岳瑞凤建议引入职业体验行为示范教学，以提高学生的自主意识和学习原动力[6]。张育广提出从政府、企业、学校及学生角度促进青年就业创业见习基地建设的建议[7]。黄敬宝、陈曦强调，要加强高校团委工作的大学生就业功能[8]。李强天强调，要加强高校社团建设，拓展服务大学生就业创业的功能[9]。

4. *劳动力需求方面的对策建议*

（1）规范单位的用人机制。王志刚建议，要加大宣传、增设岗前培训、提

---

[1] 王霆、曾湘泉、杨玉梅：《提升就业能力解决大学生结构性失业问题研究》，《人口与经济》2011年第3期，第49—56页。

[2] 吴御生、罗三桂：《大学生就业能力培养路径选择》，《中国大学教学》2011年第5期，第75—77页。

[3] 陈啸、董承军、李小晨：《“五位一体”的高校就业发展教育工作体系的创新研究》，《教育与职业》2010年第29期，第93—94页。

[4] 司懿敏：《农业高校就业能力全程指导体系的构建》，《安徽农业科学》2010年第22期，第12271—12273页。

[5] 付嫦娥：《基于社会资本增值的高校毕业生就业服务模式构建——以长沙理工大学的实践探索为例》，《中国高教研究》2009年第8期，第70—71页。

[6] 岳瑞凤：《大学生职业体验行为示范式教学探索——以“低年级大学生求职体验”案例教学为例》，《教育探索》2010年第5期，第64—65页。

[7] 张育广：《就业创业见习基地服务——大学生就业的现状与对策》，《中国青年研究》2010年第8期，第43—45页。

[8] 黄敬宝、陈曦：《加强高校团委促进大学生就业的功能》，《中国大学生就业》2014年第24期，第18—21页。

[9] 李强天：《高校就业创业类社团建设与大学生就业研究》，《黑龙江高教研究》2009年第8期，第96—98页。

高福利待遇、明确岗位权责、实行竞争上岗，构建人力资源管理的长效机制❶。

（2）改善宏观经济环境。段敏芳认为，要提升产业结构、增强对大学生的吸纳能力，完善就业市场、畅通就业通道，深化高等教育改革，建立大学生失业保险制度和就业援助制度，促进大学生尽快就业❷。许秀群主张，破解大学生就业困局的出路在于优化制度安排，构建资本积累与劳动效益的平衡机制，创新产业政策，建立大学生就业保障制度，强化就业制度的激励功能❸。甘春华强调，要打破劳动力市场分割，统筹考虑所有劳动力的就业问题❹。余东华认为，要启动生产性服务业发展和制造业转型升级“双轮驱动”，优化就业市场结构❺。邹治强调，政府应完善财政税收、人事管理等制度，开发志愿者项目，强化非营利组织发展对大学生就业的吸纳作用❻。

5. *劳动力市场机制方面的对策建议*

苗国认为，只有完善市场调节机制，大学生就业难的深层次矛盾才能获得纾解；要完善信息网络与就业体系，将自然失业率控制在合理的范围内❼。肖鹏燕认为，要建立以培训和实训为主要内容的大学生就业能力保险系统，并注重失业前的预防和失业过程中的激励两个层面❽。另外，针对我国劳动力市场不完善的现实，有些学者提出要加大对特殊就业群体和特殊就业形式的扶持力度。姜东建议，要为家庭经济困难毕业生创造公平竞争的就业环境；大力支持非政府组织、非营利组织等发展，进行就业援助❾。张平认为，要完善优惠政策，引导高校毕

---

❶ 王志刚、于永梅：《大学生村官的择业动机满意度评价及长效发展机制研究》，《中国软科学》2010 年第 6 期，第 87—96 页。

❷ 段敏芳、田恩舜：《我国高校毕业生待就业调查分析》，《统计研究》2010 年第 6 期，第 106—107 页。

❸ 许秀群：《优化制度安排破解大学生就业困局》，《改革与战略》2010 年第 6 期，第 182—185 页。

❹ 甘春华：《劳动力配置的二次扭曲分析：兼论大学生就业难与企业用工荒》，《深圳大学学报》2010 年第 3 期，第 82—87 页。

❺ 余东华、范思远：《生产性服务业发展、制造业升级与就业结构优化》，《财经科学》2011 年第 2 期，第 61—68 页。

❻ 邹治、陈万明：《非营利组织：政府应对高校毕业生就业困境的路径选择》，《中国行政管理》2010 年第 3 期，第 104—107 页。

❼ 苗国：《生育率下降背景下高等教育扩张与大学生就业困难——从“98 亚洲金融危机”到 2008“次贷金融危机”》，《人口与发展》2010 年第 4 期，第 86—91 页。

❽ 肖鹏燕：《建立大学毕业生失业群体就业能力保险的思考》，《中国人力资源开发》2010 年第 1 期，第 93—95 页。

❾ 姜东、沈毅：《高校家庭经济困难毕业生就业援助研究》，《现代教育管理》2010 年第 5 期，第 122—125 页。

业生到农村基层就业[1]。蔡杨主张将大学生村官的岗位由“工作分配”转变为“职业选择”，选拔由“组织选拔”转变为“志愿服务”，退出机制由“就业安置”转变为“货币补偿”[2]。

6. 社会方面的对策建议

谢有长强调，要积极培育、开发、拓展社会资本，降低就业成本，促进大学生获得更多的就业机会并提高就业质量[3]。谢志芳认为，要完善机构和制度建设，更好地开发校友资源[4]。莫税英提出，应构建两性全面和谐发展的先进性别文化；促进家务劳动的社会化；将女性就业列入全民就业战略，实行男女同龄退休；生育成本社会化；完善相关法规，改善女生的就业环境[5]。肖云强调，反就业排斥必须明确主体责任，健全法律体系，改革高校专业设置，健全实习制度，重视社会资本开发[6]。

通过文献梳理，我们发现，学术界关于大学生就业研究的专著和论文、尤其是论文的数量非常可观；而且研究内容几乎涉及大学生就业问题的所有方面。从劳动力供给的角度，包括高校教育体制以及大学生学习的主动性，从劳动力需求的角度，包括宏观经济环境与用人单位的用人机制，从劳动力市场匹配的角度，包括就业信息、户籍社会保障制度等因素；社会因素也是重要的内容。同时，很多学者改变了抽象推理的传统做法，通过问卷调查或实地访谈的方式来考察大学生就业的现状及其原因，为寻找解决大学生就业的途径奠定了坚实的基础。这是一个很大的进步。但就单个成果来看，则较为零散，大多数仅仅涉及大学生就业的某一方面，缺乏系统性；从动态的角度来看，缺乏连续性，不同研究成果的可比性较差。显然，这些都是我们在以后的研究中需要加强的地方。

---

[1] 张平、石亚娟、王胜远：《高校毕业生到农村基层就业的对策》，《现代教育管理》2010 年第 6 期，第 126—128 页。

[2] 蔡杨：《“大学生村官”制度的改革与创新——基于北京市百位“大学生村官”的调查》，《华中师范大学学报》2010 年第 4 期，第 149—153 页。

[3] 谢有长、宁陶：《论社会资本对促进大学生就业的意义及启示》，《广西社会科学》2011 年第 8 期，第 147—150 页。

[4] 谢志芳、夏大庆：《开发校友资源、创新大学生就业工作机制》，《继续教育研究》2011 年第 9 期，第 115—116 页。

[5] 莫税英：《从社会性别视角分析女大学生就业问题》，《广西社会科学》2010 年第 7 期，第 130—132 页。

[6] 肖云、邹力：《大学生就业社会排斥问题研究》，《中国青年研究》2009 年第 7 期，第 80—83 页。

二、大学生创业问题研究

随着我国大学生就业问题日益突出，创业成为大学生就业的一种重要形式。目前学术界研究大学生创业的成果比较零散，主要集中在以下几个方面[1]。

（一）大学生创业状况

《2010年中国大学生就业报告》表明，2009届大学生创业的比例为1.2%；本科生创业最多的是艺术设计、计算机、英语和国际经济与贸易，高职高专创业最多的是机电一体化；主要地区在陕西、甘肃、宁夏、青海，集中于销售行业和个人服务业，筹资主要依靠父母/亲友和个人储蓄[2]。对我国21所高校大学生的调查显示，大学生有强烈的创业意向，但真正创业的凤毛麟角；主要影响因素是创业技能、资金和经验；良好的沟通能力、组织能力和心理素质是最重要的素质；大学生希望在东部沿海发达城市和家乡、启动资金少和风险较低的行业创业；大学生对高校创业教育的呼声很高[3]。

《2008—2010年北京大学生就业与创业调查报告》以北京10余所高校的连续3年抽样调查为基础，系统反映了北京大学生创业的整体状况。调查表明：（1）创业已成为大学生就业的一种形式，但创业率较低。创业者大多来自理工院校、财经院校、政法院校为主，以工学、经济学、文学、理学和管理学为主；以来自东部农村、中低收入家庭的男生为主；英语较好，曾有做学生干部和实习的经历。（2）创业意识不足，很多大学生只是把创业作为一种迫不得已的选择，甚至宁可失业也不创业。对于机会型创业意愿和生存型创业意愿，影响最大的九个因素分别是学科专业、性别、高校、计算机、学生干部、生源地、成绩、实习、发表论文。（3）创业能力普遍较低，基础知识、专业技术、企业管理、组织沟通与人际关系能力都较为欠缺。（4）大学生创业环境欠佳，包括缺乏知识技术、资金、家庭反对、户口等方面[4]。

---

[1] 黄敬宝：《中国大学生创业问题研究综述（2008—2010）》，《改革与战略》2011年第11期，第183—186页。

[2] 麦可思研究院：《2010年中国大学生就业报告》，社会科学文献出版社2010年版，第10—18页。

[3] 吴忠宁、汪保安：《全国大学生创业意识的调查和研究》，《教育与职业》2009年第17期，第96—98页。

[4] 黄敬宝：《2008—2010年北京大学生就业与创业调查报告》，中国社会科学出版社，2012年版，379—386页。

对清华大学、中国人民大学等北京10所高校的抽样调查表明，大学生对创业的认知较为成熟和理性；认为主要影响因素为个人能力的占39.5%，机遇占25.4%，政策占6.5%；16.9%的创业目的是解决就业，73.2%的是为了获得更多财富和挑战自我，即大学生创业大多数属于机会型创业；80%认为知识和技能不能满足创业的要求，创业素质欠缺占44.8%，缺少资金占25.5%，缺少项目占12.7%[1]。对温州5所高校1000名大学生的调查表明，大学生创业主要受当地区域文化氛围的影响，也受到就业压力、政府政策和社会舆论导向等因素的影响；尽管大学生创业意识不断增强，但未形成创业热潮，创业泡沫依然较大[2]。对杭州4所高职院校的调查表明，大学生创业热情较高，创业的目的与动力多样化，对创业的认识更趋理性，对创业能力的自我评价“一般”居多，对学校提供创业帮助的愿望比较迫切[3]。

调查表明，“大学生村官”为农村输送了宝贵的人才，但“大学生村官”在创业过程中面临创业政策实施不规范、相关配套服务体系不健全、创业技能不高、缺乏适合的创业项目、创业环境有待改善等问题[4]。网络创业的投入小，回报快而高，市场潜力无限，加上大学生的智力优势，成为大学生创业的新途径和新模式；但目前大学生的网络创业意识薄弱，创业技能落后，创业范围的局限性大，缺乏资金支持和管理意识，技术发展后劲不足，创新意识缺乏等，成为制约和困扰大学生网络创业的重要因素[5]。

2. 大学生创业的典型做法

杭州市委、市政府提出的“造一流环境，引一流人才，建一流城市，创一流事业”的城市发展理念和“人才+资本”的人才创新创业理念，全面实施大学生创业三年行动计划，围绕“以实训促创业、以创业带就业”主线，走出了具

[1] 费英秋：《首都高校大学生创业素质调查》，《教育与职业》2009年第9期，第46—48页。

[2] 何婷英、张丽萍：《大学生创业意识的调查与研究》，《中国青年研究》2007年第1期，第45—48页。

[3] 沈晓敏：《大学生创业能力现状调查与研究——以在杭高职院校大学生为例》，《中国成人教育》2010年第3期，第76—77页。

[4] 谢志远、邵阳、李上献、刘元录：《“大学生村官”创业存在的问题与对策》，《教育发展研究》2010年第19期，第47—49页。

[5] 胡桂兰、毛翠云、王军霞：《高校应对大学生网络创业问题的一些理性思考》，《技术经济与管理研究》2010年第5期，第103—106页。

有杭州特色的创业带动就业的新路子❶。嘉兴科技创业服务中心于2008年建立了区域性的"中国南湖科技创业导师团"，创业导师对创业者进行一对一、一对多的个性化辅导，为创业企业提供人脉、团队协调和财务管理等服务，并可能成为投资或合作伙伴，以培育科技型中小企业和创业型企业家❷。浙江海盐县人事局通过创建"企业大学生创业园"，探索出了一条基层市县扶持大学生创业的海盐之路❸。

中国石油大学把支持大学生创业就业作为国家大学科技园工作的重点，坚持"政府重视、地校合作、引导大学生创业就业；完善政策、打造平台、鼓励大学生创业就业；孵化企业、培育产业、带动大学生创业就业"的指导方针，努力打造精品大学生创业平台❹。大连理工大学初步构筑了以学校示范性创新创业实践基地为中心，由院系创新创业（实训）实践基地和校外大学生创业基地构成的卫星式创新创业实践硬件平台和人本化的创新创业教育软件平台，形成了以培养学生创新创业实践能力为重点，以"课内课外双渠道、学研产三结合、多模式"为核心的创新创业教育体系❺。哈尔滨工程大学构建"竞赛牵引，社团运行，中心保障，社会融资，基地实践"的运行模式，提高了大学生创业实践的实效性❻。温州大学瓯江学院汲取温州地域的传统文化精髓，结合独立学院的学生特点和温州创业优势，开创了大学生创业教育的"温州模式"❼。义乌工商职业技术学院构建了大学生创业孵育支撑体系，并运用模糊层次分析法评价了其较强的科学性和运用价值❽。

---

❶ 钟巍、温金海：《杭州：以创业促就业之路是怎样走出来的》，《中国人才》2010年第4期，第19—20页。

❷ 周建新：《大学生创业现状调查及对策研究——以嘉兴市科技创业服务中心为例》，《人民论坛》2010年第14期，第270—271页。

❸ 温金海、翁书林、张功云、陶雪平：《扶持大学生创业的海盐模式》，《中国人才》2010年第10期，第33—37页。

❹ 中国石油大学：《发挥科技园优势 打造大学生创业平台》，《中国高校科技与产业化》2010年第5期，第59—60页。

❺ 大连理工大学：《双渠道 三结合 多模式构建大学生创新创业体系》：《中国高校科技与产业化》2010年第7期，第67—68页。

❻ 张利君：《我国大学生创业实践模式的探索与构建》，《国家教育行政学院学报》2010年第9期，第65—68页。

❼ 张焕镇：《独立学院开展大学生创业教育的构建与实践——以温州大学瓯江学院为例》，《高教探索》2009年第4期，第110—112页。

❽ 罗晓芳、张旭亮：《大学生创业孵育支撑体系理论及评价研究》，《中国高教研究》2010年第7期，第84—87页。

（三）大学生创业的问题

黄文光认为，高校创业教育存在观念偏颇、体系不完善、教育效果不如意等问题[1]。李海宗指出，目前我国高职院校创业教育课程存在教学方法陈旧、实践课程薄弱、师资力量不足等问题[2]。陈成文强调了我国创业政策的局限，创业培训有长足发展，但创业教育落后；减少进入障碍政策日渐完备，但商务支持不足；信贷政策日趋合理，但创业基金政策滞后；改善硬环境政策日臻完善，但改善软环境政策缺失[3]。朱健对某工科高校2000—2002年34名创业学生的跟踪调查发现，大学生创业存在着“一年之痛”和“三年之痒”现象，原因在于许多创业学生对创业胜任力认识不明，对创业需要认识不清，对于创业风险认识不足，对于创业团队认识不够[4]。

（四）大学生创业的影响因素

杜永红对陕西高校的毕业生和在校生的调查表明，大学生创业者的人格特质主要由能力和个性构成，创业者的技能要求主要包括专业知识、职能技能、分析决策和人际交往能力等[5]。苏益南从心理素质、知识素质和能力素质等三个维度建立了大学生创业素质的灰色模糊综合评价模型，并验证了其可行性和实用性[6]。

马淑文对浙江大学生创业者的实证研究表明，大学生创业的关键影响因素是商业机会，包括市场需求和获利能力分析；创业团队，包括创业带头人和团队的整体素质；流动资金的充裕性以及其他财务、资产等创业资源[7]。徐小洲对浙江4所高校大学生的调查表明：创业社会资源、创业先前知识和创业机警性影响大

---

[1] 黄文光：《谈地方高校创业教育面临的问题及对策——基于对宁波市高校的调研》，《教育探索》2010年第2期，第156—158页。

[2] 李海宗、郭欲丹：《论我国高职创业教育课程体系的构建》，《职业技术教育》2010年第4期，第43—46页。

[3] 陈成文、孙淇庭：《大学生创业政策：评价与展望》，《高等教育研究》2009年第7期，第24—30页。

[4] 朱健：《解析大学生自主创业的“三年之痒”——以上海某著名工科高校为例》，《中国人力资源开发》2007年第1期，第70—73页。

[5] 杜永红：《大学生创业人才培育策略的研究——创业型人格特质和知识结构及技能要求的分析》，《继续教育研究》2010年第7期，第152—153页。

[6] 苏益南、朱永跃、陈永清：《高校大学生创业素质的灰色模糊综合评价》，《技术经济与管理研究》2010年第2期，第60—62页。

[7] 马淑文：《大学生创业关键因素的实证分析》，《中国高校科技与产业化》2010年第3期，第66—68页。

学生创业信念，创业机警性是创业社会资源和创业先前知识影响创业信念的中介变量，大学生创业信念存在性别和年级的差异❶。他的另一项实验研究表明，大学生创业认知受到创业自我效能、他人评价和外在评价感知影响，自我效能和外在评价感知对创业意向的影响存在交互作用，创业合作在外在评价感知影响创业意向的过程中起中介作用❷。严建雯对浙江 5 所高校 2975 名大学生的调查显示：大学生具有中等创业意向水平；大学生创业意向及其创业行为倾向和创业可能性在性别、年级、专业、学历和父母职业方面存在显著差异，男生的创业意向显著高于女生，大二学生的创业意向显著高于其他年级，理工科学生的创业意向显著高于文科生，父母职业为企业家、私营主或个体户的大学生的创业意向显著高于父母为行政事业单位的大学生❸。刘海鹰对 687 名济南大学生创业意向的研究发现，卓越导向和成长导向对大学生创业意向有显著的正影响，而利益追逐无显著影响；环境因素有增量效度；背景因素中的年龄、性别对创业意向的影响不显著；创业大赛没有显著的影响❹。

陈华运用 SWOT 分析法剖析了大学生农村创业的优势、劣势、机遇和挑战，并提出了四种策略：S－O 策略强调依靠大学生自身优势、充分利用外部机会，即实力型策略；W－O 策略突出要利用外部机会、克服内部弱点，即竞争性策略；S－T 策略指出要依靠内部优势、回避外部威胁，即抗争性策略；W－T 策略强调应减少内部弱点、回避外部威胁，即防御型策略❺。

马强对浙江高职院校大学科技园区的研究表明：多元化投资及社会化运作机制衍生了风险投资和创业基金机制，产生了新的分配形式，“科研孵化”和“创业就业”功能结合，使创业成功率从原来的 4% 最高升至 11%❻。

（五）大学生创业的促进措施

李学东认为，必须从战略视角构建创业理论体系模型，将高校引导、政府扶

---

❶ 徐小洲、叶映华：《大学生创业信念的影响因素与提升策略》，《高等工程教育研究》2010 年第 3 期，第 78—82 页。

❷ 徐小洲、叶映华：《大学生创业认知影响因素与调整策略》，《教育研究》2010 年第 6 期，第 83—88 页。

❸ 严建雯、叶贤：《大学生创业意向的现状调查》，《心理科学》2009 年第 6 期，第 1471—1474 页。

❹ 刘海鹰：《大学生创业意向影响因素研究》，《科技进步与对策》2010 年第 18 期，第 154—156 页。

❺ 陈华：《大学生农村创业的 SWOT 分析及路径选择》，《农业经济》2010 年第 8 期，第 48—50 页。

❻ 马强、付艳茹：《基于大学科技园的高职学生自主创业机制》，《河北范大学学报》2010 年第 2 期，第 77—82 页。

持、大学生自主创业等关键要素整合起来，全面研究大学生创业带动就业的微观机制❶。童铁江主张打造大学生创业服务的生态链，大学生创业项目如“种子”，政府要像“园丁”一样注重筛选和培育；大学生创业初期犹如襁褓中的“婴儿”，政府要像“保姆”一样精心呵护；具备一定的市场竞争力之后，“有形之手”要向“无形之手”转变，当好“保安”，搞好环境，使大学生创业企业成长为现代企业❷。周建新提出，要构建大学生创业服务平台体系，并实现高校创业园与政府设立的创业孵化基地等平台的衔接，在开拓市场、建立创业团队、提高创业者素质、创业融资等方面提供政策支持，为不同创业阶段的大学生提供有针对性、个性化的服务❸。

郗杰英强调制度安排在青年创业中的关键性作用，并提出了具体措施❹。陈成文指出，要完善大学生创业政策，强化高校创业教育课程，优化创业促进新模式，开拓创业融资新渠道，营造适宜创业的社会氛围❺。易单立建议建立专门的微型金融支持体系，通过政府的政策和资金引导，吸引社会和民间资金投入，并采用商业化模式运作，为自主创业者提供“微型贷款”❻。谢志远强调，要简化程序，降低准入门槛，实行税收优惠，健全配套服务体系，开展创业培训，建立创业项目信息库和推介项目，整合优势资源，营造良好创业氛围、促进大学生村官创业❼。

黄敬宝认为，大学生既要扬长，即强化事业心和创新意识较强、知识和技能水平较高、敢于承担风险等优势，又要补短，即弥补动手能力较差、社会资本较少、缺乏信用记录、合作精神较弱等劣势，通过加强创业教育、注重行业、创业途径和融资方式的选择，促进大学生成功创业❽。吴彬认为，大学生就业创业可

---

❶ 李学东、李殿伟：《以创业带动大学生就业体系构建研究》，《天津师范大学学报》2010 年第 3 期，第 69—72 页。

❷ 童铁江、吴瑾霞：《打造大学生创业服务生态链》，《中国人才》2010 年第 8 期，第 68—69 页。

❸ 周建新：《大学生创业现状调查及对策研究——以嘉兴市科技创业服务中心为例》，《人民论坛》2010 年第 14 期，第 270—271 页。

❹ 郗杰英、胡献忠：《当代青年创业与社会的制度安排》，《中国青年研究》2008 年第 1 期，第 24—27 页。

❺ 陈成文、孙淇庭：《大学生创业政策：评价与展望》，《高等教育研究》2009 年第 7 期，第 24—30 页。

❻ 易单立、张陆：《关于建立我国自主创业的“微型金融”支持体系的研究》，《金融与经济》2009 年第 8 期，第 26—28 页。

❼ 谢志远、邵阳、李上献、刘元录：《“大学生村官”创业存在的问题与对策》，《教育发展研究》2010 年第 19 期，第 47—49 页。

❽ 黄敬宝：《创业路上，大学生当如何扬长补短》，《中国教育报》2008 年 8 月 9 日第 7 版。

以从“山寨”现象中得到有益的启示，如事业起点：立足草根、扎根基层；模式选择：克隆模仿、大胆创新；努力方向：觉察空白、填补市场；创业心态：放下包袱、快乐创业；发展路径：紧跟中心、健步成长[1]。

（六）大学生创业教育的发展

创业教育是推动大学生创业的重要途径，但由于研究成果很多，就单独列为一部分。

徐小洲强调从组织机构、社会基础、资金保障、课程体系、实践平台、师资队伍、质量评价等环节着手，构建适合我国高校创业教育发展的制度和政策[2]。吕江林提出，要从创业教育目标、创业教育教学、创业教育服务、创业教育评价等方面构建合理有效的创业教育体系[3]。何军峰提出，不同类型的地方高校应根据办学特色和资源能力，从科学系统的创业教育课程、灵活多样的创业活动、有效的创业实践三个方面考量，着眼于培养学生的“创新精神”、“创业意识”和“创业技能”，建立自己的创业教育体系[4]。王连森提出，“两级三域四块”创业教育平台开辟了“创办企业”、“创建事业”和“创新业务”三个创业教育新领域，构建了“氛围板块”、“课程板块”、“体验板块”和“行动板块”等完整的创业教育体系，具有研究领域宽和系统化程度高两大特色[5]。

余为认为，大学生创业教育体系是由内部保障体系和外部保障体系构成，内部保障体系由管理机构、师资队伍、课程设置、大学生、资金投入、实践基地等要素构成，外部保障体系由政府、高校和社会等要素构成[6]。欧阳琰认为，要在发挥发展功能、指向功能和改造功能的前提下，遵循“大创业教育”与“小创业教育”相结合、贯穿性与渗透性相结合、理论与实践相结合、开放性与合作性

---

[1] 吴彬：《试论“山寨”对大学生就业创业的启示》，《中国成人教育》2010年第18期，第19—20页。

[2] 徐小洲、李志永：《我国高校创业教育的制度与政策选择》，《教育发展研究》2010年第11期，第12—18页。

[3] 吕江林、桂荷发、陈家洪：《构建高等院校创业教育体系的研究》，《中国高校科技与产业化》2010年第7期，第56—57页。

[4] 何军峰：《试论地方高校大学生创业教育体系的构建》，《教育导刊》2010年第6上期，第51—53页。

[5] 王连森、董立平：《“两级三域四块”创业教育平台的设计思路》，《教育探索》2010年第8期，第131—132页。

[6] 余为、付建民、杨立安：《大学生创业教育体系构建》，《中国高校科技与产业化》2010年第8期，第34—35页。

相结合的原则，才能实现高校创业教育的目标❶。

刘青广认为，高校应发挥社会力量，争取政府、社会、银行等多渠道设立专项基金和贷款；充分利用现代化手段全方位收集创业信息并及时发布；大力创办科技创业园区、开展创业计划竞赛，建立师生创业实践平台，以加强大学生的创业能力和经验❷。

张永智指出，要采用亲历、亲为、亲身感受的实验教学方法，让学生的实践能力、综合知识能力、驾驭市场能力得到增强❸。高风民认为，创业教育实训基地必须以校内为主、走校内和校外相结合的建设路径，重点搭建创业教育实训平台，努力提高教学效果❹。

谢志远强调，有必要挖掘我国丰富的侨务资源，如借鉴海外华侨华人的创业精神、创业经历，指导大学生创业实践并培育大学生创业意识；通过搭建华侨华人与大学生创业交流平台、构建国际化创业型人才培养模式，建设大学生创业海外实习基地和设立大学生创业基金，推动创业教育的发展❺。

伴随着大学生就业困难和“创业带动就业”战略的实施，我国大学生创业研究经历了一个从无到有、逐渐完善的过程。目前大学生创业的研究体系基本完整，但很多问题还有待于深入研究，动态的连续性研究也不多。这为本书留下更大的研究空间。

第二节　研究意义、方法与基本思路

一、研究意义

本书弥补了大学生就业现状研究的一个空白。就业现状是大学生就业问题研

❶ 欧阳琰：《我国高校创业教育的特点、功能及应遵循的原则》，《教育理论与实践》2010年第1期，第3—5页。

❷ 刘青广：《大学生创业意识现状调查》，《教育与职业》2009年第2期，第42—43页。

❸ 张永智：《构建经济管理创业模拟实验项目——以网上开店为例》，《实验室研究与探索》2010年第7期，第164—166页。

❹ 高风民、许秋奎、雷明：《地方本科院校构建创业教育实训基地途径的研究》，《现代教育科学》2010年第2期，第60—62页。

❺ 谢志远、李上献、刘巍伟：《侨务资源：大学生创业教育的重要方面》，《教育发展研究》2010年第2期，第74—78页。

究的基础。大学生就业难不难、难成什么样，没有一个明确的答案。教育部公布的数据，不但统计方法有问题，如将考上研究生或出国的情况算作就业；还存在“被就业”情况。很多学者所作抽样调查的样本有待推敲，且不连续。创业方面的数据更是零散。本书选取综合类、理工类、师范类、财经类、农业类、政法类、民族类18所典型高校，连续3年对这18所高校跟踪调查，保证了大学生就业和创业数据的完整性、系统性和连续性。

本书通过研究“大学生就业难题”而完善人力资本理论。为何“人力资本较高的大学生反而就业困难”？笔者拓展了思路，人力资本的内涵不再局限于受教育年限，而是把由于接受高等教育而形成的人力资本分为人力资本存量大小和实现人力资本的价值两个方面，前者体现为综合素质，后者则体现为就业意愿、就业行为。拓展的人力资本理论思想贯穿整张问卷，包括现状描述、原因分析和对策探索，为解释和解决大学生就业难题提供了科学合理的分析思路，并倒逼人力资本理论的发展。

本书将促进大学生就业、高校教育改革和政府宏观调控。在实践方面，本书为大学生如何努力学习找到一份好工作提供参照。同时，也为高校开展就业能力导向的教育体制改革，以及政府改善宏观就业环境提供借鉴。

二、研究方法

本书以实证分析为主，以对北京18所高校本科毕业生的抽样调查为研究基础。涉及北京大学、清华大学、中国人民大学、北京师范大学，北京理工大学、北京科技大学、北京邮电大学、北京交通大学、北京航空航天大学、中国地质大学、北京建筑工程学院、对外经贸大学、中央财经大学、北京工商大学、首都师范大学、、中国青年政治学院和中央民族大学。样本选择充分考虑了其代表性。在高校层次上，包括211高校、非211高校和985高校，包括部属高校和北京市属高校。在学科结构上，与我国在校大学生的专业结构相对应，以工学、管理学、经济学为主，覆盖10～11个学科门类。在地区生源分布和城乡生源分布、性别分布等方面也考虑其代表性。由于抽样具有较强的代表性，其结论对于同类型的北京高校，甚至全国高校都具有一定的普适意义。

2011—2013年分别回收有效问卷1420份、1782份和2058份。

三、研究思路

笔者首先把所有的大学毕业生分为无接收单位、有接收单位但没签协议或合同、已签三方协议、已签劳动合同或临时合同、考上研究生、出国或准备出国、自主创业、暂时不准备就业8种情况。然后从以下三个方面对准备找工作，又有寻找工作经历的大学生的就业状况展开深入考察。(1) 就业意愿方面，主要考察大学生择业所看重的因素，以及大学生希望的就业地区、城乡分布、就业行业、就业单位性质、月薪和保底月薪，以反映他们的就业意愿及其合理性。(2) 就业行为方面，主要考察收集就业信息的渠道、收集信息时间、投递简历数量、求职费用、面试单位个数、社会关系的运用及其作用，以反映大学生的求职方式及其努力程度。(3) 就业结果方面，对于已实现就业的大学生，主要考察接收单位个数、就业地区、就业行业、就业单位性质和单位承诺的月薪，以反映就业结构与就业质量，并与就业期望相比较以反映就业意愿的高低；对于未实现就业的大学生，主要考察没有找到工作的原因，并重点探讨知识不足和组织协调能力不足的具体原因，以及他们毕业后仍希望从母校得到什么帮助。即每年调查不仅考察了寻找工作的大学生，也考察了如考上研究生、出国等其他去向的大学生；不仅考察了就业结果的不同层面，还分类考察了不同类型的大学生就业群体的具体就业状况。

随着大学生就业困难和就业形式的多元化，创业已成为大学生就业的一种重要形式。调查从对大学生创业的认识、创业意识、创业能力、创业环境、创业实践以及创业促进措施六个方面展开，不仅展示了为数不多的大学生的创业状况，包括创业的行业和地域、筹资途径、经营时间、员工数量、盈利额等基本状况，更重要的是反映了全体被调研大学生对于大学生创业的看法，创业意识和创业能力，尤其是要寻找大学生不愿意创业或不去创业的顾虑和困难，为寻求对策建议提供依据。

每年调查报告横向地反映了当年的大学生就业和创业状况全貌，而连续3年的调查则反映了近3年大学生就业与创业状况的变化。这使我们不仅能发现一些一直都很重要的影响因素，也会发现一些动态的变化趋势，从而使北京大学生就业与创业状况有一个立体的展示。

最后，根据调查得到的主要结论，从大学生、高校和政府三个方面探讨对策建议。

第二章　2011年北京大学生就业与创业调查研究

本章基于2011年北京地区18所高校的大学生就业与创业状况的调查，分析北京高校大学生的总体就业状况、分类的就业状况以及总体创业状况。

第一节　2011年北京大学生总体就业状况

本节从就业意愿、就业行为、就业结果三个层面展示2011年北京高校大学生的总体就业状况[1]。

一、样本描述

为了揭示2011年大学生就业状况，课题组于2011年6月对北京地区大学生就业与创业状况展开了抽样调查。回收问卷1658份，有效问卷1420份，有效率为85.6%。从高校类型来看，包括综合类、理工类、农业类、师范类、财经类、政法类、民族类共18所高校，其中，北京大学、清华大学、中国人民大学、北京师范大学分别占4.1%、1.6%、4.6%和5.9%，北京理工大学、北京科技大学、北京邮电大学、北京交通大学、北京航空航天大学、中国地质大学和北京建筑工程学院分别占5.3%、6.6%、4.6%、5.4%、5.8%、0.6%、5.6%，中国农业大学占7.6%，首都师范大学占7%，对外经贸大学、中央财经大学和北京工商大学占5.8%、6.6%和5.6%，中国青年政治学院占10.8%，中央民族大学占6.4%，如图2-1所示，高校以综合院校、理工院校和财经院校为主，分布比较广泛。

[1] 黄敬宝：《2011年北京大学生就业状况调查》，《中国统计》2012年第3期，第55—57页。

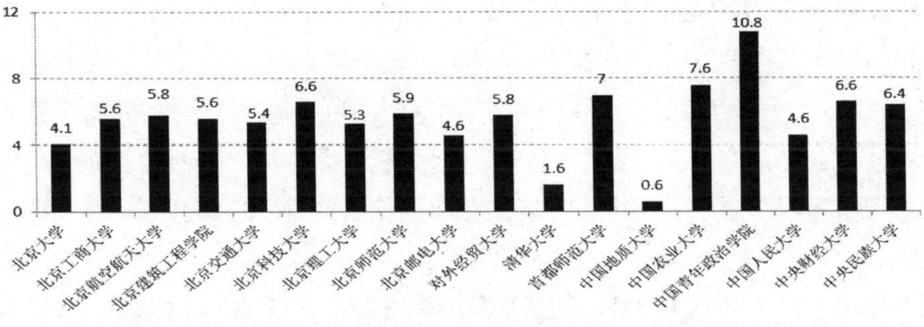

图2-1　高校分布（%）

从学科门类来看，如图2-2所示，覆盖10个学科门类，哲学占0.5%，经济学占20.7%，法学占9%，教育学4.3%，文学占3.3%，历史学占0.4%，理学占17.9%，工学占23.5%，农学占3.7%，管理学占16%，空缺项占0.7%。

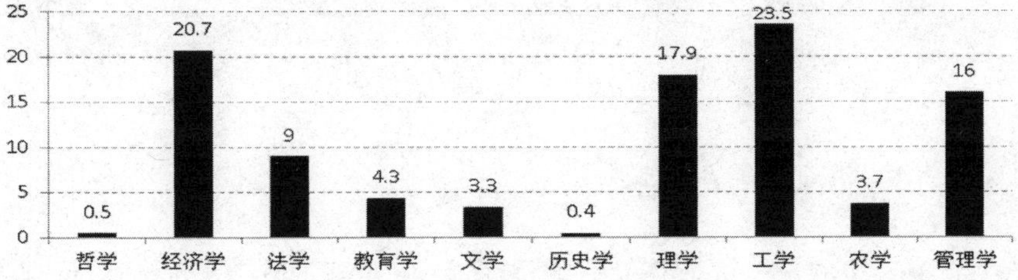

图2-2　学科分布（%）

被调研者来自我国31个省区市和台湾地区，如图2-3所示，其中，北京最多、占20.1%，其次是山东、占7.7%，再次是四川、占5.5%，其他省份较为分散；农村和城镇分别占29.5%、69.2%；男生占40.4%，女生占48.5%❶。

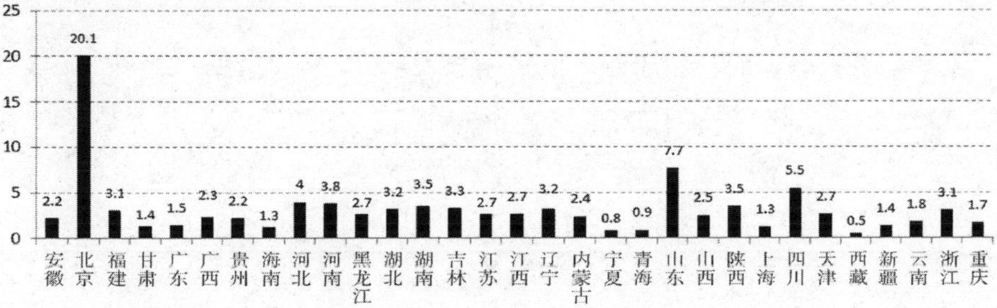

图2-3　生源地分布（%）❷

❶ 空缺项是指被调研者没有填写，空缺项比例没有计入，因而各种比例之和可能不足100%。下同。

❷ 台湾地区只有1人、占0.1%，比重太小，图中没有标示。

在被调研的1420名大学毕业生中，如图2-4所示，无接收单位、继续寻找工作的165人、占11.6%，有接收单位而没签协议或合同、还在寻找更好单位的116人、占8.2%，已签三方协议的261人、占18.4%，其中，参加大学生村官计划或西部志愿者计划11人、占0.8%，已签劳动合同或临时合同的48人、占3.4%，考上研究生454人、占32%，出国或准备出国217人、占15.3%，创业或准备创业12人、占0.8%，暂时不准备就业（自愿失业、继续考研等）的151人、占10.6%。其中，有3名学生既考上研究生，又签了三方协议，另1名学生既考上了研究生，又准备出国。可见，大学生的毕业去向是多样化的。

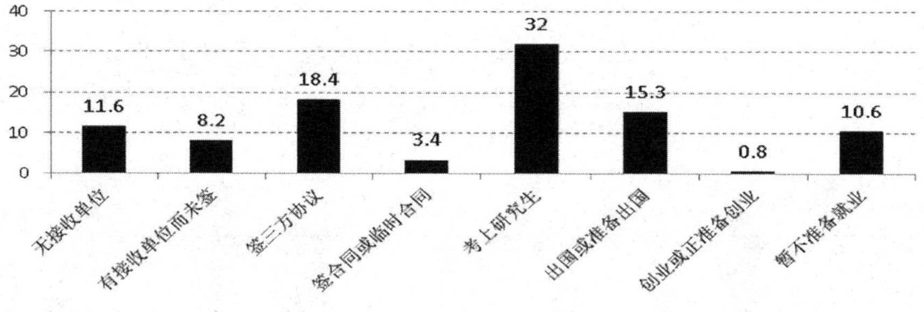

图2-4 毕业去向（%）

有找工作经历的655人。下面，我们从就业意愿、就业行为和就业结果三个方面加以全面描述。

二、大学生就业状况

（一）就业意愿

大学生选择职业时，最看重什么？如图2-5所示，选择“晋升与发展机会”的比重最大、占30.8%，其次是“薪酬福利”、占20.5%，再次是“工作稳定性”、占15.4%，集中度为66.7%，表明大学生的选择是较集中的❶；然后是“兴趣”和“就业环境”、分别占11.3%、10.5%，“专业对口”、“户口和社会保障”、“家庭和恋人的关系”、“单位类型规模”分别占4.7%、2.6%、2.1%、1.4%。可见，发展空间、薪酬福利、工作稳定性成为三大择业因素。

❶ 界定：前三位比例之和在50%以下、为很分散，50%～60%为较分散，60%～70%为较集中，70%～80%为很集中，80%以上为特别集中。下同。

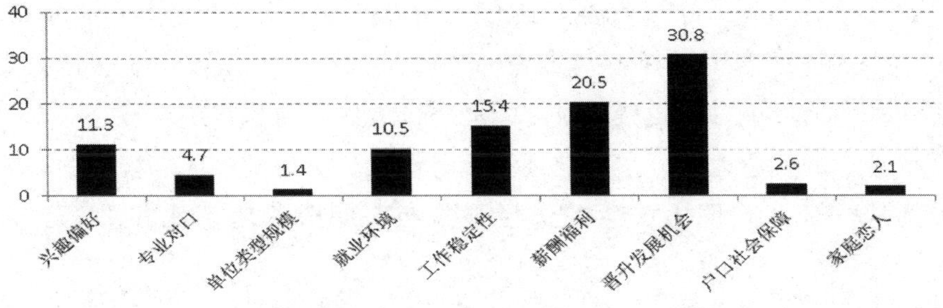

图 2-5 择业时最看重的因素（%）

对于其次看重的因素，如图 2-6 所示，薪酬福利、发展机会、就业环境和工作稳定性居前四位。集中度为 57.9%，表明大学生的选择是较分散的。

下面，我们重点探讨与薪酬福利、发展机会相关的几个具体就业意愿。

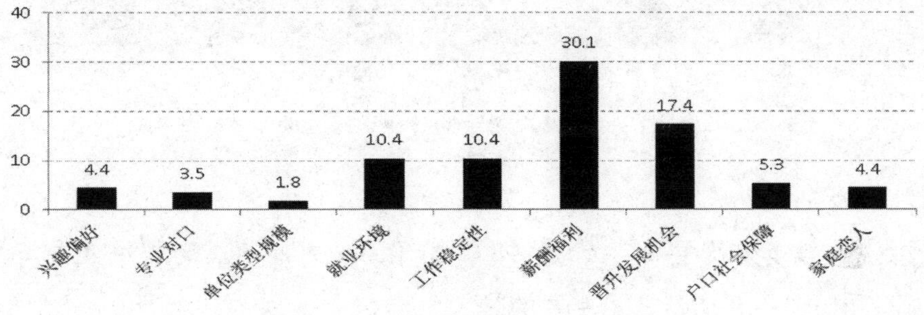

图 2-6 择业时其次看重的因素（%）

1. 地区期望

调查结果如图 2-7 所示，最希望在北京就业的占 71.6%，最希望在上海和广东就业的分别占 5% 和 5.6%，其他沿海地区占 10.7%，92.9% 的毕业生首选

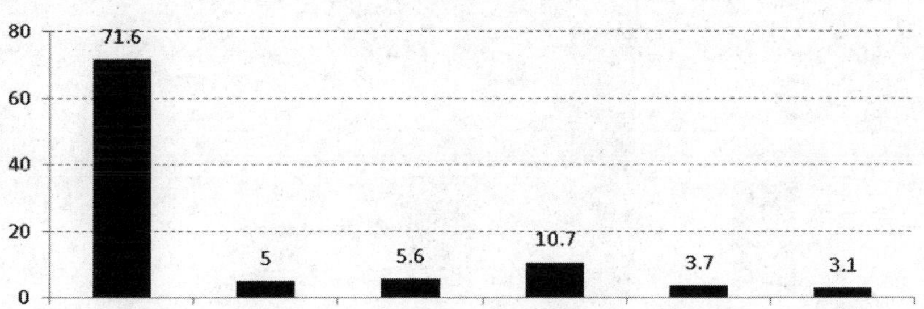

图 2-7 最希望的就业地区（%）

在东部沿海地区就业，中部和西部地区只有3.7%和3.1%。集中度为87.9%，表明大学生的地区期望选择特别集中。也就是说，绝大多数毕业生选择在工资高、工作和生活环境好、发展前景广阔的东部地区就业，很不均衡。

其次希望的就业地区，主要是其他沿海地区、上海和中西部，如图2-8所示。集中度为49.7%，表明大学生的选择很分散。期望的北京比和沿海比分别占6.4%、51.1%。

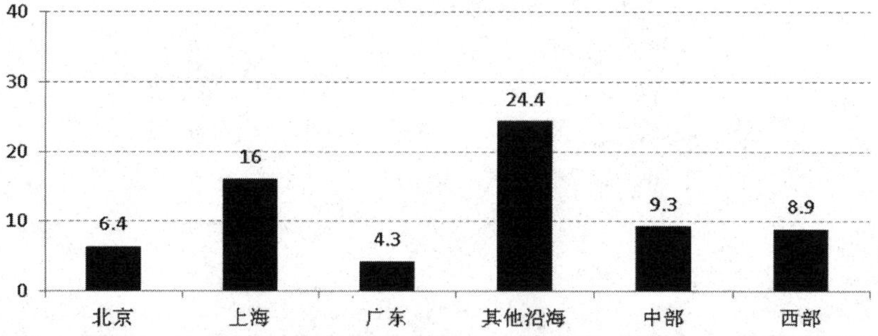

图2-8　其次希望的就业地区（%）

2. 城乡期望

173人愿意去农村工作、占26.4%，而465人不愿意去农村工作、占71%。究其原因，如图2-9所示，最主要的是“发展机会少”、占44.7%，其次是“收入低”、占19.6%，再次是“环境不好”、占16.1%，担心户籍和社会保障问题无法解决、占12.3%，还有不会农村技能、不适合技术研发环境、不喜欢、农村没有社工、身体不好、压力、偏远等其他项，占2.6%。即收入水平、发展机会、社会环境和制度障碍都成为大学生去农村就业的后顾之忧。其次的原因，比

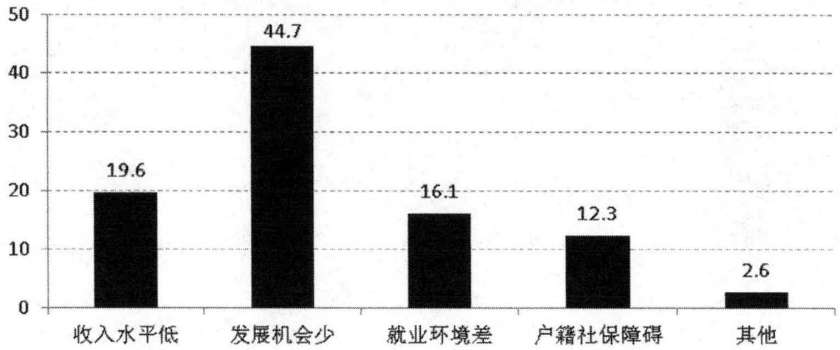

图2-9　不愿意去农村就业的最主要原因（%）

较均衡，如图 2-10 所示。收入水平较低、发展机会较少、就业环境不好、户籍社会保障制度障碍都是重要的理由。可见，收入低并不是问题的全部，发展机会、社会环境和制度障碍也是导致大学生不去农村工作的重要因素。

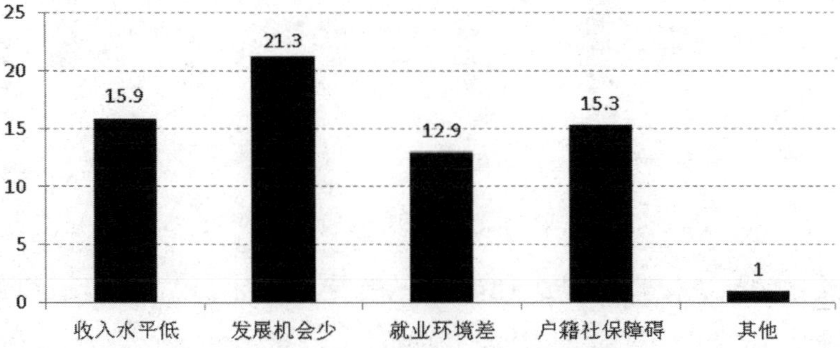

图 2-10　不愿意去农村就业的其次原因（%）

3. 行业期望

大学生最希望的就业行业如图 2-11 所示，选择“金融保险业”的最多、占 20.8%，其次是“教育文化和传媒业”、占 17.1%，再次是“科研技术业”、占 12.1%，然后是“党政机关和社团”、“建筑业”、“贸易和餐饮业”、“交通运输、仓储和邮电通信业”、“电煤水生产供应业”、“社会服务业” 和 “房地产业”，分别占 11.5%、9.9%、6.1%、4.4%、4.1%、2.9%、2.7%，选择其他行业的比例不高。集中度为 50%，说明大学生的选择是较分散的。根据《中国统计年鉴》中“各地区按行业分城镇单位就业人员平均工资” 的高低，以年均收入 35000 元为界，把大学生所进入的 16 个行业划分为高工资行业和低工资行业❶。我们用“高工资行业比” 来反映大学生就业行业期望的高低。根据本次调查，高工资行业比为 73.8%，表明行业期望较高。即大学生集中期望在工资高、福利好或社会地位高的行业中就业。

❶ 根据《中国统计年鉴》中的“各地区按行业分城镇单位就业人员平均工资”，将 2008—2010 年数据取平均值再排序，依次是金融保险业，科学研究和综合技术服务业，交通运输、仓储和邮电通信业，电力、煤气及水的生产和供应业，采掘业，地质勘查业、水利管理业，卫生体育和社会福利业，教育文化和广播电影和电视业，国家机关、党政机关和社会团体，房地产业，社会服务业，制造业，批发零售贸易和餐饮业，建筑业，农林牧渔业。以年均收入 35000 元为界，“国家机关、党政机关和社会团体” 及以前的为高工资行业，房地产业及以后的为低工资行业。由于现在的《中国统计年鉴》的行业分类过细，有所归类调整。高工资行业的整体工资水平较高，也反映了整个行业的经济实力和发展前景。显然，希望在高工资行业就业的比例越高，表明行业期望越高；进入高工资行业的越多，意味着就业行业质量越高。

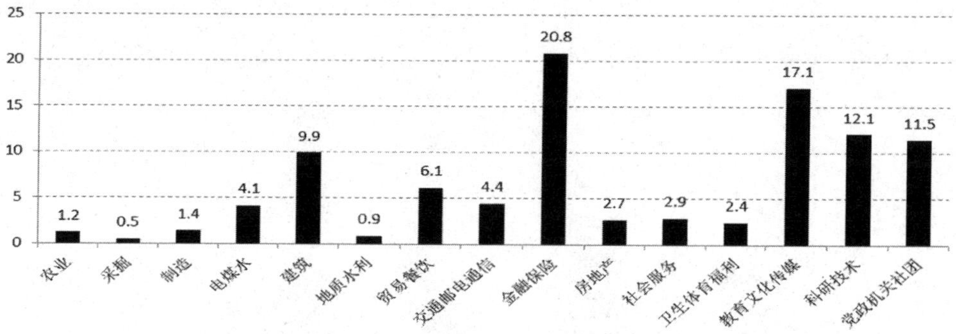

图 2-11　最希望的就业行业（%）

其次希望的就业行业如图 2-12 所示，教育文化和传媒业、党政机关和社团、金融保险业居前三位，科研技术业、房地产业、贸易和餐饮业也占有较高的比例。集中度为 35%，说明大学生的选择很分散。期望的高工资行业比占 53.4%。

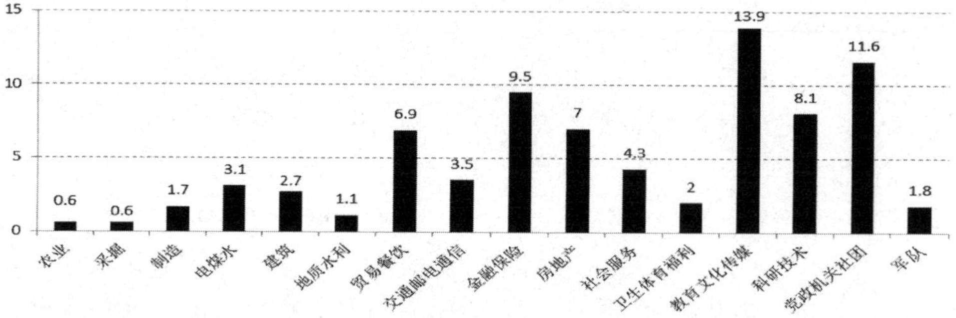

图 2-12　其次希望的就业行业（%）

4. 性质期望

如图 2-13 所示，国企成为首选、占 35.9%，其次是党政机关、占 22.4%，

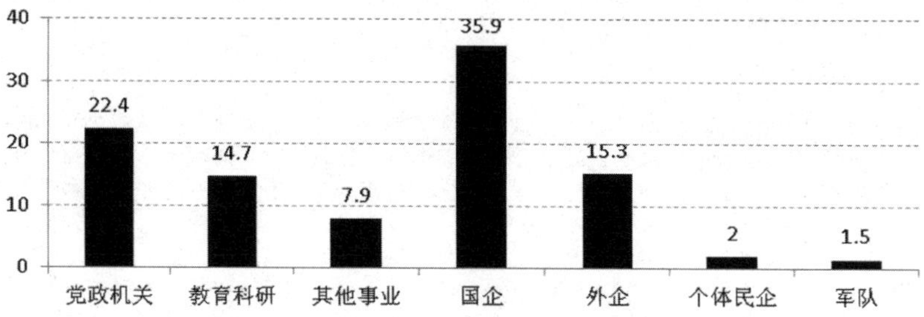

图 2-13　最希望的就业单位性质（%）

再次是外企、占 15.3%，接着是教育和科研机构、占 14.7%，其他事业单位占 7.9%，个体民营企业和军队分别占 2% 和 1.5%，前三位共占 73.6%，说明大学生的选择是很集中的。即党政机关、事业单位、国企等体制内就业单位占 82.4%，即大学生对就业单位的稳定性要求很高。

其次希望的就业单位性质如图 2-14 所示，国企、其他事业单位和外企位居前三位，党政机关和教育和科研单位也占有较大的比重。集中度为 56.7%，较为分散。体制内单位比为 66.6%，也较高。

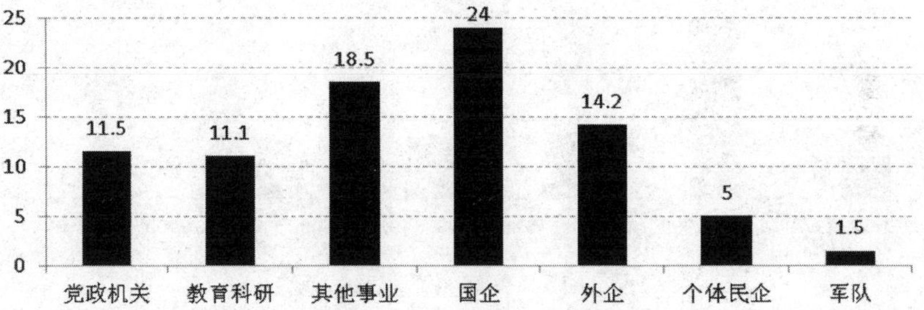

图 2-14　其次希望的就业单位性质（%）

5. 期望月薪

大学生希望得到的月薪水平如图 2-15 所示，2000 元以下的仅占 0.8%，2000 ~ 2999 元的占 11.1%，3000 ~ 3999 元的占 27.3%，4000 ~ 4999 元占 24.9%，5000 ~ 5999 元占 13.3%，6000 ~ 6999 元占 8.2%，7000 元以上占 13.6%，总体上呈正态分布。集中度为 65.8%，月薪选择比较集中。根据公式"平均数 = ∑组中值 × 频率"，平均期望月薪为 4683.8 元。

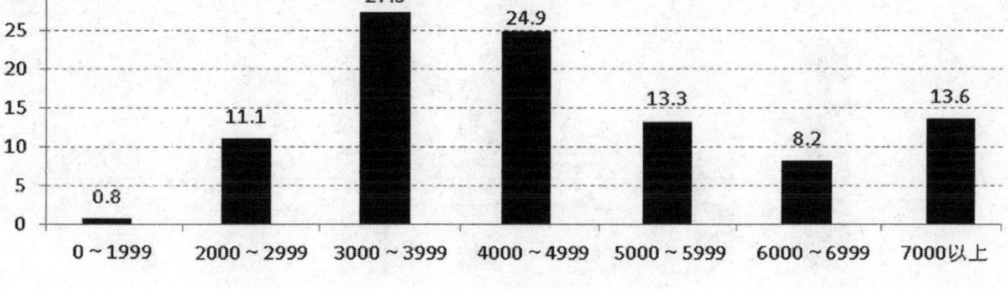

图 2-15　期望月薪（%，元）

如果你的理想未能如愿，“你的保底月薪”是多少？如图2-16所示，2000元以下的占6.9%，2000～2999元的占31.3%，3000～3999元占31.8%，4000～4999元占10.4%，5000～5999元占9.6%，6000～6999元占1.4%，7000元以上占1.1%。2000～4999元超过73.5%，很集中。平均保底月薪为3386.8元，大约是平均期望月薪的3/4。也就是说，尽管大学生期待的工资很高，但如果得不到，也能较大幅度地下调。

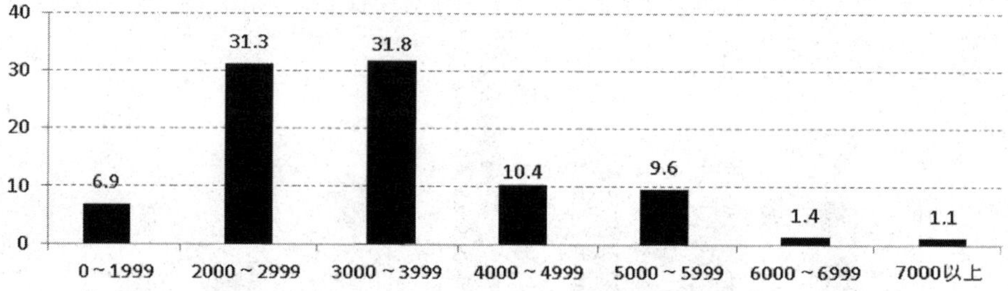

图2-16　保底月薪（%，元）

（二）就业行为

1. 收集信息

收集职位信息是寻找工作的重要环节。如图2-17所示，68.5%的大学生曾通过校园招聘会获取信息，其次是通过网络、占58.5%，再次是通过学校就业指导中心介绍、占43.5%，通过社会招聘会的占36%，通过亲朋和老师介绍分别占23.1%、15.7%，通过社会实践占13.4%。即大学生获取就业信息的渠道是多样化的，但高校扮演着十分重要的角色。

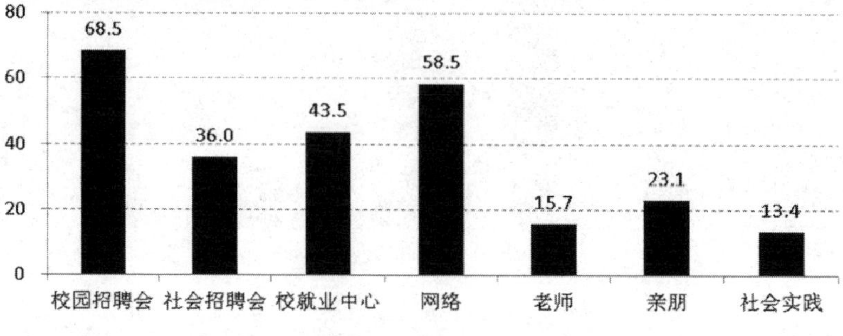

图2-17　收集信息的渠道（多选，%）

从收集信息时间来看，如图2-18 所示，10 小时以下的占30.6%，10～19 小时的占 19.7%，20～29 小时占 18.5%，30～39 小时占 7.2%，40～59 小时占5.8%，60 小时以上占 15.7%，差别很大，分层性明显，但超过七成少于 40 小时。集中度为68.8%，较集中。平均收集信息的时间为25.4 小时。

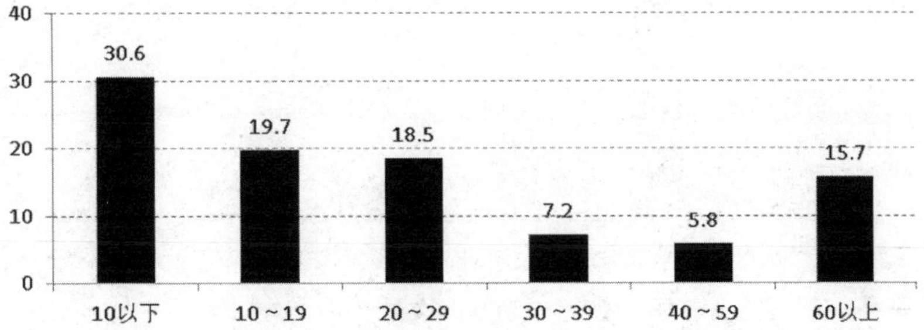

图 2-18　收集信息的时间（%，小时）

2. 投递简历

投递简历是大学生向用人单位传递求职意向的过程，投递的简历越多、意味着他向更多的单位表达了求职意向，扩大了搜寻的范围。如图2-19所示，10 份以下的占 26.7%，10～19 份占 17.4%，20～29 份占 12.8%，30～39 份占7.9%，40～59 份占8.5%，60 份以上占13.5%，基本上呈 U 形分布，即随着投递简历的数量增加，其比重是先下降后上升的。集中度为57.6%，较分散。每个大学生平均投递简历为26.4 份。

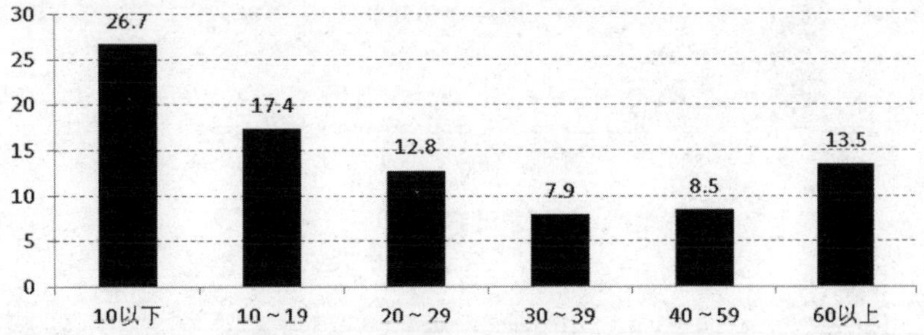

图 2-19　投递简历数量（%，份）

3. 主动联系

主动联系用人单位，表达了希望进该单位工作的诚意，可能会提高求职的成功率。如图 2-20 所示，从来没联系过的占 24.3%，联系 1～4 次的占 45.2%，

5~9次占17.3%，10~14次占6.9%，15~19次占1.8%，20次以上占2.9%。集中度为86.8%，特别集中。近七成的大学生主动联系未超过4次，平均联系4.2次，主动性不算太强。

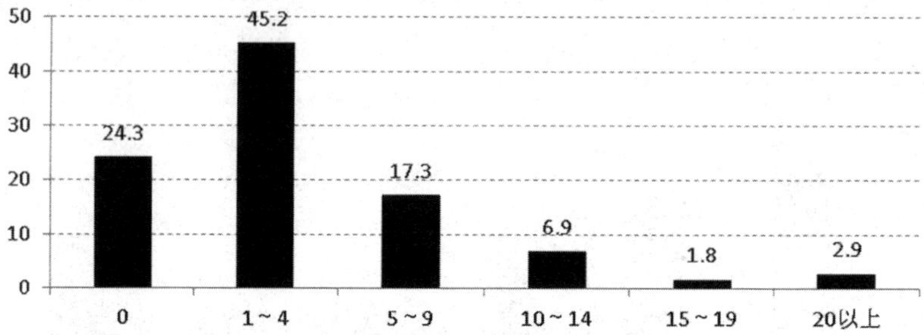

图2-20　主动联系次数（%，次）

4. 求职费用

如图2-21所示，求职费用在500元以下的占60.9%，500~999元占15.3%，1000~1999元占10.5%，2000~2999元、3000~3999元、4000元以上分别占4.4%、2.7%、4%。集中度为86.7%，特别集中。八成以上的求职费用未超过2000元，平均的求职费用为828元。

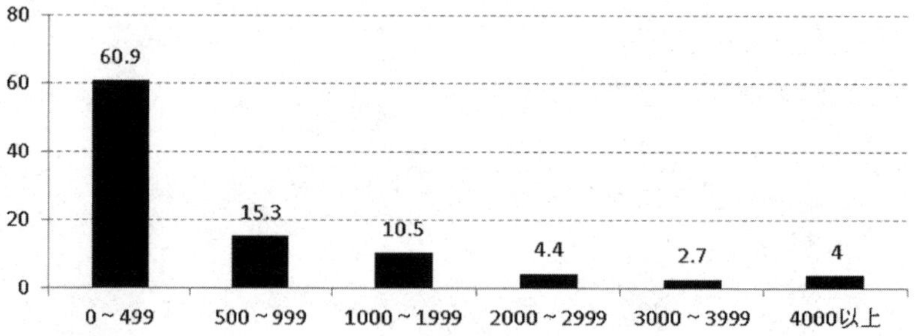

图2-21　求职费用（%，元）

5. 面试数量

面试次数既反映了前期寻找工作的效果，也体现了大学生为参加面试所做准备的工作量。如图2-22所示，没参加过面试的占4.7%，参加1~4家的占40.2%，5~9家占25.3%，10~14家占10.1%，15~19家和20家以上分别占5%和3.4%。集中度为75.6%，很集中。平均参加面试6.3次。

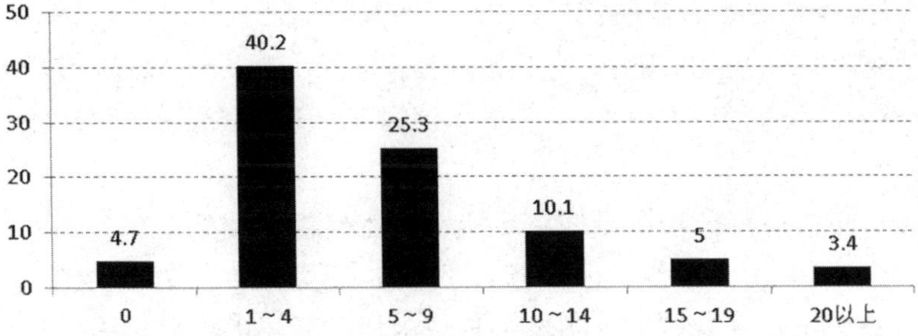

图 2-22 面试次数（%，次）

6. 利用社会关系

在寻找工作的过程中，你利用过社会关系吗？作用如何？如图 2-23 所示，选择“用过、至关重要”的占 11.8%，“用过、有些帮助”的占 26.7%，“用过、但没有作用”占 7%，“没有用过、靠自己努力”占 52.5%。45.5% 的大学生曾用过社会关系，而且，大多数是有帮助的。

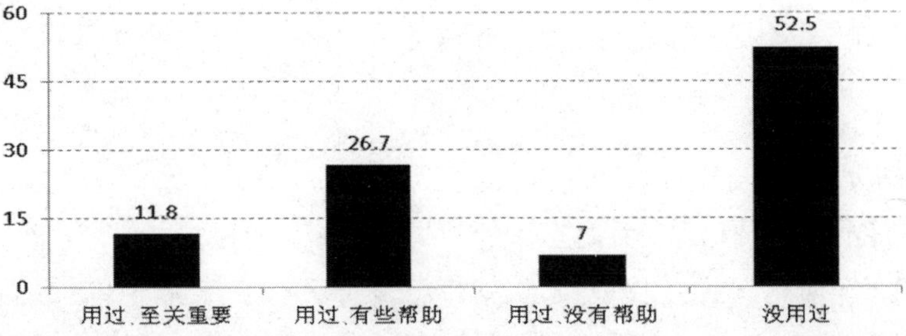

图 2-23 是否动用过社会关系（%）

根据他们与大学生的关系分类，如图 2-24 所示，在 298 名用过社会关系的

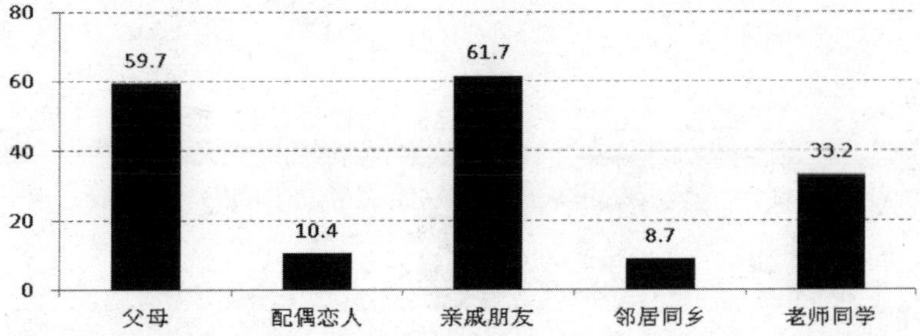

图 2-24 动用的社会关系（多选,%）

同学中，61.7%的曾由亲戚朋友提供帮助，59.7%的曾由父母提供帮助，33.2%由老师同学提供帮助，10.4%由配偶恋人提供帮助，8.7%由邻居同乡提供帮助。即很多大学生利用过多方面的社会关系，但以父母和亲戚朋友所构成的家庭社会关系网络为主。

他们的具体行为和作用如图2-25所示，曾提供就业信息的达63.1%，递交求职简历达17.4%，向单位大力推荐达59.4%，说服领导录用达8.7%，直接决定录用达5%。可见，利用社会关系的形式多样，效果的差异也很大。

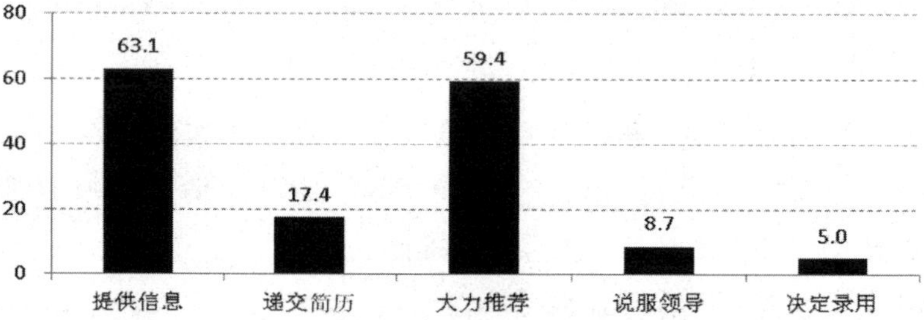

图2-25　动用社会关系所起的作用（多选,%）

（三）就业结果

1. 接收单位

接收单位的数量既反映了找工作的效果，也反映了大学生在就业中的努力状态。如图2-26所示，无接收单位的占17.3%，只有1家接收单位的占34.4%，2～4家占36.5%，5～9家占3.5%，10家以上占0.8%。即近八成的毕业生都有接收单位，但超过1/3的学生只有1家。平均接收单位为1.9家。一方面反映了有些大学生确实没有就业机会，另一方面也反映了有些大学生获得了多个就业机会，说明了大学生就业结果具有分层性，几家欢喜几家愁。

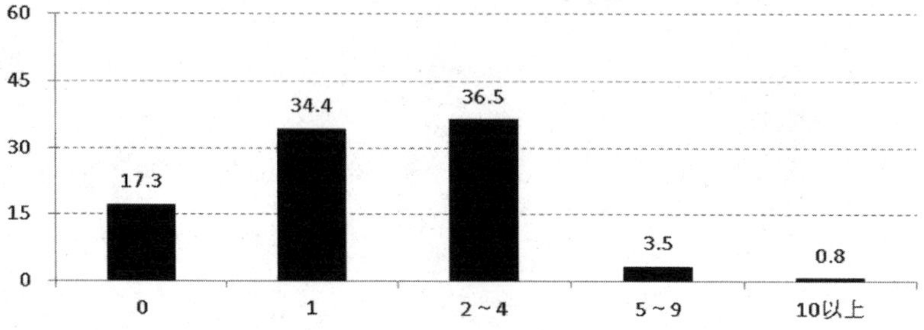

图2-26　接收单位数量（%，家）

2. 就业率

目前大学生就业率是指就业、升学、出国的人数占全部毕业生的比值。按劳动经济学的基本原理，升学或不愿意就业属于“不在劳动力市场”的情况，出国则退出了我国的劳动力市场，都不能计入大学生就业率的范畴。我们把准备就业并积极寻找工作或创业的大学生作为毕业生劳动力总数，即就业率的分母。关于就业率的分子，我们分层次计算。第一层次是传统的就业概念，即签署教育部统一印制的“三方协议”，来计算狭义的就业率。在本次调研中，劳动力为 602 人，签“三方协议”的有 261 人，故大学生的狭义就业率为 43.36%。第二层次，即找到了工作，但有些单位没有独立的人事权，不能解决编制和户口，只能签订劳动合同或临时合同；创业属于自谋职业的范畴，也应该纳入。这样，在狭义就业率分子的基础上，加上签劳动合同的 48 人，创业或准备创业 12 人，故广义就业率为 53.32%。根据前面的分析，75% 的毕业生获得了接收单位，而广义就业率仅为 53%，即有一部分大学生有接收单位却没有签合同，从侧面反映了这些大学生的就业预期较高。

3. 实现就业的情况

根据广义就业的概念，并剔除创业情况，我们对实现就业的 309 名大学毕业生的就业状况展开深入分析。

（1）就业地区分布。如图 2-27 所示，在北京就业的占 64.1%，上海为 1.3%，广东为 7.1%，其他沿海地区为 10.4%，中部和西部地区均为 7.1%。东部沿海地区的比例占 82.9%，总体就业地区较好。集中度为 81.6%，特别集中。与就业意愿相比，实际的北京比和沿海比分别下降了 7.5% 和 10%，表明实际的就业地区质量没有原先想象得那样好。

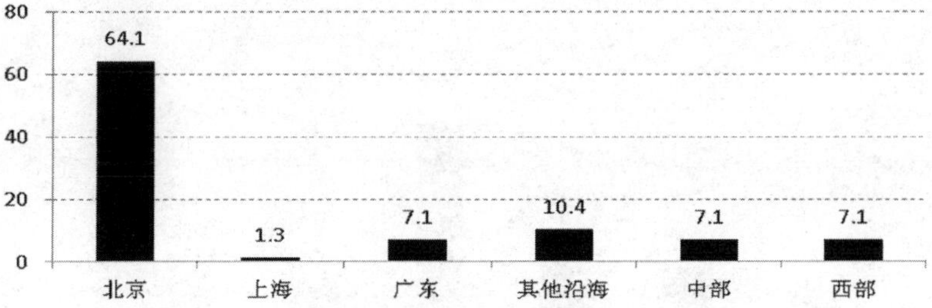

图 2-27　就业地区（%）

（2）就业行业分布。如图 2-28 所示，金融保险业占 23.3%，建筑业占 14.9%，教育文化和传媒业占 14.6%，科研技术业占 10.4%，制造业占 8.1%，交通运输、仓储和邮电通信业占 5.2%，党政机关和社团、农业、贸易餐饮业分别占 3.9%、3.6%、2.6%，其他行业较为分散。集中度为 52.8%，较分散。高工资行业比为61.8%，行业质量较好。与就业意愿相比，党政机关和社团、贸易和餐饮业、教育文化和传媒业分别下降 7.6%、3.5%和 2.5%，而制造业、建筑业和金融保险业上升了 6.7%、5%和 2.5%，高工资行业比下降了 12%，表明大学生的实际就业行业与行业预期存在一定的差异。

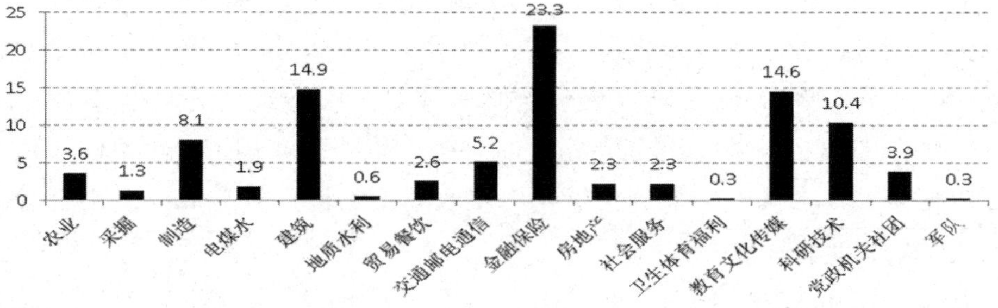

图 2-28　就业行业（%）

（3）单位性质分布。如图 2-29 所示，国企占 45%，个体民企占 14.2%，其他事业单位占 13.6%，教育和科研机构占 11%，外企占 8.4%，党政机关占 3.2%，军队占 0.6%。体制内单位占 73.4%。集中度为 72.8%，很集中。体制内单位比为73.4%，就业性质比较稳定。与就业期望相比，党政机关、外企、教育和科研机构分别下降 19.2%、6.9%、3.7%，而个体民营企业、国企、其他事业单位却上升了 12.2%、9.1%和 5.7%，体制内单位比下降了 9%，实际状况与大学生的性质期望也存在着一定差距，尤其是很多人的公务员梦想破灭。

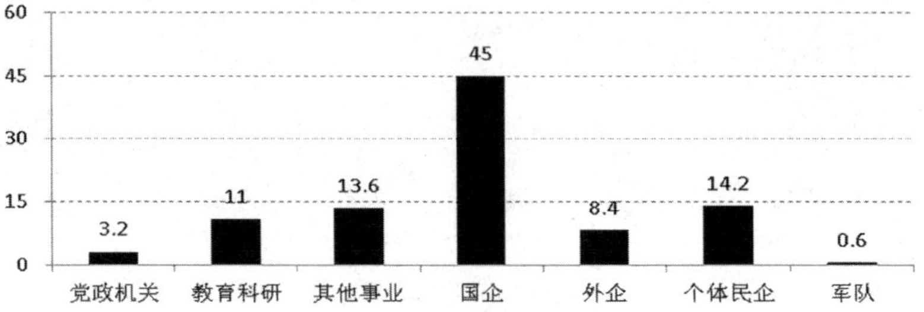

图 2-29　就业单位性质（%）

（4）单位承诺月薪。如图 2-30 所示，2000 元以下的占 6.7%，2000～2999 元占 32.7%，3000～3999 元占 31.1%，4000～4999 元占 13.6%，5000～5999 元占 5.2%，6000 元以上占 7.1%。集中度为 77.4%，很集中。平均承诺月薪为 3483.2 元，比期望月薪少了 1200.6 元，而比平均保底月薪高出 96.4 元。即尽管实际平均月薪比期望水平低了 25.6%，但仍在可接受的范围之内。根据《中国统计年鉴》2010 年"按行业分城镇单位就业人员的平均工资"，计算出全社会职工的平均月工资为 3378.7 元。可见，初次就业的大学生的工资水平偏高。

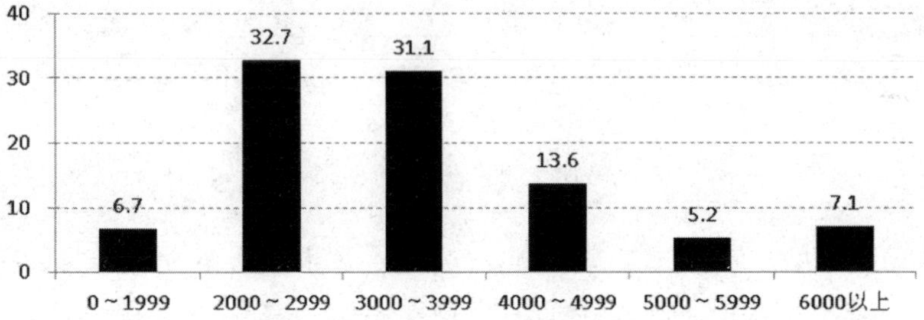

图 2-30 单位承诺月薪（%，元）

4. 未实现就业情况

190 人积极寻找工作但没能实现就业，这是为什么呢？如图 2-31 所示，经验不足成为最主要的障碍、占 14.2%，预期太高占 11.6%，专业不好占 8.9%，就业形势严峻占 6.3%，求职技巧缺乏占 4.7%，专业知识不足、身高相貌不理想都占 4.2%，性别占 3.7%，信息不畅占 3.2%，政治面貌、社会关系、英语和计算机、户籍制度、组织协调能力，以及性格、态度、目标、时间等其他项也有一定的影响。集中度为 34.7%，比较分散。

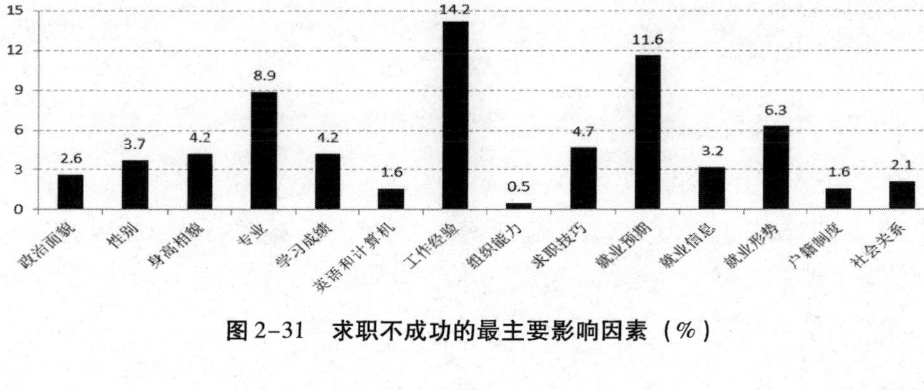

图 2-31 求职不成功的最主要影响因素（%）

其次的影响因素如图 2-32 所示，求职技巧缺乏、工作经验不足、预期太高、就业形势严峻和缺乏社会关系是主要原因，专业不好、户籍制度障碍、信息不畅等也有一定的影响。

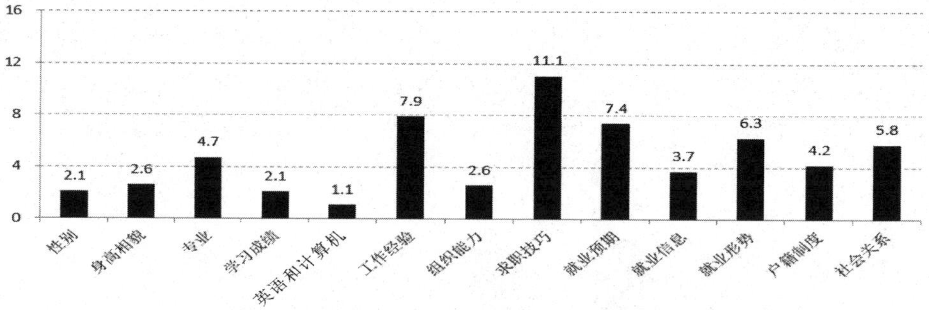

图 2-32　求职不成功的其次影响因素（%）

如果知识不足，原因何在？如图 2-33 所示，不喜欢本专业成为最主要因素、占 22.6%，其次是认为学习没用而不重视、占 15.8%，再次是教学管理不严而无学习压力、占 14.7%，教学方法单调占 12.6，课程内容陈旧占 6.8%，准备考研或出国影响了学习占 6.8%，做学生干部工作多、打工时间长而耽误了学习分别占 2.1% 和 1.1%，懒惰等其他项占 2.6%。这说明，既有大学生个人方面的原因，也有高校教育的问题。

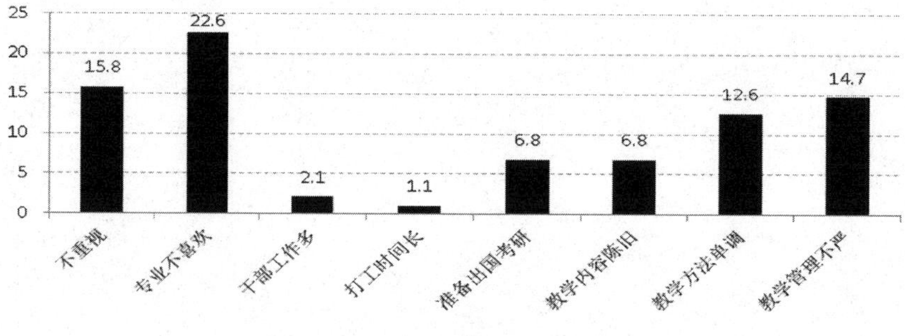

图 2-33　知识不足的原因（%）

对于组织能力不足的原因，认为缺乏锻炼机会的占 44.7%，不重视占 13.7%，过于专注学习占 9.5%，其他项占 2.1%。既有主观的影响因素，也有客观的影响因素。

他们希望毕业后仍能得到母校提供帮助。希望获得就业信息的占 30%，技能培训占28.4%，档案管理服务占24.7%，组织校友联谊会等其他项占1.6%。

三、基本结论

（一）大学生就业期望的非均衡性

大学生选择东部沿海地区就业的超过九成，北京就占了七成多；七成多的不愿意去农村工作；选择金融保险、教育文化和传媒、科研技术、党政机关和社团四大行业的超过六成，高工资行业比为73.8%；希望在体制内单位就业的超过八成；期望月薪为3000～5999元的超过六成，平均期望月薪为4683.8元，最低月薪为2000～4999元的超过七成，平均保底月薪为3386.8元。较高的就业意愿可以理解，但也可能导致大学生就业困难。

（二）大学生就业行为的分层性

有些大学生主要依靠自身的努力和积极的行为去展示人力资本存量，以获取更多的就业机会；有些大学生主要依靠以家庭网络为核心的社会资本实现就业。求职行为明显体现出大学生求职努力程度的分层性。收集信息时间的集中度为68.8%，平均时间为25.4小时；投递简历的集中度为57.6%，平均为26.4份；主动联系的集中度为86.8%，平均联系4.2次；求职费用的集中度为86.7%，平均求职费用为828元；参加面试的集中度为75.6%，平均面试6.3次；45.5%的曾用过社会关系，而且大多数是有帮助的。

（三）大学生就业结果的差异性

并非所有的大学生毕业后都选择就业，还有考研、出国、自愿性失业等多种形式。对于准备就业的大学生，其就业结果出现了较大的差异。这不仅可以从接收单位、就业率等就业数量层面反映出来，还可以从就业地区、就业行业、单位性质、承诺月薪等就业质量层面反映出来。近八成的毕业生都有接收单位，但超过1/3的只有1家；大学生的狭义就业率为43.36%，广义就业率为53.32%。对于已实现就业的大学生来说，在北京就业的超过六成，沿海比超过八成；金融保险业、建筑业、教育文化和传媒业为三大行业，高工资行业比超过六成；国企、个体民企、其他事业单位为三大单位性质，体制内单位超过七成；实际月薪为

2000~4999 元的超过七成，平均为 3483.2 元，比期望月薪少了 1200.6 元，而比平均保底月薪高出 96.4 元。对未实现就业的大学生来说，经验不足、预期太高、专业不好是三大主要障碍，他们希望毕业后仍能得到母校提供帮助。

第二节　2011 年北京大学生的分类就业状况

不同类型的大学生的就业状况可能不同，本节分析 2011 年北京大学生的分类就业状况。根据学习成绩、学科专业、高校层次、地区生源、城乡生源、家庭富裕程度、性别七个标准，分别研究不同类型的大学生的具体就业状况。

一、不同学习成绩的大学生就业状况

我们按学习成绩的排名，分为成绩居前 50% 和成绩居后 50% 两种情况。在 2011 年调查的 655 名大学生中，成绩排名居前 25% 的有 215 人，居前 25% ~ 50% 的有 198 人，居前 50% ~75% 的有 181 人，居前 75% ~100% 的有 55 人，成绩信息没填写的 6 人，作为空缺项，剔除❶。故成绩居前 50% 的样本有 413 人，而成绩居后 50% 的样本有 236 人。我们仍从就业意愿、就业行为和就业结果三个方面加以描述。

（一）就业意愿

图 2-34 显示了成绩居前和成绩居后的大学生群体所看重的择业因素。第一，选项比较。成绩居前的大学生更看重发展机会，而成绩居后的大学生更看重兴趣偏好、就业环境，其他方面的差异不大❷。第二，三大选择。发展机会、薪酬福利和工作稳定性是两大群体所共同看重的三大因素。第三，分布状态。集中度分别为 69.1% 和 62.7%，前者更集中。可见，学习成绩对于大学生的就业观念是有影响的。

---

❶ 由于剔除了空缺项，分类大学生的样本之和，一般少于样本总数。下同。

❷ 界定：当两者的比重之差没超过 2%，认为两者是无差异的。下同。

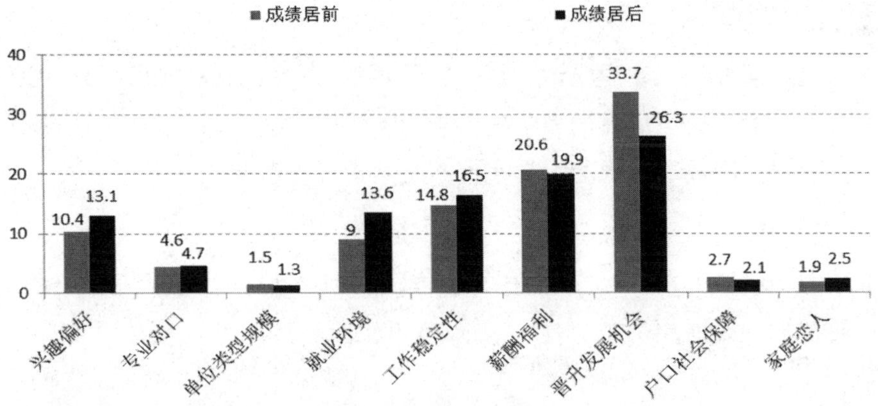

图 2-34　择业时最看重的因素（%）

下面，我们重点探讨与薪酬福利、发展机会相关的几个具体就业意愿。

1. 地区期望

如图 2-35 所示。第一，选项比较。成绩排名前 50% 的大学生，希望在北京就业的比重较高，而排名居后 50% 的大学生，更希望在中部地区就业。第二，三大选择。除北京、其他沿海地区之外，成绩居前的学生选择广东，成绩居后的学生选择中部地区。第三，分布状态。集中度分别为 89.6% 和 86.9%，前者更集中。第四，水平高低。我们把在北京和东部沿海地区就业的比例分别简称为“北京比”和“沿海比”，以表明大学生就业地区期望的高低。北京比分别为 73.1% 和 69.1%，沿海比分别为 95.2% 和 89.4%。即学习成绩越好，对于就业地区的期望越高。

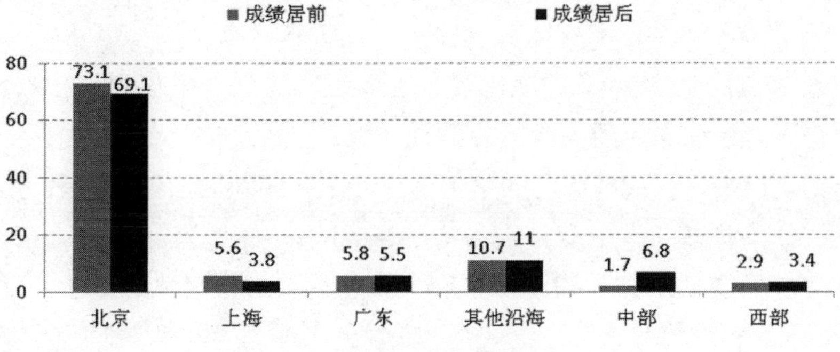

图 2-35　最希望的就业地区（%）

2. 城乡期望

对于成绩居前的大学生来说，24.2%的愿意去农村工作，而74.1%的不愿意去农村工作；对于成绩居后的大学生，30.9%的愿意去农村工作，65.3%的不愿意去农村工作。即成绩优秀的大学生更不愿意去农村就业。

3. 行业期望

如图2-36所示。第一，选项比较。成绩居前的大学生更倾向于教育文化传媒、科研技术，成绩居后的大学生更倾向于建筑、房地产，其他行业的差异不大。第二，三大选择。金融保险、教育文化和传媒业、科研技术为前者的主要选择，金融保险、教育文化和传媒业、建筑为后者的主要选择。第三，分布状态。集中度分别为52.6%和46.1%，前者更集中。第四，水平高低。高工资行业比分别为72.5%和65.2%，前者更高。

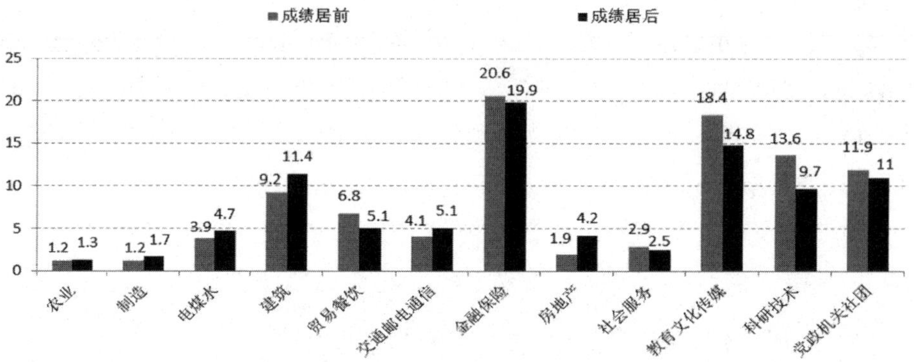

图2-36 最希望的就业行业（%）❶

4. 性质期望

如图2-37所示。第一，选项比较。成绩居前的大学生更倾向于教育和科研机构、外企，而成绩居后的大学生更倾向于党政机关和军队。第二，三大选择。除国企、党政机关外，成绩居前的学生选择外企，成绩居后的选择教育和科研机构。第三，分布状态。集中度分别为73.1%和74.9%，差异不大。第四，水平高低。体制内单位比分别为80.9%和85.1%，后者对稳定性的要求更高。

---

❶ 为了使图形更清晰，删除了比例较小的采掘、地质水利、卫生体育福利、军队。下同。

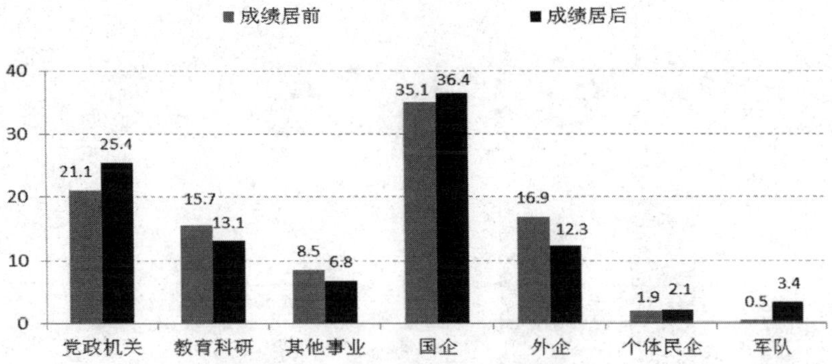

图 2-37　最希望的就业单位性质（%）

5. 期望月薪

如图 2-38 所示。第一，选项比较。成绩居前的大学生选择 5000～5999 元、6000～6999 元的更多，而成绩居后的大学生选择 2000～2999 元、3000～3999 元、4000～4999 元、7000 元以上的更多。第二，三大选择。除了 3000～3999 元、4000～4999 元之外，5000～5999 元为前者的一大选择，2000～2999 元为后者的一大选择。第三，分布状态。集中度分别为 65.2% 和 71.2%，后者更集中。第四，水平高低。根据公式"平均数 = $\sum$ 组中值×频率"，平均期望月薪为 4814.2 元和 4478.7 元。即成绩较好的大学生的期望月薪较高，但差距不大。

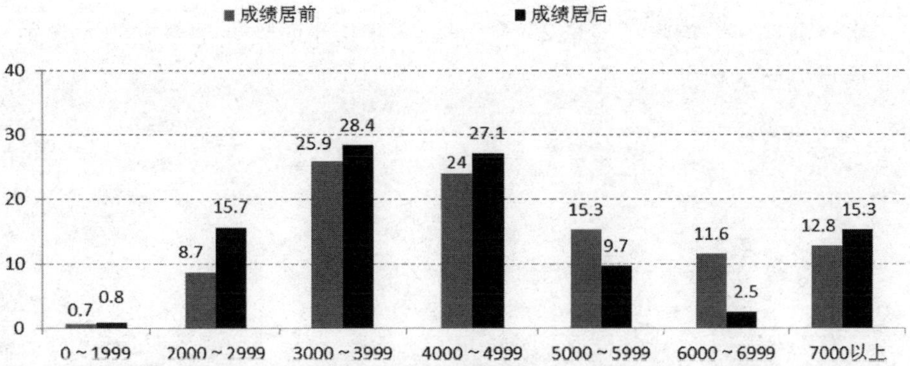

图 2-38　期望月薪（%，元）

如果理想未能如愿，"你的保底月薪"如图 2-39 所示。除 2000～2999 元、3000～3999 元之外，4000～4999 元是前者的选择，2000 元以下是后者的选择。平均期望月薪分别为 3518.1 元和 3154.9 元，即成绩较好的大学生的期望月薪较高。

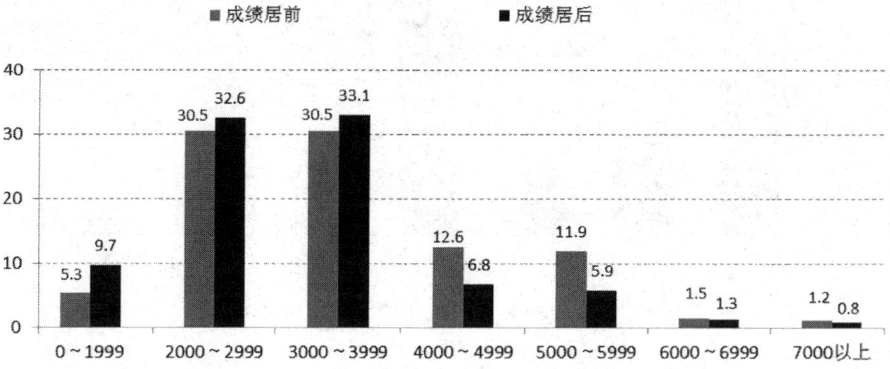

图 2-39　保底月薪（%，元）

（二）就业行为

1. 收集信息

如图 2-40 所示。第一，选项比较。成绩居前的大学生收集信息 10～19 小时、20～29 小时的更多，成绩居后的大学生收集信息 10 小时以下、40～59 小时的更多。第二，三大选择。10 小时以下、10～19 小时、20～29 小时为两大群体共同的主要选择。第三，分布状态。集中度分别为 70% 和 67%，前者更集中。第四，水平高低。平均收集信息 25.5 小时和 24.9 小时，即学习好的大学生在收集就业信息方面更积极。

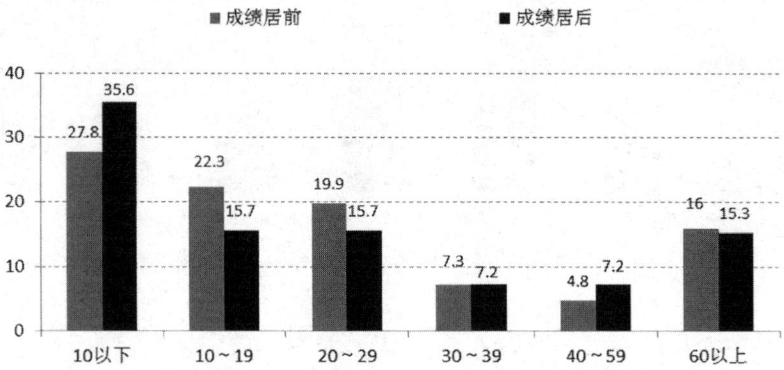

图 2-40　收集信息的时间（%，小时）

2. 投递简历

如图 2-41 所示。第一，选项比较。成绩居前的大学生投递简历 60 份以上的更多，成绩居后的投简历 10 份以下、30～39 份的更多。第二，三大选择。除 10 份以下、10～19 份外，前者选择 60 份以上，后者选择 20～29 份。第三，分布状态。集中度分别为 59.3% 和 58%，前者更集中。第四，水平高低。平均投递简历 27.5 份和 24.3 份，即学习好的大学生在投简历方面更积极。

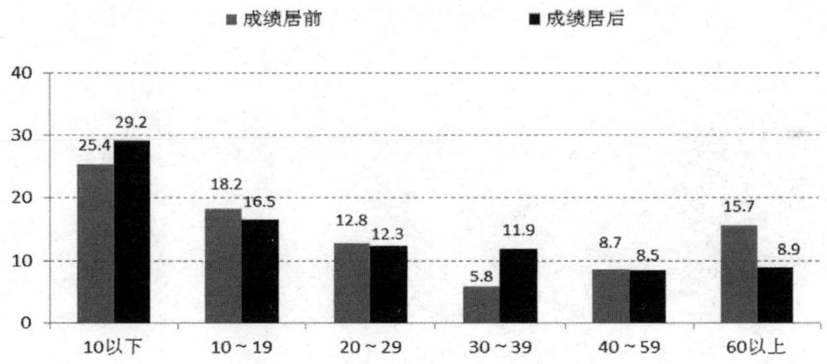

图 2-41　投递简历数量（%，份）

3. 主动联系

如图 2-42 所示。第一，选项比较。成绩居前的大学生联系 10～14 次的比重较大，成绩居后的大学生从来没联系过、联系 1～4 次的比重较大。第二，三大选择。联系 1～4 次、0 次、5～9 次，成为三大共性选择。第三，分布状态。集中度分别为 85.1% 和 89.4%，后者更集中。第四，水平高低。平均联系 4.4 次和 3.9 次，同样反映出，学习好的大学生更积极。

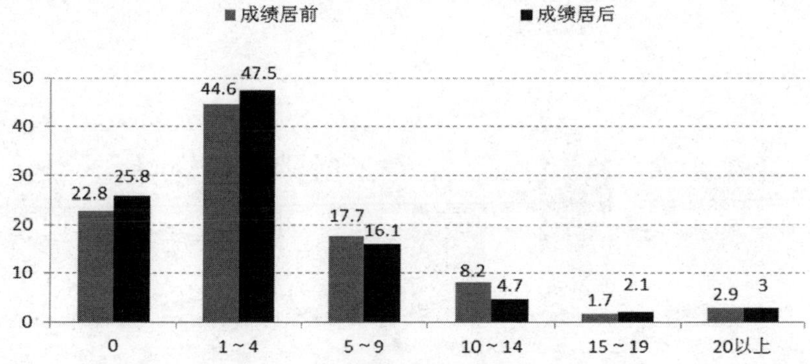

图 2-42　主动联系次数（%，次）

4. 求职费用

如图 2-43 所示。第一，选项比较。成绩居前的大学生在 500 ~ 999 元、2000 ~ 2999元的比重较大，而成绩居后的大学生 500 元以内的比重较大。第二，三大选择。500 元以下、500 ~ 999 元、1000 ~ 1999 元成为三大共同选择。第三，分布状态。集中度分别为 87.3% 和 86.4%，前者更集中。第四，水平高低。平均求职费用为 847 元和 772.1 元，说明成绩优秀的大学生的物质投入更多。

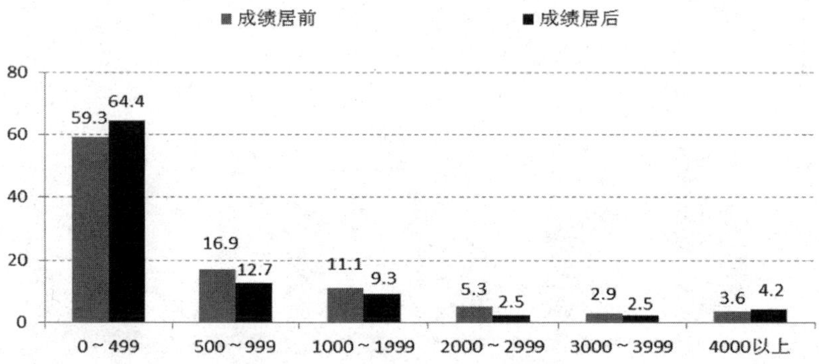

图 2-43　求职费用（%，元）

5. 面试数量

如图 2-44 所示。第一，选项比较。成绩居前的大学生面试 20 次以上的比重较大，成绩居后的大学生面试 1 ~ 4 次的比重较大。第二，三大选择。面试 1 ~ 4 次、5 ~ 9 次、10 ~ 14 次，为三大共性选择。第三，分布状态。集中度分别为 73.3% 和 78.8%，后者更集中。第四，水平高低。平均面试 6.5 次和 5.9 次，前者更积极。

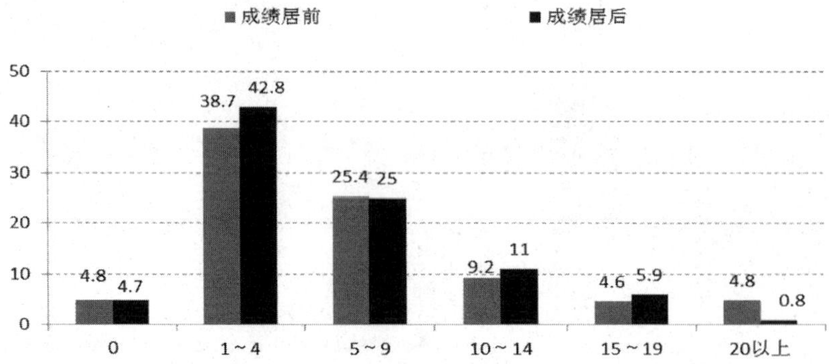

图 2-44　面试次数（%，次）

6. 利用社会关系

成绩居前的大学生"用过、至关重要"、"用过、有些帮助"、"用过、没有帮助"、"没用过"分别占 12.3%、28.6%、6.8%和 51.3%；成绩居后分别为 11%、23.3%、7.2%和 54.7%。大学生动用社会关系的占 47.7%和 41.5%，前者利用了更多的社会关系。

（三）就业结果

1. 接收单位

如图 2-45 所示。成绩居前的大学生，只有 1 家接收单位的比重较大，而成绩居后的大学生获得 2～4 家的比重较大。2～4 家、1 家和 0 家为三大共同选择。平均接收单位均为 1.9 家，学习成绩总体上没有影响。

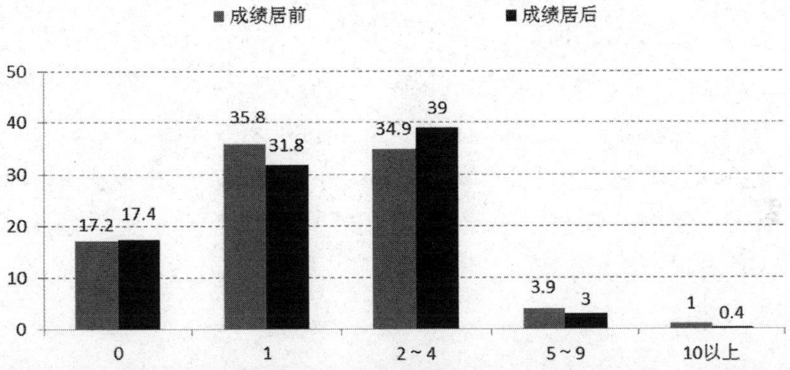

图 2-45　接收单位数量（%，家）

2. 就业率

成绩居前和成绩居后的大学生的狭义就业率分别为 44.29%和 42.28%，差异不大；广义就业率分别为 55.14%和 50.81%，相差超过 4 个百分点，体现出学习成绩有一定的正面影响。

3. 实现就业的情况

（1）就业地区分布。如图 2-46 所示。第一，选项比较。成绩优秀在北京就业的概率高出近 9 个百分点；成绩较差的在中西部地区就业的比重较大。第二，三大选择。除了北京和其他沿海地区，前者在广东有较大的比重，后者在西部地区有较大比重。第三，分布状态。集中度分别为 85. 3% 和 80. 4%，前者更集中。第四，水平高低。北京比分别为 67. 9% 和 59%，沿海比为 86. 4% 和 77%，成绩优秀更有优势。

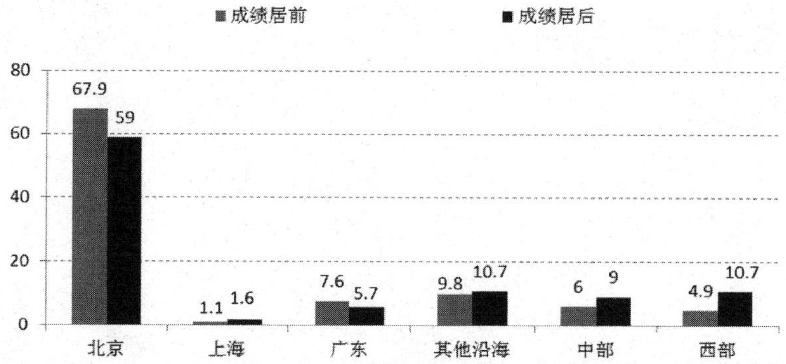

图 2-46　就业地区（%）

（2）就业行业分布。如图 2-47 所示。第一，选项比较。前者在贸易餐饮、金融保险、房地产、科研技术的比例较高，而后者在制造、建筑的比例较高。第二，三大选择。金融保险、建筑、教育文化和传媒是共同的选择。与就业期望相比，党政机关社团的比重明显下降。第三，分布状态。集中度分别为 51. 1% 和 54. 1%，后者更集中。第四，水平高低。高工资行业就业比分别为 61. 4% 和 54. 9%，成绩有正面影响。

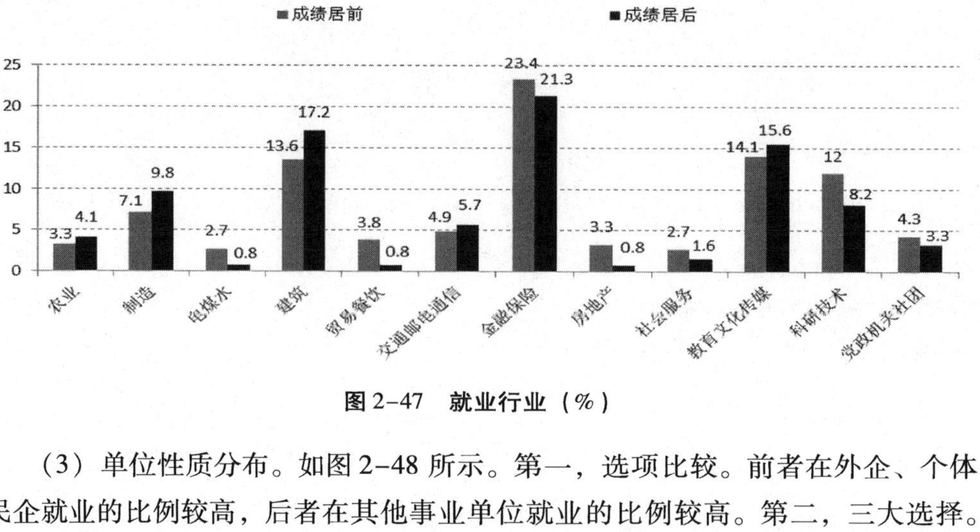

图 2-47　就业行业（%）

（3）单位性质分布。如图 2-48 所示。第一，选项比较。前者在外企、个体民企就业的比例较高，后者在其他事业单位就业的比例较高。第二，三大选择。

国企、个体民企、其他事业单位，是两大群体的共同选择。第三，分布状态。集中度分别为71.7%和73.8%，后者更集中。第四，水平高低。体制内单位就业比分别为70.1%和77.9%，后者的单位更稳定。

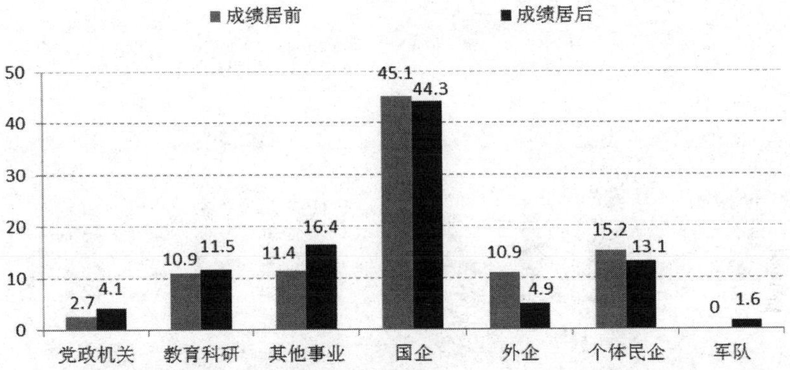

图2-48　就业单位性质（%）

（4）单位承诺月薪。如图2-49所示。第一，选项比较。前者的承诺月薪为2000～2999元、5000～5999元的更多，而后者的承诺月薪为3000～3999元、4000～4999元的更多。第二，三大选择。2000～2999元、300 0～3999元、4000～4999元为两大群体的共同选择。第三，分布状态。集中度分别为76.1%和79.5%，后者更集中。第四，水平高低。平均承诺月薪为3460.5和3419.5元，优秀大学生有收入优势，但差距不大。

图2-49　单位承诺月薪（%，元）

4. 未实现就业情况

如图2-50所示。第一，选项比较。政治面貌、专业、就业预期、就业信息、就业形势、户籍制度对成绩居前的大学生就业的不利影响较大，学习成绩、英语和计算机、工作经验、求职技巧对成绩居后的大学生就业的不利影响较大。第二，三大选择。除预期太高、经验不足外，专业不好为前者的主要选择，成绩不好为后者的选择。第三，分布状态。集中度分别为35.5%和37%，后者更集中，即他们面临的就业困难更为集中。

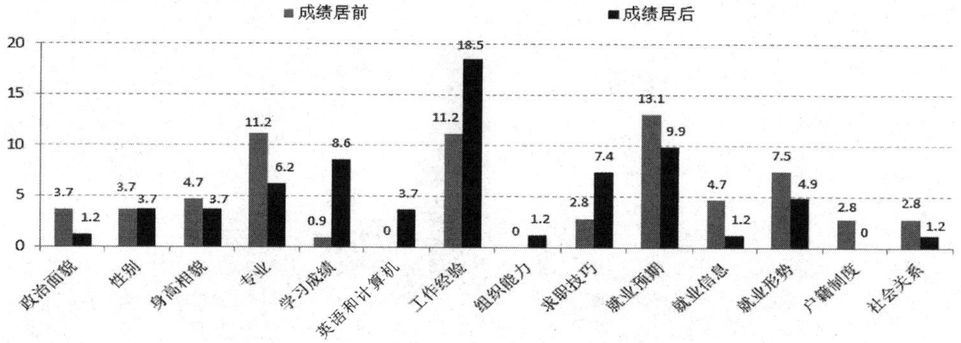

图2-50　求职不成功的最主要影响因素（%）

（四）基本结论

第一，大学生就业意愿：前者较高。调查表明，与成绩居后的大学生相比，成绩居前的大学生更希望在北京和东部沿海地区就业、更不愿意去农村、高工资行业比较高，期望月薪和保底月薪较高；但单位性质的期望较低，表明对职业的稳定性要求不高。前者的就业意愿总体较高。

第二，大学生就业行为：前者积极。成绩居前的大学生在收集就业信息和投递简历方面较积极，主动联系和参加面试的次数较多，求职费用较高；同时，利用社会关系的比重较大。这表明成绩较好的大学生，求职行为较积极，求职途径也更多样化。

第三，大学生就业结果：前者较好。尽管接收单位的数量是无差异的，体制内单位比较低，优秀大学生的就业率较高，就业地区、就业行业、承诺月薪等就业质量也较高。

二、不同学科专业的大学生就业状况

不同的学科专业，对应的是不同的专业知识和技能，属于专有性人力资本的范畴。由于专业太多、过于分散，我们将各专业并入相应的学科门类加以分析。哲学、教育学、农学学科的人数较少，剔除，并把六大主要学科门类合并处理，分为理学和工学、经济和管理、文学和法学三类。在 2011 年的 655 名大学生中，理学和工学类 262 人，经济和管理类 257 人，文学和法学类 70 人。仍然从就业意愿、就业行为和就业结果三个方面加以论述。

（一）就业意愿

图 2-51 显示了理学和工学、经济和管理、文学和法学大学生群体所看重的择业因素。第一，选项比较。理工类大学生更看重专业对口、就业环境、工作稳定性，经管类大学生更看重晋升发展机会，文法类大学生更看重兴趣偏好、薪酬福利，其他方面的差异不大❶。第二，三大选择。晋升发展机会、工作稳定性、薪酬福利是理工类大学生的三大选择，晋升发展机会、薪酬福利、工作稳定性是经管类大学生的三大选择，薪酬福利、晋升发展机会、兴趣偏好是文法类大学生的主要选择。第三，分布状态。集中度分别为 64.8%、70.1% 和 71.5%，即文法类最集中，理工类最分散。可见，学科专业对大学生就业观念是有影响的。下面，我们重点探讨几个具体的就业意愿。

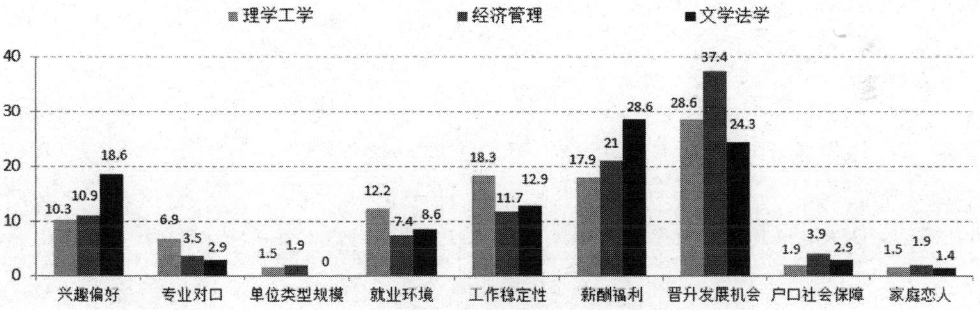

图 2-51　择业时最看重的因素（%）

1. 地区期望

如图 2-52 所示。第一，选项比较。理工类选择其他沿海和中部地区的更多，其他差异不大。第二，三大选择。除了北京和其他沿海地区，上海为理工类和文法类的第三大选择，广东为经管类的第三大选择。第三，分布状态。集中度分别为 87.4%、89.4% 和 88.6%，经管类最集中，理工类最分散。第四，水平高低。

❶ 界定：当第一大比重与第二大比重之差没超过 2%，认为它们是无差异的。下同。

北京比分别为 67.9%、74.3% 和 72.9%，沿海比分别为 92.7%、94.1% 和 94.3%，即经管类和文法类大学生的地区期望较高，但差异不太大。

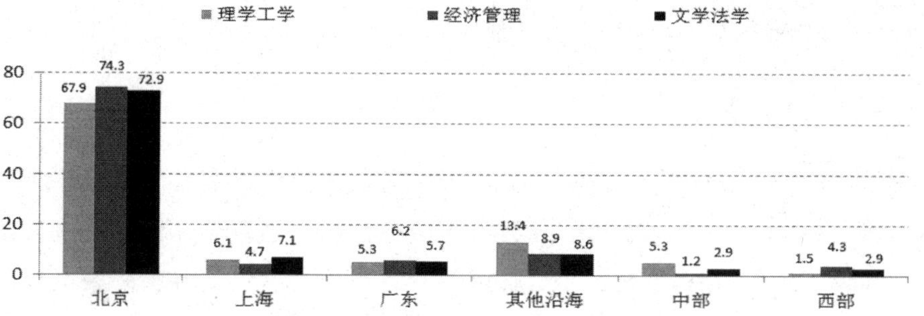

图 2-52 最希望的就业地区（%）

2. 城乡期望

对理工类的大学生来说，27.9% 的愿意去农村工作，而 71% 的不愿意去农村工作；21.8% 的经管类大学生愿意去农村工作，75.1% 的不愿意去农村工作；30% 的文法类大学生愿意去农村工作，68.6% 的不愿意去农村工作。即经管类的城乡期望最高，文法类最低。

3. 行业期望

如图 2-53 所示。第一，选项比较。理工类大学生更希望在建筑、交通邮电通信、科技技术就业，经管类大学生更希望在金融保险就业，文法类大学生更希望在社会服务、教育文化传媒、党政机关社团就业。第二，三大选择。科研技术、建筑和金融保险是理工类大学生的三大选择，金融保险、教育文化传媒、党政机关社团是经管类大学生的三大选择，教育文化传媒、党政机关社团、金融保

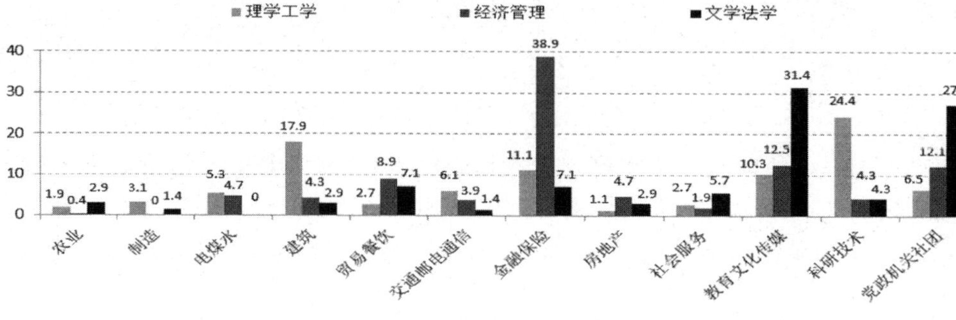

图 2-53 最希望的就业行业（%）

险是文法类大学生的主要选择。第三，分布状态。集中度分别为53.4%、63.5%和65.6%，文法类最集中，理工类最分散。第四，水平高低。希望的高工资行业比分别为63.7%、76.4%和71.3%，经管类的行业期望最高，理工类最低。

4. 性质期望

如图2-54所示。第一，选项比较。理工类大学生更希望在教育科研、其他事业单位就业，经管类大学生更希望在国企、个体民企就业，文法类大学生更希望在党政机关就业。第二，三大选择。国企、党政机关、外企是三类大学生的共同选择。第三，分布状态。集中度分别为71.4%、82.8%和81.5%，经管类最集中，理工类最分散。第四，水平高低。希望体制内单位就业的分别为84%、79.2%和81.5%，理工类大学生希望的单位性质最稳定，经管类的单位性质最不稳定。

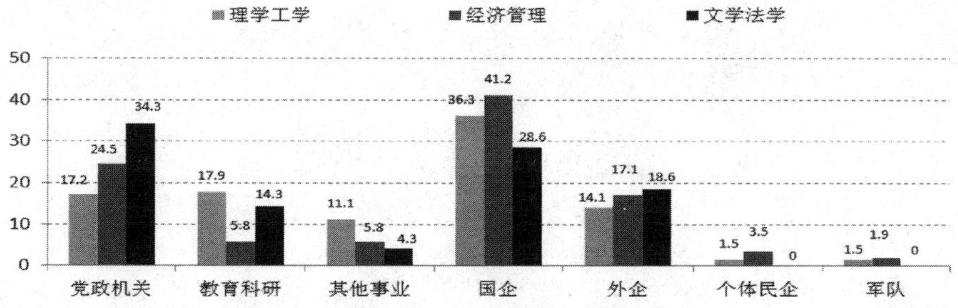

图2-54　最希望的就业单位性质（%）

5. 期望月薪

如图2-55所示。第一，选项比较。理工类大学生的期望月薪为2000～2999元、7000元以上的更多，经管类为5000～5999元、6000～6999元的更多，文法类为3000～3999元、4000～4999元的更多。第二，三大选择。除了3000～3999元、

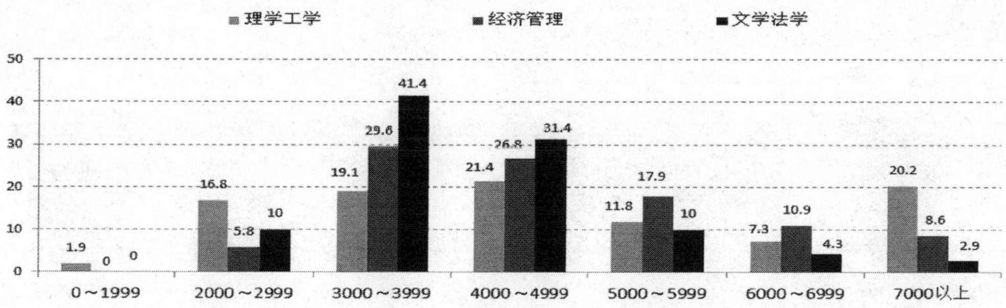

图2-55　期望月薪（%，元）

4000～4999元，理工类选7000元以上，经管类和文法类选5000～5999元。第三，分布状态。集中度分别为60.7%、74.3%和82.8%，文法类最集中，理工类最分散。第四，水平高低。平均期望月薪分别为4781元、4742.2元和4157.1元，理工类最高，文法类最低。

如图2-56所示。除了最低工资为2000～2999元、3000～3999元外，0～1999元是理工类的第三大选择，4000～4999元是经管类和文法类的第三大选择。平均保底月薪分别为3378元、3556.7元和3063.5元，经管类最高，文法类最低。

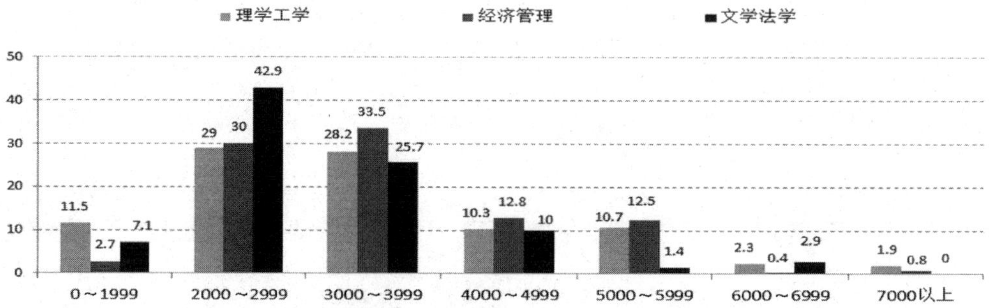

图2-56 保底月薪（%，元）

（二）就业行为

1. 收集信息

如图2-57所示。第一，选项比较。理工类大学生收集信息10～19小时的更多，经管类为20～29小时、40～59小时的更多。第二，三大选择。除了10小时

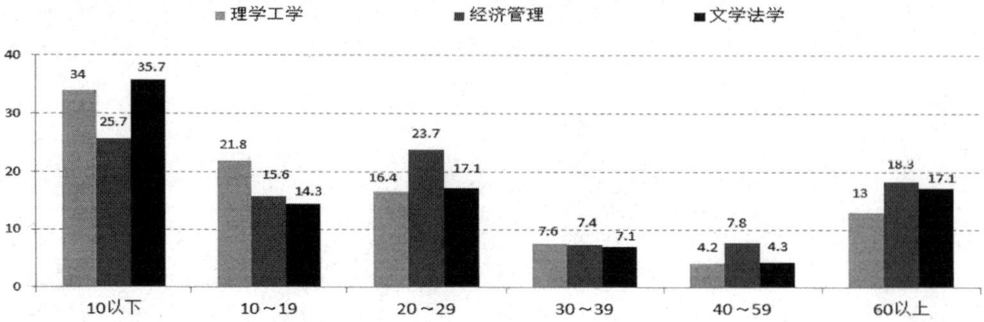

图2-57 收集信息的时间（%，小时）

以下、20～29 小时，理工类的第三选择是 10～19 小时，经管类和文法类的选择是 60 小时以上。第三，分布状态。集中度分别为 72.2%、65% 和 67.1%，理工类最集中，经管类最分散。第四，水平高低。平均收集时间分别为 23 小时、28.4 小时和 25.1 小时，经管类最多，理工类最少。

2. 投递简历

如图 2-58 所示。第一，选项比较。理工类大学生投简历在 10 份以下的更多，经管类大学生在 30～39 份的更多，文法类大学生在 40～59 份和 60 份以上的更多。第二，三大选择。除了 10 份以下、10～19 份，理工类的第三选择是 20～29份，经管类和文法类的选择是 60 份以上。第三，分布状态。集中度分别为 65.2%、52.9% 和 58.5%，理工类最集中，经管类最分散。第四，水平高低。平均投简历分别为 21.9 份、31.5 份和 33.1 份，文法类最多，理工类最少。

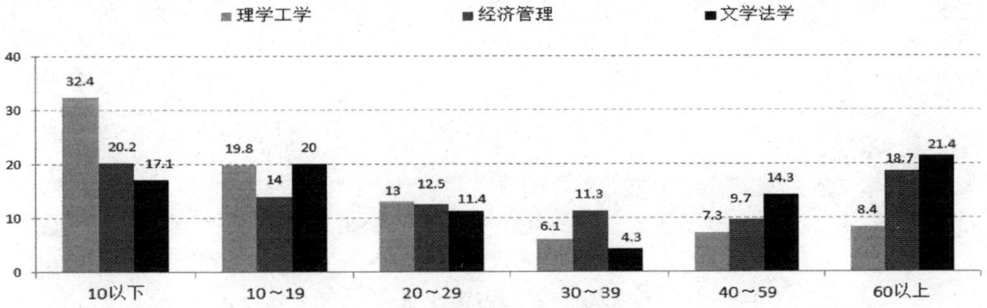

图 2-58 投递简历数量（%，份）

3. 主动联系

如图 2-59 所示。第一，选项比较。经管类大学生主动联系 0 次、10～14次

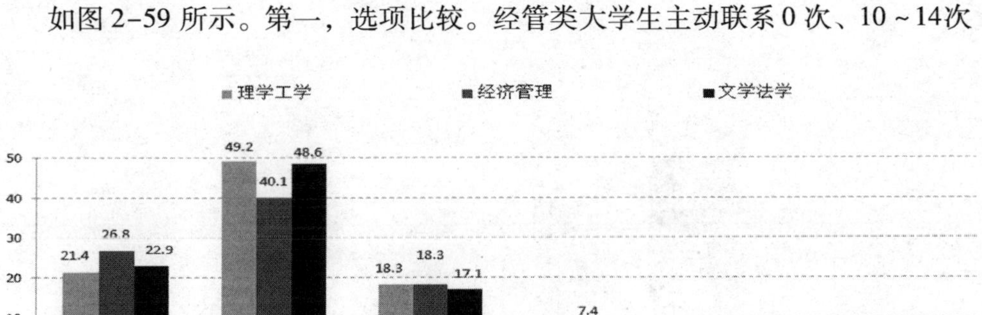

图 2-59 主动联系次数（%，次）

的更多，其他差异不大。第二，三大选择。1～4次、0次、5～9次是共同选择。第三，分布状态。集中度分别为88.9%、85.2%和88.6%，理工类最集中，经管类最分散。第四，水平高低。平均联系分别为4.1次、4.4次和4.1次，经管类最多，理工类和文法类最少。

4. 求职费用

如图2-60所示。第一，选项比较。理工类大学生选择0～499元的更多，经管类500～999元、3000～3999元的更多。第二，三大选择。0～499元、500～999元、1000～1999元是共同选择。第三，分布状态。集中度分别为93.1%、80.5%和88.6%，理工类最集中，经管类最分散。第四，水平高低。平均费用分别为592.4元、1102.4元和775.4元，经管类最多，理工类最少。

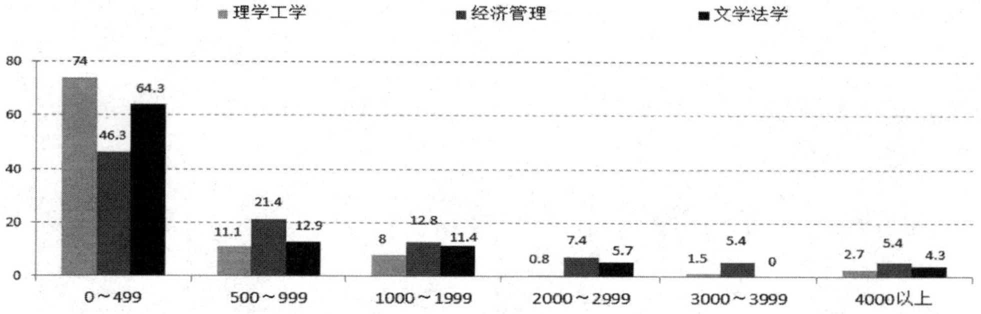

图2-60　求职费用（%，元）

5. 面试数量

如图2-61所示。第一，选项比较。理工类大学生参加面试0次、1～4次的

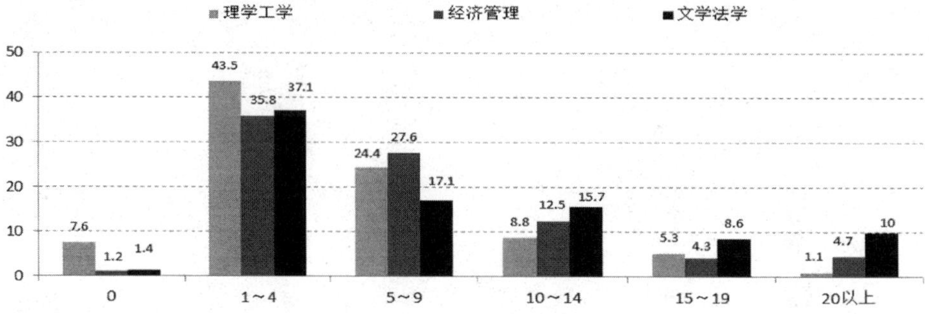

图2-61　面试次数（%，次）

更多，经管类5~9次的更多，文法类10~14次、15~19次、20次以上的更多。第二，三大选择。1~4次、5~9次、10~14次是共同选择。第三，分布状态。集中度分别为76.7%、75.9%和69.9%，理工类最集中，文法类最分散。第四，水平高低。平均面试分别5.5次、7.1次和8.5次，文法类最多，理工类最少。

6. 利用社会关系

理工类大学生“用过、至关重要”、“用过、有些帮助”、“用过、没有帮助”、“没用过”分别占9.5%、24.8%、5.3%和58.4%，经管类大学生分别为10.5%、31.9%、8.6%和47.9%，文法类分别为15.7%、24.3%、8.6%和47.1%。大学生动用社会关系的占39.6%、51%和48.6%，即经管类用的最多，理工类用的最少。

（三）就业结果

1. 接收单位

如图2-62所示。第一，选项比较。经管类大学生有2~4家接收单位的更多，文法类无接收单位的更多。第二，三大选择。2~4家、1家、0家为共同的选择。第三，水平高低。平均接收单位分别为2家、2家和1.6家，即理工类和经管类大学生的就业机会最多。

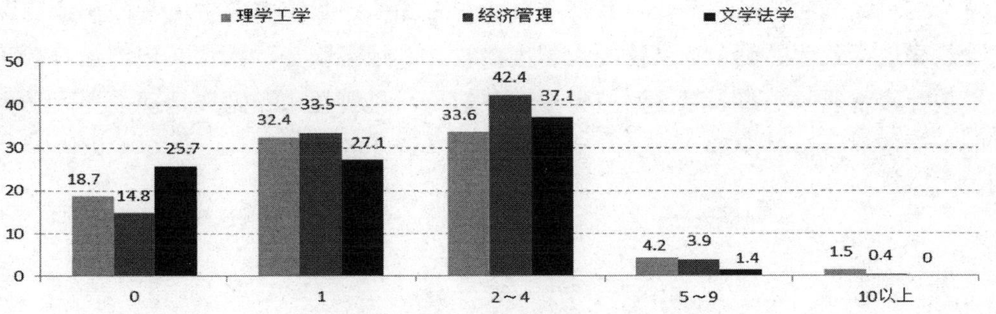

图2-62　接收单位数量（%，家）

2. 就业率

狭义就业率分别为48.7%、39.27%和10.77%，广义就业率分别为56.52%、50.61%和29.23%，表明理工类的就业率最高，经管类居中，文法类最低，学科专业的影响较大。

3. 实现就业的情况

（1）就业地区分布。如图2-63所示。第一，选项比较。理工类在其沿海地区和中部地区就业的更多，经管类在北京就业的更多，文法类在上海就业的更多。第二，三大选择。除了北京占绝对多数、其他沿海较多，理工类的第三大分布是中部地区，经管类是广东，文法类是上海、广东和中部地区。第三，分布状态。集中度分别为79.4%、89.2%和75.1%，经管类最集中，文法类最分散。第四，水平高低。北京比分别为54%、75%和62.5%，沿海比分别为78.6%、89.2%和81.4%，经管类的就业地区最好，理工类最差。

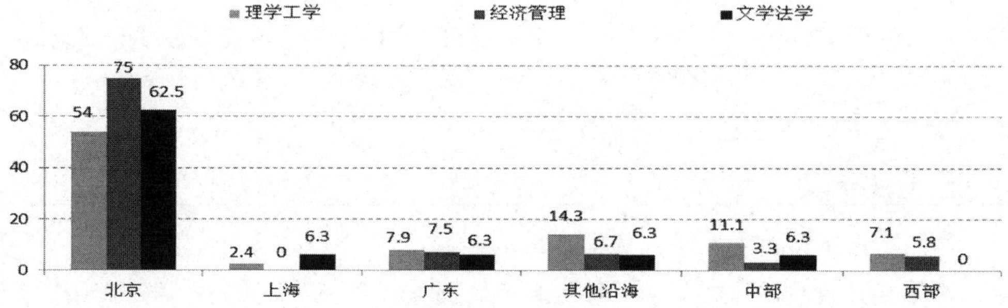

图2-63　就业地区（%）

（2）就业行业分布。如图2-64所示。第一，选项比较。理工类大学生在制造、建筑、交通邮电通信、科技技术就业的更多，经管类大学生更希望在金融保险、房地产就业的更多，文法类大学生在农业、社会服务、教育文化传媒、党政机关社团就业的更多。第二，三大选择。建筑、科研技术和制造是理工类大学生的三大选择，金融保险、建筑、贸易餐饮是经管类的三大选择，教育文化传媒、

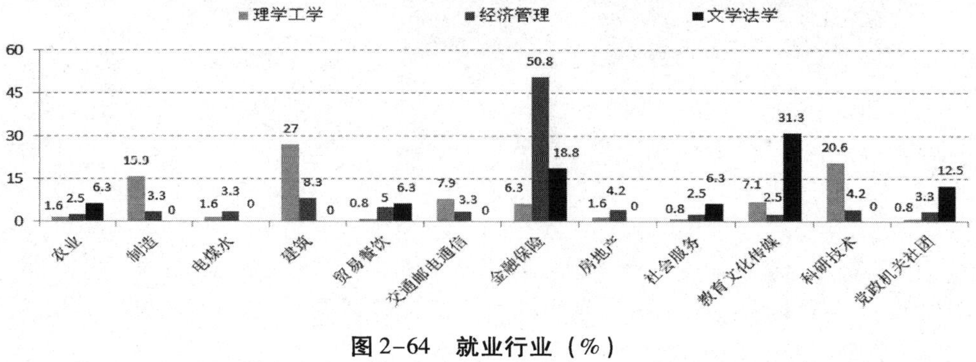

图2-64　就业行业（%）

金融保险、党政机关社团是文法类的主要选择。第三，分布状态。集中度分别为63. 5%、64. 1%和62. 6%，经管类最集中，文法类最分散。第四，水平高低。高工资行业比分别为44. 3%、67. 4%和62. 6%，经管类的行业最好，理工类最差。

（3）单位性质分布。如图2-65 所示。第一，选项比较。理工类大学生更希望在教育科研、其他事业单位、国企就业的更多，经管类在外企就业的更多，文法类在党政机关、个体民企就业的更多。第二，三大选择。除国企、个体民企外，其他事业单位是理工类的主要选择，外企是经管类的选择，党政机关、其他事业单位、外企是文法类的选择。第三，分布状态。集中度分别为85. 8%、81. 7%和68. 9%，理工类最集中，文法类最分散。第四，水平高低。希望体制内单位就业的分别为80. 3%、65. 8%和31. 4%，理工类的单位性质最稳定，文法类的单位性质最不稳定。

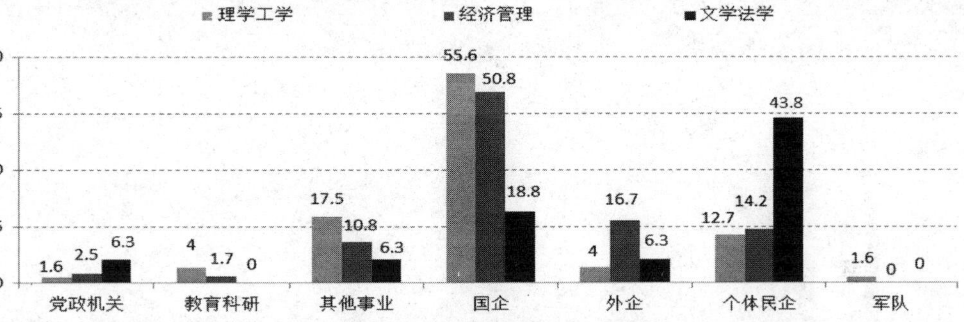

图2-65　就业单位性质（%）

（4）单位承诺月薪。如图2-66 所示。第一，选项比较。理工类大学生的实际月薪为2000～2999 元的更多，经管类为3000～3999 元、5000～5999 元、6000

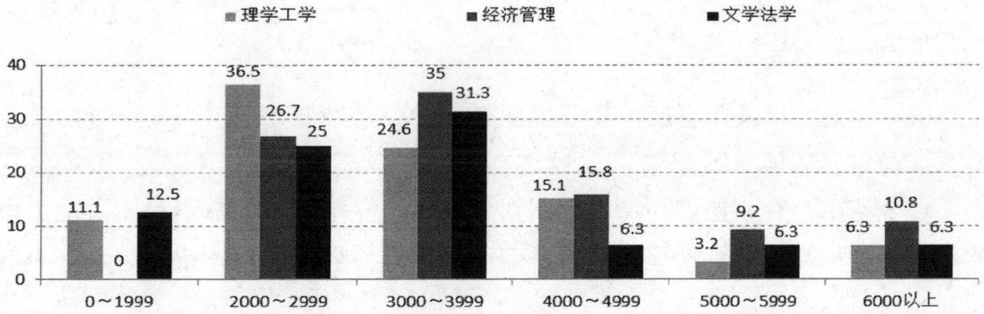

图2-66　单位承诺月薪（%，元）

元以上的更多。第二，三大选择。除了2000~2999元、3000~3999元外，理工类、经管类均为4000~4999元，文法类为2000元以下。第三，分布状态。集中度分别为76.2%、77.5%和68.8%，经管类最集中，文法类最分散。第四，水平高低。平均月薪分别为3254.1元、3910.3元和3285.7元，经管类最高，理工类最低。

4. 未实现就业情况

如图2-67所示。第一，选项比较。学习成绩、英语和计算机、就业形势、户籍制度对理工类大学生就业的不利影响更大，工作经验、就业预期对经管类的不利影响更大，政治面貌、性别、专业对文法类的不利影响更大。第二，三大选择。专业不好、就业形势严峻、工作经验不足是理工类的三大选择，就业预期、工作经验、求职技巧是经管类的三大选择，政治面貌、性别和专业是文法类的主要选择。第三，分布状态。集中度分别为27.5%、43.8%和58%，表明文法类的困难最集中，理工类的困难最分散。

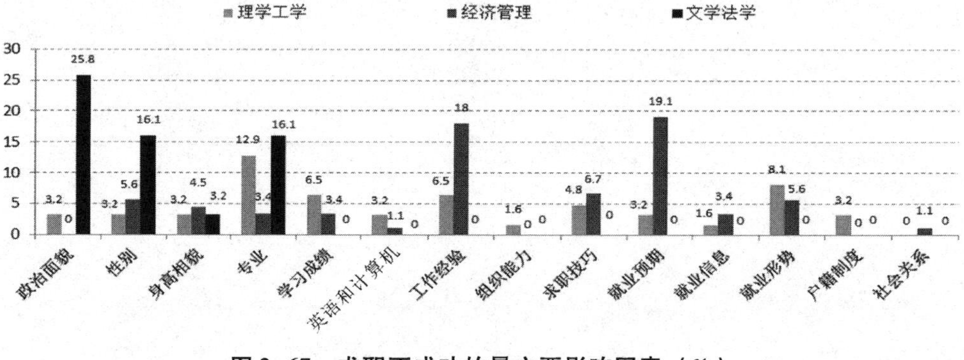

图2-67 求职不成功的最主要影响因素（%）

（四）基本结论

第一，大学生就业意愿：经管类最高、文法类最低。理工类大学生的单位性质最稳定、期望月薪最高；但地区期望和行业期望最低。经管类的地区期望、城乡期望、行业期望、保底月薪期望最高；但单位性质最不稳定。文法类的地区期望最高；城乡期望、期望月薪和保底月薪最低。总体来看，经管类的就业意愿最高，文法类最低。

第二，大学生就业行为：经管类积极、理工类消极。理工类大学生收集信息、投递简历、主动联系、求职费用、面试次数、利用社会关系最少。经管类收集信息、主动联系次数、求职费用、利用社会关系最多。文法类投简历、面试最多；主动联系最少。即经管类的就业行为最积极，理工类大学生最不积极。这反映出理工类大学生不太关注社会、不太会推销自己。

第三，大学生就业结果：经管类最好、文法类最差。理工类大学生的就业机会最多，就业率最高，单位性质最稳定；但就业地区、行业最差，月薪最低。经管类就业机会最多，就业地区、行业最好，月薪最高。文法类就业率最低，单位性质最不稳定。在就业数量方面，理工类机会最多，经管类居中，文法类最少；在就业质量方面，经管类最好，理工类居中，文法类最差。

三、不同高校层次的大学生就业状况

在 655 名大学生中，211 高校有 372 人，非 211 高校有 283 人。

（一）就业意愿

如图 2-68 所示。第一，选项比较。211 高校大学生更看重兴趣偏好、工作稳定性，而非 211 高校大学生更看重专业对口、晋升发展机会。第二，三大选择。发展机会、薪酬福利和工作稳定性是两大群体所共同看重的三大因素。第三，分布状态。集中度分别为 66.4% 和 67.1%，后者更集中。高校层次对大学生就业观念是有影响的。下面，我们重点探讨与薪酬福利、发展机会相关的几个具体就业意愿。

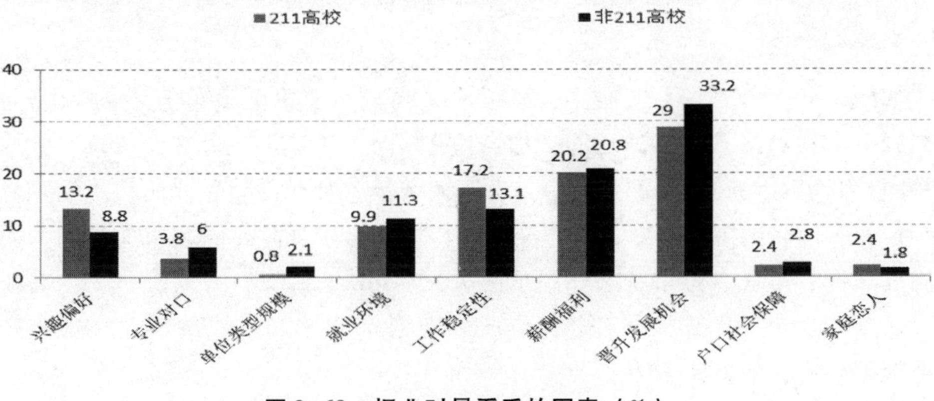

图 2-68　择业时最看重的因素（%）

1. 地区期望

如图 2-69 所示。第一，选项比较。211 高校大学生，希望在广东、其他沿海地区、中部就业的比重较高，而非 211 高校大学生更希望在北京就业。第二，三大选择。选择在北京就业均超过六成，其次是 211 高校的学生选择其他沿海地区和广东，非 211 高校的学生选择上海和其他沿海地区。第三，分布状态。集中度分别为 84.5% 和 93.6%，后者更集中。第四，水平高低。北京比分别为 61.6% 和 84.8%，沿海比分别为 89.9% 和 97.1%。可见，学校层次越低，对就业地区的期望越高。

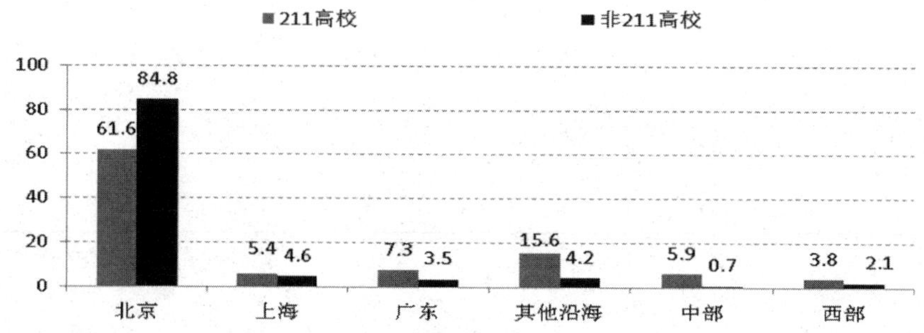

图 2-69 最希望的就业地区（%）

2. 城乡期望

对于 211 高校大学生，23.9% 的愿意去农村工作，而 72.3% 的不愿意去农村工作；对于非 211 高校大学生，29.7% 的愿意去农村工作，69.3% 的不愿意去农村工作。即高校层次越高，越不愿意去农村就业，但差距不大。

3. 行业期望

如图 2-70 所示。第一，选项比较。211 高校大学生更倾向于交通邮电通信、社会服务、科研技术，非 211 高校大学生更倾向于建筑、教育文化传媒、党政机关社团，其他行业的差异不大。第二，三大选择。金融保险、科研技术、教育文化和传媒为前者的主要选择，教育文化和传媒、金融保险、党政机关社团为后者的主要选择。第三，分布状态。集中度分别为 48.1% 和 57.2%，非 211 高校更集中。第四，水平高低。高工资行业比分别为 69.3% 和 70.7%，非 211 高校的行业期望较高，但差距不大。

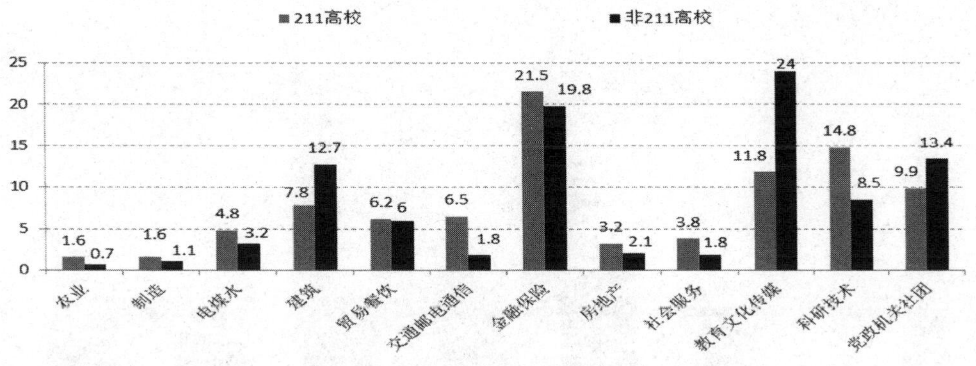

图 2-70 最希望的就业行业（%）

4. 性质期望

如图 2-71 所示。第一，选项比较。211 高校大学生更倾向于教育科研、国企，非 211 高校大学生更倾向于党政机关。第二，三大选择。国企、党政机关、外企是共同的选择。第三，分布状态。集中度分别为 71.6% 和 76.4%，后者更集中。第四，水平高低。体制内单位就业比分别为 81.1% 和 84.5%，后者希望的单位性质更稳定。

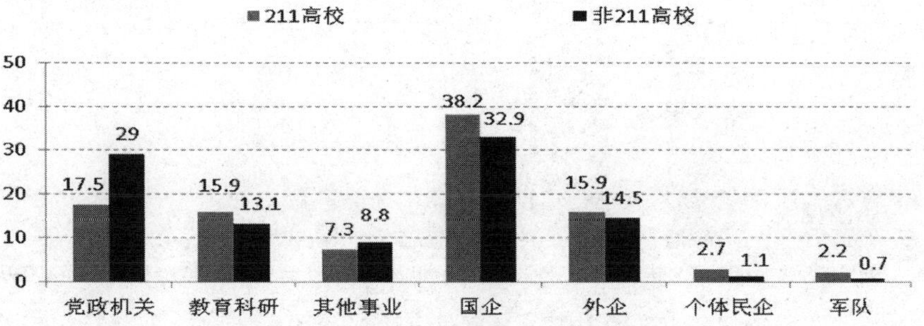

图 2-71 最希望的就业单位性质（%）

5. 期望月薪

如图 2-72 所示。第一，选项比较。211 高校大学生选择 5000 ~ 5999 元、7000 元以上的更多，而非 211 高校大学生选择 2000 ~ 2999 元、3000 ~ 3999 元的更多。第二，三大选择。除 3000 ~ 3999 元、4000 ~ 4999 元，7000 元以上为前者的主要选择，2000 ~ 2999 元为后者的选择。第三，分布状态。集中度分别为 64.5% 和 72.4%，后者更集中。第四，水平高低。211 高校和非 211 高校大学生的平均期望月薪分别为4894元、4409.6元，前者更高。

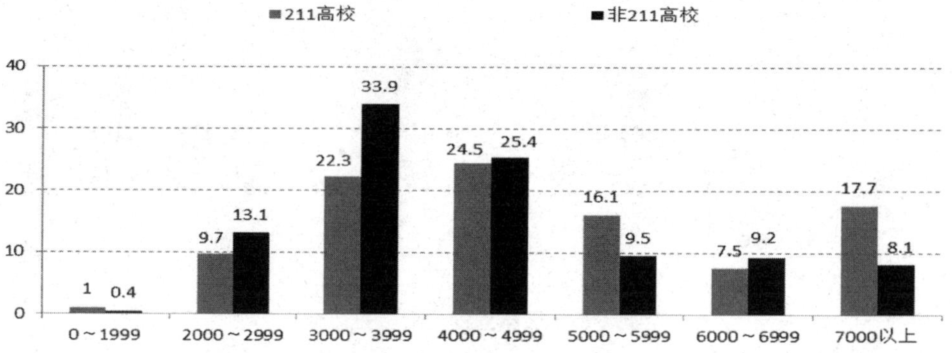

图2-72　期望月薪（%，元）

保底月薪如图2-73所示，除2000～2999元、3000～3999元外，4000～4999元是前者的主要选择，2000元以下是后者的选择。平均期望月薪分别为3586.8元和3140.2元，211高校学生的保底月薪更高。

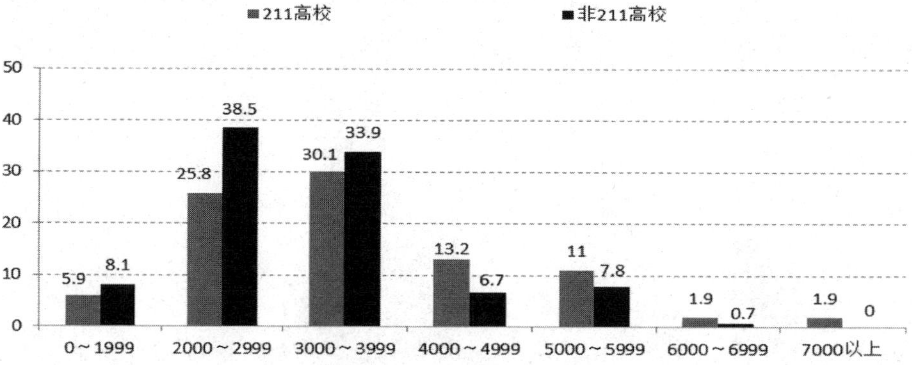

图2-73　保底月薪（%，元）

（二）就业行为

1. 收集信息

如图2-74所示。第一，选项比较。211高校大学生收集信息10～19小时、40～59小时、60小时以上的更多，非211高校在10小时以下、20～29小时、30～39小时的更多。第二，三大选择。除10小时以下、10～19小时外，60小时以上为前者的主要选择，20～29小时为后者的选择。第三，分布状态。集中度分别为 68.7% 和 72.4%，后者更集中。第四，水平高低。平均收集信息 26.4 小时和 24.1 小时，即 211 高校大学生在收集就业信息方面更积极。

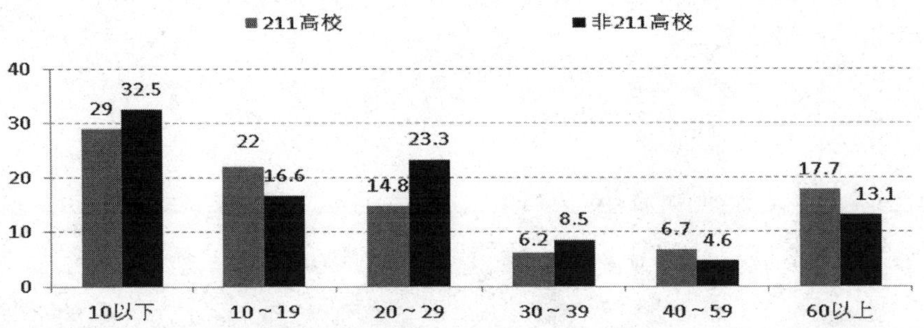

图 2-74　收集信息的时间（%，小时）

2. 投递简历

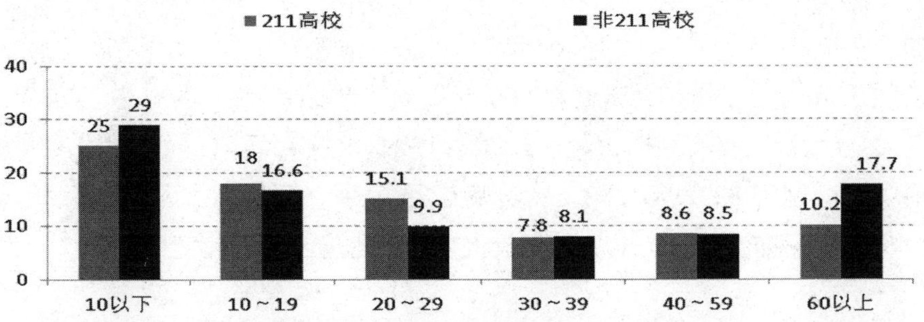

图 2-75　投递简历数量（%，份）

如图 2-75 所示。第一，选项比较。211 高校大学生投递简历 20～29 份的更多，非 211 高校在 10 份以下、60 份以上的更多。第二，三大选择。除 10 份以下、10～19 份，20～29 份为前者的一大选择，60 份以上为后者的一大选择。第三，分布状态。集中度分别为 58.1% 和 63.3%，后者更集中。第四，水平高低。平均投递简历 25.3 份和 27.8 份，后者在投简历方面更积极。

3. 主动联系

如图 2-76 所示。第一，选项比较。211 高校大学生主动联系 5～9 次、20 次以上的更多，非 211 高校联系 0 次、1～4 次的更多。第二，三大选择。联系 1～4 次、0 次、5～9 次为共同选择。第三，分布状态。集中度分别为 84.1% 和 90.1%，后者更集中。第四，水平高低。平均联系 4.6 次和 3.6 次，211 高校大学生更积极。

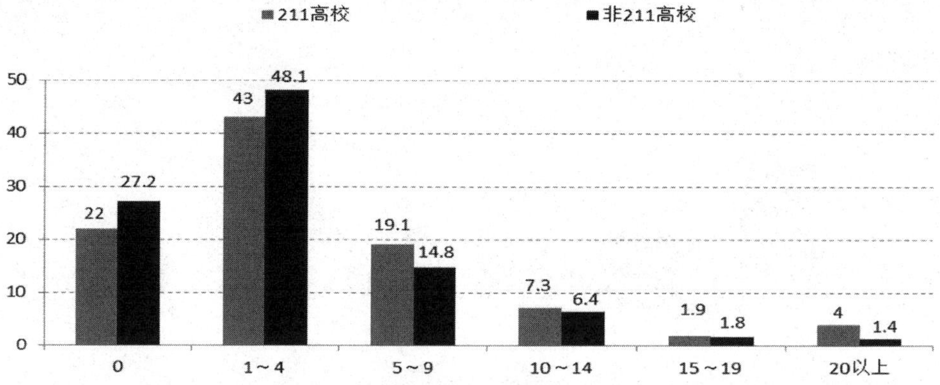

图 2-76　主动联系次数（%，次）

4. 求职费用

如图 2-77 所示。第一，选项比较。211 高校大学生在 1000～1999 元、4000 元以上的比重较大，非 211 高校在 500 元以内、500～999 元的更多。第二，三大选择。500 元以下、500～999 元、1000～1999 元成为共同选择。第三，分布状态。集中度分别为 82.2% 和 92.5%，后者更集中。第四，水平高低。平均求职费用为 977.8 元和 636.1 元，211 高校大学生的物质投入更多。

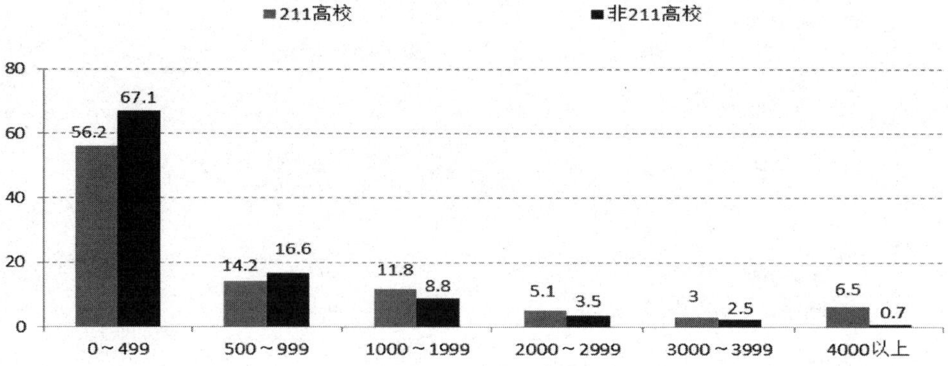

图 2-77　求职费用（%，元）

5. 面试数量

如图 2-78 所示。第一，选项比较。211 高校面试 0 次的更多，非 211 高校面试 1～4 次、5～9 次、10～14 次的更多，但差异不大。第二，三大选择。面试

1～4次、5～9 次、10～14 次为三大共性选择。第三，分布状态。集中度分别为70.7%和82%，后者更集中。第四，水平高低。平均面试6.2次和6.4次，后者更多。

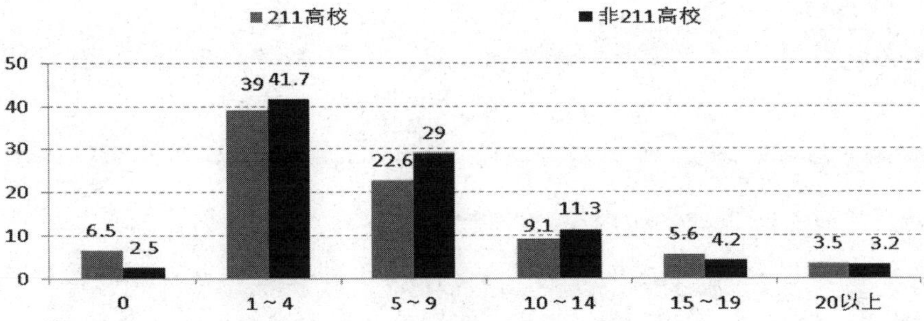

图2-78　面试次数（%，次）

6. 利用社会关系

211 高校大学生“用过、至关重要”、“用过、有些帮助”、“用过、没有帮助”、“没用过”分别为11.3%、23.4%、7.5%和54.8%，非211 高校大学生分别为12.4%、31.1%、6.4%和49.5%。大学生动用社会关系的占42.2%和49.9%，后者更多地运用了社会关系。

（三）就业结果

1. 接收单位

如图2-79 所示。第一，选项比较。211 高校大学生无接收单位的比重较大，

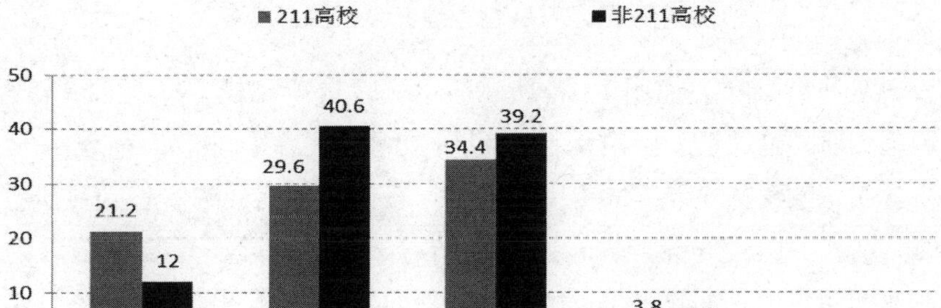

图2-79　接收单位数量（%，家）

非211高校只有1家和2~4家的更多。第二，三大选择。2~4家、1家和0家的比重最大。第三，分布状态。集中度分别为85.2%和91.8%，后者更集中。平均接收单位为1.9家和2家，非211高校大学生更多。

2. 就业率

狭义就业率分别为43.19%和43.58%，广义就业率分别为52.17%和54.86%，相差近3个百分点，高校层次较高没有正面影响。

3. 实现就业的情况

（1）就业地区分布。如图2-80所示。第一，选项比较。211高校在广东、其他沿海地区和中西部地区就业的更多；非211高校在北京就业的概率高出40多个百分点。第二，三大选择。在北京实现就业的占绝对多数，其次是其他沿海地区，另外，211高校学生主要选择中部地区，非211高校学生选择西部地区。第三，分布状态。集中度分别为74%和92.9%，后者更集中。第四，水平高低。北京比分别为45%和87.1%，沿海比分别为74.6%和92.8%，后者的就业地区更好。

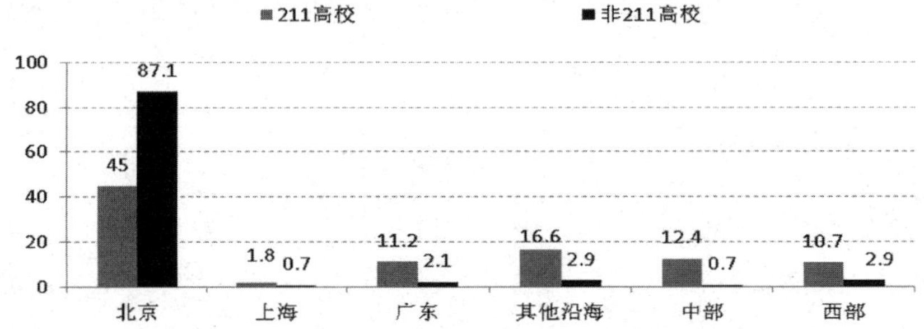

图2-80　就业地区（%）

（2）就业行业分布。如图2-81所示。第一，选项比较。211高校大学生在农业、制造、交通邮电通信、金融保险、科研技术的更多，非211高校大学生在建筑、贸易餐饮、教育文化传媒的更多。第二，三大选择。金融保险、科研技术、制造和建筑为前者的四大选择，教育文化和传媒、金融保险、建筑为后者的主要选择。与就业期望相比，党政机关社团的比重明显下降。第三，分布状态。集中度分别为49.1%和64.3%，后者更集中。第四，水平高低。高工资行业就业比分别为59.1%和59.2%，差异很小。

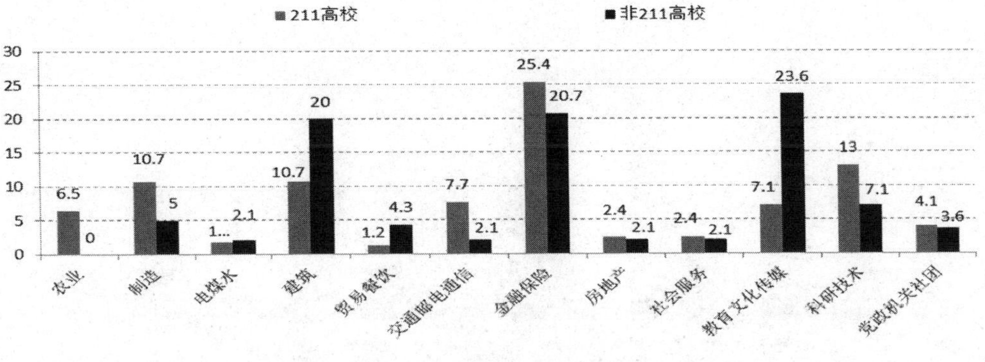

图 2-81　就业行业（%）

（3）单位性质分布。如图 2-82 所示。第一，选项比较。211 高校大学生在国企、外企就业的比例较高，非 211 高校大学生在教育和科研机构、其他事业单位就业的更多。第二，三大选择。除国企外，个体民企、外企是 211 高校学生的两大选择，其他事业单位和教育科研、个体民企是非 211 高校学生的主要选择。第三，分布状态。集中度分别为 75. 2% 和 70. 7%，前者更集中。第四，水平高低。体制内单位就业比分别为 73. 5% 和 73. 6%。

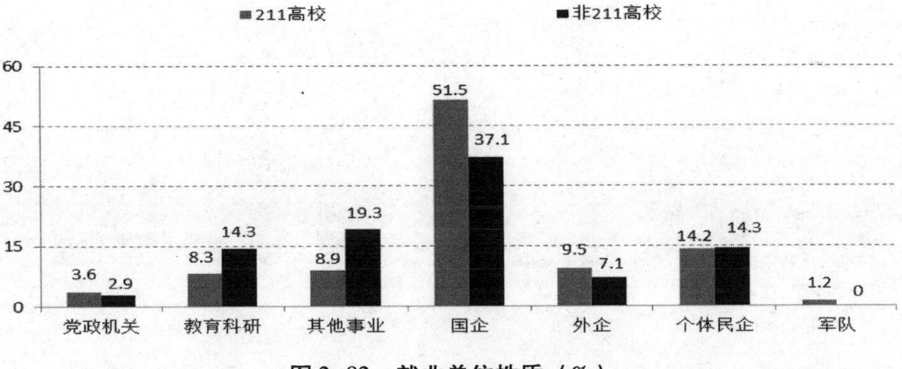

图 2-82　就业单位性质（%）

（4）单位承诺月薪。如图 2-83 所示。第一，选项比较。211 高校大学生的承诺月薪为 2000 元以下、4000 ~ 4999 元、5000 ~ 5999 元、6000 元以上的更多，非 211 高校大学生的承诺月薪为 2000 ~ 2999 元的更多。第二，三大选择。2000 ~ 2999 元、3000 ~ 3999 元、4000 ~ 4999 元为两大群体的共同选择。第三，分布状态。集中度分别为 69. 3% 和 87. 1%，后者更集中。第四，水平高低。平均承诺月薪为 3736. 2 和 3114. 8 元，即 211 高校大学生的收入优势明显。

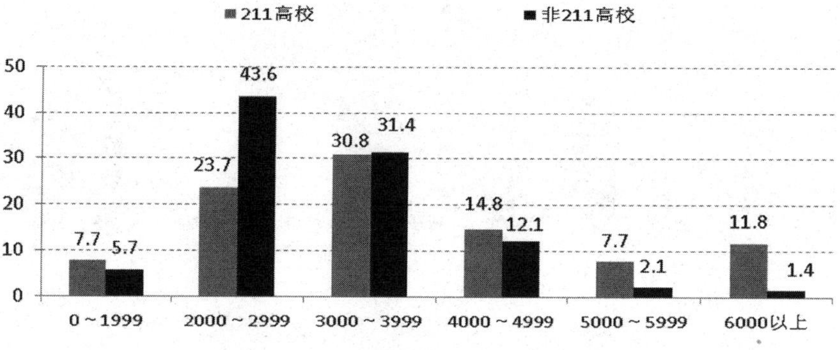

图 2-83　单位承诺月薪（%，元）

4. 未实现就业情况

如图2-84所示。第一，选项比较。政治面貌、性别、身高相貌、专业、就业形势对211高校大学生的就业不利影响更大，工作经验、求职技巧、就业预期、户籍制度、社会关系对非211高校大学生不利影响更大。第二，三大选择。除经验不足、专业不好，形势严峻为前者的一大选择，预期太高为后者的主要选择。第三，分布状态。集中度分别为29.7%和42.8%，后者更集中。

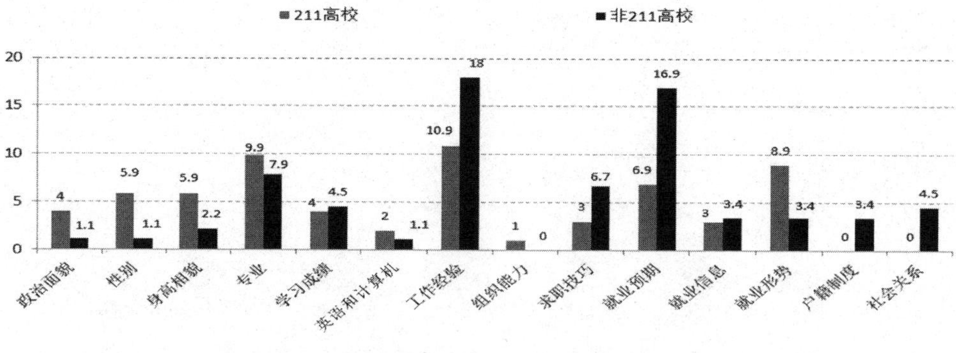

图 2-84　求职不成功的最主要影响因素（%）

（四）基本结论

第一，大学生就业意愿：差异明显。211高校大学生的城乡期望、月薪期望更高，非211高校大学生的地区期望、行业期望、性质期望更高。

第二，大学生就业行为：分层明显。211高校大学生在收集就业信息、主动联系、费用支出方面更积极，非211高校大学生在投递简历、参加面试、利用社会关系方面更积极。

第三，大学生就业结果：前者较差。211 高校大学生获得了更高的月薪；非 211 高校大学生获得了更多的接收单位，就业率较高，就业地区、行业较好，单位性质更稳定。综合来看，非 211 高校的就业结果较好。为何学校层次越低，反而就业结果越好呢？结合调查样本和访谈，非 211 高校主要是北京市属高校，大多数学生是北京生源，而 211 高校是全国招生，北京生源的比例较低。也就是说，生源地的影响超过了学校层次的影响而导致了这一结果。

四、不同地区生源的大学生就业状况

在 655 名大学生中，北京生源的有 176 人，非北京生源有 469 人。

（一）就业意愿

如图 2-85 所示。第一，选项比较。北京的大学生更看重就业环境、晋升发展机会，非北京的大学生更看重兴趣偏好、户口和社会保障。可见，生源地对大学生就业观念是有影响的。第二，三大选择。北京和非北京大学生最看重的三大因素都是晋升发展机会、薪酬福利和工作稳定性。第三，分布状态。集中度分别为 71% 和 65%，前者更集中。

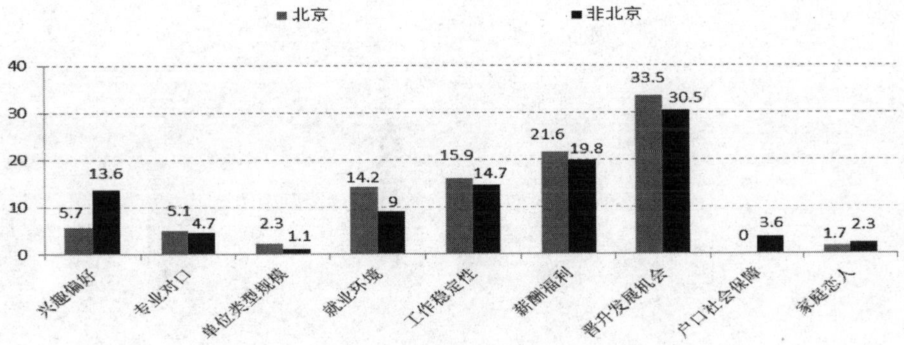

图 2-85　择业时最看重的因素（%）

1. 地区期望

如图 2-86 所示。第一，选项比较。北京生源大学生希望在北京就业的比重较高，非北京的大学生更希望在上海、广东、其他沿海地区和中西部地区就业，即生源地对地区期望有影响。第二，三大选择。选择在北京就业均超过六成，其次，北京生源学生选择上海和其他沿海地区，非北京生源学生选择广东和其他沿海地区。第三，分布状态。集中度分别为98.9%和84.3%，前者更集中。第四，水平高低。北京比分别为95.5%和62.5%，沿海比分别为100%和90.5%，前者的地区期望更高。

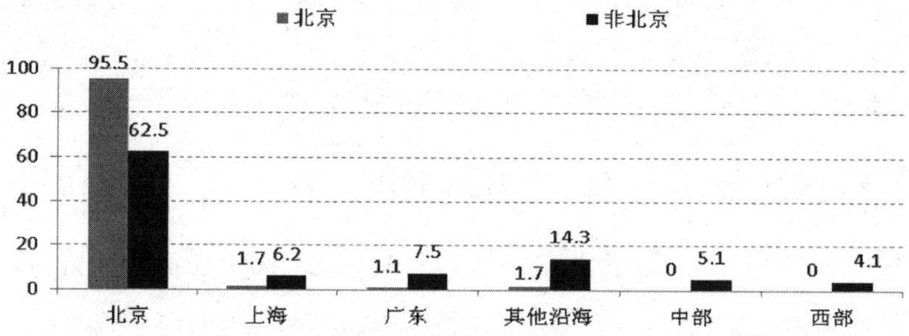

图2-86　最希望的就业地区（%）

2. 城乡期望

对北京生源的大学生来说，32.4%的愿意去农村工作，而65.3%不愿意去农村工作；对非北京生源的大学生，24.1%愿意去农村工作，73.6%不愿意去农村工作。即非北京的大学生的城乡期望更高。

3. 行业期望

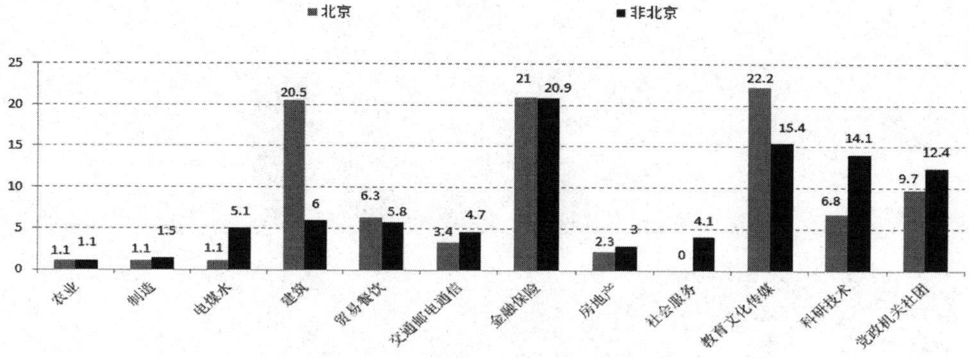

图2-87　最希望的就业行业（%）

如图2-87所示，北京生源大学生更倾向于建筑、教育文化和传媒，非北京生源大学生更倾向于电煤水供应、社会服务、科研技术、党政机关社团。教育文化和传媒、金融保险、建筑成为北京大学生的三大期望行业，金融保险、教育文化和传媒、科研技术是非北京大学生的三大期望行业。集中度分别为63.7%和

50.4%，前者的行业期望更集中。期望的高工资行业比分别为64.2%和72.6%，后者更高。

4. 性质期望

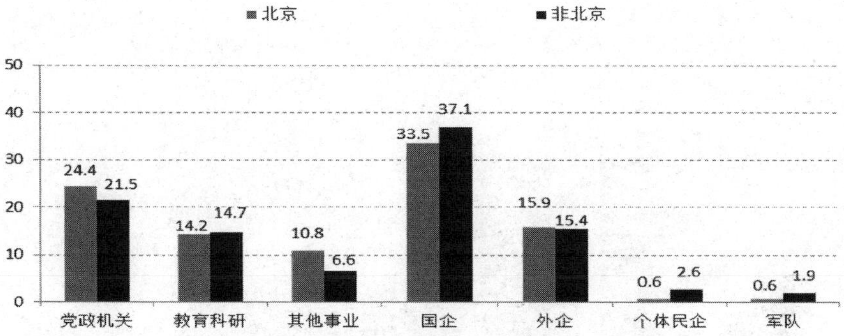

图2-88 最希望的就业单位性质（%）

如图2-88所示，北京生源大学生更倾向于党政机关、其他事业单位，而非北京生源大学生更倾向于国企、个体民企。北京和非北京的大学生都首选国企、党政机关、外企。集中度分别为73.8%和74%，差异不大。体制内单位比分别为83.5%和81.8%，前者的单位性质更稳定。

5. 期望月薪

如图2-89所示，北京生源大学生选择2000～2999元、6000～6999元、7000元以上的更多，而非北京生源大学生选择4000～4999元、5000～5999元的更多。除了3000～3999元、4000～4999元外，北京大学生希望2000～2999元，非北京的大学生希望5000～5999元。集中度分别为64.2%和69.1%，后者更集中。平均期望月薪分别为4614.3元和4715.1元，即非北京生源大学生的期望月薪反而更高。

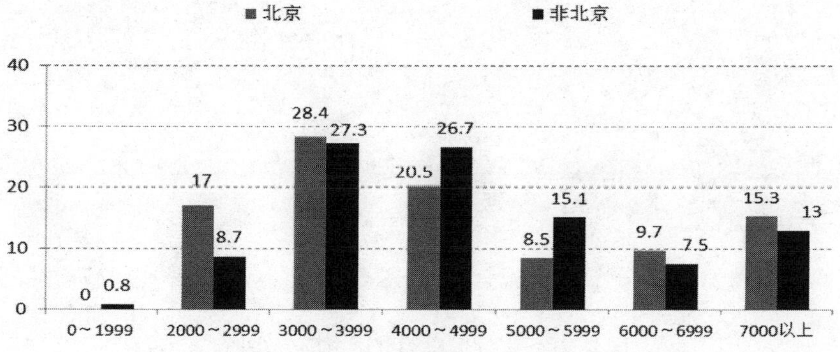

图2-89 期望月薪（%，元）

如图2-90所示，除2000～2999元、3000～3999元外，北京生源大学生的保底月薪的第三大选择为0～1999元，非北京大学生的第三选择为4000～4999元。平均期望月薪为3154.5元和3476.9元，后者更高。

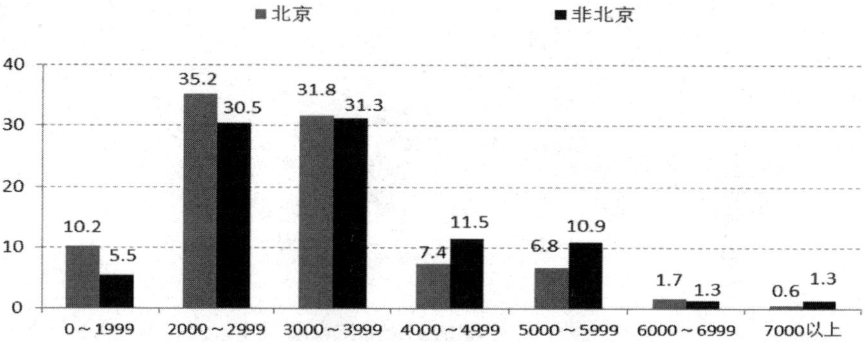

图2-90　**保底月薪（%，元）**

（二）就业行为

1. 收集信息

如图2-91所示。第一，选项比较。北京生源大学生收集信息10小时以下、10～19小时的更多，非北京生源大学生收集信息30～39小时、40～59小时、60小时以上的更多。第二，三大选择。10小时以下、10～19小时、20～29小时为共同的选择。第三，集中度分别为79%和64.9%，前者更集中。第四，水平高低。平均收集信息21.3小时和27.1小时，即非北京生源大学生在收集信息方面更积极。

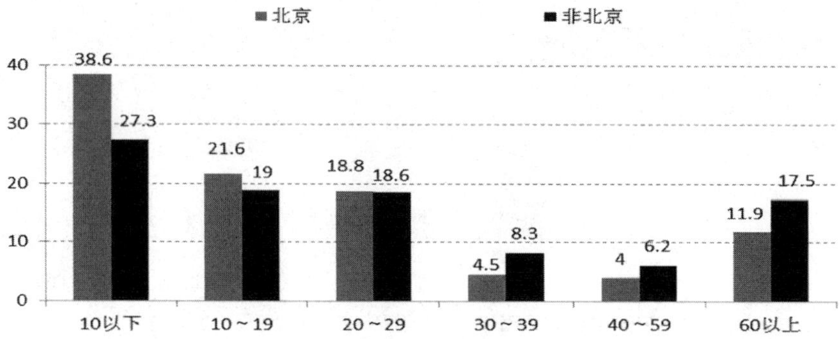

图2-91　**收集信息的时间（%，小时）**

2. 投递简历

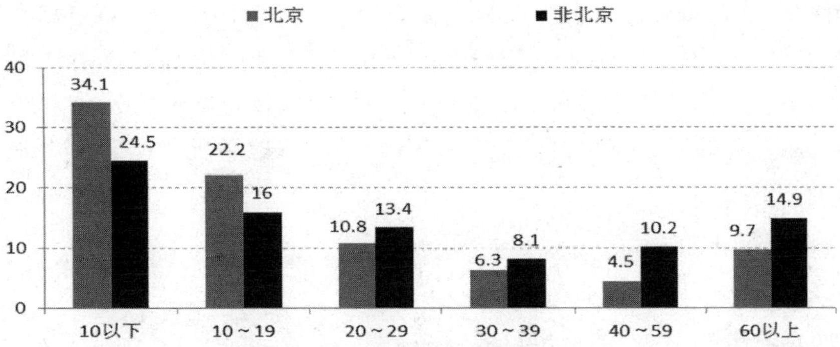

图 2-92　投递简历数量（%，份）

如图 2-92 所示，北京生源大学生投递简历 10 份以下、10～19 份的更多，非北京生源为 20～29 份、40～59 份、60 份以上的更多。除 10 份以下、10～19 份外，20～29 份是前者的第三大选择，60 份以上为后者的第三大选择。集中度分别为67.1%和55.4%，前者更集中。平均投递简历为21.1 份和28.3 份，非北京生源大学生在投简历方面更积极。

3. 主动联系

如图 2-93 所示，北京生源大学生联系 5～9 次的比重较大，其他差异不大。联系 1～4 次、0 次、5～9 次为三大共性选择。集中度分别为 88.7%和 86.7%，前者更集中。平均联系均为4.1 次。

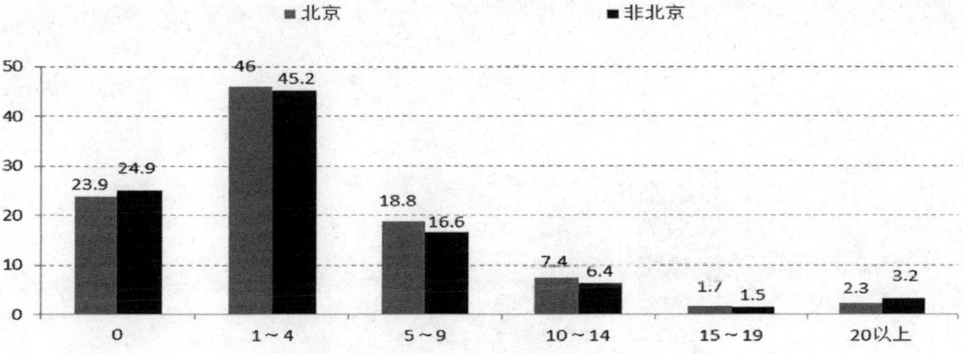

图 2-93　主动联系次数（%，次）

4. 求职费用

如图2–94所示，北京生源大学生在500元以内的比重较大，非北京生源大学生在1000～1999元、2000～2999元、4000元以上的更多。费用在500元以内、500～999元、1000～1999元、成为三大共同选择。集中度分别为93.2%和84.7%，前者更集中。平均求职费用为566.1元和915.4元，非北京生源大学生的物质投入更多。

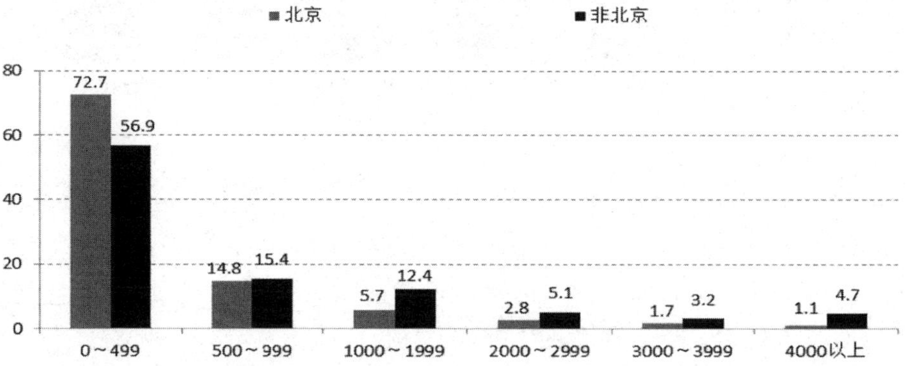

图2–94　求职费用（%，元）

5. 面试数量

如图2–95所示，北京生源学生面试5～9次的比重较大，非北京生源学生面试15～19次和面试20次以上的更多。面试1～4次、5～9次、10～14次为三大共性选择。集中度分别为83%和73.5%，前者更集中。平均面试5.7次和6.5次，非北京生源学生在准备和参加面试方面付出了更多。

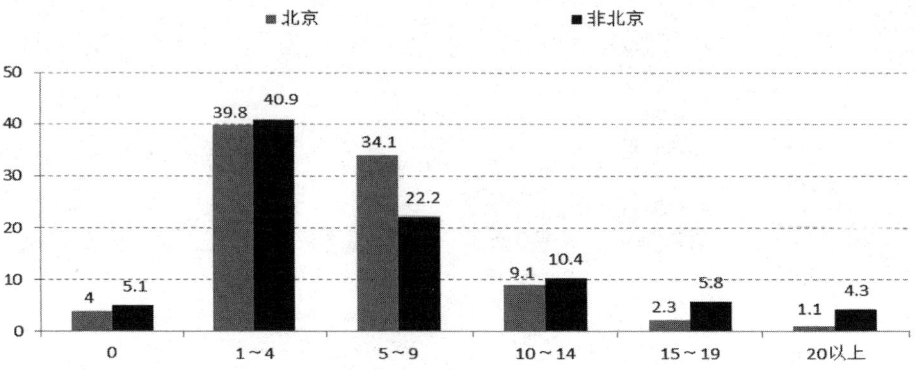

图2–95　面试次数（%，次）

6. 利用社会关系

北京生源大学生“用过、至关重要”、“用过、有些帮助”、“用过、没有帮助”、“没用过”分别为16.5%、30.7%、6.8%和44.9%，非北京生源大学生分别为9.8%、25.2%、7.2%和55.7%。运用社会关系的分别占54%和42.2%，前者更高。

（三）就业结果

1. 接收单位

如图2-96所示，北京生源大学生，获得1家、2~4家的比重较大，而非北京生源大学生，无接收单位的更多。2~4家、1家和0家为三大共同选择。平均接收单位分别为2.1和1.9家，北京生源大学生在就业机会方面拥有一定的优势。

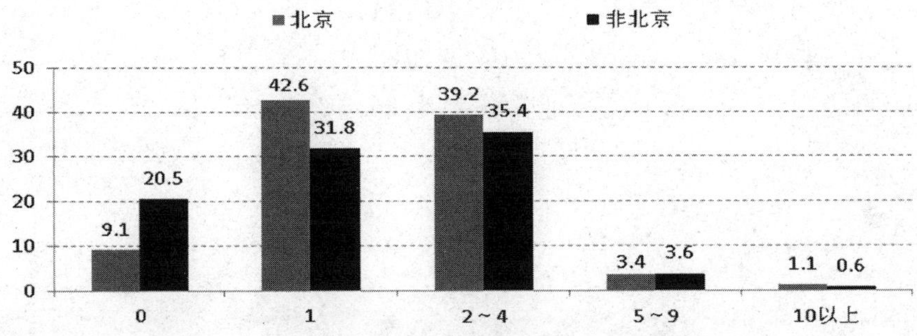

图2-96 接收单位数量（%，家）

2. 就业率

狭义就业率分别为60.74%和36.05%，广义就业率为65.03%和48.37%，都相差两成左右，体现出生源地对大学生能否就业的重要影响。

3. 实现就业的情况

（1）就业地区分布。如图2-97所示。第一，选项比较。北京生源大学生在北京就业的概率高出五成；非北京生源大学生更多地分布于上海、广东、其他沿海地区和中西部地区，生源地的影响特别大。第二，三大选择。北京生源学生几乎全部在北京就业，而对于非北京生源学生，北京第一，其他沿海地区第二，接下来是西部地区。第三，分布状态。集中度分别为98.2%和73.1%，前者更集中。第四，水平高低。北京比分别为96.2%和45.7%，沿海比分别为97.2%和74.6%，显然，前者的就业地区较发达。

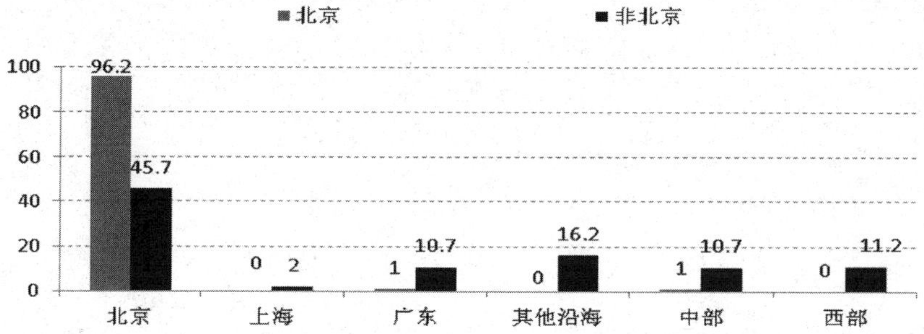

图2-97　就业地区（%）

（2）就业行业分布。如图2-98所示，北京生源大学生在建筑、教育文化传媒的比例较高，非北京生源大学生在农业、制造、交通邮电通信、金融保险、科研技术、党政机关社团的更多。除金融保险外，建筑、教育文化和传媒成为前者的两大选择，科研技术、制造业成为后者的两大选择。集中度分别为71.5%和48.3%，前者更集中。高工资行业比分别为56.4%和60.9%，后者的就业行业较好。

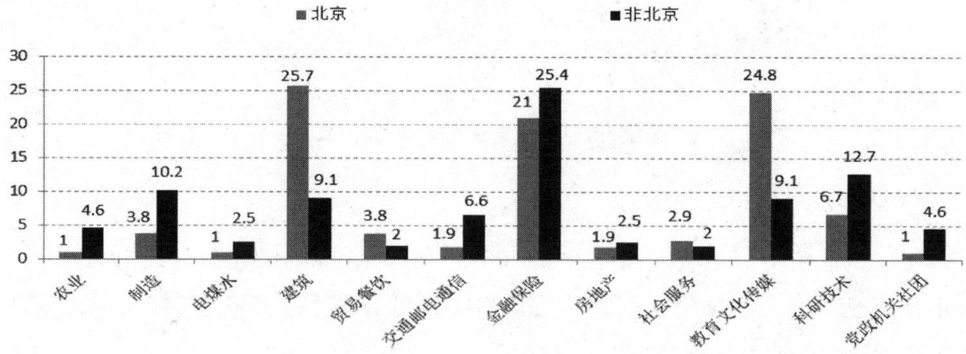

图2-98　就业行业（%）

（3）单位性质分布。如图2-99所示，北京生源大学生在教育和科研机构、其他事业单位的比例较高，非北京生源大学生在党政机关、国企、外企、个体民企的更多。除国企和其他事业单位外，教育和科研机构是北京生源大学生的主要选择，个体民企是非北京生源大学生的主要选择。集中度分别为77.1%和

74.1%，前者更集中。体制内单位比分别为79%和69.6%，前者的单位更稳定。

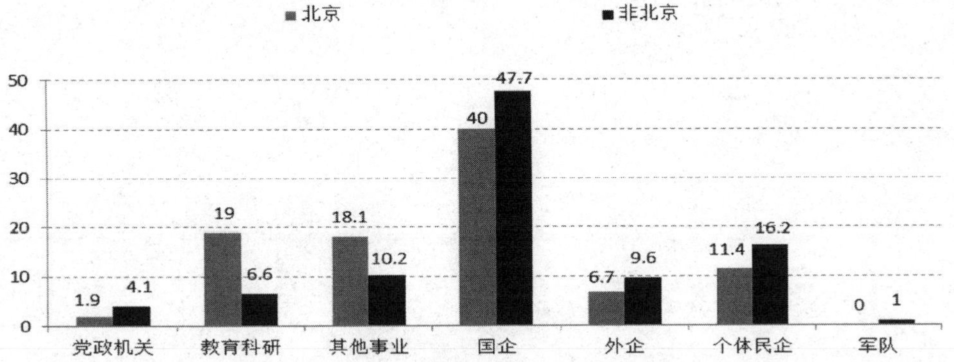

图2-99　就业单位性质（%）

（4）单位承诺月薪。如图2-100，北京生源大学生的承诺月薪为2000元以下、2000~2999元的更多，非北京生源大学生的承诺月薪为3000~3999元、4000~4999元、5000~5999元、6000元以上的更多。2000~2999元、3000~3999元、4000~4999元为两大群体的共同选择。集中度分别为83.8%和74.1%，前者更集中。平均承诺月薪为3140.8元和3648.1元，非北京生源大学生的工资收入更高。

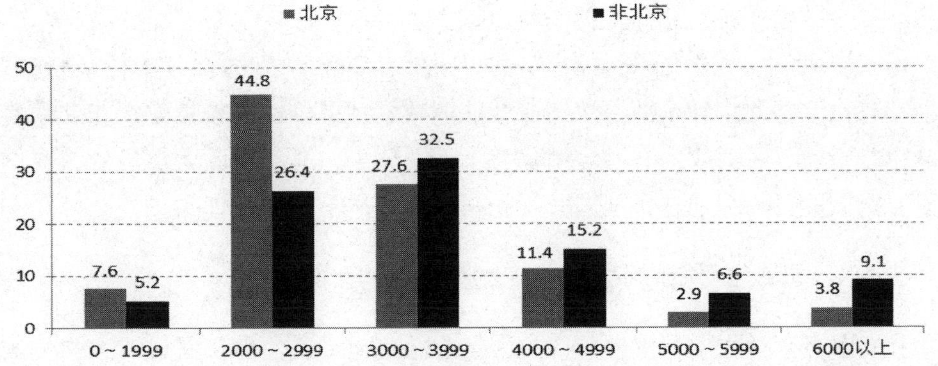

图2-100　单位承诺月薪（%，元）

4. 未实现就业情况

如图2-101所示，身高相貌、专业、社会关系对北京生源大学生就业的不利影响更大，政治面貌、工作经验、户籍制度对非北京生源大学生的不利影响更大。专业、工作经验、预期是两者共同的三大障碍。集中度分别为 37.2% 和 34.2%，前者更大。

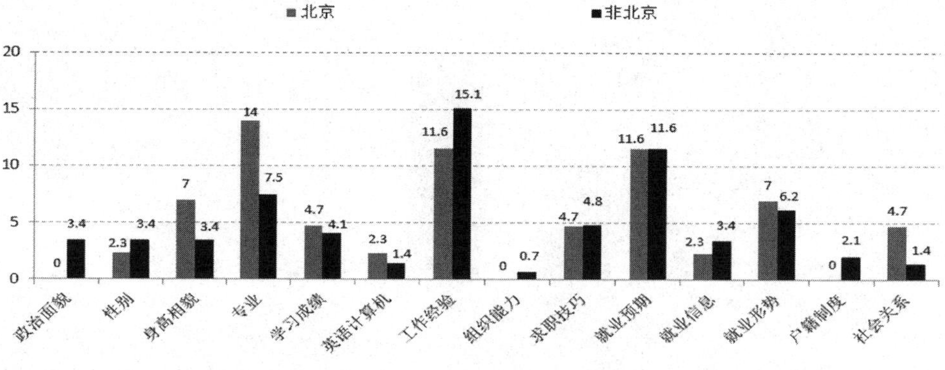

图 2-101　求职不成功的最主要影响因素（%）

（四）基本结论

第一，大学生就业意愿：差异明显。北京生源大学生的就业地区期望、性质期望较高；非北京生源大学生的城乡期望、行业期望和月薪期望较高。

第二，大学生就业行为：前者消极。北京生源大学生更多地运用了社会关系；非北京生源大学生在收集信息、投简历、面试准备方面更积极，物质投入也更多。后者的求职行为总体上更积极主动。

第三，大学生就业结果：前者较好。北京生源大学生的接收单位数量较多，就业率较高，在北京和东部沿海地区就业的较多，单位性质较稳定；非北京生源大学生在行业、月薪收入有一定的优势。即总体上，北京生源大学生的就业结果较好；与就业行为相结合，他们并不积极，这显然是不太合理的。

五、不同城乡生源的大学生就业状况

在 655 名大学生中，来自城镇的大学生的有 407 人，来自农村的大学生的有 237 人。

（一）就业意愿

如图 2-102 所示。第一，选项比较。城镇生源大学生更看重兴趣偏好、专业对口、家庭恋人，而农村生源大学生更看重工作稳定性、薪酬福利、发展机会。

第二，三大选择。发展机会、薪酬福利和工作稳定性是两者共同的选择。第三，集中度分别为62.7%和73.4%，后者更集中。

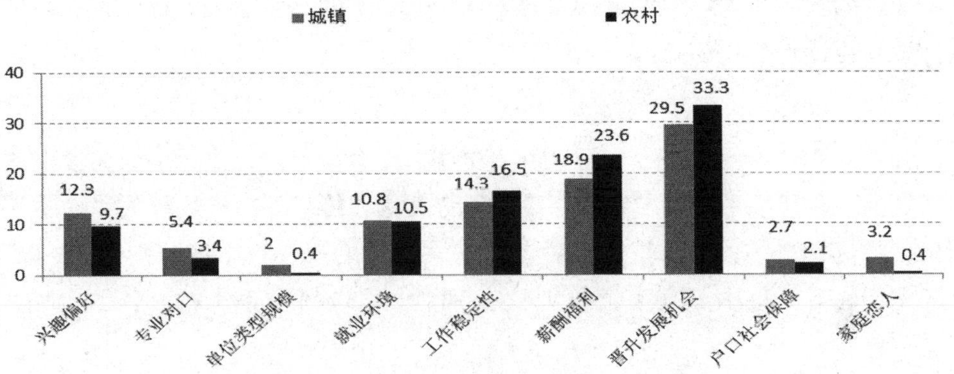

图2–102　择业时最看重的因素（%）

1. 地区期望

如图2–103所示。第一，选项比较。城镇生源大学生希望在北京就业的比重较高，农村生源大学生更希望在其他沿海地区和中部地区就业。第二，三大选择。北京占绝对优势，其次是其他沿海地区，接下来是广东。第三，分布状态。集中度分别为89.7%和85.2%，前者更集中。第四，水平高低。北京比分别为74.2%和66.7%，沿海比分别为94.9%和89.4%，即城镇生源大学生的地区期望较高。

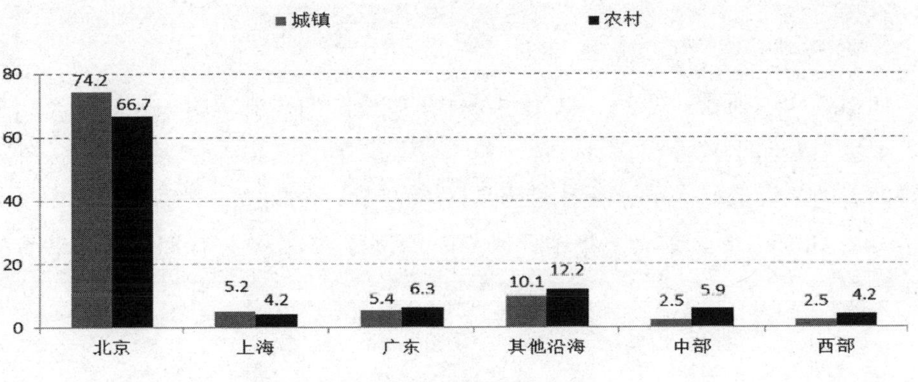

图2–103　最希望的就业地区（%）

2. 城乡期望

21.4%的城镇生源大学生愿意去农村工作，76.2%的不愿意去农村工作；35.9%的农村生源大学生愿意去农村工作，61.6%的不愿意去农村工作。即城镇生源大学生的城乡期望更高。

3. 行业期望

如图2-104所示，城镇生源大学生更倾向于金融保险，农村生源大学生更倾向于制造、科研技术。除了金融保险、教育文化和传媒外，党政机关和社团为前者的三大选择之一，科研技术为后者的三大选择之一。集中度分别为52.4%和47.3%，前者更集中。高工资行业比分别为71.3%和68%，前者的行业期望较高。

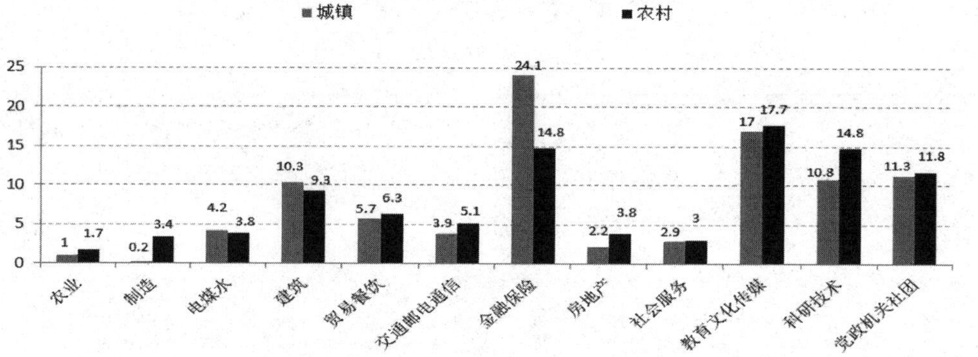

图2-104　最希望的就业行业（%）

4. 性质期望

如图2-105所示。第一，城镇生源大学生更倾向于党政机关、外企，农村生源大学生更倾向于教育和科研机构，差异较小。第二，除国企、党政机关外，外企是前者的三大选择之一，教育科研是后者的三大选择之一。第三，集中度分别为76.4%和75.1%，前者更集中。体制内单位比为80.8%和85.6%，后者的性质更稳定。

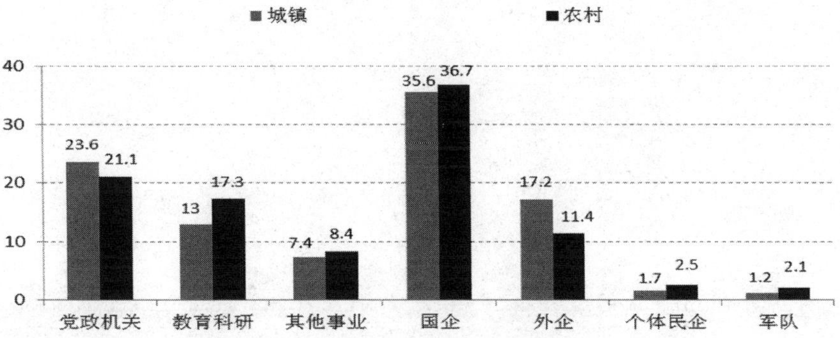

图 2-105　最希望的就业单位性质（%）

5. 期望月薪

如图 2-106 所示，城镇生源大学生选择 5000 ~ 5999 元、6000 ~ 6999 元和 7000 元以上的更多，农村生源大学生选择 2000 ~ 2999 元、3000 ~ 3999 元的更多。除 3000 ~ 3999 元、4000 ~ 4999 元外，5000 ~ 5999 元为前者的主要选择，2000 ~ 2999 元为后者的主要选择。集中度分别为 64. 6% 和 70. 9%，后者更集中。平均期望月薪分别为 4848. 6 元和 4389. 8 元，前者更高。

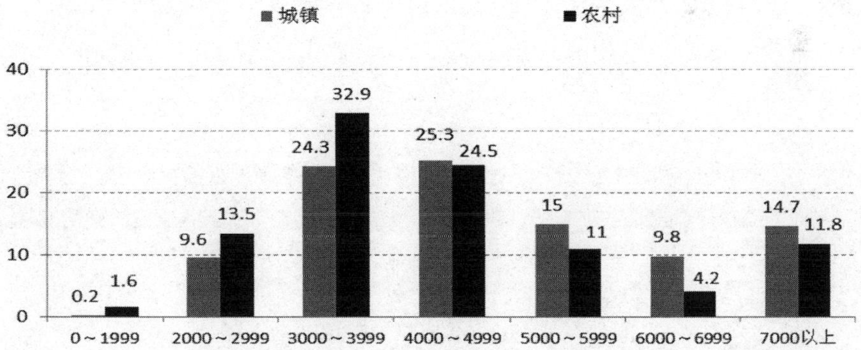

图 2-106　期望月薪（%，元）

如图 2-107 所示，城镇生源大学生选择 4000 ~ 4999 元、5000 ~ 5999 元的更多，农村生源大学生选择 2000 ~ 2999 元的更多。除 2000 ~ 2999 元、3000 ~ 3999 元，4000 ~ 4999 元是前者的主要选择，2000 元以内是后者的主要选择。平均期望月薪分别为 3465. 6 元和 3221. 5 元，前者较高。

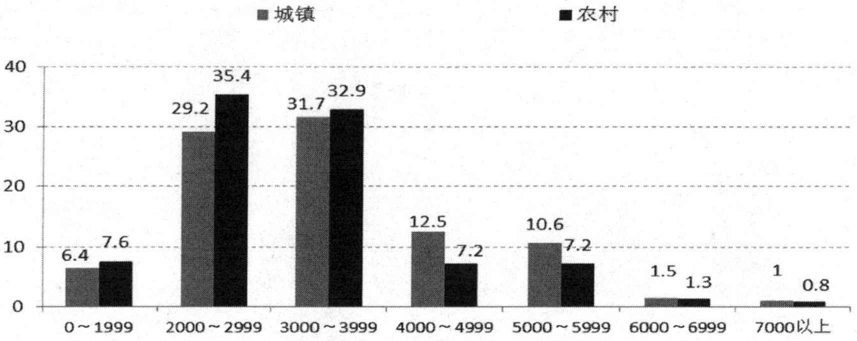

图 2-107　保底月薪（%，元）

（二）就业行为

1. 收集信息

如图 2-108 所示。第一，选项比较。城镇生源大学生收集信息 10 小时以下、20～29 小时、30～39 小时，农村生源大学生为 40～49 小时、60 小时以上的更多。第二，三大选择。除 10 小时以下、10～19 小时，20～29 小时为前者的主要选择，60 小时以上为后者的选择。第三，分布状态。集中度分别为 72.1% 和 67.6%，前者更集中。第四，水平高低。平均收集信息 23.7 小时和 28.2 小时，即后者更积极。

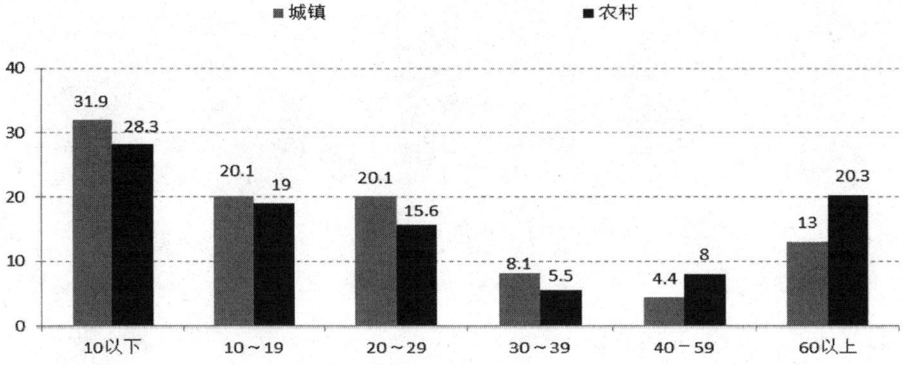

图 2-108　收集信息的时间（%，小时）

2. 投递简历

如图 2-109 所示，城镇生源大学生投递简历 10 份以下、30～39 份的更多，农村生源大学生投简历 10～19 份、40～59 份、60 份以上的更多。除 10 份以下、10～19 份外，20～29 份是前者的主要选择，60 份以上是后者的主要选择。集中度分别为 60.7% 和 55.2%，前者更集中。平均时间为 24.4 小时和 29.7 小时，后者在投简历方面更积极。

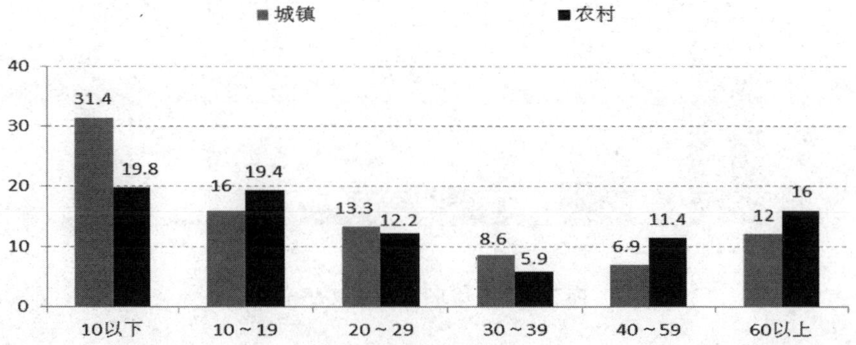

图 2-109　投递简历数量（%，份）

3. 主动联系

如图 2-110 所示，城镇生源大学生联系 1～4 次的比重较大，农村生源大学生联系 5～9 次的更多。联系 1～4 次、0 次、5～9 次成为共性的三大选择。集中度分别为 88% 和 86.5%，前者更集中。平均联系 3.9 次和 4.4 次，后者更积极。

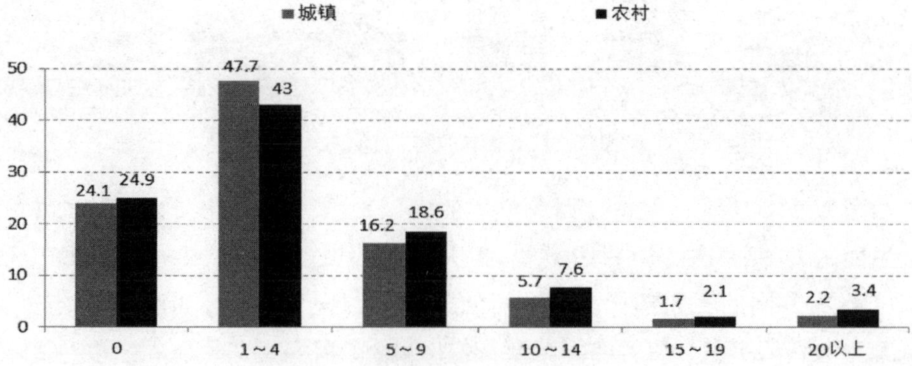

图 2-110　主动联系次数（%，次）

4. 求职费用

如图 2-111 所示，城镇生源大学生在 500 元以下的比重较大，农村生源大学生在 1000～1999 元、2000～2999 元的更多，但差异不大。费用在 500 元以下、

500～999 元、1000 ～ 1999 元为共同的三大选择。集中度分别为 87.5% 和 86.5%，前者更集中。平均费用为 812.5 元和 817.1 元，后者的物质投入偏高。

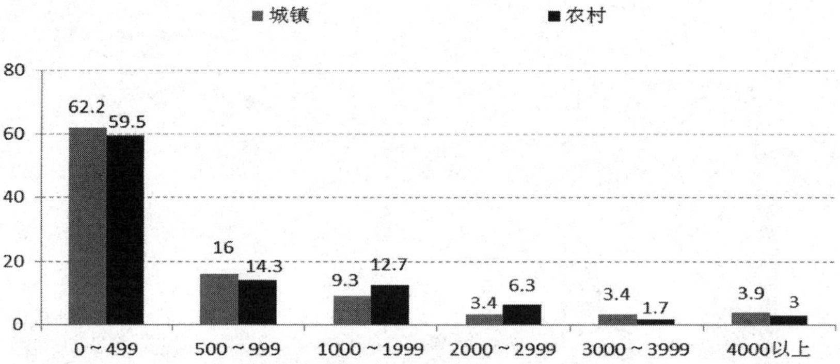

图 2-111　求职费用（%，元）

5. 面试数量

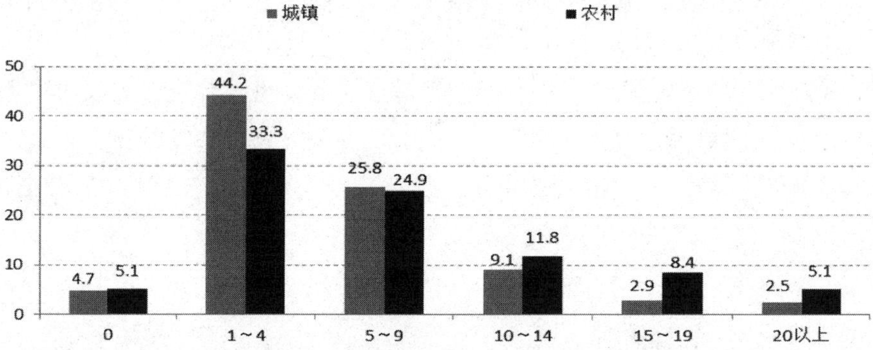

图 2-112　面试次数（%，次）

如图 2-112 所示，城镇生源大学生的面试次数为 1～4 次的更多，农村生源大学生面试 10～14 次、15～19 次、20 次以上的更多。面试 1～4 次、5～9 次、10～14 次为共同的三大选择。集中度分别为 79.1% 和 70%，前者更集中。平均面试 5.7 次和 7.4 次，后者的面试准备付出更多。

6. 利用社会关系

城镇生源大学生“用过、至关重要”、“用过、有些帮助”、“用过、没有帮助”、“没用过”分别为 15.2%、30.5%、6.9% 和 45.7%，农村生源大学生分别为 6.3%、19%、7.6% 和 65.4%。动用社会关系分别占 52.6% 和 32.9%，城镇大学生运用社会关系的情况较多。

（三）就业结果

1. 接收单位

如图 2-113 所示，农村生源大学生获得 2～4 家接收单位的更多，但差异不大。2～4 家、1 家和 0 家为三大选择。平均接收单位均为 1.9 家，城乡生源没影响。

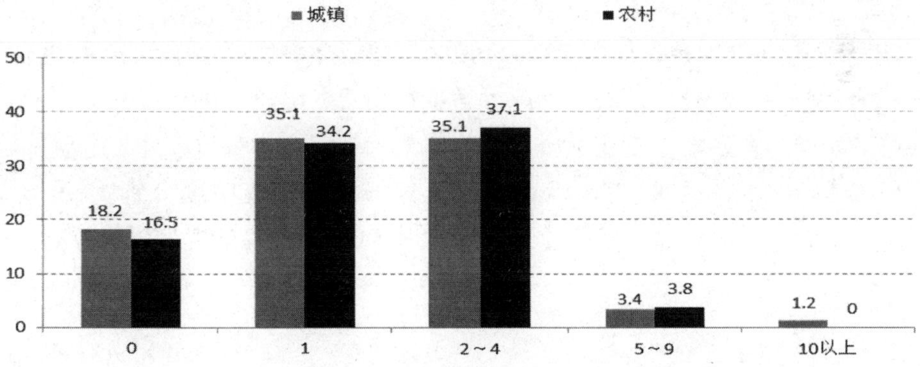

图 2-113　接收单位数量（%，家）

2. 就业率

狭义就业率分别为 43.09% 和 43.42%，广义就业率为 53.04% 和 53.51%，农村生源大学生的就业率偏高。

3. 实现就业的情况

（1）就业地区分布。如图 2-114 所示。第一，选项比较。城镇生源大学生在北京、其他沿海地区就业的更多，农村生源学生在上海、广东、西部地区就业的更多。第二，三大选择。除了北京之外，其他沿海和中部地区是前者的主要选择，广东和西部地区是后者的两大选择。第三，分布状态。集中度分别为 85.3% 和 79%，前者更集中。第四，水平高低。北京比分别为 66.1% 和 58.8%，沿海比为 84.7% 和 79%，前者的就业地区较发达。

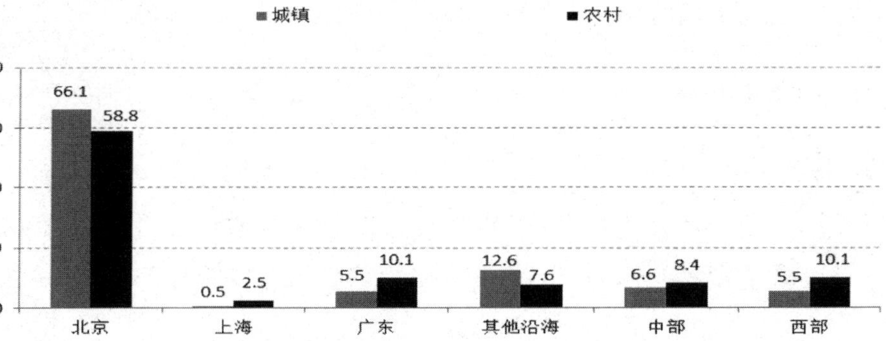

图 2-114　就业地区（%）

（2）就业行业分布。如图 2-115 所示，城镇生源大学生在交通邮电通信、金融保险就业的比例较高，农村生源大学生在制造、电煤水供应、社会服务、教育文化和传媒、科研技术就业的更多。除建筑、教育文化和传媒外，金融保险为前者的三大选择之一，制造为后者的三大选择之一。集中度分别为 59.5% 和 48.7%，前者更集中。高工资行业比为 64.4% 和 50.5%，前者的质量较高。

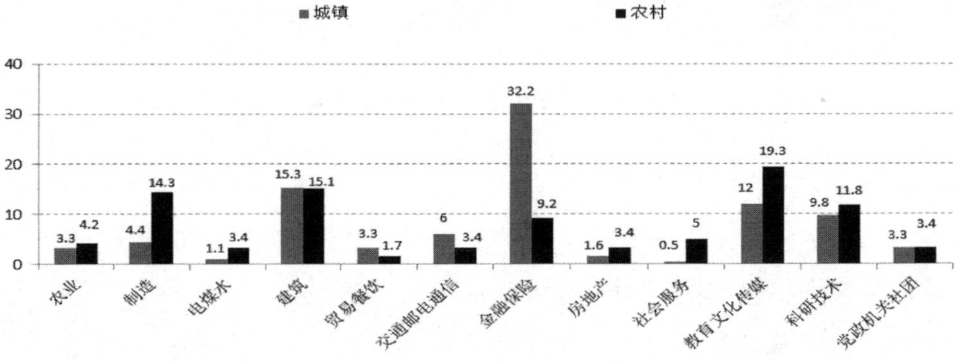

图 2-115　就业行业（%）

（3）单位性质分布。如图 2-116 所示，城镇生源大学生在外企、个体民企有优势，农村生源大学生在教育和科研机构、国企就业的更多。除了国企、其他事业单位，个体民企是前者的三大选择之一，教育科研是后者的三大选择之一。集中度为 72.1% 和 76.4%，后者更集中。体制内单位比为 69.9% 和 79.8%，后者的单位性质更稳定。

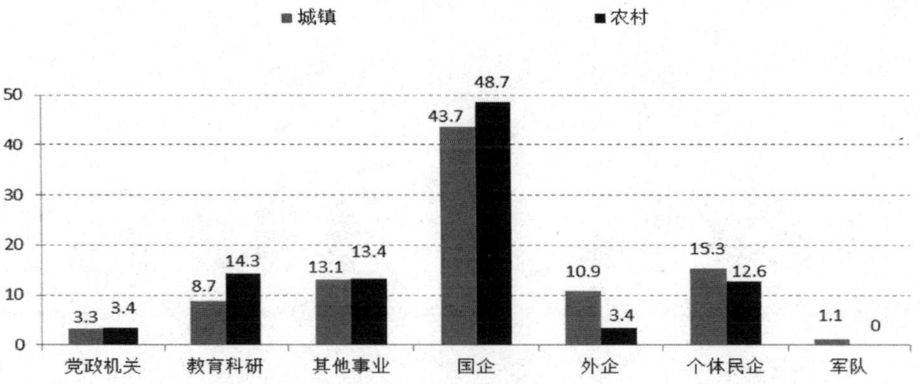

图 2-116　就业单位性质（%）

（4）单位承诺月薪。如图 2-117 所示，城镇生源大学生的承诺月薪为 4000～4999元、5000～5999 元、6000 元以上的更多，农村生源大学生为 2000 元以下、2000～2999 元的更多。2000～2999 元、3000～3999 元、4000～4999 元为共同的三大选择。集中度为 75.3% 和 82.4%，后者更集中。平均月薪为 3615.8 元和 3143.5 元，前者有一定的收入优势。

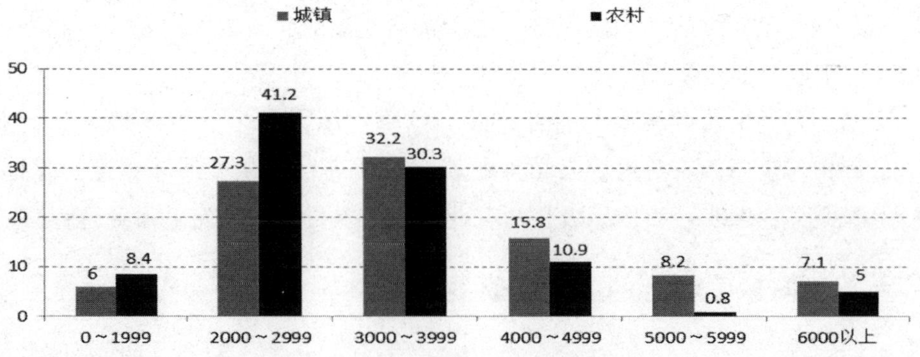

图 2-117　单位承诺月薪（%，元）

4. 未实现就业情况

如图 2-118 所示，预期太高、社会关系对城镇生源大学生的就业不利影响更大，政治面貌、专业、信息不足对农村生源大学生不利影响更大。除经验不足、预期太高外，形势严峻是前者的主要障碍，专业不好是后者的主要障碍。集中度为 36.6% 和 32.5%，前者更集中。

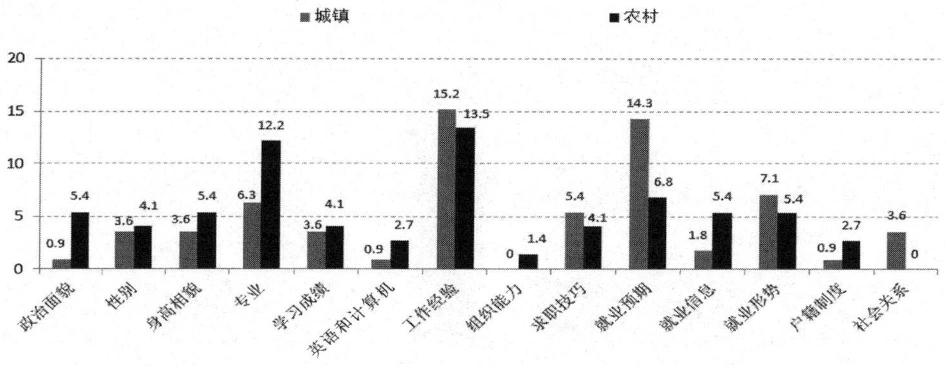

图 2-118　求职不成功的最主要影响因素（%）

（四）基本结论

第一，大学生就业意愿：前者较高。城镇生源大学生的地区期望、城乡期望、行业期望和月薪期望都较高；农村生源大学生的性质期望较高。受到生活环境的影响，前者期望较高具有一定的合理性。

第二，大学生就业行为：前者消极。城镇生源大学生运用社会关系较多；农村生源大学生在收集信息、投简历、主动联系、参加面试方面更积极，物质投入也偏高，求职行为更积极。

第三，大学生就业结果：前者较好。城镇生源大学生的就业地区和行业较好，工资收入较高；农村生源大学生的就业率较高，单位性质较稳定。总体上，农村生源大学生求职行为较积极，而就业结果较差，存在一定的不合理性。

六、不同家庭收入的大学生就业状况

在 655 名大学生中，以家庭人均月收入 3000 元为界，来自 3000 元以上的高收入家庭大学生有 242 人，来自 3000 元以下的低收入家庭的大学生有 404 人。

（一）就业意愿

如图 2-119 所示。第一，选项比较。高收入家庭大学生更看重单位的类型和规模、就业环境、晋升发展机会，低收入家庭大学生更看重工作稳定性和薪酬福利。第二，三大选择。发展机会、薪酬福利和工作稳定性是两大群体的共同选择。第三，分布状态。集中度分别为 62.4% 和 69.4%，后者更集中。可见，家庭富裕程度对大学生就业观念是有影响的。

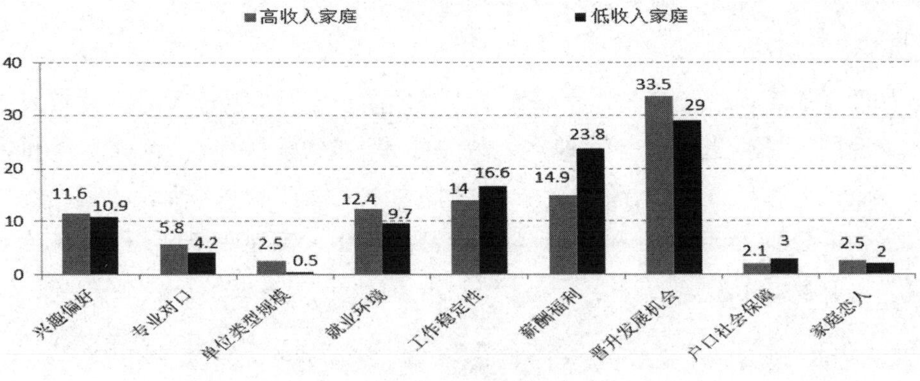

图 2-119　择业时最看重的因素（%）

1. 地区期望

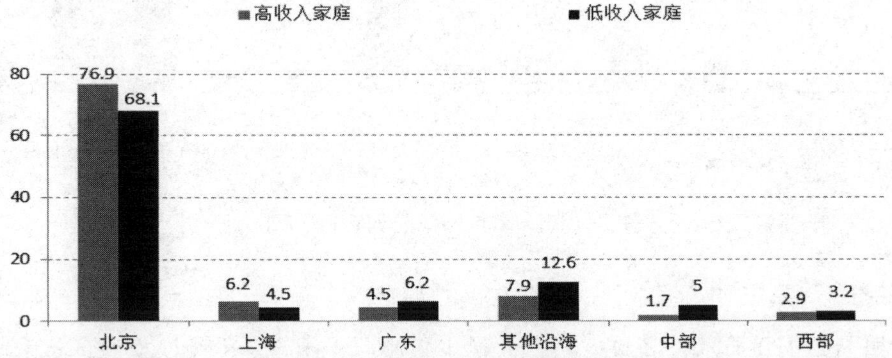

图 2-120　最希望的就业地区（%）

如图 2-120 所示。第一，选项比较。人均家庭月收入 3000 元以上的大学生希望在北京就业的比重较高，而人均家庭月收入 3000 元以下的大学生更希望在其他沿海地区和中部地区就业。第二，三大选择。除了北京和其他沿海地区，高收入家庭子女更多选择上海，低收入家庭子女更多选择广东。第三，分布状态。集中度分别为 91% 和 86.9%，前者更集中。第四，水平高低。北京比分别为 76.9% 和 68.1%，沿海比为 95.5% 和 91.4%。也就是说，家庭越富裕，其子女越可能选择在大城市和发达地区就业。

2. 城乡期望

对于高收入家庭大学生来说，22.7% 的愿意去农村工作，而 74% 不愿意去农村工作；29%的低收入家庭大学生愿意去农村工作，69. 1%不愿意去农村工作。即富裕家庭的子女更不愿意去农村就业。

3. 行业期望

如图 2-121 所示，高收入家庭大学生更倾向于金融保险、教育文化传媒，低收入家庭的大学生更倾向于房地产、科研技术。除金融保险、教育文化和传媒外，党政机关和社团为前者的三大行业选择之一，科研技术为后者的三大选择之一。集中度分别为 57. 4% 和 46. 3%，前者更集中。高工资行业比为 75. 6% 和 66. 4%，前者更高。

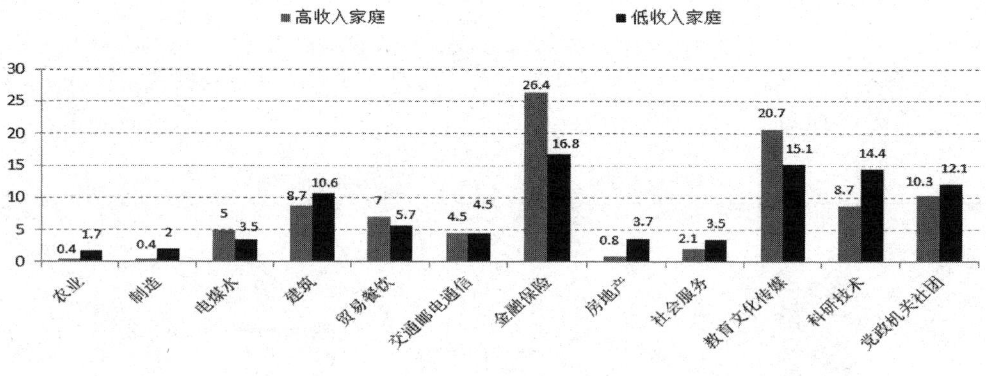

图 2-121　最希望的就业行业（%）

4. 性质期望

如图 2-122 所示，高收入家庭大学生更倾向于国企、外企，低收入家庭的大学生更倾向于教育和科研机构、其他事业单位。除国企、党政机关，外企是前者

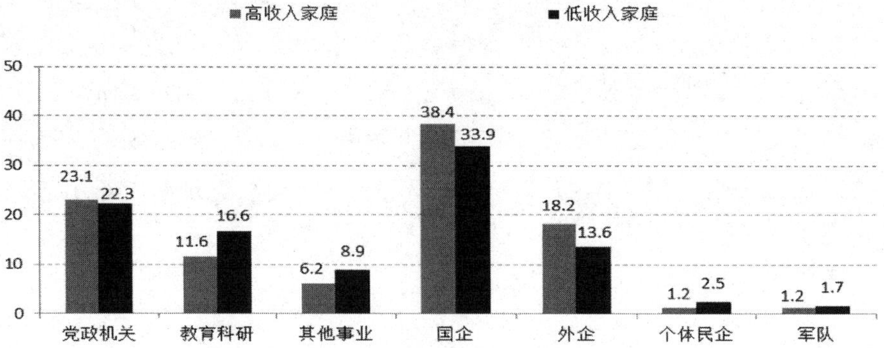

图 2-122　最希望的就业单位性质（%）

的主要选择，教育科研是后者的主要选择。集中度分别为 79.7% 和 72.8%，前者更集中。体制内单位比分别为 80.5% 和 83.4%，后者的期望更高。

5. 期望月薪

如图 2-123 所示，高收入家庭大学生选择 5000～5999 元、6000～6999 元、7000 元以上的更多，低收入家庭大学生选择 2000～2999 元、3000～3999 元的更多。4000～4999 元、3000～3999 元是两者共同的选择，高收入家庭大学生还选择 5000～5999 元、6000～6999 元、7000 元以上，低收入家庭大学生还选择 2000～2999元。集中度分别为 61.6% 和 68.3%，后者更集中。平均期望月薪为 5039.7 元和 4476.4 元，即高收入家庭大学生的期望月薪更高。

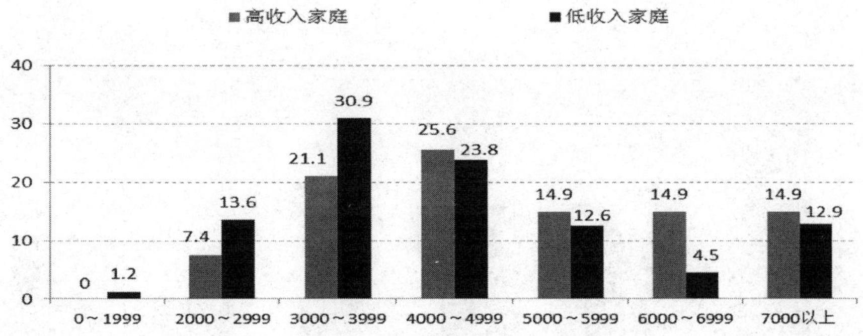

图 2-123　期望月薪（%，元）

如图 2-124 所示，高收入家庭大学生更多选择 4000～4999 元、5000～5999 元，低收入家庭大学生更多选择 2000～2999 元。除 2000～2999 元、3000～3999 元外，5000～5999 元是前者的主要选择，4000～4999 元是后者的主要选择。平均期望月薪为 3595.6 元和 3263.4 元，家庭较富裕的大学生的保底月薪较高。

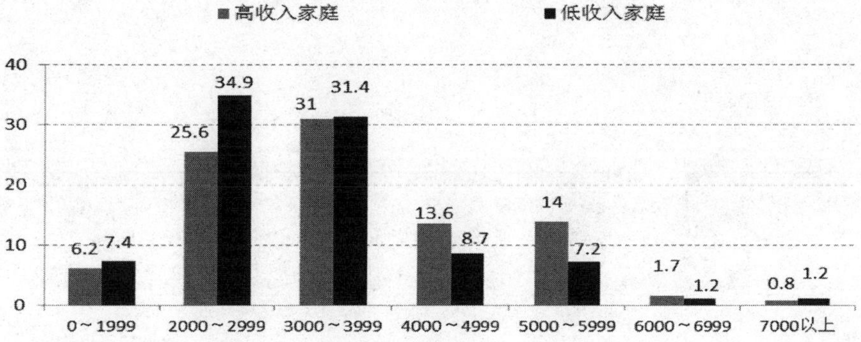

图 2-124　保底月薪（%，元）

(二) 就业行为

1. 收集信息

如图 2-125 所示。第一，选项比较。高收入家庭大学生收集信息 10 小时以下、20～29 小时的更多，低收入家庭大学生收集信息 10～19 小时、60 小时以上的更多。第二，三大选择。10 小时以下、10～19 小时、20～29 小时为共同的选择。第三，分布状态。集中度分别为 71.5% 和 67.6%，前者更集中。第四，水平高低。平均时间为 24.1 小时和 25.9 小时，即贫困家庭的大学生在收集信息方面更积极。

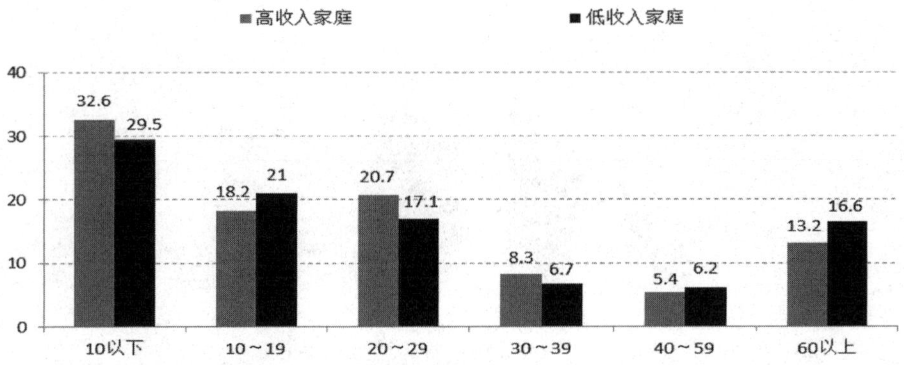

图 2-125 收集信息的时间（%，小时）

2. 投递简历

如图 2-126 所示，高收入家庭大学生投简历 10 份以下的更多，低收入家庭

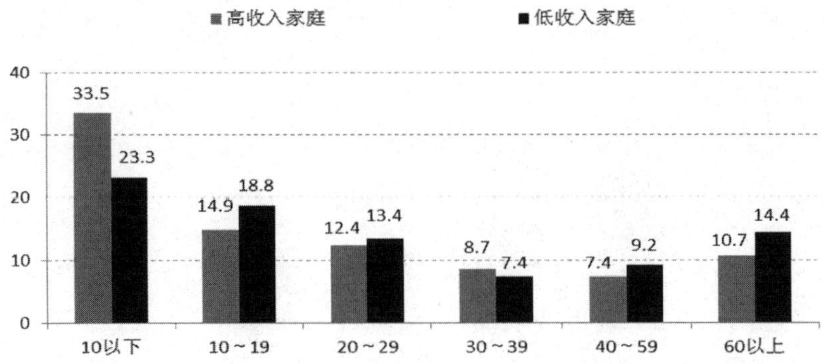

图 2-126 投递简历数量（%，份）

大学生投简历10～19份、60份以上的更多。除10份以下、10～19份，20～29份为前者的主要选择，60份以上为后者的主要选择。集中度分别为60.8%和56.5%，前者更集中。平均投递简历23.7份和27.6份，后者更多。

3. 主动联系

如图2-127所示，高收入家庭大学生联系1～4次的更多，低收入家庭大学生联系0次、5～9次、10～14次的更多。联系1～4次、0次、5～9次成为共同选择。集中度分别为87.6%和86.6%，前者更集中。平均联系3.9次和4.3次，后者更多。

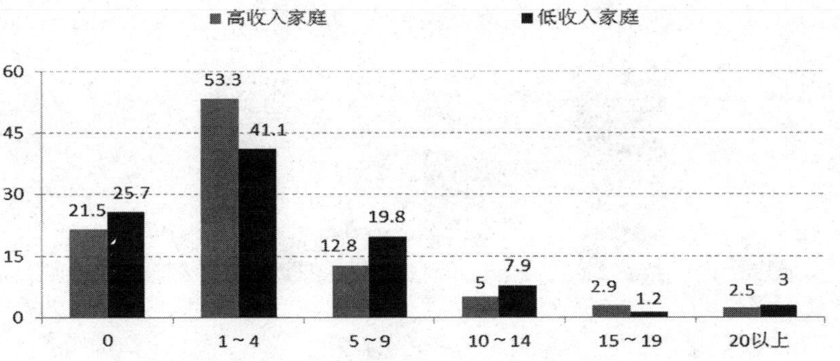

图2-127 主动联系次数（%，次）

4. 求职费用

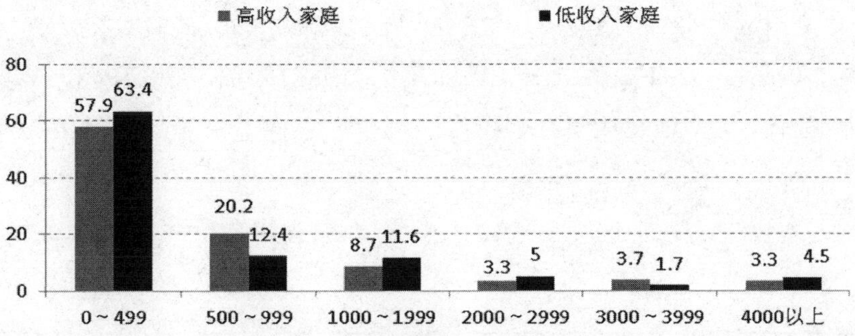

图2-128 求职费用（%，元）

如图2-128所示，高收入家庭大学生在500～999元、3000～3999元的比重较大，低收入家庭大学生500元以内、1000～1999元的比重较大。500元以下、500～999元、1000～1999元成为三大共同选择。集中度分别为86.8%和

87.4%，后者更集中。平均费用为811.7元和822.9元，低收入家庭大学生的求职费用更高。

5. 面试数量

如图2-129所示，高收入家庭大学生面试1~4次、10~14次的更多，低收入家庭大学生面试5~9次、15~19次的更多。1~4次、5~9次、10~14次成为三大共同选择。集中度分别为79.8%和73.5%，前者更集中。平均面试5.9次和6.4次，后者更多。

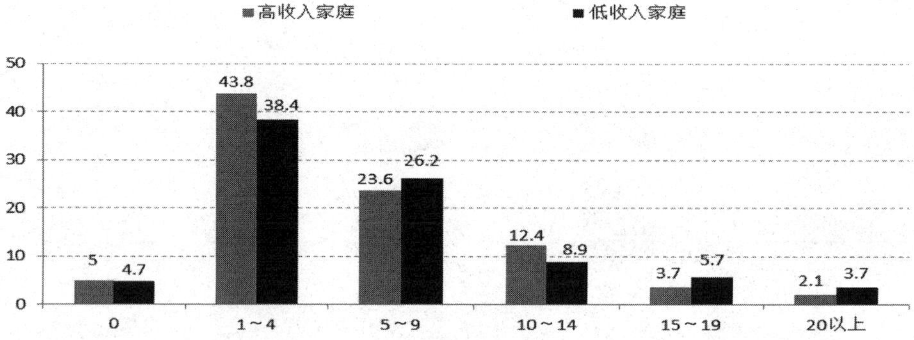

图2-129 面试次数（%，次）

6. 利用社会关系

高收入家庭大学生"用过、至关重要"、"用过、有些帮助"、"用过、没有帮助"、"没用过"分别为14%、39.3%、6.2%和38%，低收入家庭大学生分别为9.9%、19.6%、7.4%和61.4%。动用社会关系分别占59.5%和36.9%，即高收入家庭子女更多地运用了社会资本。

（三）就业结果

1. 接收单位

如图2-130所示，低收入家庭大学生获得2~4家接收单位的比重偏大。2~4家、1家和0家为共同的三大选择。平均接收单位为1.9家和2家，后者偏高。

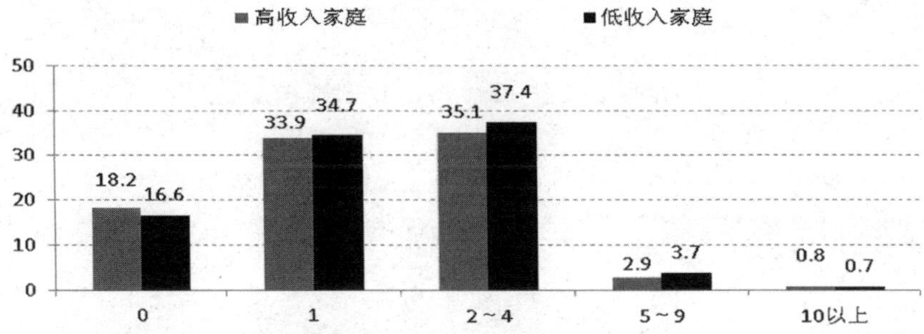

图 2-130　接收单位数量（%，家）

2. 就业率

狭义就业率分别为 47.45% 和 41.56%，广义就业率为 57.65% 和 51.39%，表明家庭越富裕，其子女的就业率越高。

3. 实现就业的情况

（1）就业地区分布。如图 2-131 所示。第一，选项比较。高收入家庭大学生在北京就业的概率更高，低收入家庭大学生在中西部地区的更多。第二，三大选择。除了占绝对多数的北京，其次是其他沿海地区，再次，高收入家庭子女更多地选择广东，低收入家庭子女更多地选择中部地区。第三，分布状态。集中度分别为 90.6% 和 78.9%，前者更集中。第四，水平高低。北京比分别为 74.5% 和 58.8%，沿海比为 91.5% 和 77.9%，前者的地区质量较高。

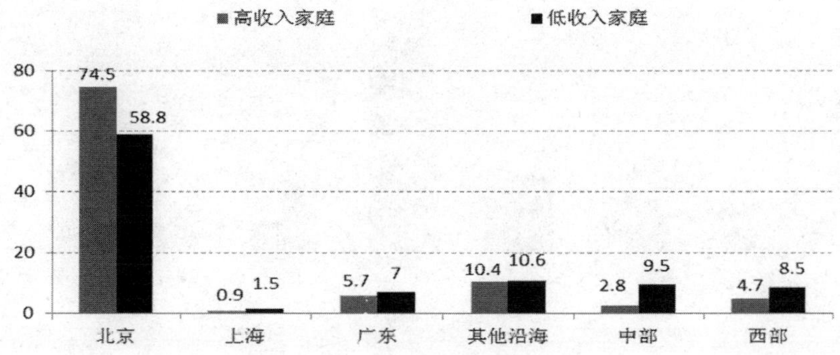

图 2-131　就业地区（%）

（2）就业行业分布。如图 2-132 所示，高收入家庭大学生在贸易餐饮、金融保险的比例较高，低收入家庭大学生在制造、建筑、科研技术的更多。金融保险、建筑、教育文化和传媒是两者的三大共同选择。集中度分别为 66% 和

45.3%，前者更集中。高工资行业比为 70.6% 和 52.8%，前者更好。

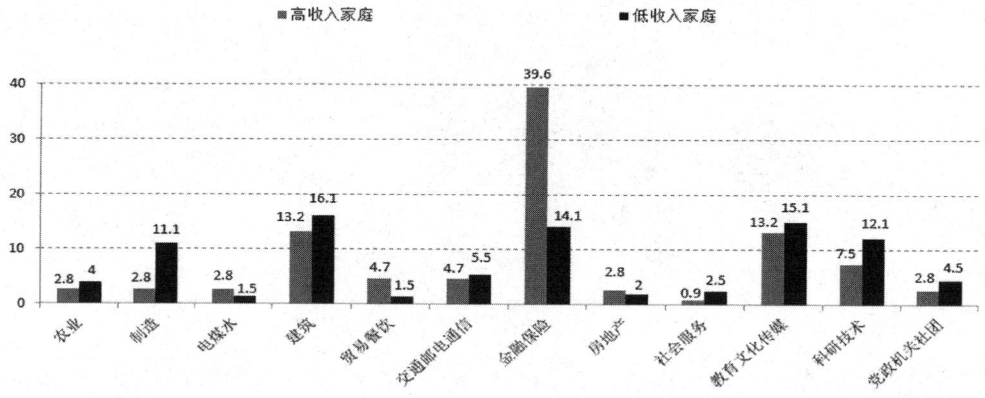

图 2-132　就业行业（%）

（3）单位性质分布。如图 2-133 所示，高收入家庭大学生在其他事业单位、国企、外企有优势，低收入家庭大学生在党政机关和个体民企就业的更多。除国企、其他事业单位，外企是前者的主要选择，个体民企是后者的主要选择。集中度分别为 76.4% 和 72.4%，前者更集中。体制内单位比为 74.5% 和 72.9%，前者更高。

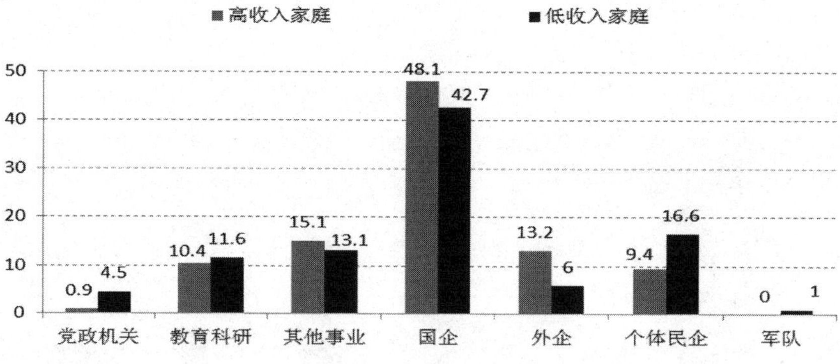

图 2-133　就业单位性质（%）

（4）单位承诺月薪。如图 2-134 所示，高收入家庭大学生的承诺月薪为 3000～3999 元、4000～4999 元、5000～5999 元、6000 元以上的更多，低收入家庭大学生的承诺月薪为 2000 元以下、2000～2999 元的更多。2000～2999 元、3000～3999 元、4000～4999 元为共同的三大选择。集中度分别为 80.2% 和

75.4%，前者更集中。平均承诺月薪为3742.9元和3288.4元，高收入家庭大学生获得的月薪较高。

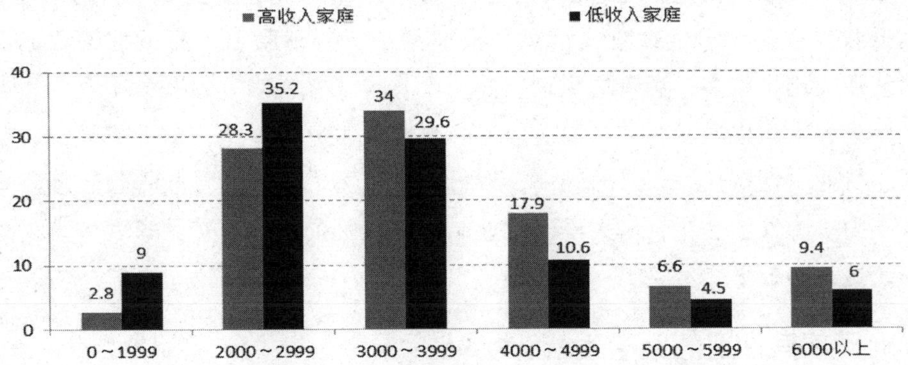

图2-134　单位承诺月薪（%，元）

4. 未实现就业情况

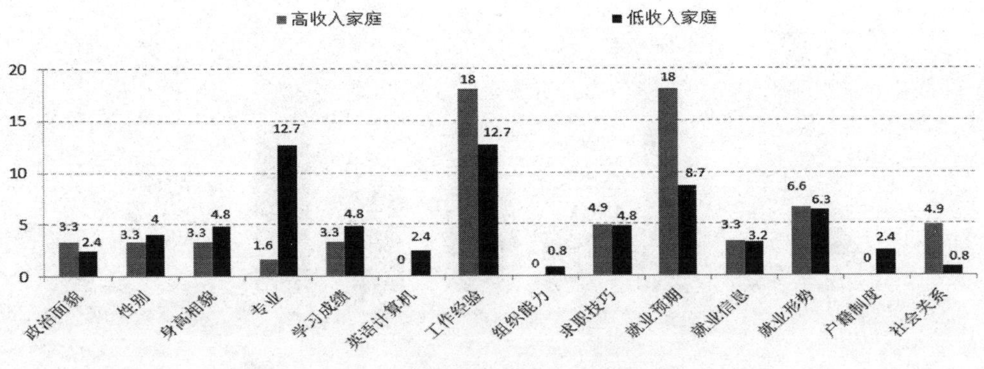

图2-135　求职不成功的最主要影响因素（%）

如图2-135所示，工作经验、就业预期、社会关系对高收入家庭大学生的就业不利影响更大，而专业、英语和计算机、户籍制度对低收入家庭大学生不利影响更大。除经验不足、预期太高外，形势严峻是前者的主要选择，专业不好是后者的主要选择。集中度分别为42.6%和34.1%，前者面临的困难更集中。

（四）基本结论

第一，大学生就业意愿：前者较高。高收入家庭大学生更期望去北京、上海等大都市就业，更不愿意去农村工作，行业期望和月薪期望也较高；低收入家庭大学生对单位的稳定性要求较高。高收入家庭的就业意愿较高，有一定的现实基础和合理性。

第二，大学生就业行为：前者消极。高收入家庭大学生更多地利用了社会资本；低收入家庭大学生在收集信息、投递简历、主动联系、面试准备方面更积极，费用支出也较多，后者更主动。

第三，大学生就业结果：前者较好。高收入家庭大学生，就业率较高，就业地区、行业、性质较好，月薪较高；但低收入家庭大学生的接收单位较多。家庭收入作为一个外生变量，对大学生就业结果有较强的影响，贫困家庭大学生处于劣势，这是不公平的。

七、不同性别的大学生就业状况

在655名大学生中，男大学生有287人，女大学生有290人。

（一）就业意愿

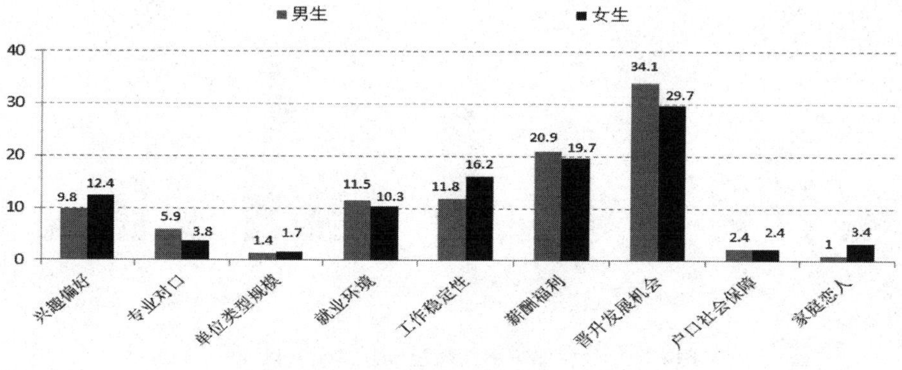

图2-136　择业时最看重的因素（%）

如图2-136所示。第一，选项比较。男大学生更看重专业对口、发展机会，女大学生更看重兴趣偏好、工作稳定性、家庭恋人。第二，三大选择。发展机会、薪酬福利、工作稳定性是共同的选择。第三，分布状态。集中度分别为66.8%和65.6%，前者更集中。

1. 地区期望

如图2-137所示。第一，选项比较。男生更希望在广东、其他沿海和中部地区就业，女生更希望在北京就业。第二，三大选择。除北京和其他沿海地区，广东是男生的主要选择，上海是女生的主要选择。第三，分布状态。集中度分别为 87.8% 和 89.7%，后者的分布更集中。第四，水平高低。北京比分别为 69% 和 76.6%，沿海比分别为 92% 和 93.5%，女生的地区期望较高。

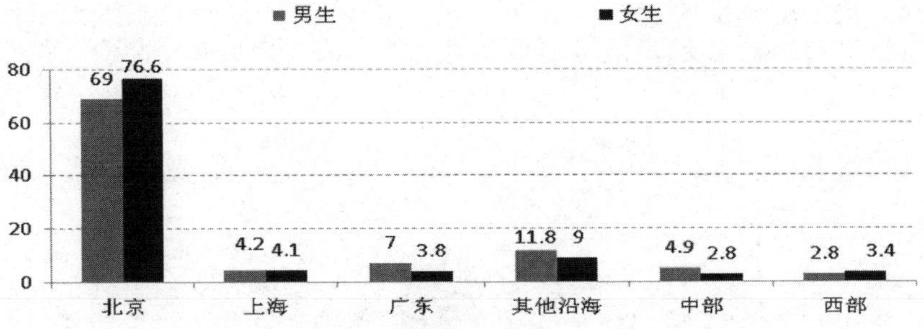

图 2-137　最希望的就业地区（%）

2. 城乡期望

对于男生来说，30.3% 的愿意去农村工作，而 66.6% 的不愿意去农村工作；23.1% 的女生愿意去农村工作，74.1% 的不愿意去农村工作。即女生更不愿意去农村就业，相差超过 7 个百分点。

3. 行业期望

如图 2-138 所示，男生更倾向于建筑、交通邮电通信、科研技术就业，女生更倾向于贸易餐饮、金融保险、教育文化和传媒就业。除金融保险、科研技术外，建筑为男生的三大选择之一，教育文化和传媒、党政机关和社团为女生的主要选择。集中度分别为 49.1% 和 60.3%，女生的选择更集中。高工资行业比为 66.9% 和 73%，女生的期望较高。

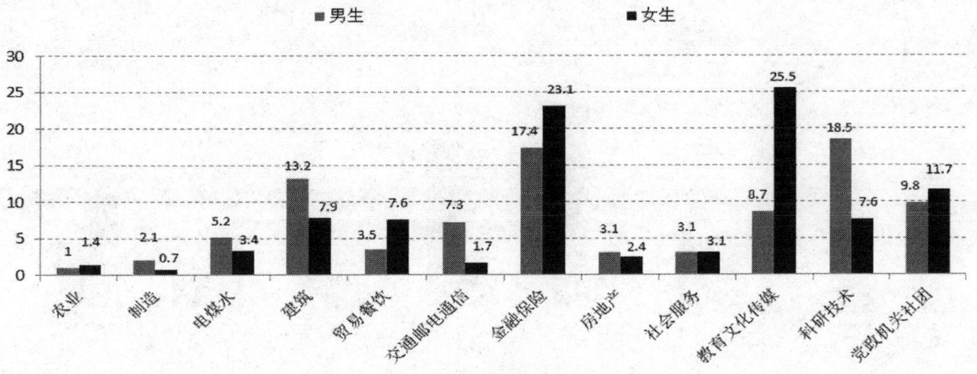

图 2-138　最希望的就业行业（%）

4. 性质期望

如图 2-139 所示，男生更倾向于教育和科研机构、国企、个体民企，女生更倾向于外企。除国企和党政机关外，教育科研为男生的主要选择，外企为女生的主要选择。集中度分别为 75.6% 和 76.1%，后者偏集中。体制内单位比为 84% 和 78.5%，男生的性质期望较高。

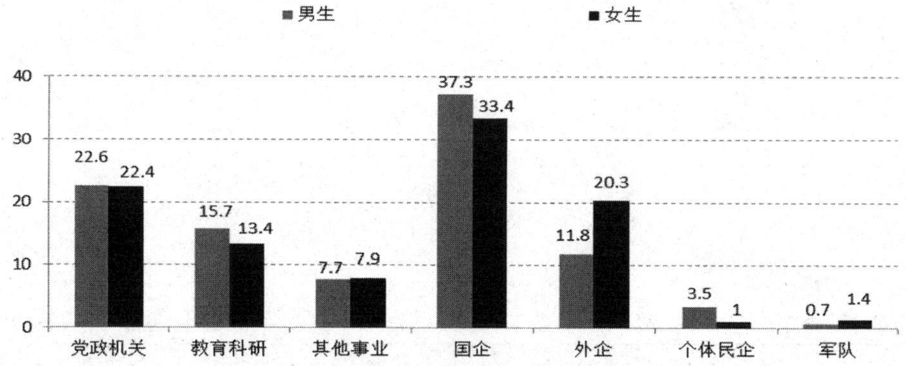

图 2-139　最希望的就业单位性质（%）

5. 期望月薪

如图 2-140 所示，男生选择 7000 元以上的更多，女生选择 3000～3999 元、4000～4999 元的更多。除 3000～3999 元、4000～4999 元外，7000 元以上是男生的主要选择，5000～5999 元是女生的主要选择。集中度分别为 63.4% 和 70.6%，女生的选择更集中。平均月薪为 4825.1 元和 4567.5 元，男生的薪酬要求更高。

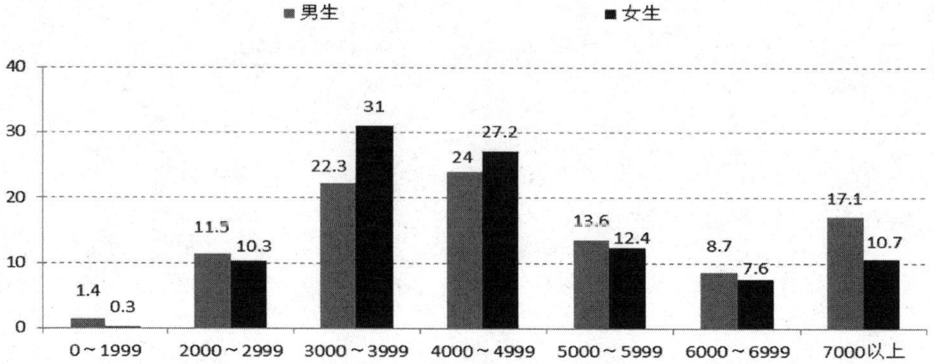

图 2-140　期望月薪（%，元）

如图2-141所示，男生的保底月薪为2000元以下、5000～5999元的更多，女生选择2000～2999元的更多。除2000～2999元、3000～3999元外，5000～5999元是男生的主要选择，4000～4999元是女生的主要选择。平均期望月薪分别为3505.7元和3268.4元，男生更高。

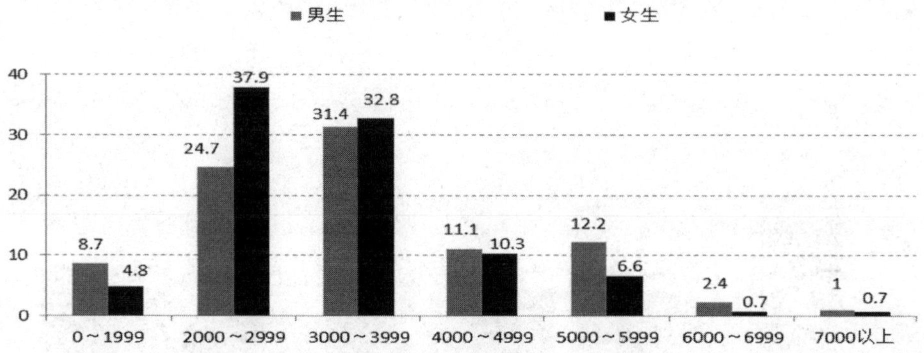

图2-141　保底月薪（%，元）

（二）就业行为

1. 收集信息

如图2-142所示。第一，选项比较。女生收集信息60小时以上的更多，其他差异不大。第二，三大选择。10小时以下、10～19小时、20～29小时为共同的选择。第三，分布状态。集中度分别为69.1%和68.2%，前者偏高。第四，水平高低。平均收集信息24.7小时和26小时，女生偏高。

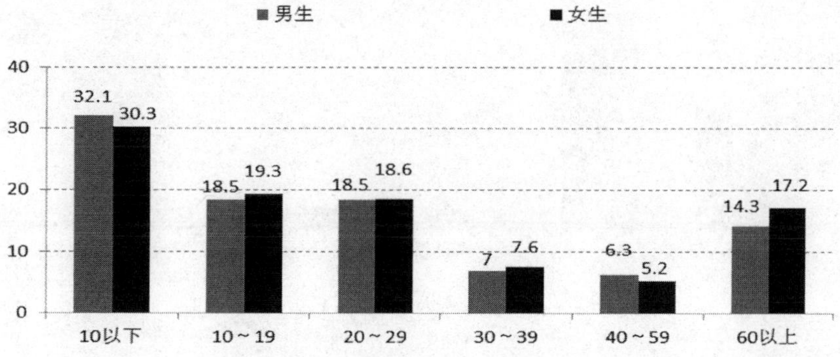

图2-142　收集信息的时间（%，小时）

2. 投递简历

如图 2-143 所示，男生投简历为 10～19 份、20～29 份、40～59 份的更多，女生投简历为 30～39 份、60 份以上的更多。除 10 份以下、10～19 份外，20～29 份为男生的三大选择之一，60 份以上为女生的三大选择之一。集中度分别为 62.3% 和 62.8%，后者相对集中。平均投递简历 23.8 份和 27.6 份，即女生更积极。

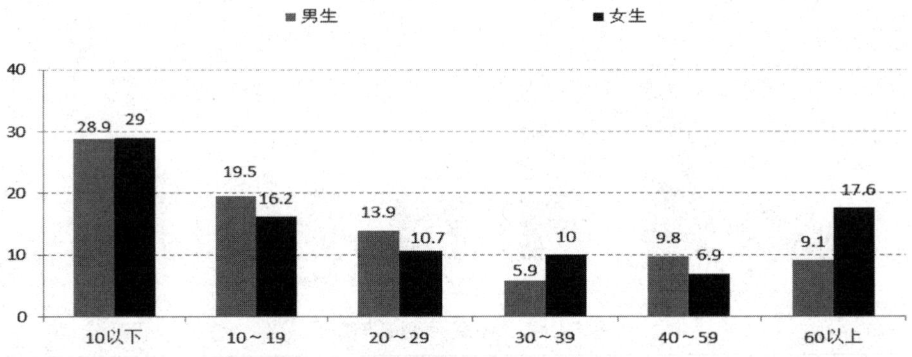

图 2-143　投递简历数量（%，份）

3. 主动联系

如图 2-144 所示，男生主动联系联系 1～4 次的更多，女生没联系、联系 5～9次的更多。联系 1～4 次、0 次、5～9 次为共同的三大选择。集中度分别为 86.1% 和 91%，后者更集中。平均联系 4.2 次和 3.6 次，男生更主动。

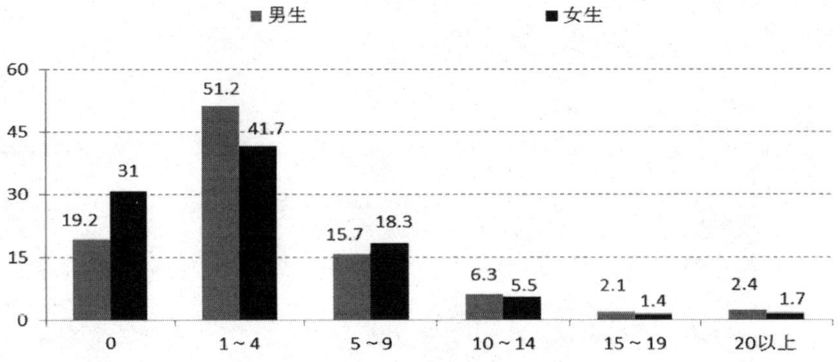

图 2-144　主动联系次数（%，次）

4. 求职费用

如图 2-145 所示，男生为 500～999 元、1000～1999 元的比重较大，女生为

500元以下、2000～2999元的更多。500元以下、500～999元、1000～1999元为共同的三大选择。集中度分别为88.9%和87.2%，前者更集中。平均求职费用为791.1元和772元，男生更高。

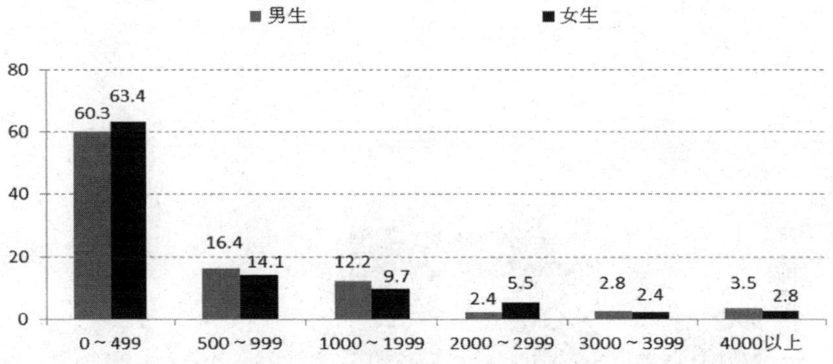

图2-145　求职费用（%，元）

5. 面试数量

如图2-146所示，女生参加面试5～9次的更多，其他差异很小。面试1～4次、5～9次、10～14次为共同的选择。集中度分别为76%和81.4%，后者更集中。平均面试均为6.1次。

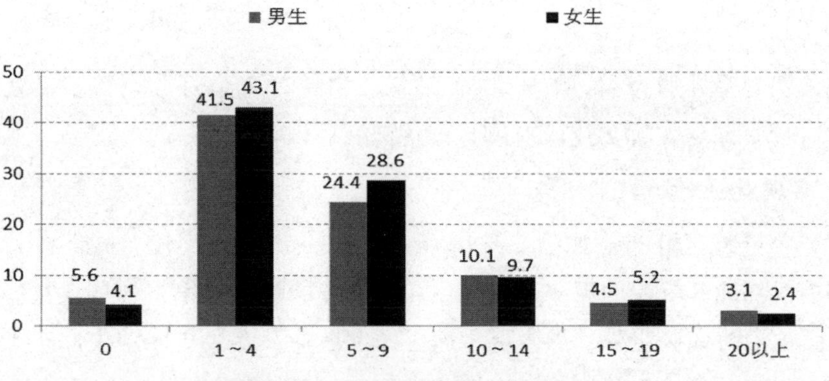

图2-146　面试次数（%，次）

6. 利用社会关系

城镇生源大学生“用过、至关重要”、“用过、有些帮助”、“用过、没有帮助”、“没用过”分别为10.1%、27.2%、5.9%和55.4%，农村生源大学生分别为13.1%、26.2%、6.9%和51.4%。动用社会关系的比值占43.2%和46.2%，女生用的更多。

（三）就业结果

1. 接收单位

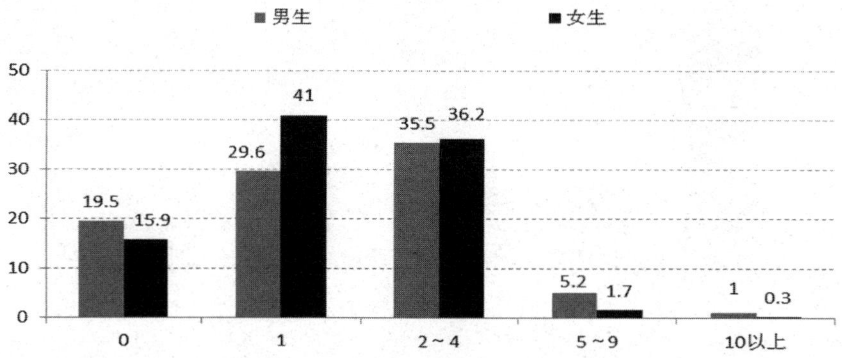

图2-147　接收单位数量（%，家）

如图2-147所示，男生获得0家、5～9家的比重较大，女生获得1家的更多。2～4家、1家和0家为三大选择。平均接收单位均为2家和1.7家，男生有一定的优势。

2. 就业率

狭义就业率分别为48.41%和40.53%，相差近8个百分点；广义就业率为58.33%和51.52%，即男生具有明显的优势。

3. 实现就业的情况

（1）就业地区分布。如图2-148所示。第一，选项比较。男生在其他沿海地区和中西部地区就业的更多，女生在北京就业的更多。第二，三大选择。除了北京和其他沿海地区之外，男生更多地去西部就业，女生更多地去广东工作。第三，分布状态。集中度分别为79.2%和86.4%，后者更集中。第四，水平高低。北京比分别为57.1%和69.9%，沿海比为78.5%和87.2%，女生的就业地区较好。

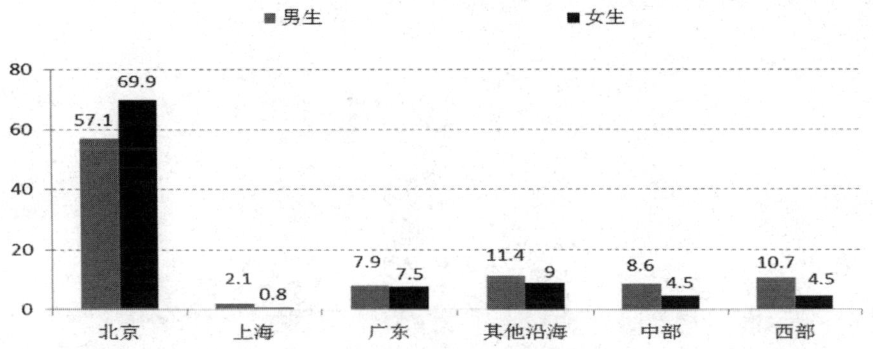

图 2-148　就业地区（%）

（2）就业行业分布。如图 2-149 所示，男生在制造、建筑、交通邮电通信、社会服务的更多，女生在农业、金融保险、教育文化传媒、科研技术的更多。除了金融保险，建筑、制造为男生的主要选择，教育文化和传媒、科研技术为女生的主要选择。集中度分别为 53. 6% 和 64. 7%，后者更集中。高工资行业比分别为 45. 7% 和 73. 8%，女生的就业行业较好。

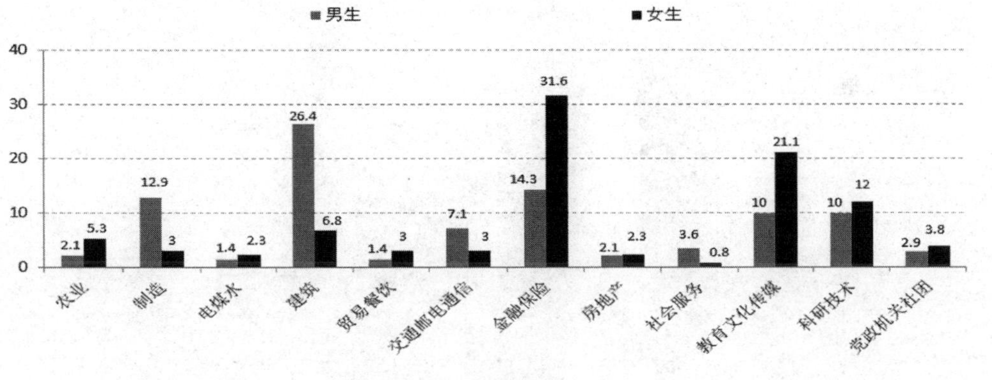

图 2-149　就业行业（%）

（3）单位性质分布。如图 2-150 所示，男生在其他事业单位、国企有轻微的优势，女生在教育和科研机构、外企就业的更多。除国企和个体民企之外，其他事业单位为男生的主要选择，教育科研为女生的主要选择。集中度分别为 82. 2% 和 67. 6%，前者更集中。体制内单位比为 80. 8% 和 69. 1%，男生的就业单位更稳定。

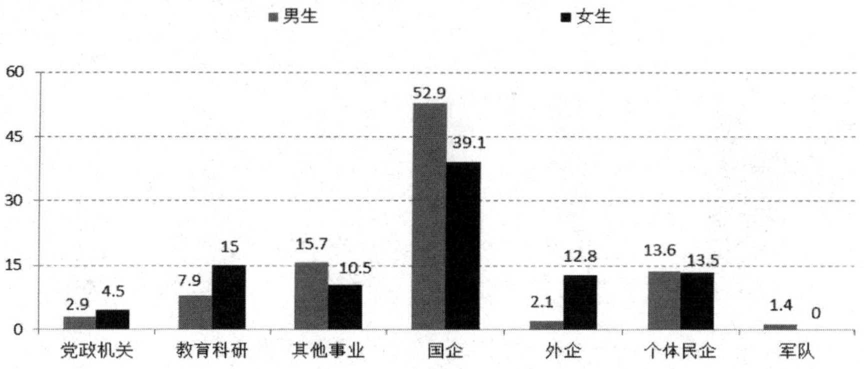

图 2-150 就业单位性质（%）

（4）单位承诺月薪。如图 2-151 所示，男生的承诺月薪分布在 2000 元以下、6000 元以上的更多，女生在 5000～5999 元的更多。2000～2999 元、3000～3999 元、4000～4999 元为共同的选择。集中度分别为 77.9% 和 78.9%，后者更集中。平均月薪为 3405.1 元和 3445.3 元，女生的收入较高。

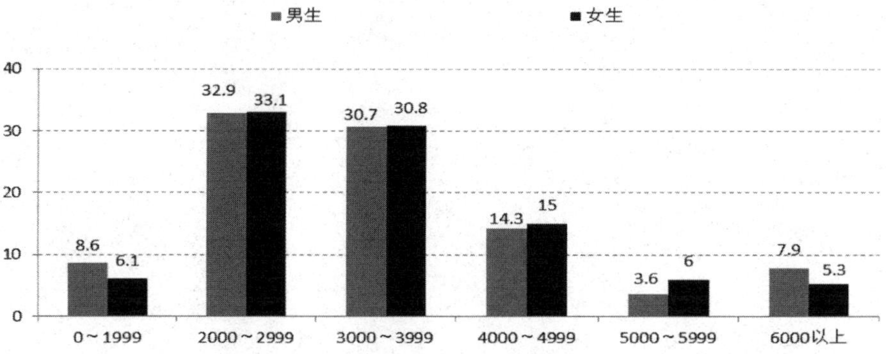

图 2-151 单位承诺月薪（%，元）

4. 未实现就业情况

如图 2-152 所示，专业、学习成绩、求职技巧、就业形势对男生就业的不利影响较大，工作经验、就业预期、就业信息对女生就业的不利影响较大。除经验不足，形势严峻之外、专业不好为男生求职不成功的两大主要障碍，预期太高、性别、身高相貌、求职技巧、就业信息、就业形势是女生的主要障碍。集中度分别为 35.3% 和 37.7%，女生面临的障碍相对集中。

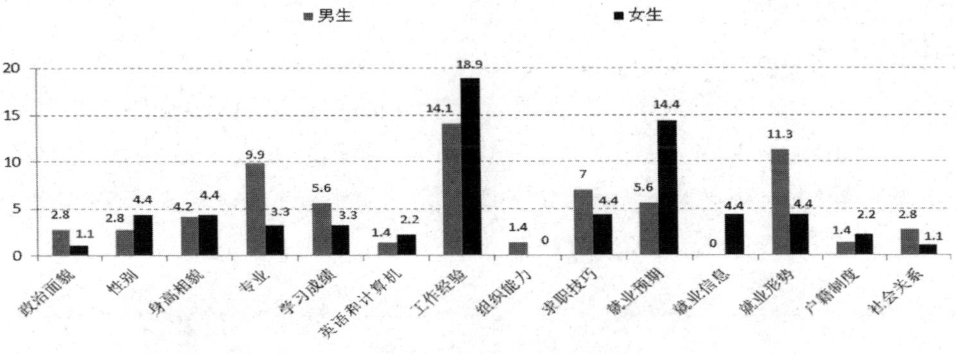

图 2-152　求职不成功的最主要影响因素（%）

（四）基本结论

第一，大学生就业意愿：差异明显。男生的单位性质期望、月薪期望较高；女生更希望去北京就业，更不愿意去农村就业，行业期望较高。

第二，大学生就业行为：分层明显。男生主动联系更多，求职费用较高；女生收集信息、投递简历更多，更多地运用了社会关系。

第三，大学生就业结果：各有优劣。男生的接收单位数量和就业率较高，单位更稳定；女生的就业地区和行业较好，工资收入较高。

第三节　2011 年北京大学生创业状况

本节基于北京地区 18 所高校的 2011 年大学生创业状况调查，分析大学生对大学生创业认识、创业意识、创业能力、创业环境、创业实践以及创业促进措施的看法❶。

一、样本描述

课题组于 2011 年 6 月对北京地区大学毕业生就业和创业状况展开了抽样调查。回收问卷 1658 份，创业部分有效问卷 1330 份，有效率为 80.2%。包括综合类、理工类、农业类、师范类、财经类、政法类、民族类高校 18 所。如图 2-

❶ 黄敬宝：《2011 年北京地区大学生创业调查报告》，《中国经贸导刊》2012 年第 23 期，第 53—55 页。

153 所示，北京大学、清华大学、中国人民大学、北京师范大学分别占 4.3%、1.1%、4.9%和5.9%，北京理工大学、北京科技大学、北京邮电大学、北京交通大学、北京航空航天大学、中国地质大学和北京建筑工程学院分别占 5.5%、6.5%、4.6%、5.3%、5.6%、0.5%、5.6%，中国农业大学占 7.4%，首都师范大学占 7.1%，中央财经大学、对外经贸大学和北京工商大学占 6.7%、5.8%和5.7%，中国青年政治学院占 11%，中央民族大学占 6.7%。

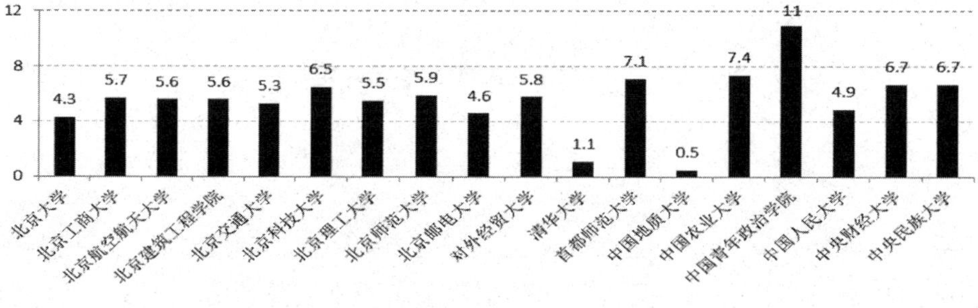

图 2–153　高校分布（%）

覆盖了 10 个学科门类，哲学占 0.5%，经济学占 20.7%，法学占 9.3%，教育学 4.1%，文学占 2.8%，历史学占 0.5%，理学占 18.3%，工学占 23.1%，农学占 3.5%，管理学占 16.5%。

他们来自于我国大陆 31 个省区市和台湾地区，如图 2–154 所示，北京最多、占 20.2%，其次是山东、占 7.4%，再次是四川、占 5.2%，其他省份较为分散；来自城镇和农村的分别占 70%、28.9%，女生占 49.3%，男生占 39.7%。

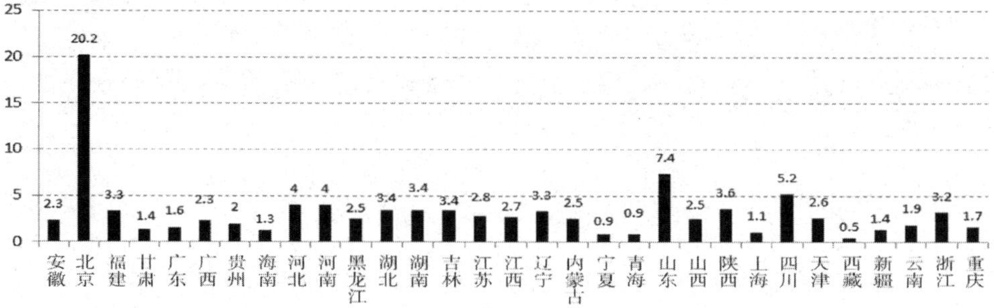

图 2–154　生源地分布（%）[1]

---

[1] 台湾地区只有 1 人、占 0.1%，比重太小，图中没有标示。

二、大学生创业状况

（一）大学生对创业的认识

大学生如何看待大学生创业？842 人、占样本的 63.3%，认为创业是“更好地实现自身价值的一种就业形式”，108 人、占 8.1%，认为它是“推动社会发展的动力”，104 人、占 7.8%，认为它是由于无法实现就业时“走投无路的被动选择”，298 人、占 22.4%，认为大学生创业“不现实”。即大约七成大学生认识到大学生创业的重要价值，但超过三成的大学生持消极态度。

（二）大学生创业的影响因素

43.2% 的大学生认为影响大学生创业的因素是“创业精神”，66.4% 的认为是“创业能力”，51.1% 的认为是“创业想法”，66.8% 的认为是“资源与环境”，基本证实了 MAIR 模型的合理性❶。

（三）大学生创业的优势

大学生作为一个相对独立的创业群体，其优势何在？如图 2－155 所示，80.7% 的大学生认为是“年轻有活力、勇于拼搏”，其次是“学习能力强”、占 45.9%，再次是“创新能力强”、占 42.8%，接下来是“家庭负担轻”和“知识技能多”，分别占 28.7%、25.9%，其他项包括不怕输、政策支持、无优势，占 0.9%。也就是说，年富力强，知识技能较多，学习和创新能力又强，大学生比农民工和下岗职工更有创业优势，更可能成为我国的创业者主体。

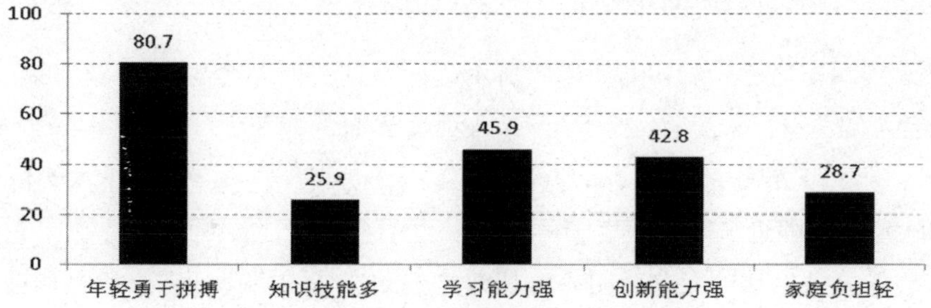

图 2－155　大学生创业的优势（多选,%）

❶ 乔治·马努：《大学生 KAB 创业基础》，高等教育出版社 2007 年版，第 147 页。

（四）大学生创业的障碍

现实中，有哪些因素阻碍了大学生创业的步伐呢？如图2-156所示，61.3%的大学生认为“缺乏社会关系”是最主要的障碍，这在很大程度上体现了我国是一个注重关系和社会背景的社会；59.5%的认为是“缺乏资金”，56.8%的认为是“缺乏工作经验”，36.2%的认为是“缺乏创业意识和勇气”，31.4%的认为是“缺乏知识和技能”，31.3%的认为是“创业环境差”，25.2%的认为是“缺乏团队”，23.7%的认为是“缺乏项目”，13.2%的认为是“不解决户口社会保障”，12.3%的认为是“家人反对”，缺乏创新精神等其他项占0.1%。可见，阻碍大学生将创业梦想转化为现实的因素，既包括创业意识和创业能力等自身方面，也包括资金、户口、社会保障、社会关系等外在环境方面。

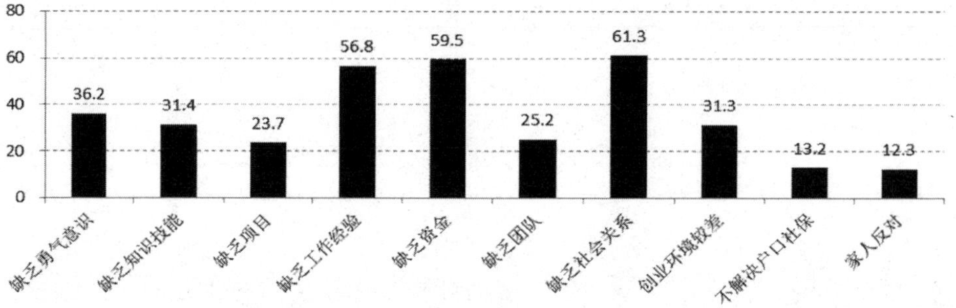

图2-156　大学生创业的障碍（多选，%）

（五）大学生的创业意愿

“您会自主创业吗”？如图2-157所示，回答“绝对不会”的占23.7%；“找不到工作会考虑”占35.6%，属于生存型创业意愿的范畴；“会、暂未实施”占35.6%，“会、正准备筹办”占1.7%，“会、已创业”占0.2%，都属于机会型创业意愿的范畴。即近1/4的学生宁可失业、也不会创业，说明他们持排斥态度；而超过70%的大学生都可能选择创业。其中，主动选择的机会型创业意愿和被动选择的生存型创业意愿相当，均为三成多。

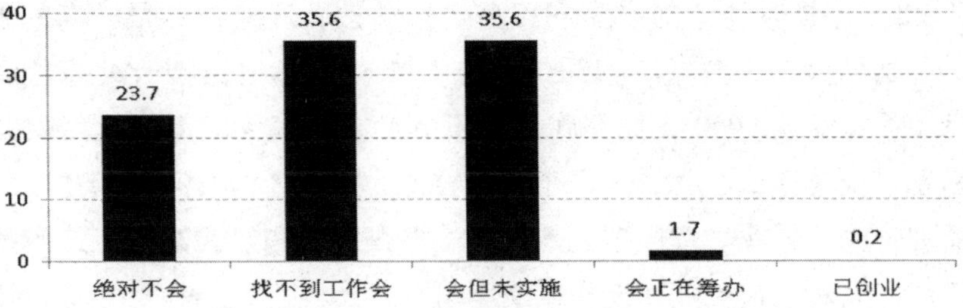

图 2-157　大学生的创业意愿（%）

（六）大学生的创业技能

掌握必要的知识和技能是大学生开展创业活动的基本前提。“没有”任何创业知识和技能的占 54.1%，“有一些”占 43.5%，“很多”仅仅占 2%，很多人不具备创业的能力。具体情况如图 2-158 所示，58.9% 的大学生缺乏“创业政策与环境”知识，56.7% 对“创业程序与手续”缺乏了解，50.6% 缺乏“企业管理”知识，45.9% 缺乏专业技术，32.4% 缺乏“组织沟通与合作”能力，25.3% 缺乏“运算、语言表达等基础知识”，其他主要指缺乏创业项目、融资等知识，占 0.9%。这说明大学生创业知识和技能的缺乏，不仅具有普遍性，还具有综合性，但创业程序、创业环境、创业管理方面的知识缺乏是主要方面。

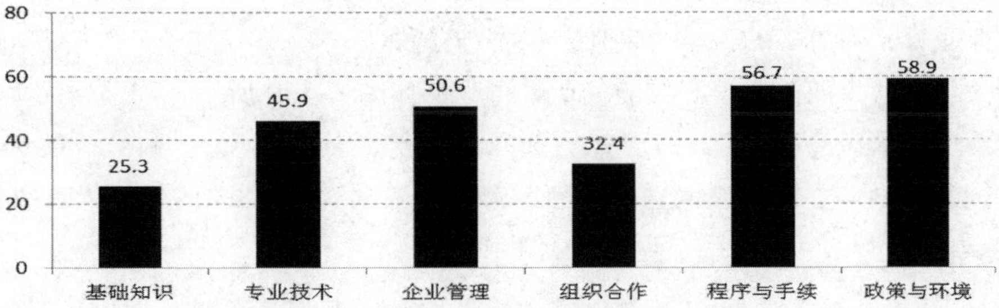

图 2-158　缺乏的创业知识和技能（多选，%）

（七）大学生的创业实践

现实中，已创业或正准备创业的有 11 人，占有创业意愿的 970 名大学生的 1.13%，占样本 1330 人的 0.83%。可见，很多曾想过或打算创业的大学生，最终并没有落实到行动中来，真正进行创业的大学生凤毛麟角。填写创业信息只有

5 人，见表2-1。具体经营的产品和服务比较分散，从科技含量较高的光纤、网站到极为普通的火锅、鲜花、娱乐，均有分布。创业地点涉及北京、辽宁、吉林、山西。投资额从5000 元到500 万元不等、差距很大，筹资途径主要是个人和家庭积蓄以及贷款，法律形式以个体和合伙为主。经营时间未超过半年，员工较少，盈利较少，创业过程中遇到的困难主要是资金和经验缺乏。这些都反映了大学生创业，尤其是在创业初期，实属不易。

表 2-1　2011 年北京大学毕业生创业状况

产品或服务	经营地址	投资（元）	筹资途径	企业形式	经营时间（月）	员工（人）	盈利（元）	困难
光纤	北京海淀	5000000	贷款	合伙	1	20	50000	缺乏资金
花店	吉林长春	5000	个人积蓄	个体	6	1	5000	
火锅	山西阳泉	500000	家庭积蓄	个体				缺乏经验
娱乐	辽宁鞍山	500000	贷款	公司				
互联网	北京海淀		风险投资	合伙				

（八）大学生的创业教育

大学生的创业能力在很大程度上与高校创业教育密切相关。在本次调研中，接受过创业教育的只有 14. 3%，没接受创业教育的高达 85. 4%。要大力推动高校创业教育，为更多的大学生创业提供智力条件。

大学生认为如何改善高校的创业教育呢？如图 2-159 所示，33. 3% 的大学生选择了“加大教育宣传”，27. 4% 的选择了“扩大教育规模”，41. 1% 的选择了“完善教育内容”，25. 1% 的选择了“改善课堂教学”，46. 8% 的选择了“改善实

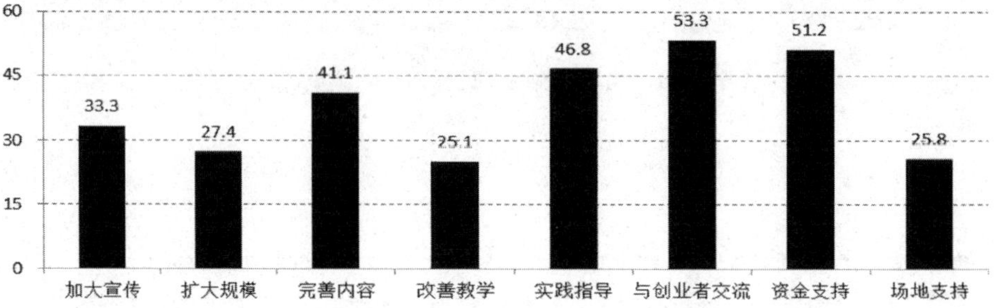

图 2-159　如何促进创业教育（多选,%）

践指导”，53.3%的选择了“促进师生、创业者的交流或专家指导”，51.2%的选择了“提供创业活动资金支持”，25.8%的选择了“提供创业活动场地支持”，给学分、组织校友联谊会等其他项、占0.5%。即高校创业教育是一项需要全面加强的综合系统工程。

采用什么样的创业教育形式最好？如图2-160所示，选择“去企业实践”的最多、占15.6%，“创业实验”和“创业园或科技园实训”各占15.3%，“KAB教学或ERP沙盘”占13.7%，“创业学或创业指导课”占13.2%，“企业家讲座、创业大讲堂”占6.3%，“创业大赛”占5.3%，“创业社团或俱乐部”占4.9%，观看电视节目《赢在中国》或《生财有道》等、占2.7%。

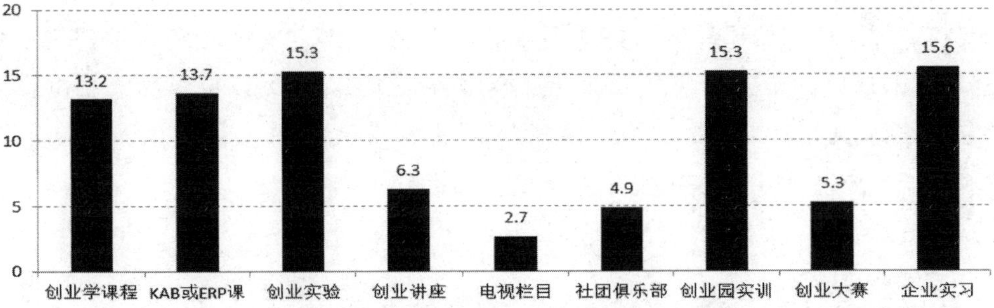

图2-160　最有效的创业教育形式（%）

对于其次有效的创业教育形式，如图2-161所示，选择“去企业实践”和“创业园或科技园实训”各占15%，“创业大赛”占10.5%，“创业实验”占9.8%，“企业家讲座、创业大讲堂”占9.5%，“KAB教学或ERP沙盘”占9.3%，“创业社团或俱乐部”占6.4%，观看电视节目《赢在中国》或《生财有

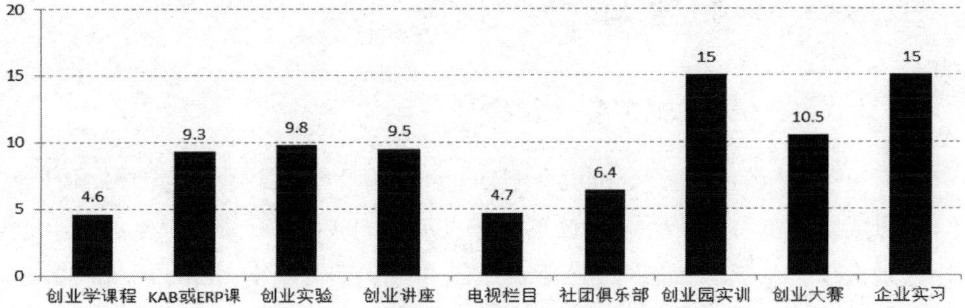

图2-161　其次有效的创业教育形式（%）

道》等、占 4.7%，“创业学或创业指导课”占 4.6%。这说明高校不仅要加强课堂教学，还应该为大学生提供更多的课外学习和实践锻炼的机会，全面提高创业教育的效果。

（九）政府提供的创业帮助

大学生创业不仅能缓解当前日益严峻的大学生就业困难，还可以增加工作岗位、带动更多的劳动者实现就业。因而，大学生创业具有重大的战略意义，政府要为大学生创业营造一个更好的宏观环境。大学生究竟需要政府提供哪些帮助呢？如图 2-162 所示，32.5% 的大学生希望政府“加大创业宣传”、营造一个重视创业、鼓励创业的氛围，70% 的大学生希望政府“设立创业基金”、以提供资金支持，53.8% 的希望政府“搭建创业信息平台”，27.4% 的希望“组建创业科技园”，37.6% 的希望“建立专业化社会服务管理机构”、以提供高水平的创业指导和跟踪服务，36.2% 的希望“解决创业大学生的户口和社会保障问题”，51.4% 的希望“提供税收减免等创业优惠政策”。

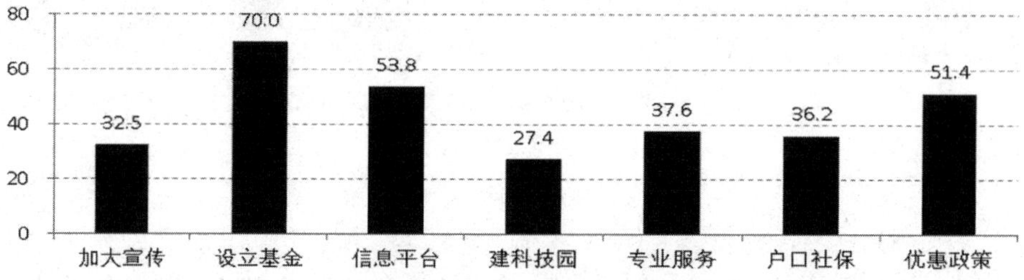

图 2-162　政府为大学生创业提供哪些帮助（多选，%）

三、大学生创业的影响因素

（一）大学生创业意愿的影响因素

我们通过对比的方式，分析机会型创业意愿和生存型创业意愿的影响因素。

学习成绩：学习成绩居前 50% 的大学生和居于后 50% 的大学生的机会型创业比分别占 36.1% 和 41.1%，前者低 5%，生存型创业比占 36.9% 和 32.4%，前者高 4.5%，说明成绩较好的大学生主动创业的意愿不强烈，而被动创业的意愿更强烈。

学科专业：如图 2-163 所示，理工类、经管类、文法类的机会型创业比分别为 37.9%、38.4%和 34.2%，经管类最高、文法类最低，最大差额为 4.2%。生存型创业比分别为 39.7%、31.5%和 36%，理工类最高、经管类最低，最大差额为 8.2%。可见，学科专业对大学生创业意愿有较强的影响。

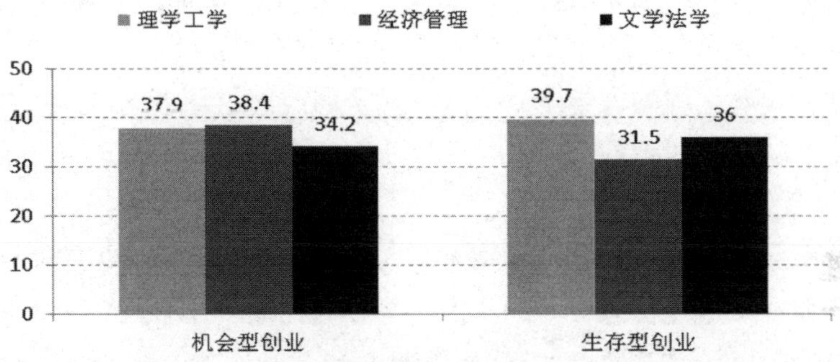

图 2-163　专业的影响（%）

高校：机会型创业比均占 37.4%，生存型创业比分别占 35.3%和 36.2%，相差 0.9%。非 211 高校的创业意愿较高。

地区生源：北京生源和非北京生源大学生的机会型创业比分别为 35.3%、37.9%，前者低 2.6%，生存型创业比分别为 35.7%、35.5%，前者高 0.2%，生源地有影响，但具体情况不尽相同。

城乡生源：来自城镇和农村的大学生的机会型创业比分别为 38.2%、35.9%，前者高 2.3%，生存型创业比分别为 34.2%、38.3%，前者低 4.1%。

家庭收入：高收入家庭和低收入家庭大学生的机会型创业比分别为 39.1%、36.1%，前者高 3%，生存型创业比分别为 33.7%、37.1%，前者低 3.4%。

性别：男生和女生的机会型创业比分别为 40.2%、36.4%，前者高 3.8%；生存型创业比分别为 36.4%、34.8%，前者高 1.6%。可见，性别有一定的影响，尤其是男生更可能为了实现自身价值而创业。

（二）大学生创业者的特征

根据调查，2011 年创业大学生有 11 人。下面就梳理一下创业者的基本特征。

高校：北京理工大学有 4 人，中央民族大学 2 人，北京航空航天大学、北京邮电大学、首都师范大学、中国农业大学、中央财经大学均有 1 人。即以理工院校为主，民族院校、师范院校、农林院校、财经院校也有一定的分布。

学科专业：市场营销专业2人、工商管理、旅游管理，管理学科4人；电子信息工程、通信工程各1人，工学2人；法学、社会工作各1人，法学2人；化学、生态学各1人，理学2人；经济学1人。即以管理类和理工类为主。

性别：男生有6人，女生有3人，还有2人未填性别信息，即以男生为主。

政治面貌：具有中共党员身份的大学生有4人，非党员身份的大学生7人，以非党员为主。

生源地：吉林生源的大学生有2人，北京、海南、江苏、辽宁、黑龙江、山西、内蒙古、陕西、四川各有1人，即以东部和中部地区生源的大学生为主，西部也有分布。

城乡分布：来自城镇和农村分别有9人、2人，即以城镇生源为主。

父母职业：父母为普通员工的3人，父母为党政事业单位负责人、个体私营企业主、农民牧民的均有2人，国企负责人和教师医生等专业技术人员的各1人，无明显的规律。

家庭收入：家庭人均收入为3000～4999元的4人，500～999元、2000～2999元、5000元以上的均有2人，1000～1999元的1人，以3000元以上的高收入家庭为主。

学习成绩：学习成绩居前50%和后50%的大学生分别为8人和3人，以成绩较好为主。

英语：通过英语国家四级和没通过的分别为6人和5人，影响不明显。

计算机：通过计算机国家二级和没通过的分别为3人和8人，即创业者的计算机水平不太高。

其他证书：各有1人获得国家专业运动员二级证书、志愿者证书、社团聘书、国庆演出证书，其他9人都没有。

发表论文：公开发表论文的只有1人，其他10人都没发表。

学生干部：曾做学生干部的有7人，非干部3人，即以干部为主。

实习经历：有2个月以上的实习经历的5人，没实习经历的6人，差异不大。

奖学金：获得奖学金的有6人，没获得奖学金的有5人。

概括起来，2011年北京大学生创业者的特征为：即以理工院校的理工和管理类专业的非党员、男生，以东部和中部生源、城镇生源、高收入家庭为主，学习成绩较好、大多做过学生干部。经验总结表明，拥有以上特征的大学生，更可能进行创业。

四、基本结论

（一）大学生创业的可能性

创业在本质上是就业的一种形式，但由于具有倍增效应、能实现“创业带动就业”战略，而成为比就业更高级的一种就业形式[1]。同时，创业的难度和风险较大，对创业者的要求也较高。他们不仅需要具备完成工作任务的能力，还要具备较强的战略规划、企业管理、市场营销、人力资源管理、财务管理技能。通过本次调查发现，绝大多数大学生能客观地认识到大学生创业的重大意义，也具备一定的创业意识，超过七成大学生可以把创业作为一种职业选择。作为一个群体来看，大学毕业生在年龄阶段、创业精神、创业能力、学习能力等方面具有创业优势。因而，大学生可以选择创业，并可能成为我国创业活动的主力军。

（二）大学生创业的现实性

目前真正创业的大学生非常少。笔者并不赞成大规模的大学生一毕业就去创业，原因有以下几点。一是有些大学生由于兴趣和性格等原因，不太适合创业。二是目前高校创业教育普遍滞后，使大学生缺乏最基本的创业知识和技能；实践教学环节的滞后，又导致大学生的动手操作能力普遍较差。三是社会创业环境不理想。有些地方政府大力推动创业活动，这是一件好事，但这些推动主要是硬件层面的，如创业园建设、资金支持等方面；而在信息平台、咨询辅导等软件方面相当匮乏。目前还不具备产生大学生创业浪潮的现实条件。

大学生创业的短期发展趋势如何？尚不能确定。在目前的资源约束条件下，大学生选择就业，尤其是公务员是理性的做法。政府要通过制度设计，使得资源约束条件更多地向创业行为倾斜。减少公务员的回报、增加公务员的风险，增加创业者的回报、降低创业者的风险，以引导大学生就业观念和就业行为的转变。除此，政府还要重点做好两件事。一是加强高校创业教育，为广大学生传授基本的创业知识和技能。二是搭建创业服务平台，为大学生创业提供更多的便利。只要创业条件改善、创业环境优化，一定会迎来大学生创业的高潮。

---

[1] 黄敬宝：《如何认识创业型经济》，《人民日报》2010年8月30日第7版。

（三）大学生创业的多因性

成绩较差、经管类、非北京生源、城镇生源、高收入家庭、男生，更愿意开展机会型创业；成绩较好、理工类、非 211 高校、北京生源、农村生源、低收入家庭的学生，更愿意开展生存型创业。从创业实践来看，2011 年创业者的特征为：以理工院校、理工和管理类专业为主，非党员，男生，东部和中部生源、城镇生源、高收入家庭，成绩较好，大多做过学生干部。经验表明，拥有以上特征的大学生，更可能进行创业。

第三章　2012年北京大学生就业与创业调查研究

本章基于2012年北京地区18所高校的大学生就业与创业状况调查，分析北京大学生的总体就业状况、分类就业状况以及总体创业状况。

第一节　2012年北京大学生总体就业状况

本节从就业意愿、就业行为、就业结果3个层面展示2012年北京大学生的总体就业状况[1]。

一、样本描述

课题组于2012年6月对北京地区大学生就业与创业状况展开了抽样调查。回收问卷2113份，有效问卷1782份，有效率为84.3%。从高校类型来看，包括综合类、理工类、农业类、师范类、财经类、政法类、民族类共18所高校，其中，北京大学、清华大学、中国人民大学和北京师范大学分别占3.8%、5.6%、7.3%和3.3%，北京理工大学、北京科技大学、北京邮电大学、北京交通大学、北京航空航天大学、中国地质大学和北京建筑工程学院分别占9%、2.4%、4.8%、7.6%、6.6%、7.8%、5.7%，中国农业大学占7.4%，首都师范大学占1.7%，对外经济贸易大学、中央财经大学和北京工商大学占3.2%、3.3%和1.5%，中国青年政治学院占16%，中央民族大学占3.1%，以综合院校、理工院校和财经院校为主，如图3-1所示。

[1] 黄敬宝：《2012届北京大学生就业状况调查》，《北京社会科学》2013年第4期，第106—110页。

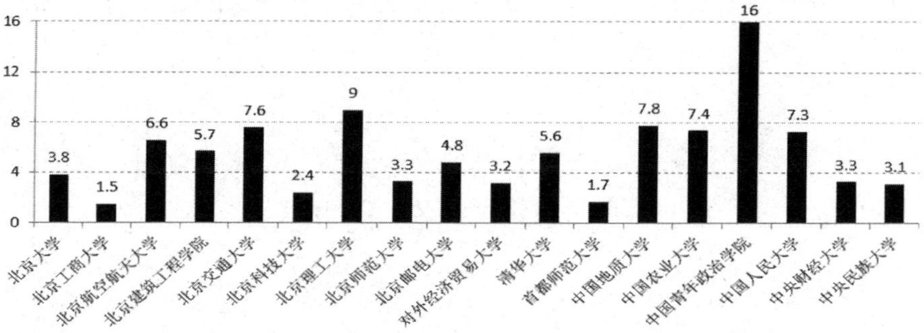

图3-1　高校分布（%）

从学科门类来看，如图3-2所示，覆盖了11个学科门类，哲学占0.2%，经济学占15.4%，法学占9.4%，教育学0.9%，文学占12.6%，历史学占1.1%，理学占6.8%，工学占36.5%，农学占0.1%，医学占0.1%，管理学占16.2%，空缺项占0.8%。

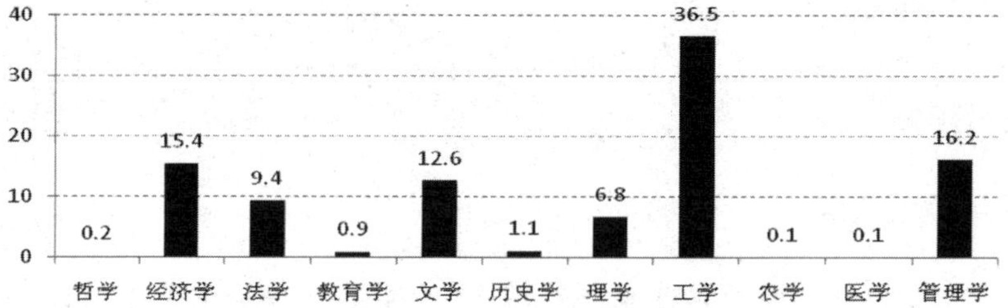

图3-2　学科分布（%）

被调研者来自于我国31个省区市和香港地区、台湾地区，如图3-3所示，

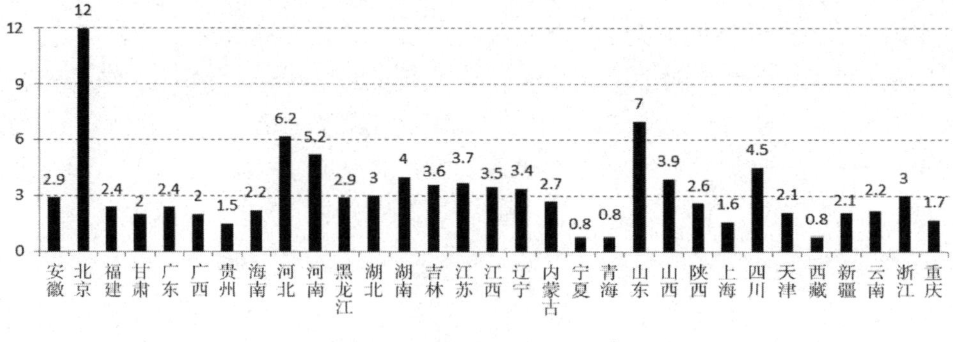

图3-3　生源地分布（%）❶

❶ 台湾只有4人、占0.2%，香港只有1人、占0.1%，比重太小，图中没有标示。

北京占 12%，比重最大，其次是山东、占 7%，再次是河北、占 6.2%，河南、四川和湖南分别占 5.2%、4.5%、4%，其他省份比较分散。农村、城镇分别占 33.1%、66.2%。男生占 58.4%，女生占 40.3%❶。

在被调研的 1782 名大学毕业生的就业状态中，如图 3-4 所示，无接收单位、继续寻找工作的 192 人、占 10.8%，有接收单位没签协议或合同、还在寻找更好的工作的有 203 人、占 11.4%，找到工作并签三方协议的 320 人、占 18.0%，找到工作并签劳动合同或临时合同的 78 人、占 4.4%，考上研究生的 599 人、占 33.6%，出国或准备出国的 229 人、占 12.9%，自主创业的 13 人、占 0.7%，暂时不准备就业（含自愿失业、继续考研等）150 人、占 8.4%，入伍的 1 人、占 0.1%。其中，有 1 名学生既签三方协议，又考上研究生；2 名学生既签劳动合同，又考上研究生。可见，大学生的毕业去向是多样化的。下面，对有寻找工作经历的 811 名大学毕业生的就业状况加以深入考察。

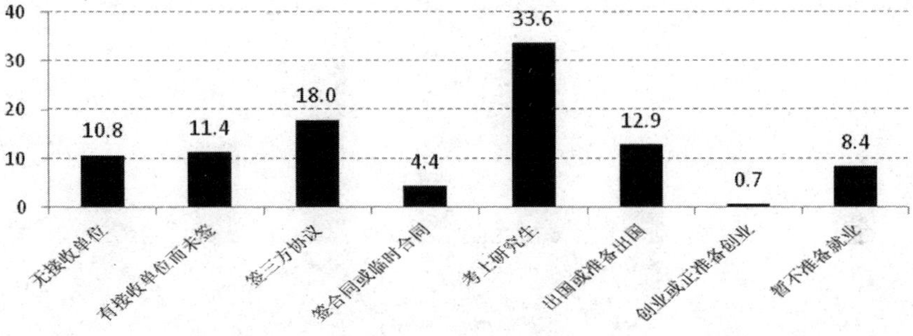

图 3-4　毕业去向（%）

二、大学生就业状况

（一）就业意愿

大学生选择职业时最看重什么？如图 3-5 所示，选择“薪酬福利”的比重最大、占 20.1%，其次是“兴趣偏好”、占 19.4%，再次是“晋升发展机会”、占 14.9%，“专业对口”、“单位的类型和规模”、“工作稳定性”、“就业环境”、“户口和社会保障”，分别占 13.9%、12.5%、7.6%、6.7%、3.1%，受家庭和恋人关系

❶ 空缺项是指被调研者没有填写，空缺项比例没有计入，因而各种比例之和可能不足 100%。下同。

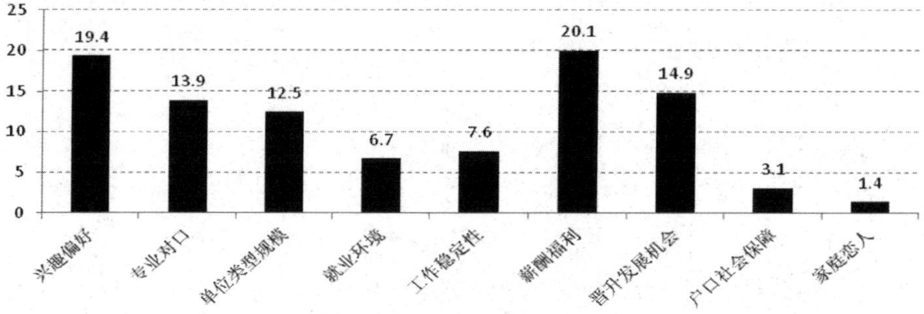

图 3-5　择业时最看重的因素（%）

的影响很小，只占 1.4%。可见，薪酬福利、兴趣偏好、晋升发展机会成为大学生择业的三大重要影响因素。集中度为 54.4%，说明大学生的选择是比较分散的❶。其次看重的因素如图 3-6 所示，薪酬福利、晋升发展机会和就业环境居前三位。集中度为 54.5%，也是比较分散的。

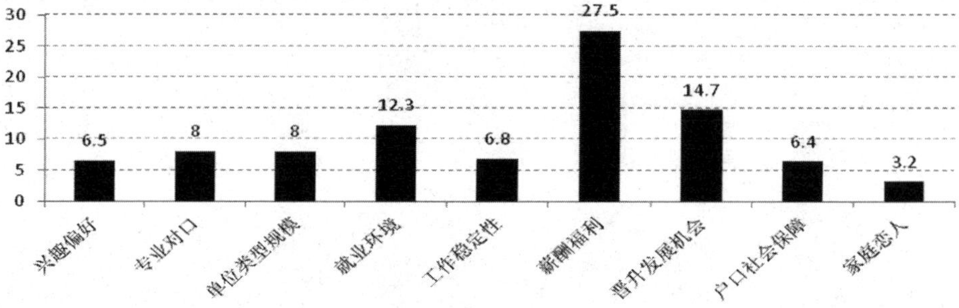

图 3-6　择业时其次看重的因素（%）

下面，我们重点探讨与薪酬福利、晋升发展机会相关的几个具体就业意愿。

1. 地区期望

调查结果如图 3-7 所示，最希望在北京就业的占 67.1%，最希望在上海和广东就业的分别占 6% 和 5.4%，其他沿海地区占 11.5%，中部和西部地区只有 4.1% 和 4.8%，香港占 0.1%。集中度为 84.6%，说明大学生的就业地区期望特别集中。北京比为 67.1%，沿海比为 90%，表明大学生的就业地区期望主要集中于经济发达地区，说明就业意愿较高。

❶ 界定：前三位比例之和在 50% 以下、为很分散，50% ~60% 为较分散，60% ~70% 为较集中，70% ~80% 为很集中，80% 以上为特别集中。下同。

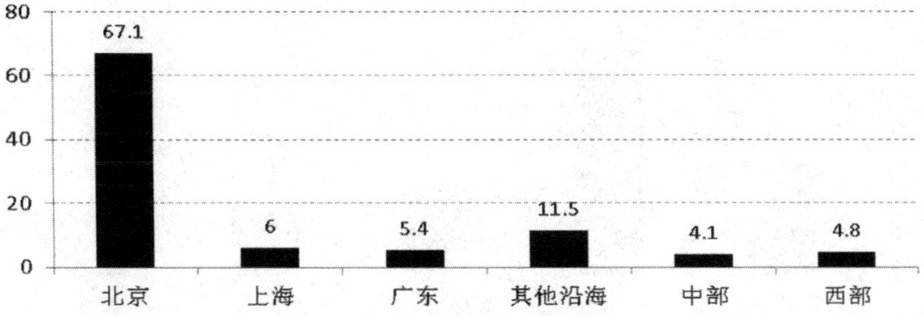

图 3-7 最希望的就业地区（%）

其次希望的就业地区，主要是其他沿海地区、上海和北京，如图 3-8 所示。集中度为 56.1%，较分散。北京比和沿海比分别为 12% 和 64.1%，期望虽然有所降低，但沿海比仍较高。

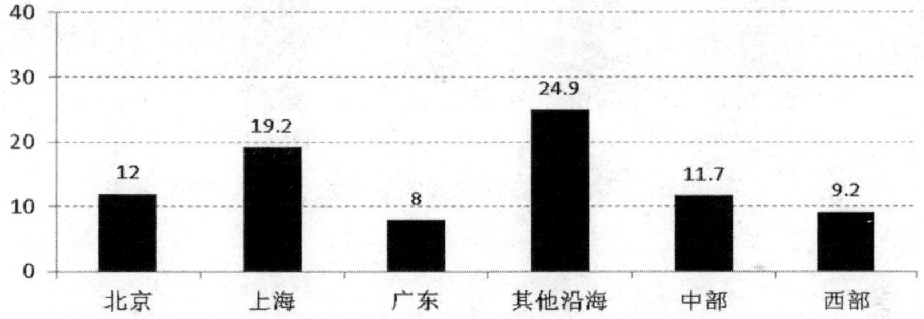

图 3-8 其次希望的就业地区（%）

2. 城乡期望

222 人、占 27.4% 愿意去农村工作，577 人、占 71.1% 不愿意去农村工作，城乡期望较高，而且是很集中的。

究其原因，如图 3-9 所示，最主要的是“发展机会少”、占 43.8%，其次是“收入低”、占 21.3%，再次是“环境不好”、占 17.3%，担心户籍和社会保障问题无法解决、占 13%，还有专业不对口、离家远、没想过、没意思、没有“7—11”[1]等其他项，占 1.5%。即收入水平、发展机会、社会环境和制度障碍都成为大学生选择农村就业的后顾之忧。其次的原因比较均衡，如图 3-10 所示，收入水平较低、发展机会较少、就业环境不好、户籍社会保障制度障碍都有重要的影响。

[1] 日本的一家连锁零售企业，在中国的很多大城市有分店。

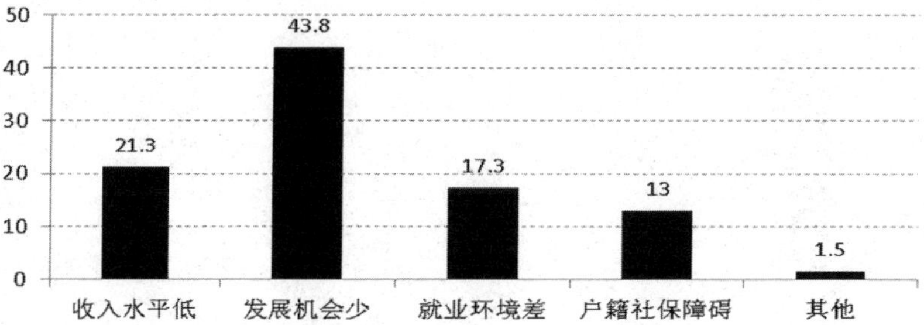

图 3-9　不愿意去农村就业的最主要原因（%）

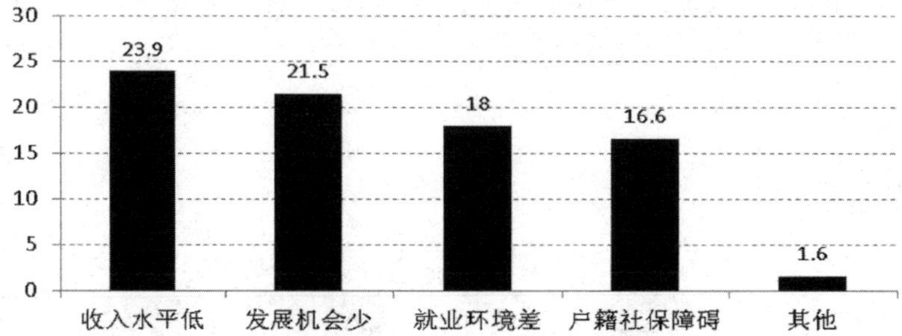

图 3-10　不愿意去农村就业的其次原因（%）

3. 行业期望

如图 3-11 所示，选择“金融保险业”的最多、占 21%，其次是“教育文化和传媒业”、占 15.2%，再次是“党政机关和社团”、占 12.6%，三大行业占 48.8%，说明大学生的行业选择较分散；然后是“科研技术业”、“建筑业”、“贸易和餐饮业”、“制造业”、“电煤水生产供应业”和“社会服务业”，分别占 10.1%、6.7%、6.2%、5.1%、5.1%、3.6%，其他行业的选择比例不高。集中度为 48.8%，表明行业期望很分散。大学生最希望在高工资行业就业的比例为 73%，较高❶。

❶ 根据《中国统计年鉴》中的“各地区按行业分城镇单位就业人员平均工资”，将 2008—2010 年数据取平均值再排序，依次是金融保险业，科学研究和综合技术服务业，交通运输、仓储和邮电通信业，电力、煤气及水的生产和供应业，采掘业，地质勘查业、水利管理业，卫生体育和社会福利业，教育文化和广播电影和电视业，国家机关、党政机关和社会团体，房地产业，社会服务业，制造业，批发零售贸易和餐饮业，建筑业，农林牧渔业。以年均收入 35000 元为界，“国家机关、党政机关和社会团体”及以前的为高工资行业，房地产业及以后的为低工资行业。

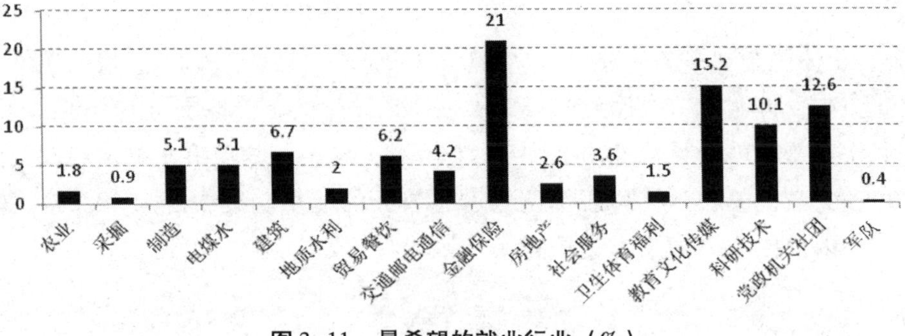

图 3-11　最希望的就业行业（%）

其次希望的就业行业如图 3-12 所示，教育文化和传媒、党政机关和社团、金融保险居前三位，科研技术、贸易和餐饮也有较高的比例。集中度为 40.8%，很分散。高工资行业比为 64.4%，行业期望也较高。

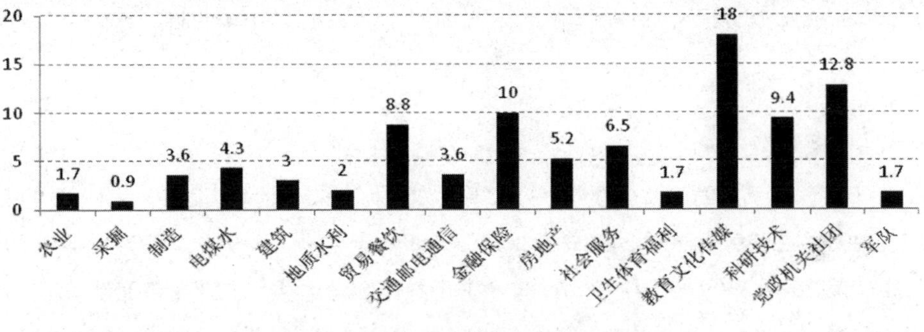

图 3-12　其次希望的就业行业（%）

4. 性质期望

如图 3-13 所示，国企成为首选、占 29.8%，其次是党政机关、占 26.6%，

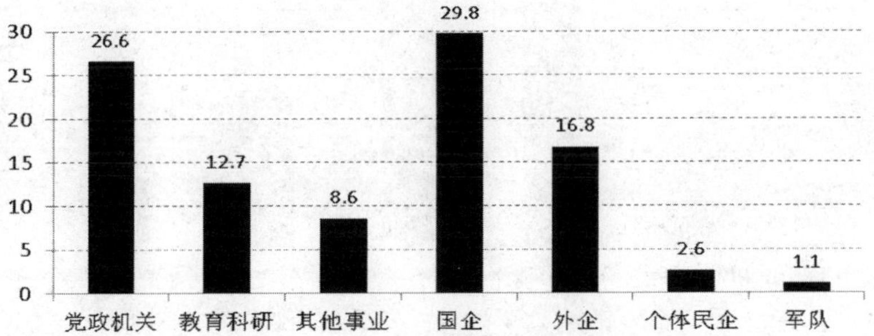

图 3-13　最希望的就业单位性质（%）

再次是外企、占 16.8%，接着是教育和科研机构占 12.7%，其他事业单位占 8.6%，个体民企和军队分别占 2.6% 和 1.1%。集中度为 73.2%，说明单位性质选择很集中。体制内单位比为 78.8%，表明大学生的单位性质期望较高。

其次希望的就业单位性质如图 3-14 所示，国企、其他事业单位和外企位居前三位，党政机关和学校科研单位也占有较大的比重。集中度为 60.2%，较集中。体制内单位占 70.3%，也较高。

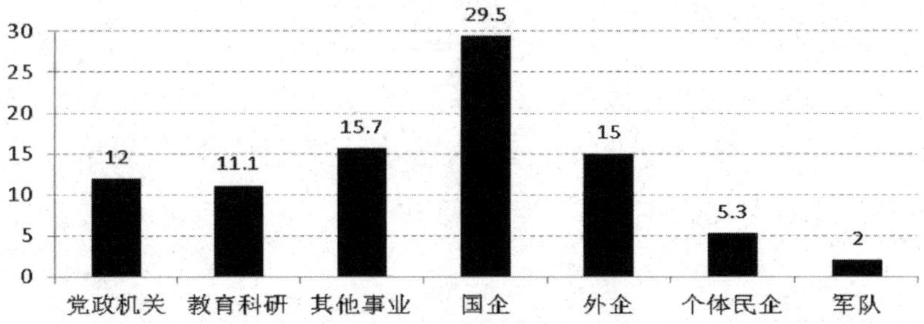

图 3-14　其次希望的就业单位性质（%）

5. 期望月薪

至于大学生希望能得到的工资水平，如图 3-15 所示，2000 元以下的仅占 0.4%，2000～2999 元的占 4.8%，3000～3999 元的占 25.9%，4000～4999 元占 26.1%，5000～5999 元占 16.6%，6000～6999 元占 7.2%，7000 元以上占 16.9%，总体上呈正态分布。集中度为 68.9%，表明大学生的期望月薪选择比较集中。根据公式“平均数 = Σ组中值 × 频率”，每个大学生的平均期望月薪为 4957.8 元。

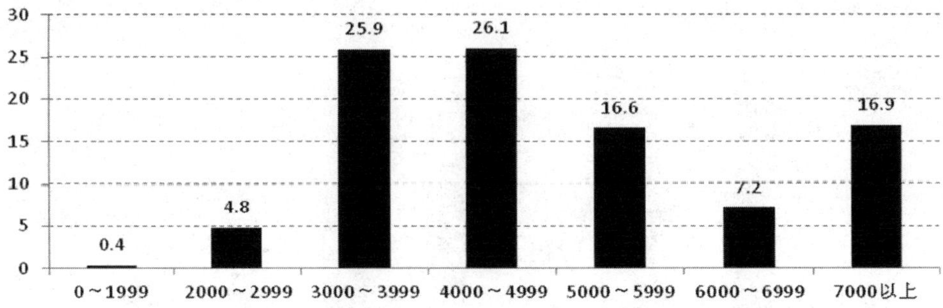

图 3-15　期望月薪（%，元）

如果未能如愿，“你的保底月薪”是多少？如图 3-16 所示，2000 元以下的占 1.6%，2000~2999 元的占 24%，3000~3999 元占 39.3%，4000~4999 元占 18%，5000~5999 元占 8.1%，6000~6999 元占 3.3%，7000 元以上占 1.8%。集中度为 81.3%，特别集中。平均保底月薪为 3740.1 元，大约是平均期望月薪的 3/4。也就是说，尽管大学生期待的工资很高，但如果得不到，也能较大幅度地进行调整。

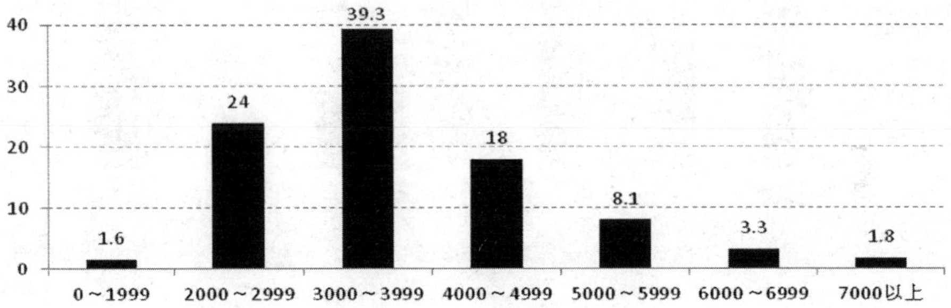

图 3-16　保底月薪（%，元）

（二）就业行为

1. 收集信息

收集职位信息是寻找工作的重要环节。如图 3-17 所示，69.7% 的大学生通过校园招聘会获取信息，其次是通过网络、占 57%，再次是通过社会招聘会、占 42.7%，通过学校就业指导中心介绍占 41.7%，通过亲朋和老师介绍分别占 21.9%、18%，通过社会实践占 16.6%。可见，大学生获取就业信息的渠道是多样化的，但高校扮演着十分重要的角色。

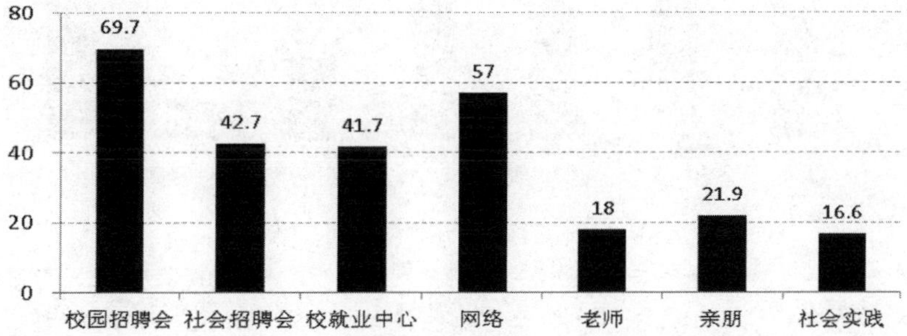

图 3-17　收集信息的渠道（多选，%）

从收集信息时间来看，如图3-18所示，10小时以下占19.6%，10~19小时占14.1%，20~29小时占20.3%，30~39小时占16.5%，40~49小时占7.6%，50~59小时占2.8%，60小时以上占17.4%。集中度为57.3%，表明收集信息的时间分布较分散，分层性明显。平均收集信息的时间为30.8小时。

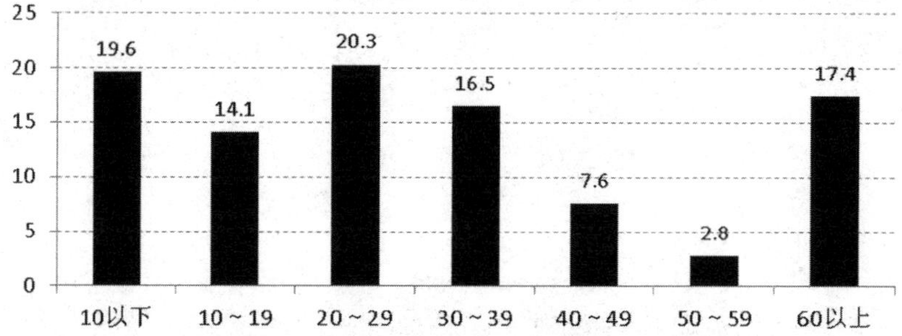

图3-18　收集信息的时间（%，小时）

2. 投递简历

投递简历是大学生向用人单位传递求职意向的过程，投递的简历越多、意味着他向更多的单位表达了求职意向，扩大了搜寻范围。如图3-19所示，10份以下占21.1%，10~19份占20.2%，20~29份占17.3%，30~39份占16.6%，40~49份7.3%，50~59份占3.5%，60份以上占12.5%，基本上呈金字塔形分布，即随着投递简历的数量增加，其比重是逐渐下降的。集中度为58.6%，分布较分散。平均投递简历27.9份。

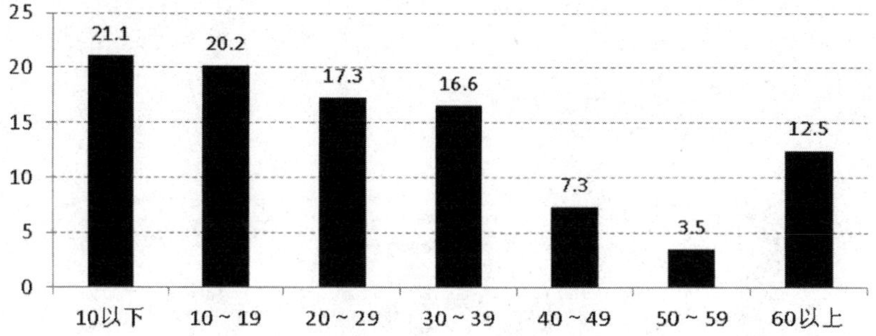

图3-19　投递简历数量（%，份）

3. 主动联系

主动联系用人单位，表达了希望进该单位工作的诚意，可能会提高求职的成功率。如图 3-20 所示，从来没联系过的占 20.5%，联系 1～4 次的占 41.8%，5～9次占 22.9%，10～14 次占 7.6%，15～19 次占 0.7%，20 次以上占 5.3%。集中度为 85.2%，分布特别集中。六成多的大学生主动联系未超过 4 次，平均联系 4.9 次，主动性不强。

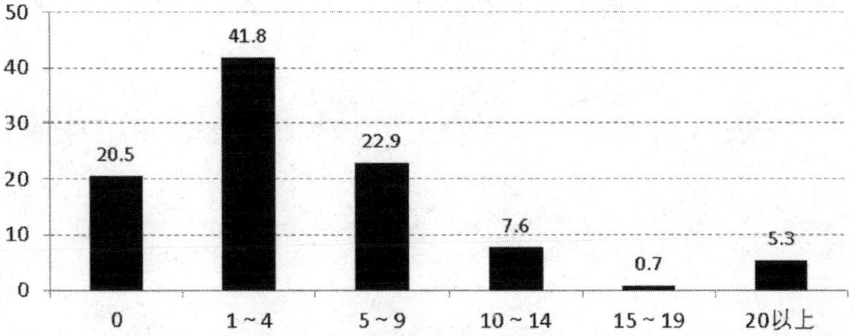

图 3-20　主动联系次数（%，次）

4. 求职费用

如图 3-21 所示，求职费用在 500 元以下的占 47.7%，500～999 元占 14.3%，1000～1999 元占 20%，2000～2999 元、3000～3999 元、4000 元以上分别占 9.4%、3.6%、3.9%。集中度为 82%，分布特别集中。八成以上的求职费用未超过 2000 元，平均求职费用为 1075.1 元。

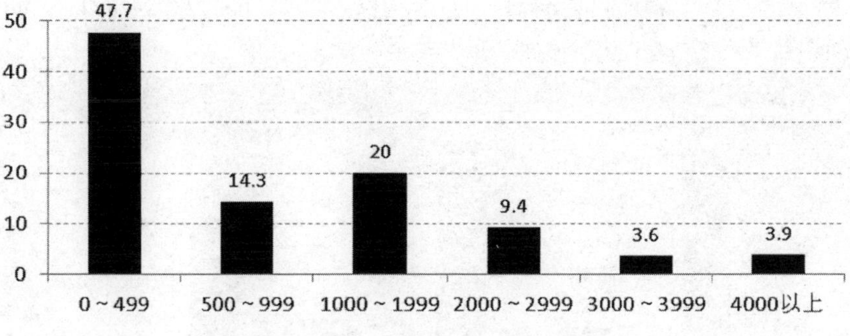

图 3-21　求职费用（%，元）

5. 面试数量

面试次数既反映了前期寻找工作的效果，也体现了大学生为参加面试所做准备的工作量。如图 3-22 所示，没参加过面试的占 3.6%，参加 1～4 家的占 40.9%，5～9 家占 29.1%，10～14 家占 14.9%，15～19 家和 20 家以上分别占

3.7%和6.4%。集中度为84.9%，分布特别集中。平均参加面试7次。

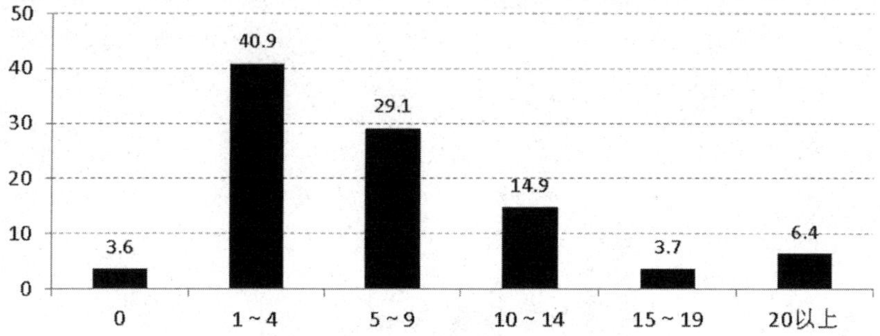

图3-22　面试次数（%，次）

6. 利用社会关系

在寻找工作的过程中，还利用过社会关系吗？作用如何？选择“用过、至关重要”的占12.2%，“用过、有些帮助”的占31.8%，“用过、但没有作用”占8.9%，“没用过、靠自己努力”占45.6%。52.9%的大学生曾用过社会关系，而且，大多数是有帮助的。

根据他们与大学生的关系分类，如图3-23所示，在429名用过社会关系的同学中，55.2%的曾由父母提供帮助，50.6%的由亲戚朋友提供帮助，38.9%的由老师同学提供帮助，14%的由邻居同乡提供帮助，11.9%的由配偶或恋人提供帮助。即很多大学生利用过各种社会关系，但以父母和亲戚朋友所构成的家庭关系网络为主。

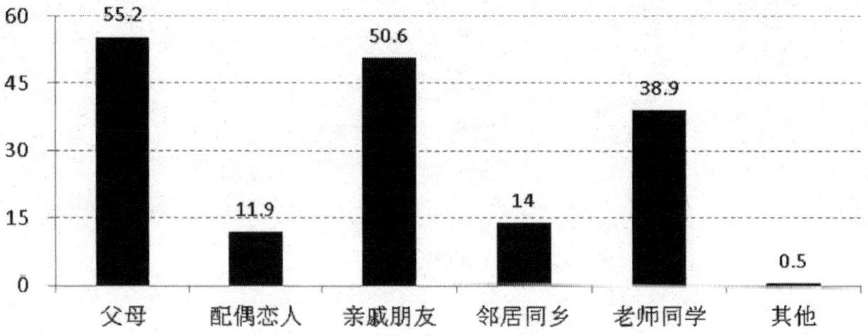

图3-23　动用的社会关系（多选,%）

至于他们的具体行为和作用，如图3-24所示，54.5%的曾提供就业信息，18.4%的递交求职简历，59.2%的向单位推荐，10.3%的说服领导录用，4.2%

的直接决定录用，“不知道具体情况”等其他项占 0.2%。可见，利用社会关系的形式多样，效果的差异很大。

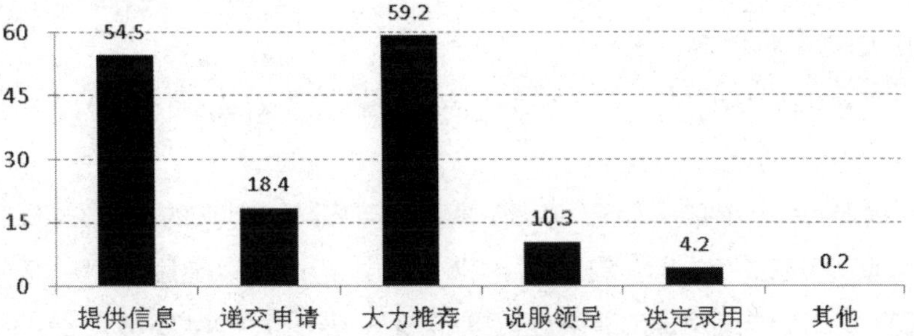

图 3-24　动用社会关系所起的作用（多选，%）

（三）就业结果

1. 接收单位

接收单位的数量反映了找工作的效果。如图 3-25 所示，无接收单位的占 13.8%，只有 1 家接收单位的占 34.3%，2～4 家占 39.5%，5～9 家占 5.9%，10 家以上占 0.9%。即八成以上的毕业生都有接收单位，但很多学生只有 1 家。平均接收单位为 2.2 家。这反映了有些大学生确实没有就业机会，而有些大学生却获得了多个就业机会，呈现出分层性，几家欢喜几家愁。

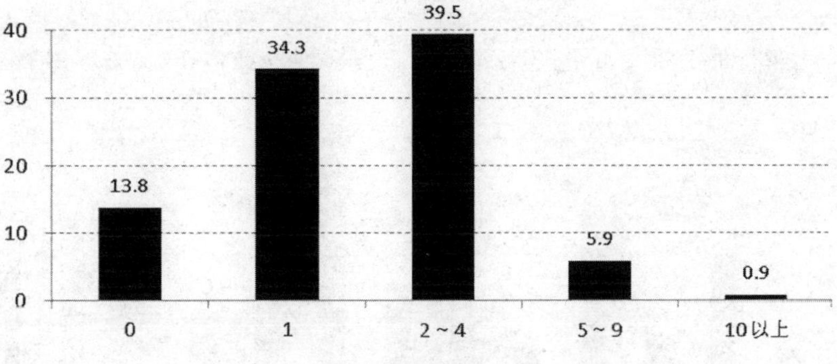

图 3-25　接收单位数量（%，家）

2. 就业率

劳动力总数为 807 人，签“三方协议”的有 320 人，故大学生的狭义就业率为39.65%。加上签劳动合同的78人以及创业的13人，再加上入伍的1人，共412人，广义就业率为51.05%。比较大学生的接收单位和广义就业率，相差大约一成，他们处于“有业不就”的状态。

3. 实现就业的情况

根据广义就业的概念，并剔除创业的情况，我们对实现就业的398名大学毕业生的就业状况展开深入分析。

（1）就业地区分布。如图3-26所示，在北京就业的占66.1%，上海为3.3%，广东为6.8%，“北上广”共占76.2%，其他沿海地区为10.3%，中部和西部地区为7.3%和5.8%。集中度为83.7%，表明大学生实际就业的地区分布特别集中。北京比和沿海比分别为66.1%、86.5%，总体就业地区的质量较高。与就业意愿相比，实际在北京、上海和其他沿海地区就业的比例下降了，而在广东和中西部地区就业的比例上升，北京比和沿海比分别下降了1%和3.5%。

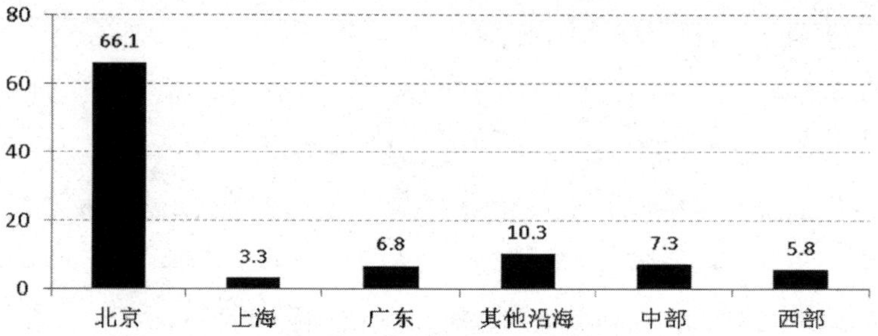

图3-26 就业地区（%）

（2）就业行业分布。如图3-27所示，金融保险业占18.6%，教育文化和传

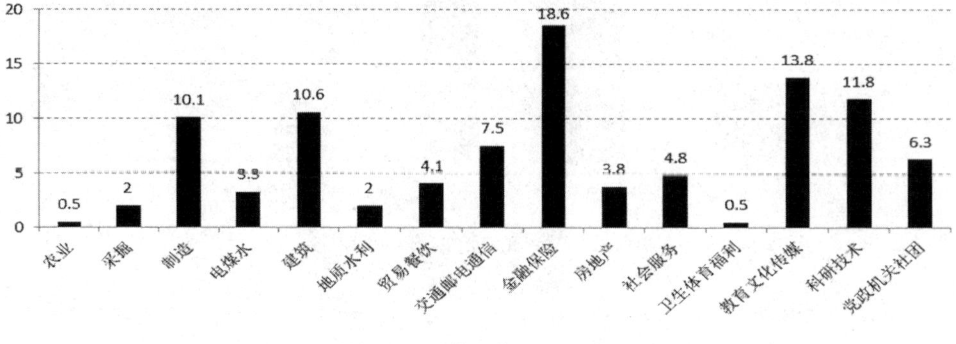

图3-27 就业行业（%）

媒业占 13.8%，科研技术业占 11.8%，建筑业占 10.6%，制造业占 10.1%，交通运输仓储邮电通信业占 7.5%，党政机关和社团、社会服务、贸易餐饮分别占 6.3%、4.8%、4.1%，其他行业较为分散。集中度为 44.2%，表明实际就业的行业分布很分散。高工资行业占 65.8%，总体就业行业较好。与就业意愿相比，党政机关和社团、金融保险业分别下降 6.3% 和 2.4%，而制造业和建筑业上升 5%、3.9%，高工资行业比上升了 1.4%，但差异不大。

（3）单位性质分布。如图 3-28 所示，国企占 42.5%，个体民企占 23.9%，其他事业单位占 11.3%，外企占 9%，党政机关占 6.8%，教育和科研机构占 5.5%，军队占 0.5%。集中度为 77.7%，表明大学生实际的就业性质分布很集中。体制内单位比为66.6%，单位的稳定性总体较好。与就业期望相比，党政机关、外企、教育和科研机构分别下降 19.8%、7.8%、7.2%，而个体民企、国企、其他事业单位上升 21.3%、12.7% 和 2.7%，体制内单位比下降了 12.2%，实际状况与大学生的性质期望存在较大的差距，尤其是有些大学生的公务员梦想没能实现。

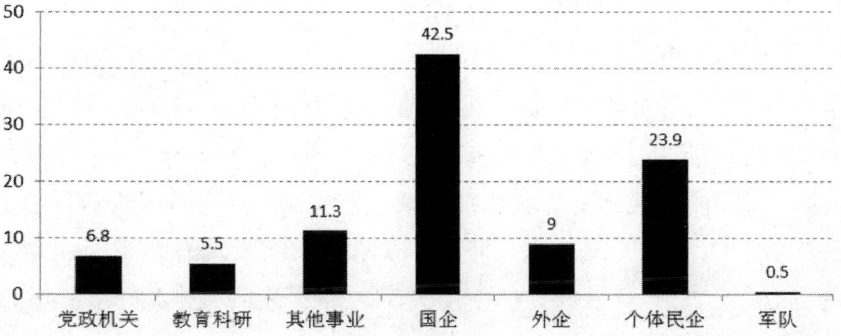

图 3-28 就业单位性质（%）

（4）单位承诺月薪。如图 3-29 所示，2000 元以下占 2.5%，2000～2999 元占 21.9%，3000～3999 元占 30.9%，4000～4999 元占 22.4%，5000～5999元占 11.3%，6000 元以上占 10.1%。集中度为 75.2%，表明大学生实际就业的月薪分布很集中。平均承诺月薪为 3974.6 元，比期望月薪少 983.2 元，比平均保底月薪高 234.5 元。可见，实际工资比期望水平低很多，更接近于最低工资。根据《中国统计年鉴》，2010 年全社会职工的平均月工资为 3378.7 元。因而，对于初次就业的大学生来说，工资不算太低。

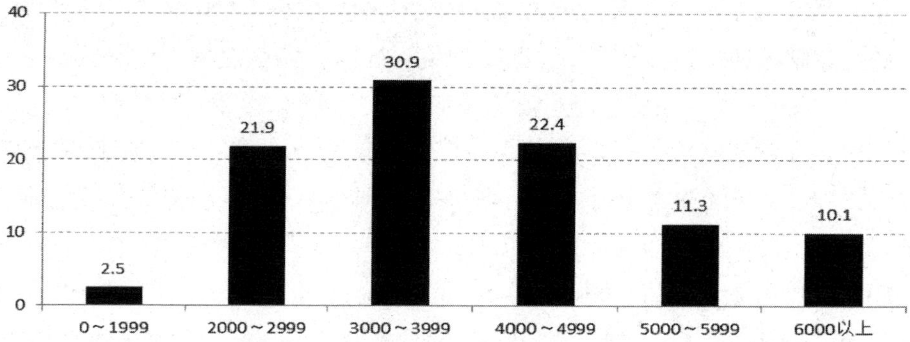

图 3-29　单位承诺月薪（%，元）

（5）专业对口程度。所从事的工作岗位与所学的专业是否相符呢？根据调查，“不对口”占 17.8%，“基本对口”占 50.5%，“对口”占 31.2%。基本对口和对口之和，简称对口率，为 81.7%，总体上是相符的。

（6）就业满意程度。大学生就业满意度在 20% 以下的占 1.5%，20% ~40% 占 7%，40% ~60% 占 28.9%，60% ~80% 占 40.5%，80% 以上占 21.6%。超过六成的毕业生满意度超过及格线，平均值为 64.8%，总体上较满意。

4. 未实现就业情况

积极寻找工作、但没能实现就业的有 273 人。其失业的原因何在呢？如图 3-30所示，经验不足成为最主要的障碍、占 14.3%，预期太高占 11%，专业不好占 8.8%，知识不足占 7%，求职技巧缺乏占 4.4%，身高相貌不理想、信息不畅、就业形势严峻均占 3.3%，性别、英语和计算机、政治面貌、社会关系、户籍制度等也有一定的不利影响。集中度为 34.1%，表明大学生求职不成功的最主要因素分布是很分散的。

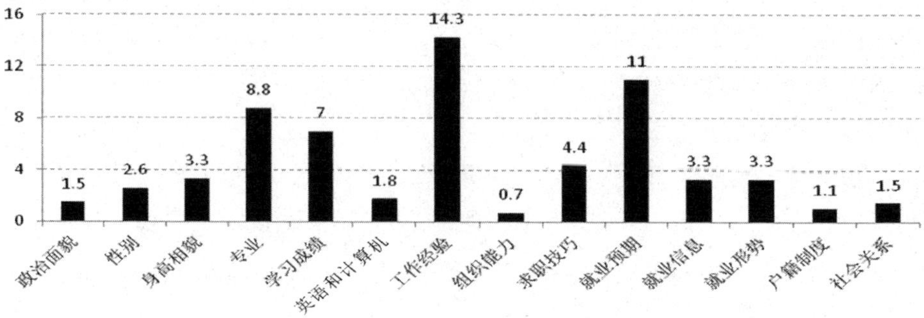

图 3-30　求职不成功的最主要影响因素（%）

其次的影响因素如图 3-31 所示，就业形势严峻、工作经验不足、预期太高和信息不畅是主要原因，求职技巧缺乏、专业不好、户籍制度障碍等也有一定的影响。集中度为 22.4%，更分散。

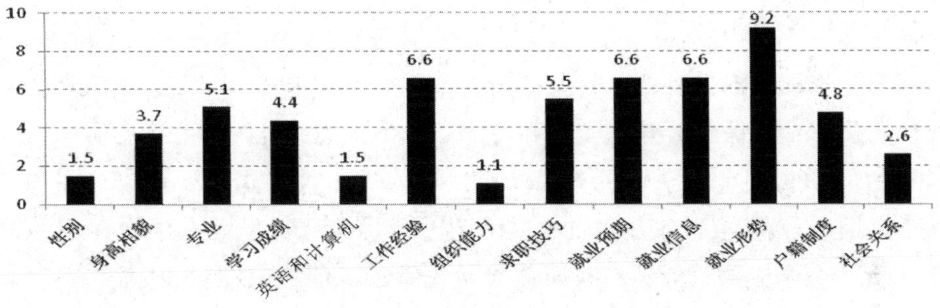

图 3-31　求职不成功的其次影响因素（%）

如果知识不足，原因何在？如图 3-32 所示，不喜欢本专业成为最主要因素、占 24.2%，其次是认为教学方法单调、上课缺乏吸引力占 21.6%，认为学习没用而不重视、占 19.8%，管理不严而无学习压力占 16.1%，课程内容陈旧占 13.2%，做学生干部工作多占 7.7%，准备考研或出国而影响了学习占 5.5%，因打工时间长而耽误了学习占 1.5%。这说明，既有大学生个人方面的原因，也有高校教育的问题。

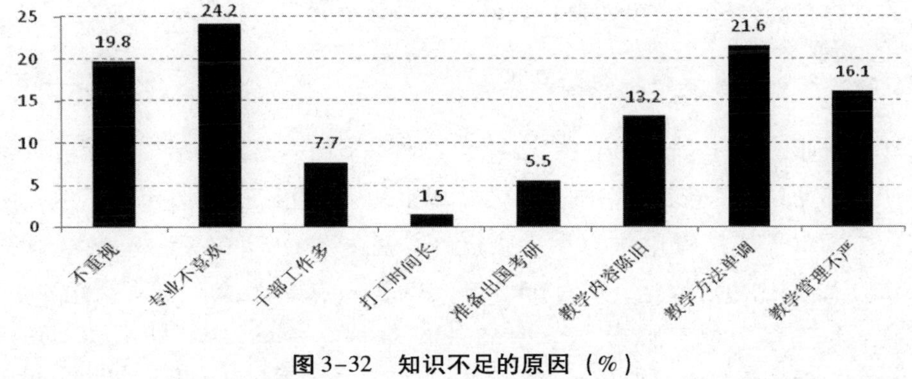

图 3-32　知识不足的原因（%）

对于组织能力不足的原因，最主要是缺乏锻炼机会、占 45.1%，不重视占 16.5%，过于专注学习均占 12.5%，其他项占 1.1%。既有主观因素，也有客观因素。

他们希望毕业后仍能得到母校提供的帮助，37.4% 的希望获得就业信息，

34.1%的希望获得技能培训，31.5%的希望获得档案管理服务。

三、基本结论

（一）大学生就业期望的非均衡性

大学生选择东部沿海地区就业的占九成，北京就超过了2/3；七成多不愿意去农村工作；金融保险、教育文化和传媒、党政机关和社团为三大行业，高工资行业比为73%；国企、党政机关、外企是三大单位性质选择，体制内单位比为78.8%；期望月薪呈正态分布，平均期望月薪为4957.8元，平均保底月薪为3740.1元。大学生的就业意愿有所差异是正常的，但集中度较高，过分“扎堆”现象，就会出现理想与现实的差异，导致就业困难。

（二）大学生就业行为的分层性

有些大学生主要依靠自身努力和积极的行为去展示人力资本存量，以获取更多的就业机会；有些大学生主要依靠以家庭网络为核心的社会资本实现就业。收集信息的集中度为57.3%，平均收集信息为30.8小时；投递简历的集中度为58.6%，平均投递简历27.9份；主动联系的集中度为85.2%，平均联系4.9次；求职费用的集中度为82%，平均求职费用为1075.1元；面试的集中度为84.9%，平均参加面试7次；52.9%的大学生曾用过社会关系，大多数是有帮助的。就业行为的分层性，可能会导致就业结果的不同。

（三）大学生就业结果的差异性

除了就业，还有考研、出国、自愿性失业等多种毕业去向形式。就业数量和就业质量都反映出其较大的差异性。八成以上的毕业生都有接收单位，但很多学生只有1家，平均接收单位为2.2家；狭义就业率为39.65%，广义就业率为51.05%；北京比和沿海比分别为66.1%、86.5%；金融保险、教育文化和传媒、科研技术为三大行业，高工资行业占65.8%；国企、个体民企和其他事业单位为三大单位性质，体制内单位比为66.6%；平均承诺月薪为3974.6元，比期望月薪少983.2元，比平均保底月薪高234.5元；对口率为81.7%，满意度为64.8%。但集中度较高，表明了我国大学生就业结果的非均衡性特点突出。经验不足、预期太高、专业不好是大学生求职不成功的最主要因素。

第二节　2012 年北京大学生的分类就业状况

本节主要分析 2012 年北京大学生的分类就业状况。

一、不同学习成绩的大学生就业状况

在 2012 年调查的 811 名大学生中，成绩排名居前 25% 的有 277 人，居前 25% ~50% 的有 279 人，居前 50% ~75% 的有 174 人，居前 75% ~100% 的有 79 人，故成绩居前 50% 的样本 556 人，而成绩居后 50% 的样本 253 人❶。仍从就业意愿、就业行为和就业结果 3 个方面加以描述。

（一）就业意愿

图 3-33 显示了成绩居前和成绩居后的大学生群体所看重的择业因素。第一，选项比较。成绩居前的大学生更看重单位的类型和规模，成绩居后的大学生更看重兴趣偏好，其他方面的差异不大❷。第二，三大选择。薪酬福利、兴趣偏好和晋升发展机会是两大大学生群体共同看重的三大因素，只是排序不尽相同。第三，分布状态。两者的集中度分别为 52.2% 和 59.3%，表明成绩差的大学生的择业因素分布更集中。可见，学习成绩对大学生就业观念是有影响的。

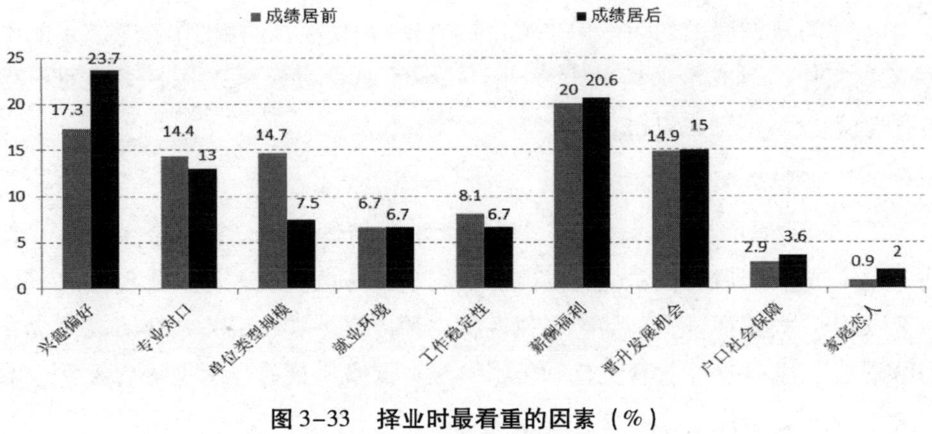

图 3-33　择业时最看重的因素（%）

❶ 由于剔除了空缺项，分类大学生的样本之和，一般少于样本总数。下同。

❷ 界定：当两者的比重没超过 2%，认为两者是无差异的。下同。

下面，我们重点探讨与薪酬福利、晋升发展机会相关的几个具体就业意愿。

1. 地区期望

如图3-34所示。第一，选项比较。成绩排名前50%的大学生，希望在北京就业的比重较高，排名居后50%的大学生更希望在广东和中部地区就业。第二，三大选择。北京、其他沿海地区是两大群体的共同选择，上海是成绩居前大学生的第三大选择，广东是成绩居后大学生的第三大选择。第三，分布状态。集中度分别为86.9%和81.4%，即前者的就业地区选择更集中。第四，水平高低。北京比分别为68.5%和64%，沿海比分别为91.6%和86.5%，学习成绩越好，他们的地区期望越高。

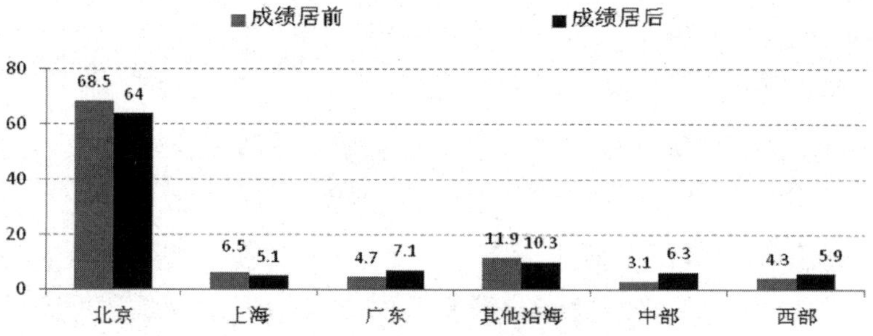

图3-34 最希望的就业地区（%）

2. 城乡期望

对于学习成绩居前的大学生来说，26.3%的愿意去农村工作，72.5%的不愿意去农村工作；对成绩居后的大学生，30%的愿意去农村工作，68%的不愿意去。即前者更不愿意去农村就业。

3. 行业期望

如图3-35所示。第一，成绩居前的大学生更倾向于建筑、金融保险、党政机关社团，成绩居后的大学生更倾向于电煤水、房地产、教育文化传媒、科研技术。第二，三大选择。金融保险、教育文化和传媒、党政机关和社团成为优秀大学生的三大行业选择，教育文化和传媒、金融保险、科研技术是落后大学生的主要选择。第三，分布状态。集中度分别为51.3%和45.8%，即优秀大学生的行业选择更集中。第四，水平高低。高工资行业比分别为68%和68.3%，后者偏高。

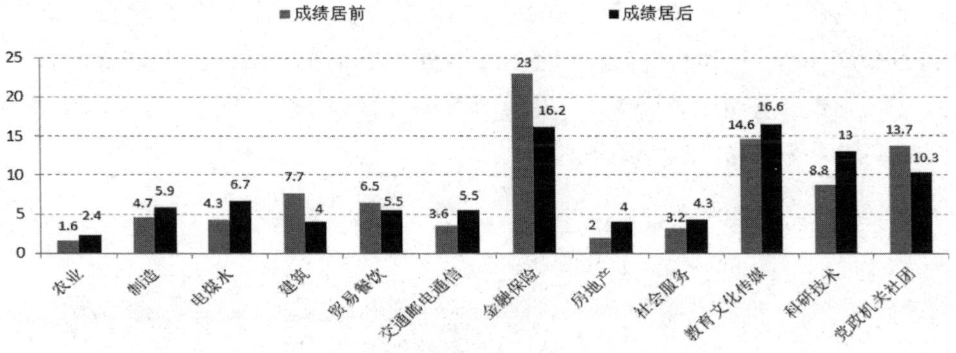

图 3-35 最希望的就业行业（%）❶

4. 性质期望

如图 3-36 所示。第一，学习好的大学生更倾向于党政机关、教育和科研机构，学习不好的大学生更倾向于外企。第二，三大选择。国企、党政机关和外企是两大群体的共同选择。第三，分布状态。集中度分别为 73% 和 73.5%，后者偏集中。第四，水平高低。体制内单位比为 81.1% 和 73.9%，前者的单位性质期望更高。

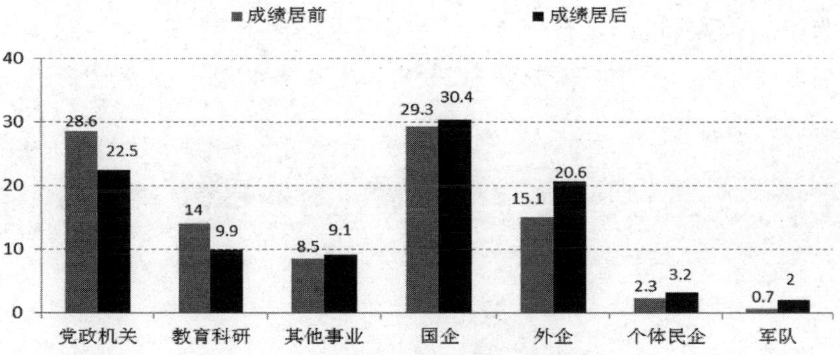

图 3-36 最希望的就业单位性质（%）

5. 期望月薪

如图 3-37 所示。第一，成绩居后的大学生选择 4000～4999 元的更多，其他差异不大。第二，三大选择。除 3000～3999 元、4000～4999 元，5000～5999 元

❶ 为了使图形更清晰，删除了比例较小的采掘、地质水利、卫生体育福利、军队。下同。

是前者的主要选择，7000 元以上是后者的主要选择。第三，分布状态。集中度分别为 68.6% 和 71.2%，后者的期望月薪分布更集中。第四，水平高低。根据公式“平均数 = ∑组中值 × 频率”，平均期望月薪分别为 4950.4 元、4981.9 元，后者的期望月薪更高，但差距不大。

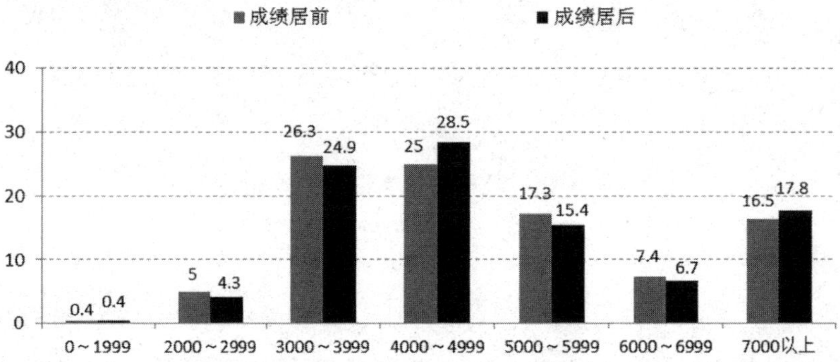

图 3-37　期望月薪（%，元）

如果理想未能如愿，“你的保底月薪是多少?”如图 3-38 所示。成绩居前的大学生选择 2000～2999 元、5000～5999 元的更多；成绩居后的大学生选择 3000～3999 元、4000～4999 元的更多。3000～3999 元、2000～2999 元、4000～4999 元是三大选择，呈现标准的正态分布，体现出不同学习成绩的大学生对保底月薪的预期是基本理性的。平均月薪分别为 3738.8 元和 3749 元，成绩较差的大学生的期望月薪也偏高。

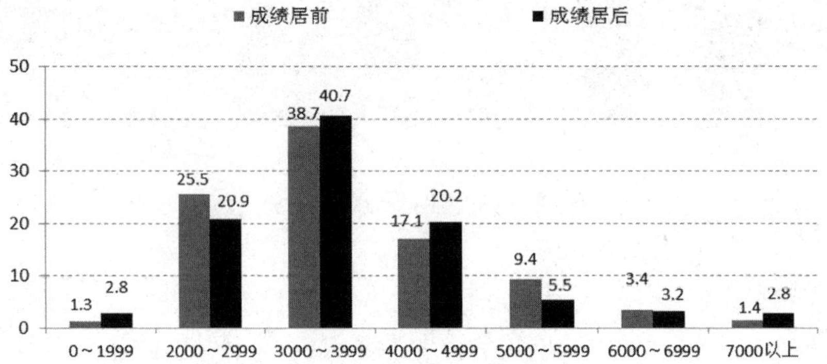

图 3-38　保底月薪（%，元）

（二）就业行为

1. 收集信息

如图 3-39 所示。第一，选项比较。成绩居前的大学生收集信息 30 ~ 39 小时、40 ~ 49 小时的更多，成绩居后的大学生收集信息 10 小时以下的更多。第二，三大选择。除 10 小时以下、20 ~ 29 小时之外，30 ~ 39 小时是前者的主要选择，而 60 以上是后者的主要选择。第三，分布状态。集中度分别为 56.1% 和 61.3%，后者的分布更集中。第四，水平高低。平均收集信息 31.3 小时和 29.2 小时，即学习好的大学生在收集就业信息方面更积极。

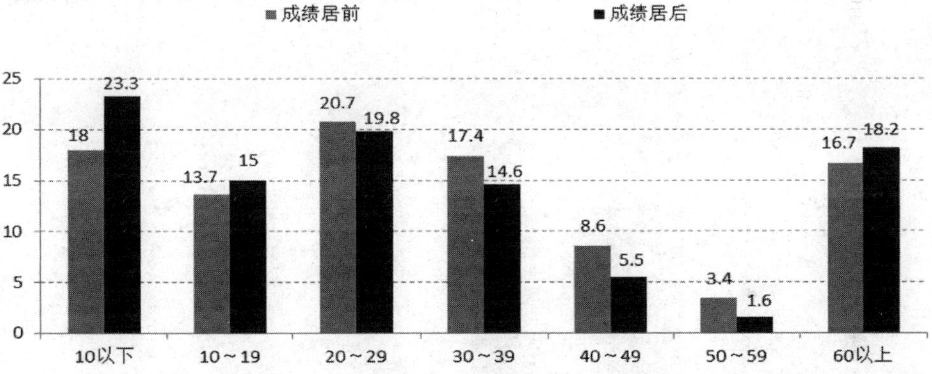

图 3-39　收集信息的时间（%，小时）

2. 投递简历

如图 3-40 所示。第一，选项比较。成绩居前的大学生投递简历 20 ~ 29 份、

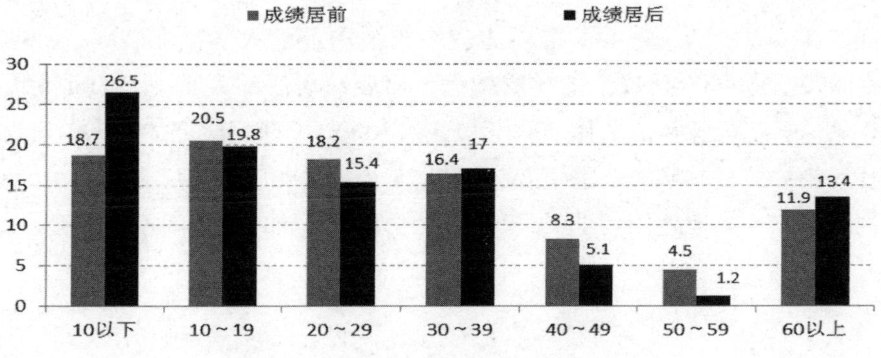

图 3-40　投递简历数量（%，份）

40～49份、50～59份的更多，成绩居后的大学生投简历10份以下的更多。第二，三大选择。除10份以下、10～19份，20～29份是前者的主要选择，30～39份是后者的主要选择。第三，分布状态。集中度分别为57.4%和63.3%，后者更集中。第四，水平高低。平均收集信息28.7小时和26.2小时，即学习好的大学生在投简历方面更积极。

3. 主动联系

如图3-41所示。第一，选项比较。成绩居前的大学生联系5～9次、10～14次的比重较大，成绩居后的大学生从来没联系过的比重较大。第二，三大选择。联系1～4次、5～9次、0次为共同的选择。第三，分布状态。集中度分别为83.8%和88.9%，后者更集中。第四，水平高低。平均联系5.2次和4.2次，学习好的大学生也更积极。

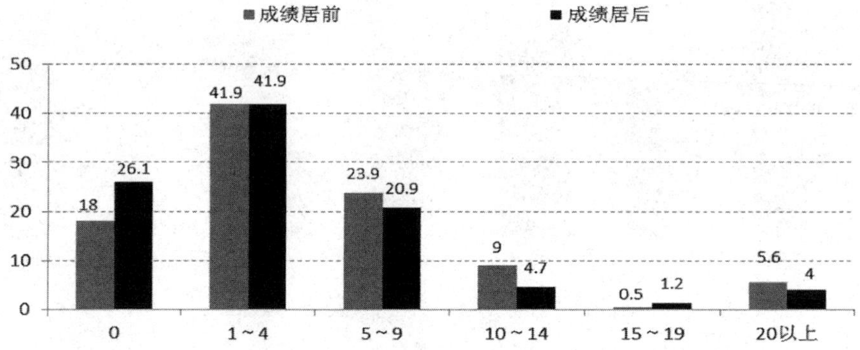

图3-41 主动联系次数（%，次）

4. 求职费用

如图3-42所示。第一，选项比较。成绩居前的大学生在2000～2999元、3000～3999元、4000元以上的比重较大，而成绩居后的大学生为500元以内的更多。第二，三大选择。费用500元以下、1000～1999元、500～999元为共同的选择。第三，分布状态。集中度分别为78.7%和89.3%，后者更集中。第四，水平高低。平均求职费用为1174.9元和845.6元，前者的物质投入更多。

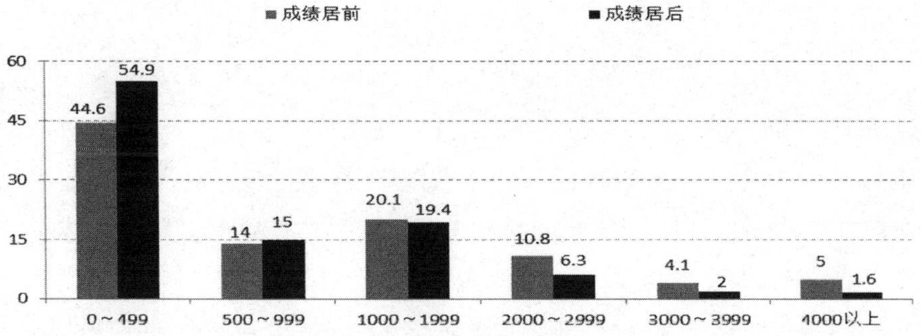

图 3-42　求职费用（%，元）

5. 面试数量

如图 3-43 所示。第一，选项比较。面试次数分布基本上是无差异的。第二，三大选择。面试 1 ~4 次、5 ~9 次、10 ~14 次为共同的选择。第三，分布状态。集中度分别为 84.7% 和 85.3%，后者更集中。第四，水平高低。平均面试 6.9 次和 7 次，后者偏大。

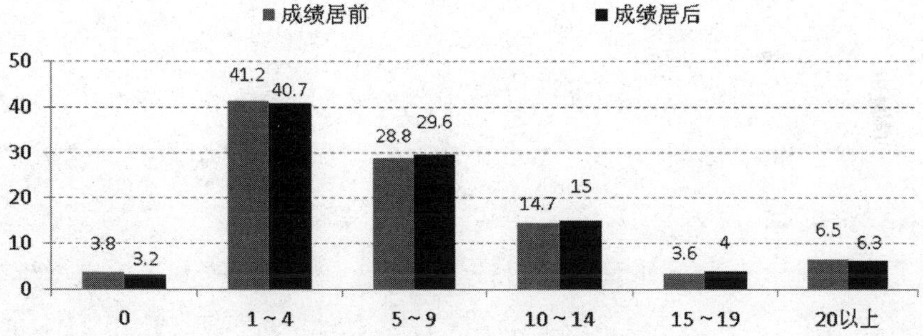

图 3-43　面试次数（%，次）

6. 利用社会关系

成绩居前的大学生“用过、至关重要”、“用过、有些帮助”、“用过、没有帮助”、“没用过” 分别占 11.3%、31.5%、9.7%、45.9%，成绩居后大学生分别占 13.8%、32.8%、7.1%、45.1%。大学生动用社会关系的占 52.5% 和 53.7%，后者更多地运用了社会关系，但差异不大。

（三）就业结果

1. 接收单位

如图 3-44 所示，成绩居前的大学生获得 2～4 家的比重较大，成绩居后的大学生没有接收单位的更多，但差异不大。2～4 家、1 家和 0 家为三大选择。平均接收单位均为 2.2 家，没有差异。

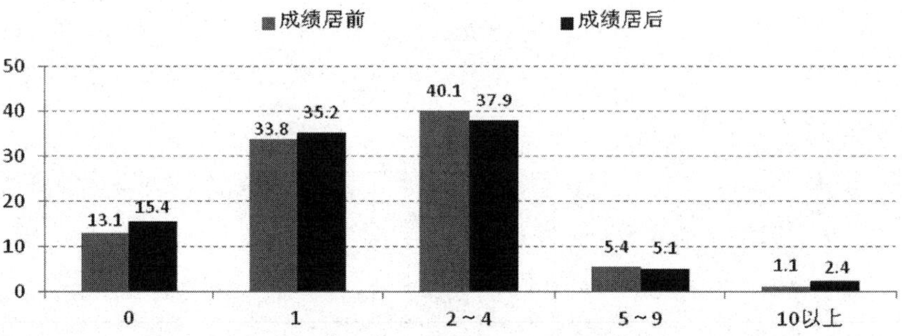

图 3-44　接收单位数量（%，家）

2. 就业率

狭义就业率分别为 43.08% 和 33.22%，前者高近 10 个百分点；广义就业率分别为 53.27% 和 47.00%，前者高出 6 个百分点，体现出学习成绩的重要影响。

3. 实现就业的情况

（1）就业地区分布。如图 3-45 所示。第一，选项比较。优秀大学生在北京就业的概率高出 10 个百分点；较差的在广东、其他沿海和西部地区就业的更多。

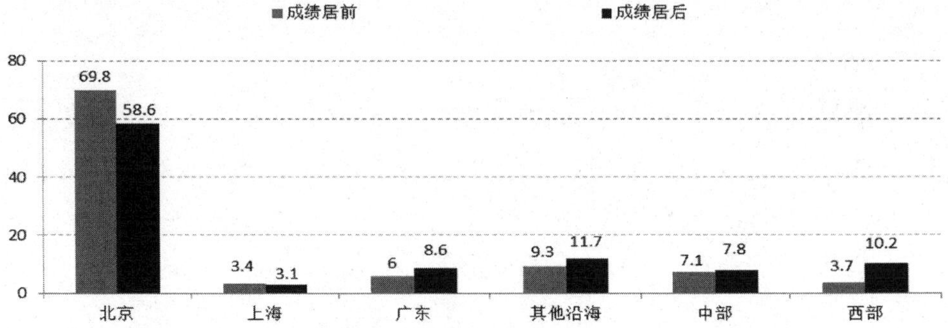

图 3-45　就业地区（%）

第二，三大选择。除了北京和其他沿海地区，中部是前者的第三大选择，西部是后者的第三大选择。第三，集中度分别为86.2%和80.5%，前者更集中。第四，水平高低。北京比分别为69.8%和58.6%，沿海比为88.5%和82%，成绩好的实际就业地区更好。

（2）就业行业分布。如图3-46所示。第一，选项比较。成绩居前的大学生在建筑、金融保险、社会服务、党政机关社团的比例较高，成绩居后的大学生在制造、交通邮电通信、教育文化传媒、科研技术的更多。第二，三大选择。除金融保险、教育文化和传媒以外，建筑是优秀学生的主要选择，科研技术、制造成为较差学生的主要选择。第三，集中度分别为46.3%和47.7%，后者更分散。第四，高工资行业比分别为58.6%和67.2%，即后者的行业更好。

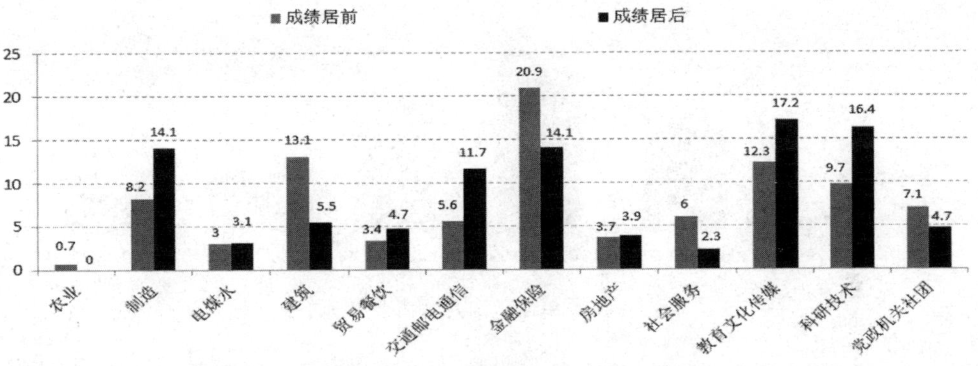

图3-46　就业行业（%）

（3）单位性质分布。如图3-47所示。第一，选项比较。成绩居前的大学生在教育和科研机构有轻微的优势，成绩居后的大学生在个体民企就业的更多。第

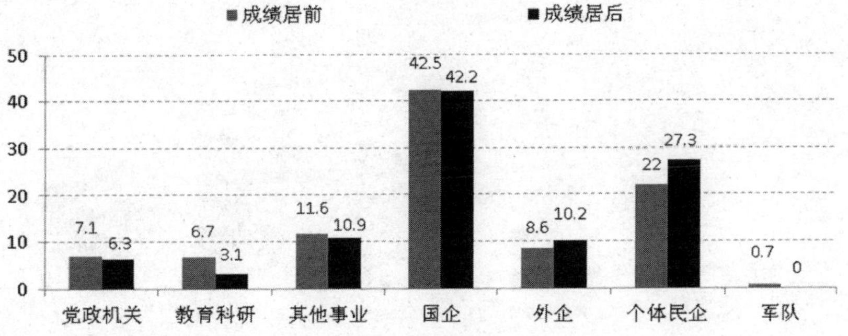

图3-47　就业单位性质（%）

二，三大选择。国企、个体民企、其他事业单位是两个群体的共同选择。第三，分布状态。集中度分别为76.1%和80.4%，后者更集中。第四，水平高低。体制内单位比分别为68.6%和62.5%，前者的稳定性较强。

（4）单位承诺月薪。如图3-48所示。第一，选项比较。成绩居前的大学生的承诺月薪为4000～4999元的更多，成绩居后的承诺月薪为3000～3999元的更多。第二，三大选择。2000～2999元、3000～3999元、4000～4999元为两大群体的共同选择。第三，分布状态。集中度分别为75.4%和74.2%，前者更集中。第四，水平高低。平均承诺月薪为3962.3和4000元，后者有收入优势，但差距不大。

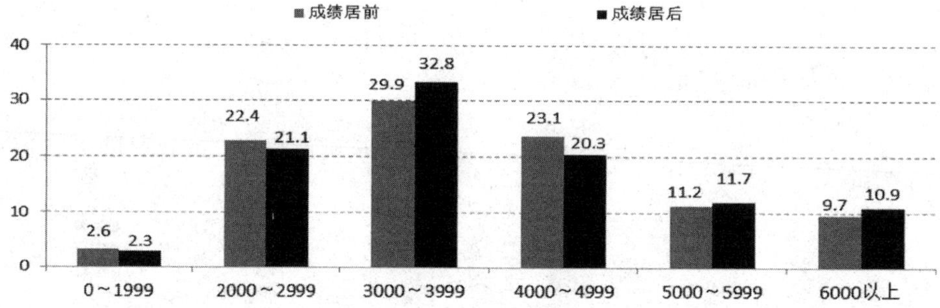

图3-48　单位承诺月薪（%，元）

（5）专业对口程度。成绩居前大学生的“不对口”、“基本对口”“对口”分别占16.8%、51.1%、31.3%，成绩居后大学生分别占19.5%、50%、30.5%。对口率分别为82.4%和80.5%，前者更高。

（6）就业满意程度。如图3-49所示。第一，选项比较。优秀学生的满意度

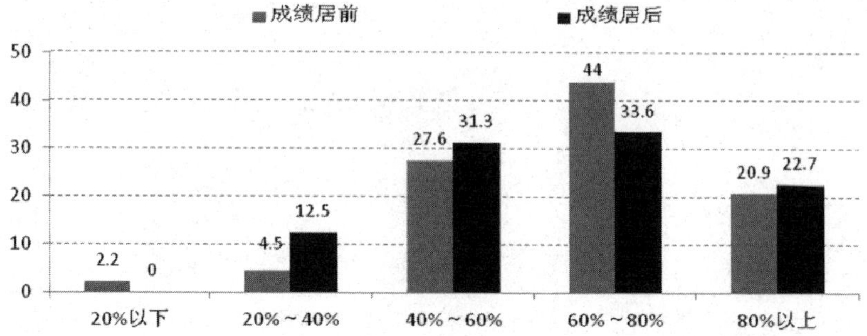

图3-49　就业满意度（%）

为20%以下、60% ~80%的比重较高，较差学生的满意度为20% ~40%、40% ~60%的更多。第二，三大选择。满意度为60% ~80%、40% ~60%、80%以上的比重最高。第三，集中度分别为92.5%和87.6%，前者更集中。第四，水平高低。平均满意度为65.5%和63.3%，即优秀大学生的就业满意度更高。

4. 未实现就业情况

如图3-50所示。第一，选项比较。性别、英语和计算机、就业形势对成绩居前的大学生就业的不利影响更大，专业、求职技巧、就业信息、户籍制度对成绩居后的大学生就业的不利影响较大。第二，三大选择。经验不足、预期太高、专业不好成为两者共同的就业障碍。第三，分布状态。集中度分别为31.4%和38.7%，较差大学生面临的就业障碍更集中。

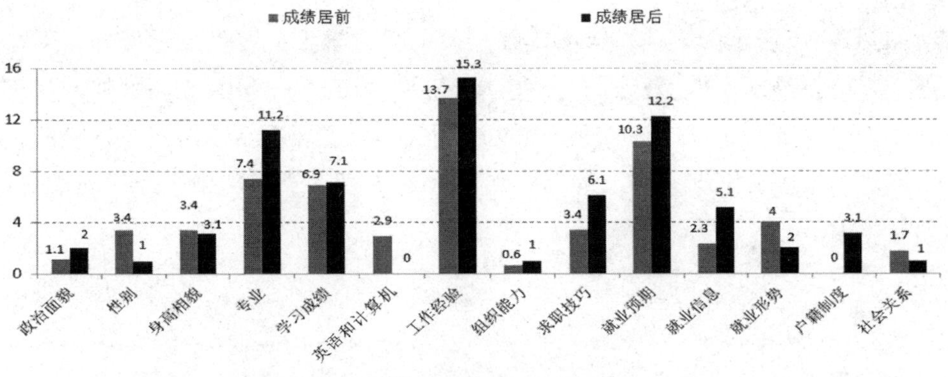

图3-50 求职不成功的最主要影响因素（%）

（四）基本结论

第一，大学生就业意愿：前者较高。学习成绩居前的大学生拥有更多的知识和技能，就业意愿也较高。调查表明，成绩居前的大学生更希望在北京就业、更不愿意去农村工作，更希望在体制内单位就业，但行业和月薪期望较低，总体上期望较高，是一定的合理性。

第二，大学生就业行为：前者积极。成绩居前的大学生利用社会关系的较少，主要依靠自身努力去寻找工作，他们在收集就业信息和投递简历方面更积极，主动联系较多，求职费用较高。成绩居后的大学生更消极，但更多地运用了社会关系。即存在着正向激励，学习成绩越好，求职行为也更加努力；而成绩不好的学生，更可能破罐子破摔。

第三，大学生就业结果：前者较好。尽管接收单位数量无差异，但优秀大学生的就业率较高，就业地区、就业性质、专业对口度、就业满意度等就业质量较高；落后大学生在行业和收入方面有一定的优势。优秀大学生的总体就业结果更好，这是合理的。

二、不同学科专业的大学生就业状况

哲学、教育学、历史学、农学、医学学科的人数较少，剔除，并把六大主要学科门类合并处理。在2012年的811名大学生中，理学和工学有275人，经济和管理有290人，文学和法学有220人。

（一）就业意愿

如图3-51所示。第一，选项比较。理工类大学生更看重兴趣偏好、工作稳定性，其他差异不大[1]。第二，三大选择。除兴趣偏好、薪酬福利之外，理工类大学生主要看重专业对口，经管类和文法类大学生主要看重发展机会。第三，分布状态。集中度分别55.3%、53.4%和54.5%，理工类最集中，经管类最分散，但差异不大。

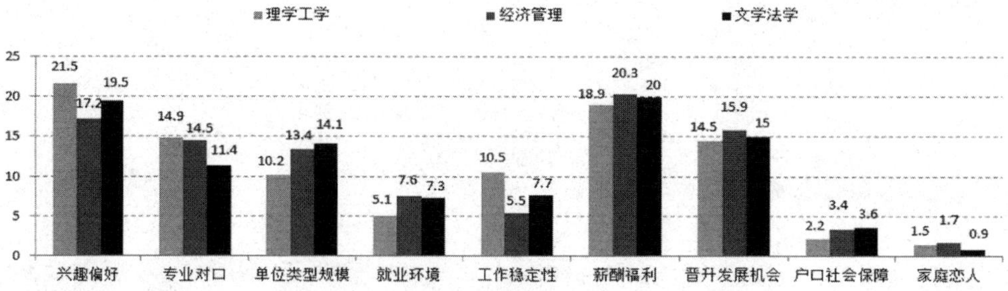

图3-51　择业时最看重的因素（%）

1. 地区期望

如图3-52所示。第一，选项比较。经管类大学生希望在北京、上海就业的比重较高，文法类大学生则更希望在西部地区就业。第二，三大选择。除了北京和其他沿海地区，广东和中部地区是理工类大学生最多的选择，上海是经管类的

[1] 界定：当第一大比重与第二大比重之差没超过2%，认为它们是无差异的。下同。

次优选择，西部地区是文法类的次优选择。第三，分布状态。集中度分别为84.3%、87.6%和84.6%，经管类最集中，理工类最分散，但差异不大。第四，水平高低。北京比分别为66.5%、70%和66.4%，沿海比为89%、91.7%和88.2%，即经管类大学生的地区期望最高，文法类最低，但差异不大。

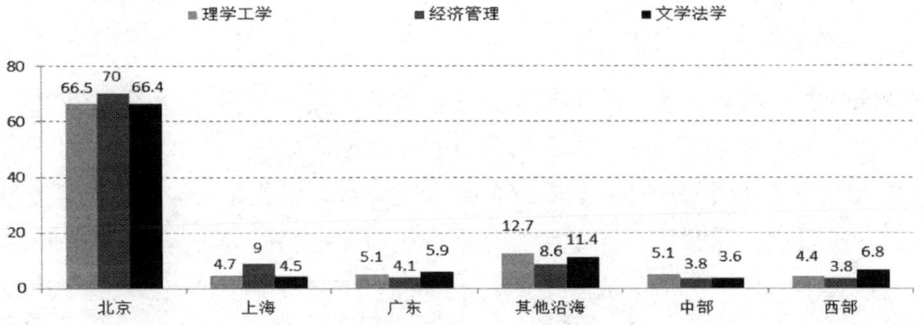

图 3-52 最希望的就业地区（%）

2. 城乡期望

对于理工类大学生来说，29.1%的愿意去农村工作，而69.5%的不愿意去农村工作；23.4%的经管类大学生愿意去农村工作，75.5%的不愿意去农村工作；29.5%的文法类大学生愿意去农村工作，68.2%的不愿意去。即经管类大学生的城乡期望最高，文法类最低。

3. 行业期望

如图3-53所示。第一，选项比较。理工类大学生更倾向于制造、建筑、交通邮电通信、科研技术，经管类大学生更倾向于金融保险，文法类大学生更倾向

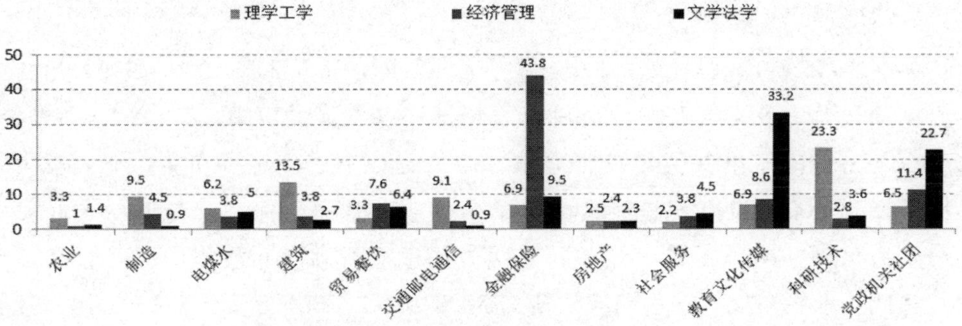

图 3-53 最希望的就业行业（%）

于教育文化传媒、党政机关社团。第二，三大选择。科研技术、建筑、制造是理工类大学生的三大选择，金融保险、党政机关社团、教育文化和传媒是经管类和文法类大学生的共同选择。第三，集中度分别为46.3%、63.8%和65.4%，即文法类最集中，理工类最分散。第四，水平高低。高工资行业比分别为58.9%、72.8%和74.9%，文法类大学生的行业期望最高，理工类最低。

4. 性质期望

如图3-54所示。第一，选项比较。理工类大学生更倾向于其他事业单位、国企，文法类大学生更倾向于党政机关、教育和科研机构。第二，三大选择。国企、党政机关是共同的选择，只是理工类和经管类更偏重于外企，文法类更偏重于教育和科研机构。第三，分布状态。集中度分别为71.9%、77.3%和75.4%，经管类最集中，理工类最分散。第四，水平高低。体制内单位比分别为75.9%、77.7%和84.1%，即文法类大学生的性质期望最高，理工类最低。

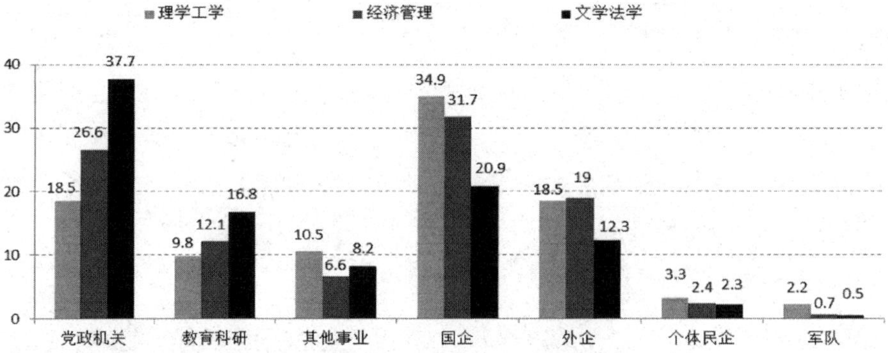

图3-54　最希望的就业单位性质（%）

5. 期望月薪

如图3-55所示。第一，选项比较。经管类大学生选择5000~5999元的更多，文法类大学生选择3000~3999元、4000~4999元的更多。第二，三大选择。除3000~3999元、4000~4999元之外，7000元以上是理工类和文法类大学生的共同选择，5000~5999元是经管类大学生的主要选择。第三，分布状态。集中度分别为68%、67.7%和76.4%，文法类的期望月薪分布最集中，经管类最分散。第四，水平高低。平均期望月薪为5038.9元、5061.8元、4723.3元，经管类最高，文法类最低。

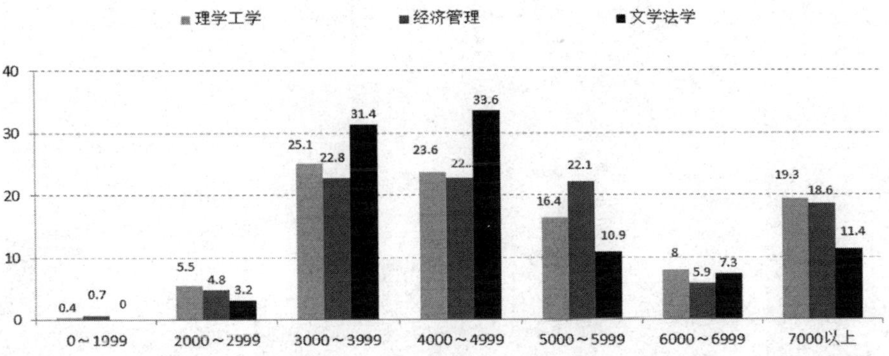

图 3-55　期望月薪（%，元）

根据图 3-56 所示。文法类大学生选择保底月薪为 3000～3999 元的更多，其他差异不大。3000～3999 元、2000～2999 元、4000～4999 元是三大选择。平均保底月薪分别为 3811 元、3829.8 元和 3528 元，经管类大学生的保底月薪最高，文法类最低。

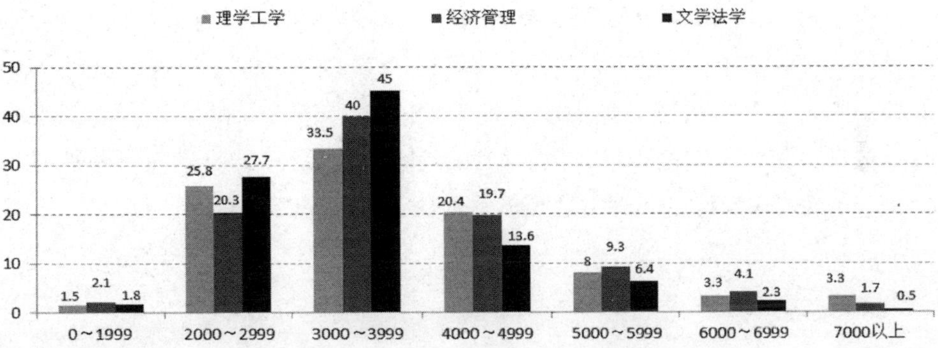

图 3-56　保底月薪（%，元）

（二）就业行为

1. 收集信息

如图 3-57 所示。第一，选项比较。经管类大学生收集信息 30～39 小时的更多，文法类大学生收集信息 10 小时以下的更多。第二，三大选择。除了 20～29 小时、60 小时以上，10 小时以下成为理工类和文法类大学生的主要选择，30～39 小时成为经管类的主要选择。第三，分布状态。集中度分别为 60.4%、58.6% 和 59.1%，理工类的选择最集中，经管类最分散。第四，水平高低。平均收集信息分别为28.9小时、32.7小时和29.8小时，经管类最多，理工类最低。

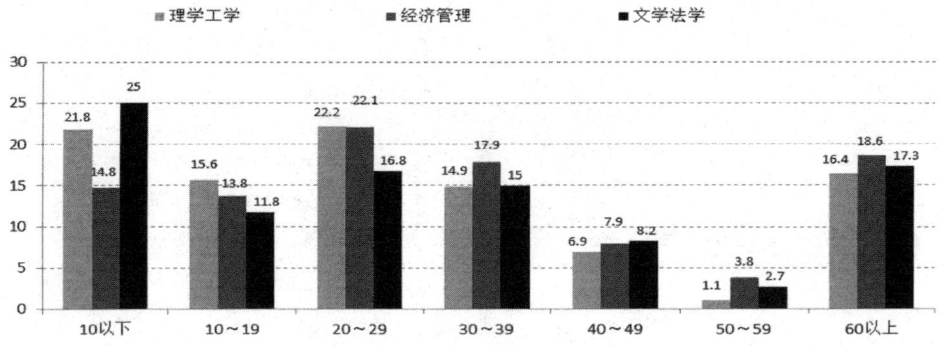

图3-57　收集信息的时间（%，小时）

2. 投递简历

如图3-58所示。第一，选项比较。理工类大学生投递简历10份以下、10～19份的更多，经管类投30～39份的更多，文法类投50～59份的更多。第二，三大选择。除10～19份外，10份以下、20～29份为理工类的主要选择，30～39份、20～29份为经管类的主要选择，10份以下、30～39份为文法类的主要选择。第三，分布状态。集中度分别为68.1%、55.9%和55%，理工类投简历行为分布最集中，文法类最分散。第四，水平高低。平均投递简历分别为24.1份、30.2份和29.8份，经管类最多，文法类其次，理工类最少。

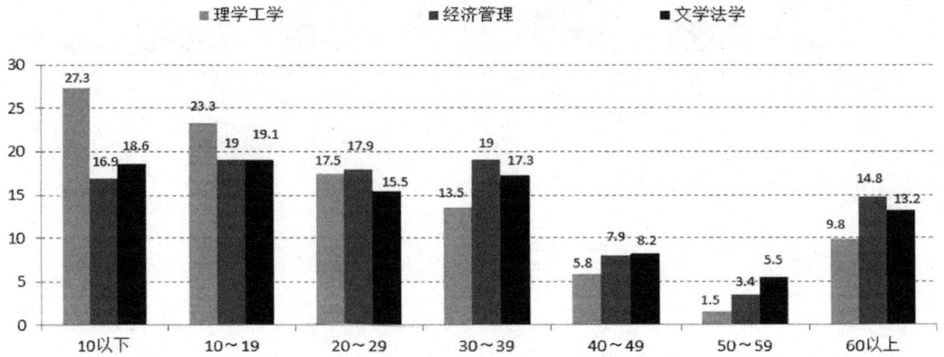

图3-58　投递简历数量（%，份）

3. 主动联系

如图 3-59 所示。第一，选项比较。经管类大学生联系 5～9 次、10～14 次的更多，其他差异不大。第二，三大选择。联系 1～4 次、5～9 次、0 次为共同的选择。第三，分布状态。集中度分别为 88%、81.7% 和 86.9%，理工类最集中，经管类最分散。第四，水平高低。平均联系 4.5 次、5.5 次和 4.6 次，经管类最多，理工类最少。

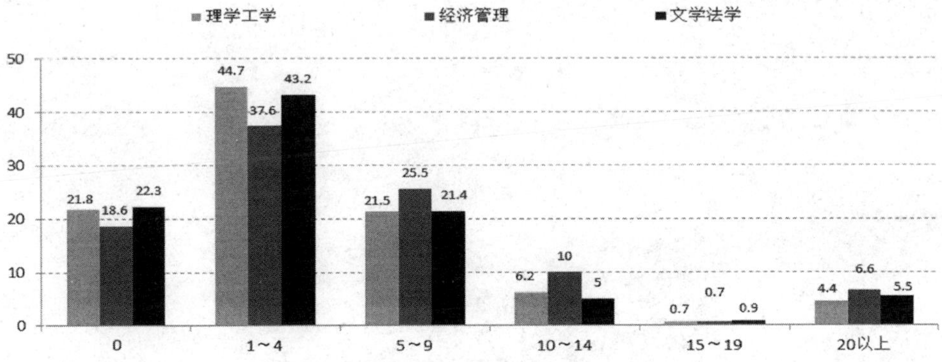

图 3-59　主动联系次数（%，次）

4. 求职费用

如图 3-60 所示。第一，选项比较。理工类大学生在 500 元以内的比重较大，经管类在 1000～1999 元、2000～2999 元、4000 元以上的更多。第二，三大选择。500 元以下、1000～1999 元、500～999 元成为三大共同选择。第三，分布状态。集中度分别为 91.7%、74.2% 和 81.9%，理工类最集中，经管类最分散。

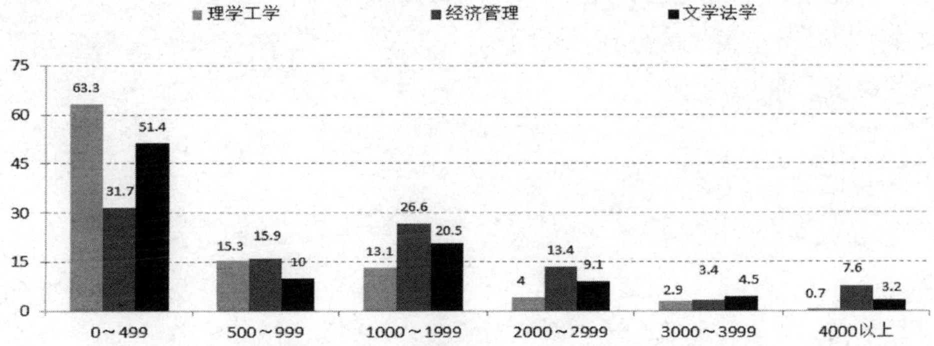

图 3-60　求职费用（%，元）

第四，水平高低。平均费用为708.8元、1414.3元和1054.1元，经管类最多，理工类最少。

5. 面试数量

如图3-61所示。第一，选项比较。理工类大学生参加面试1~4次的更多，其他差异很小。第二，三大选择。面试1~4次、5~9次、10~14次为共同的选择。第三，分布状态。集中度分别为86.9%、84.8%和83.1%，理工类最集中，文法类最分散。第四，水平高低。平均面试6.2次、7.5次和7.4次，经管类最高，理工类最低。

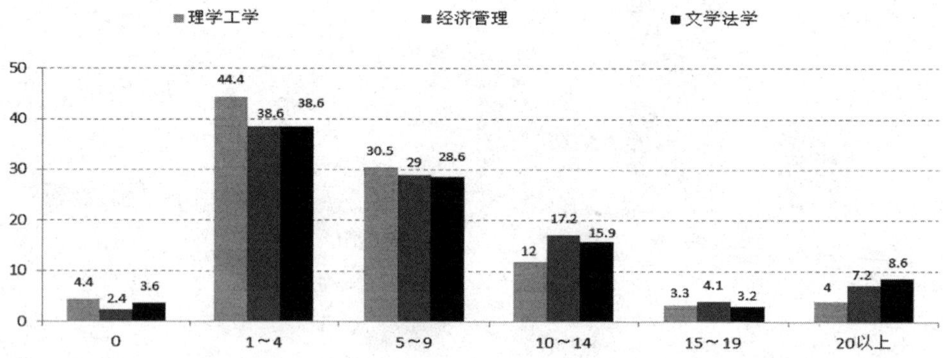

图3-61　面试次数（%，次）

6. 利用社会关系

理工类大学生"用过、至关重要"、"用过、有些帮助"、"用过、没有帮助"、"没用过"分别占14.5%、28.4%、6.9%、49.1%，经管类大学生分别占13.4%、32.8%、9.3%、43.1%，文法类大学生分别占7.7%、35.5%、9.1%、45.9%。动用社会关系的分别占49.8%、55.5%和52.3%，即经管类运用社会关系的最多，理工类最少。

（三）就业结果

1. 接收单位

如图3-62所示。理工类大学生获得2~4家的比重较大，经管类大学生无接收单位的更多，文法类大学生只有1家的更多。2~4家、1家和0家是三大共同选择。平均接收单位为2.4家、2.1家和2.1家，即理工类最多，后两者无差异。

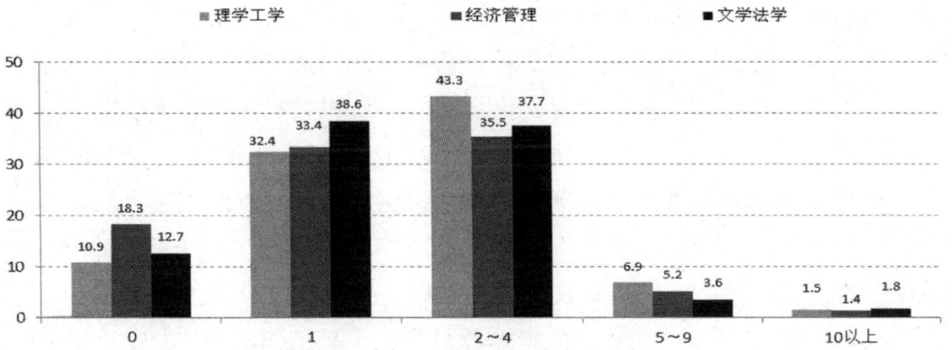

图 3-62　接收单位数量（%，家）

2. 就业率

狭义就业率分别为 53.41%、35.03% 和 27.18%，广义就业率为 60.57%、46.6% 和 44.66%，表明理工类的就业率最高，经管类居中，文法类最低，学科专业对大学生能否就业有重要影响。

3. 实现就业的情况

（1）就业地区分布。如图 3-63 所示。第一，选项比较。理工类大学生在广东、中西部地区就业的比重较大，经管类在其他沿海地区就业的更多。第二，三大选择。除了北京占绝对主体地位，中部和广东是理工类的两大主要选择，其他沿海和中部地区是经管类的另外选择，其他沿海和广东是文法类的两大选择。第三，分布状态。集中度分别为 81.8%、87.7% 和 87.8%，文法类最集中，理工类最分散。第四，水平高低。北京比分别为 61.8%、70.8% 和 72.2，沿海比分别为 81.2%、90.7% 和 91.1%，文法类的地区质量最高，理工类最低。

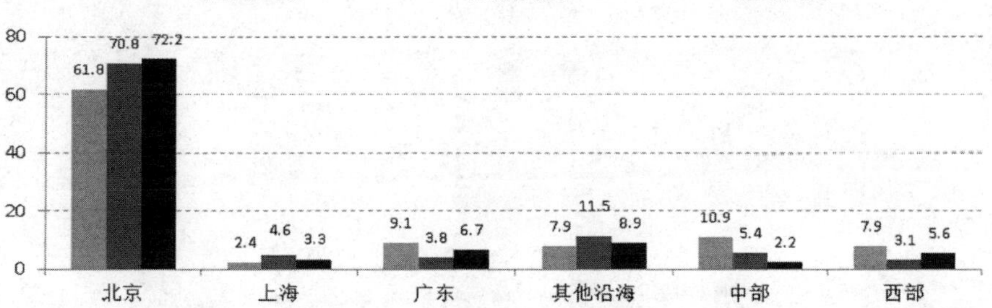

图 3-63　就业地区（%）

（2）就业行业分布。如图 3-64 所示。第一，选项比较。理工类大学生在制造、电煤水、建筑、交通邮电通信、科研技术的比例较高，经管类在金融保险的更多，文法类在社会服务、教育文化传媒、党政机关社团的更多。第二，三大选择。科研技术、制造和建筑是理工类的三大选择，金融保险、党政机关社团、制造、贸易餐饮是经管类的四大选择，教育文化和传媒、党政机关社团、社会服务是文法类的主要选择。第三，分布状态。集中度分别为 61.2%、62.4% 和 63.4%，文法类最集中，理工类最分散。第四，水平高低。高工资行业比分别为 47.7%、70% 和 72.2%，文法类的行业质量最高，理工类最低。

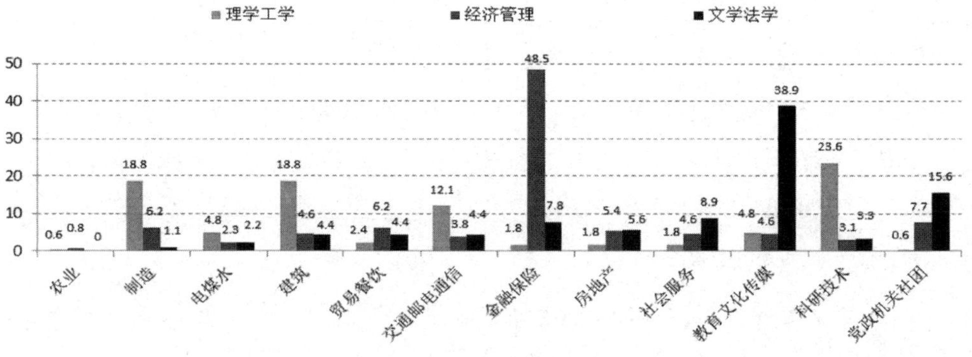

图 3-64　就业行业（%）

（3）单位性质分布。如图 3-65 所示。第一，选项比较。理工类大学生在国企的比例较高，经管类大学生在外企的更多，文法类大学生在党政机关、教育和科研机构、其他事业单位、个体民企的更多。第二，三大选择。除国企、个体民企，其他事业单位是理工类和文法类大学生的主要选择，外企是经管类大学生的

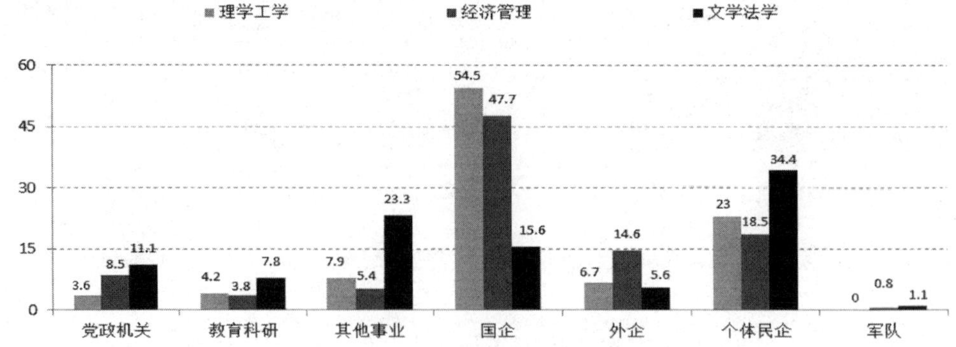

图 3-65　就业单位性质（%）

主要选择。第三，分布状态。集中度分别为 85. 4% 、80. 8% 和 73. 3% ，即理工类最集中，文法类最分散。第四，水平高低。体制内单位比分别为 70. 2% 、66. 2% 和 58. 9% ，理工类的就业单位最稳定，文法类最不稳定。

（4）单位承诺月薪。如图 3-66 所示。第一，选项比较。理工类大学生的承诺月薪为 2000 ~ 2999 元的更多，经管类为 5000 ~ 5999 元的更多，文法类为 4000 ~ 4999元的更多。第二，三大选择。除 3000 ~ 3999 元、4000 ~ 4999 元以外，2000 ~ 2999 元为理工类和文法类的主要选择，5000 ~ 5999 元为经管类的主要选择。第三，分布状态。集中度分别为 80% 、68. 5% 和 80% ，经管类最分散，其他两个相同。第四，水平高低。平均承诺月薪分别为 3811. 0 元、4209. 3 元和 3954. 5 元，经管类大学生的收入优势最强，理工类最弱。

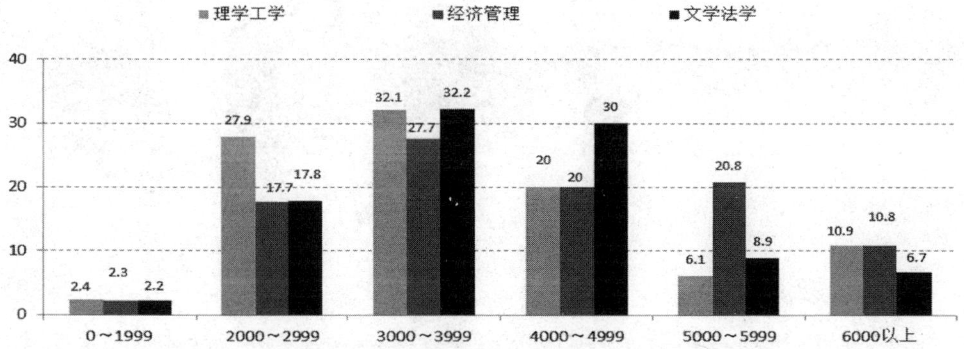

图 3-66　单位承诺月薪（%，元）

（5）专业对口程度。如图 3-67 所示。理工类的大学生专业对口程度较高，经管类基本对口的更多，文法类不对口的更多。对口率分别为 85. 4% 、85. 3% 和 68. 8% ，即理工类的对口率最高，文法类最低。

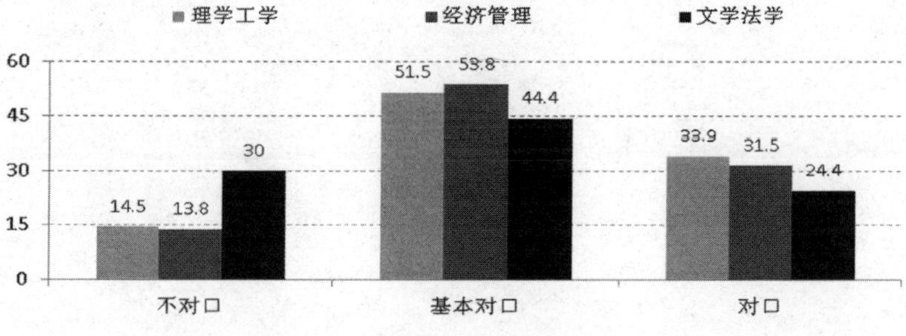

图 3-67　专业对口程度（%）

（6）就业满意程度。如图 3-68 所示。第一，选项比较。理工类大学生的满意度为60% ~80%的比重较高，经管类大学生为 80%以上的更多，文法类大学生为 20%以下、20% ~40%、40% ~60%的更多。第二，三大选择。40% ~60%、60% ~80%、80%以上为共同的选择。第三，分布状态。集中度分别为94.6%、93.9%和 83.3%，理工类最集中，文法类最分散。第四，水平高低。平均满意度为65.9%、67.4%和 60.8%，经管类大学生的就业满意度最高，文法类最低。

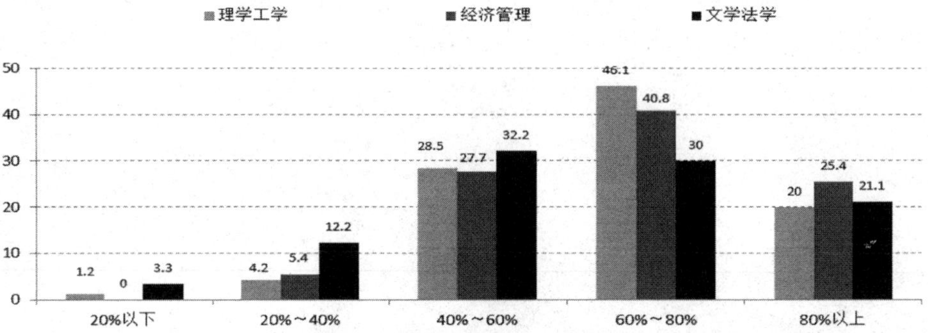

图 3-68　就业满意度（%）

4. 未实现就业情况

如图 3-69 所示。第一，选项比较。身高相貌、学习成绩对经管类大学生就业的不利影响较大，专业、就业信息对文法类的不利影响较大。第二，三大选择。除经验不足、预期太高之外，成绩不好是理工类和经管类的第三大障碍，专业不好是文法类的第三大障碍。第三，分布状态。集中度分别为35%、34.4%和36.6%，文法类最集中，经管类最分散。

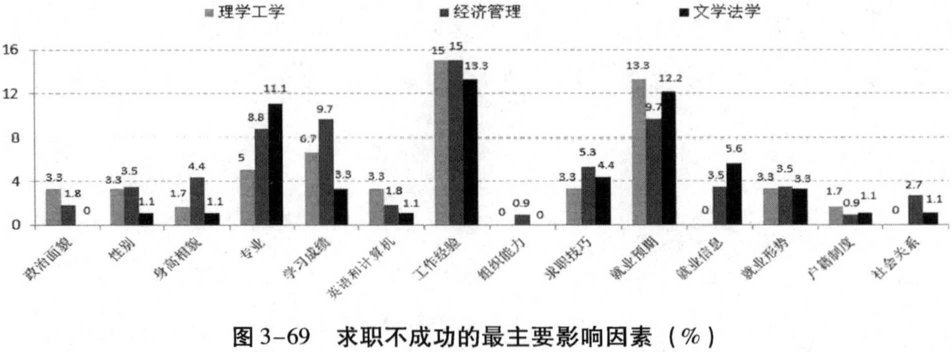

图 3-69　求职不成功的最主要影响因素（%）

（四）基本结论

第一，大学生就业意愿：经管类最高、理工类最低。调查表明，理工类大学生的行业期望、性质期望最低。经管类大学生的地区期望、城乡期望、月薪期望最高。文法类大学生的行业期望和性质期望最高；而地区期望、城乡期望、月薪期望最低。总体上，经管类大学生的期望最高，理工类最低。

第二，大学生就业行为：经管类积极、理工类消极。理工类大学生在收集信息、投递简历、主动联系、求职费用、参加面试、利用社会关系方面最不积极。经管类大学生在收集信息、投递简历、主动联系、求职费用、参加面试、利用社会关系方面都最积极。即经管类大学生最积极，理工类最不积极。

第三，大学生就业结果：各有优劣。理工类的接收单位最多，就业率最高，性质最稳定，对口率最高；而地区质量、行业质量最差，月薪最低。经管类的月薪最高，满意度最高；而接收单位最少。文法类的地区质量和行业质量最好；接收单位最少，就业率最低，性质最不稳定，对口率和满意度最低。

三、不同高校层次的大学生就业状况

在 811 名大学生中，211 高校有 490 人，非 211 高校有 321 人。

（一）就业意愿

如图 3-70 所示。第一，选项比较。211 高校大学生更看重专业对口、薪酬福利，而非 211 高校大学生更看重单位的类型和规模、就业环境、晋升发展机会。

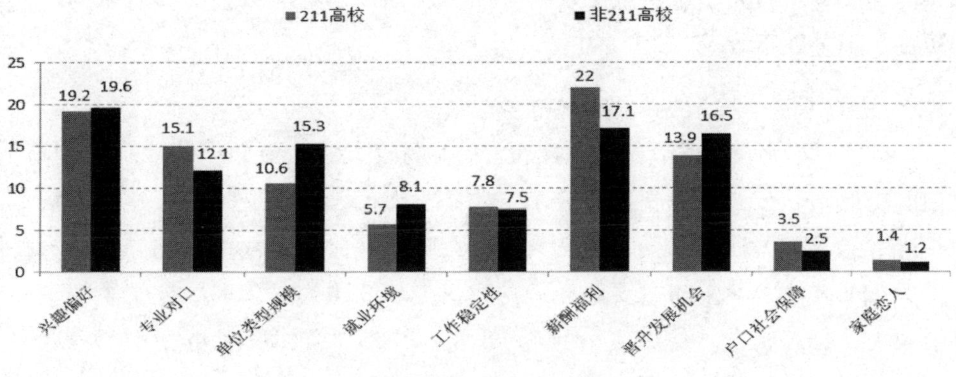

图 3-70　择业时最看重的因素（%）

第二，三大选择。除薪酬福利、兴趣偏好之外，专业对口是211高校大学生最看重的一大因素，晋升发展机会是非211高校大学生最看重的一大因素。第三，分布状态。集中度分别为56.3%和53.2%，即前者的因素分布更集中。

1. 地区期望

如图3-71所示。第一，选项比较。211高校大学生希望在其他沿海地区就业的比重较高，非211高校大学生更希望在北京就业。第二，三大选择。除了北京和其他沿海地区之外，上海为前者的主要地区选择，西部地区是后者的主要选择。第三，分布状态。集中度分别为84.2%和86%，后者相对集中。第四，水平高低。北京比分别为65.1%和70.1%，沿海比分别为90.3%和89.5%。

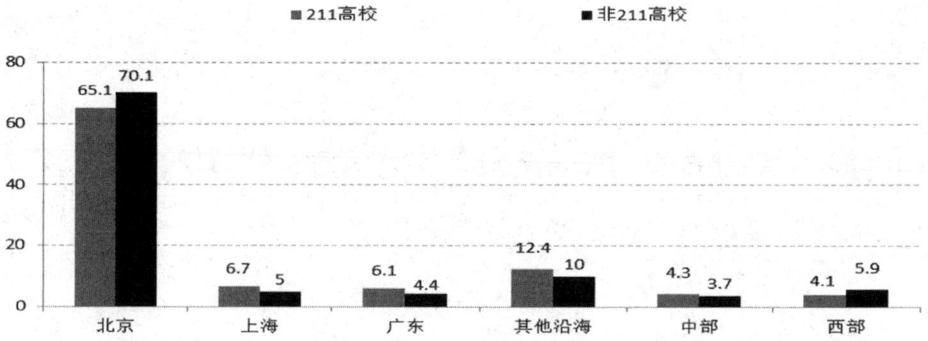

图3-71 最希望的就业地区（%）

2. 城乡期望

26.9%的211高校大学生愿意去农村工作，70.8%的不愿意去农村工作；28%的非211高校大学生愿意去农村工作，71.7%的不愿意去。即后者的城乡期望更高，但差距不大。

3. 行业期望

如图3-72所示。第一，选项比较。211高校大学生更倾向于农业、制造业、交通邮电通信、金融保险、科研技术，非211高校大学生更倾向于建筑、教育文化传媒、党政机关社团。第二，三大选择。除金融保险、教育文化和传媒，科研技术为211高校大学生的主要选择，党政机关和社团为非211高校学生的主要选择。第三，分布状态。集中度分别为48.8%和55.8%，后者更集中。第四，水平高低。高工资行业比为68.8%和67%，前者更高。

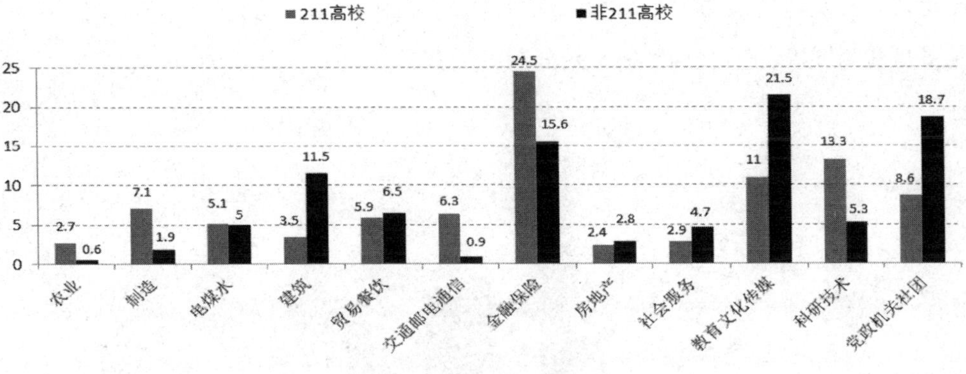

图 3-72　最希望的就业行业（%）

4. 性质期望

如图 3-73 所示。第一，选项比较。211 高校大学生更倾向于国企、外企，非 211 高校大学生更倾向于党政机关，即前者更倾向于去企业就业。第二，三大选择。国企、党政机关、外企是共同的三大选择，只是排序不同。第三，分布状态。集中度分别为 73.3% 和 73.2%，差异很小。第四，水平高低。体制内单位比分别为 76.2% 和 83.1%，后者的单位更稳定。

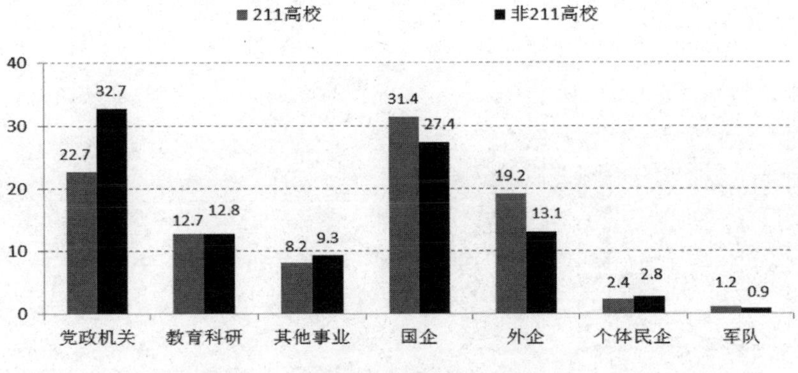

图 3-73　最希望的就业单位性质（%）

5. 期望月薪

如图 3-74 所示。第一，选项比较。211 高校大学生选择 5000～5999 元、6000～6999元、7000 元以上的更多，非 211 高校大学生选择 2000～2999 元、3000～3999 元的更多。第二，三大选择。除 3000～3999 元是非 211 高校的最大选择，4000～4999 元、5000～5999 元、7000 元以上是两者的共同选择。第三，分布状态。集中度分别为 67.1% 和 75%，后者更集中。第四，水平高低。平均期望月薪为 5255.8 元、4509.5 元，前者更高。

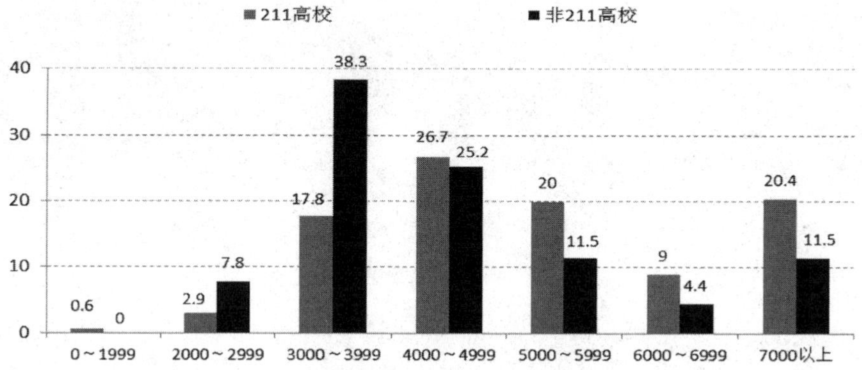

图 3-74　期望月薪（%，元）

如图 3-75 所示。211 高校大学生的保底月薪选择为 4000～4999 元、5000～5999 元、6000～6999 元、7000 元以上的更多，非 211 高校大学生选择 2000～2999 元、3000～3999 元的更多。3000～3999 元、2000～2999 元、4000～4999 元是三大选择。平均期望月薪为 4014.9 元和 3325.3 元，前者更高。

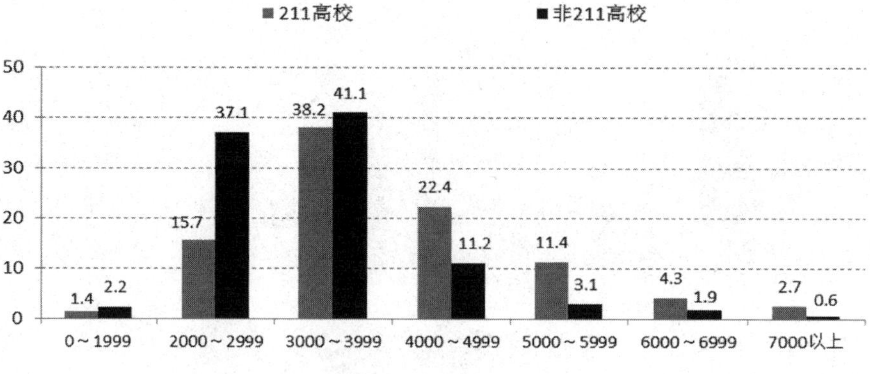

图 3-75　保底月薪（%，元）

（二）就业行为

1. 收集信息

如图 3-76 所示。第一，选项比较。211 高校大学生收集信息 60 小时以上的更多，非 211 高校大学生收集信息 10 小时以下的更多。第二，三大选择。除 10 小时以下、20～29 小时，60 小时以上为前者的主要选择，30～39小时为后者的主要选择。第三，分布状态。集中度分别为 57% 和 59.2%，后者更集中。第四，水平高低。平均收集信息 31.3 小时和 29.9 小时，前者在收集就业信息方面更积极。

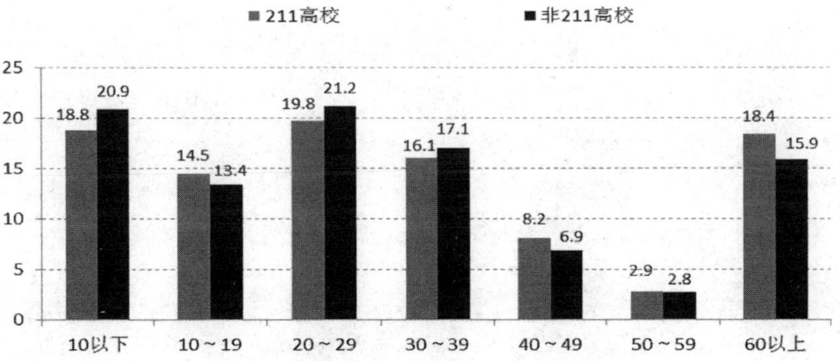

图 3-76　收集信息的时间（%，小时）

2. 投递简历

如图 3-77 所示。第一，选项比较。211 高校大学生投简历 10 份以下、10～19 份、60 份以上的更多，非 211 高校大学生投简历 20～29 份、30～39 份、50～59 份的更多。第二，三大选择。除 10 份以下、20～29 份之外，10～19 份为前者的主要选择，30～39 份为后者的主要选择。第三，分布状态。集中度分别为 60.2% 和 57.9%，前者更集中。第四，水平高低。平均投递简历 27.4 份和 28.8 份，后者更积极。

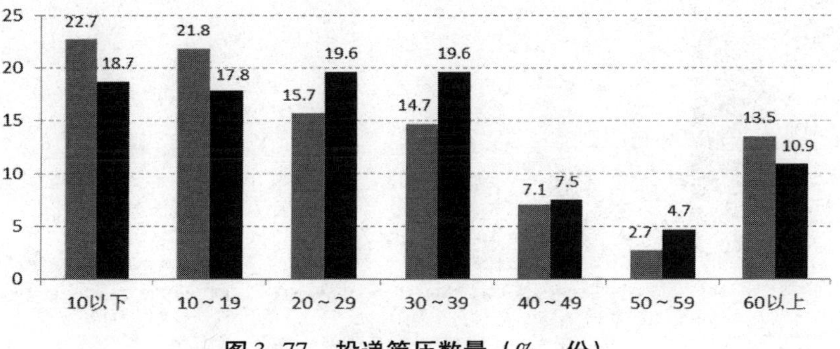

图 3-77　投递简历数量（%，份）

3. 主动联系

如图3-78所示。第一，选项比较。211高校大学生联系5~9次的比重较大，非211高校大学生联系0次、1~4次的更多。第二，三大选择。联系1~4次、5~9次、0次为共同的选择。第三，分布状态。集中度分别为85.1%和85.3%，差异很小。第四，水平高低。平均联系5次和4.7次，前者更积极。

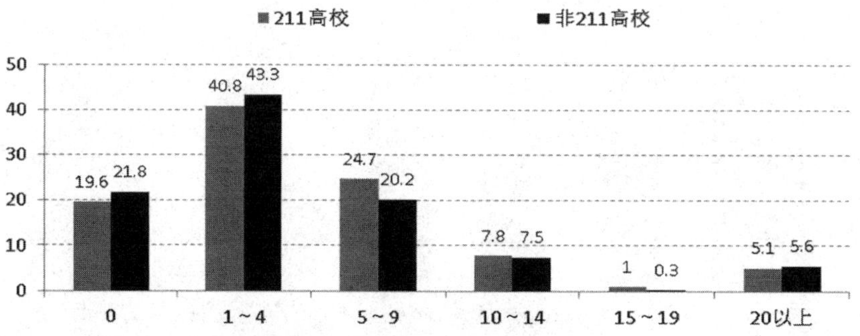

图3-78　主动联系次数（%，次）

4. 求职费用

如图3-79所示。第一，选项比较。211高校大学生在500~999元、2000~2999元、3000~3999元的比重较大，非211高校大学生在500元以内的更多。第二，三大选择。500元以下、1000~1999元、500~999元为共同的选择。第三，分布状态。集中度分别为80.2%和84.7%，后者更集中。第四，水平高低。平均求职费用为1121.6元和1004.7元，前者的物质投入较多。

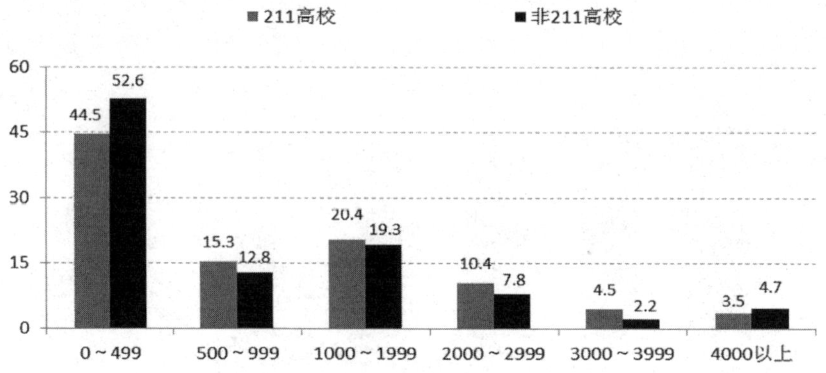

图3-79　求职费用（%，元）

5. 面试数量

如图 3-80 所示。第一，选项比较。211 高校大学生参加面试 1 ~ 4 次、10 ~ 14 次、20 次以上的更多，非 211 高校大学生的面试 5 ~ 9 次的更多。第二，三大选择。面试 1 ~ 4 次、5 ~ 9 次、10 ~ 14 次为共同的选择。第三，分布状态。集中度分别为 83.6% 和 87%，后者更集中。第四，水平高低。平均面试为 7.2 次和 6.7 次，前者更积极。

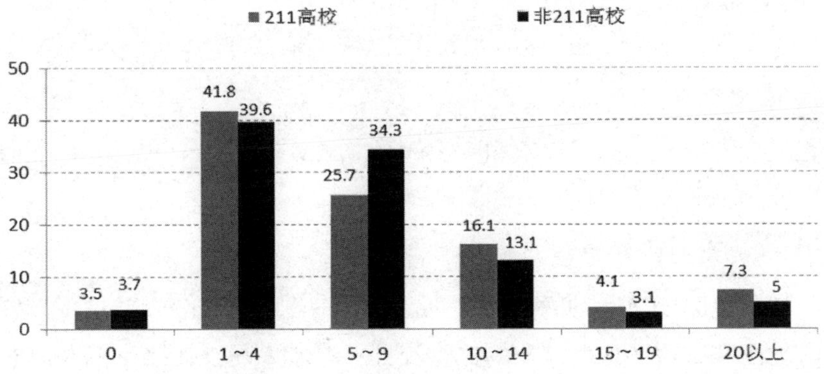

图 3-80 面试次数（%，次）

6. 利用社会关系

211 高校大学生“用过、至关重要”、“用过、有些帮助”、“用过、没有帮助”、“没用过”分别为 11.4%、31.2%、8.8%、46.9%，非 211 高校大学生分别为 13.4%、32.7%、9%、43.6%。动用社会关系的占 51.4% 和 55.1%，后者更高。

（三）就业结果

1. 接收单位

如图 3-81 所示，211 高校大学生无接收单位和获得 2 ~ 4 家的比重较大，非 211 高校大学生有 1 家的更多。2 ~ 4 家、1 家和 0 家为三大共同选择。平均接收单位为 2.3 家和 2.1 家，高校层次有一定的正面影响。

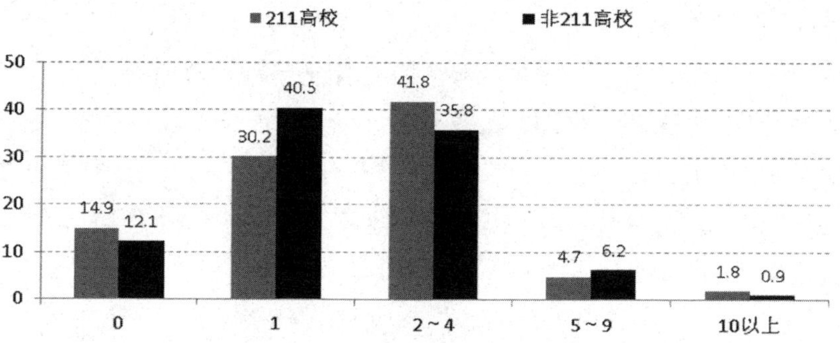

图3-81 接收单位数量（%，家）

2. 就业率

狭义就业率分别为37.57%和43.09%，广义就业率为48.51%和55.26%，非211高校学生的就业率更高。

3. 实现就业的情况

（1）就业地区分布。如图3-82所示。第一，选项比较。211高校在广东、其他沿海地区和中西部地区就业的比重较大；非211高校在北京就业的概率高出20多个百分点。第二，三大选择。除了北京和其他沿海地区，广东成为前者的主要选择，中部是后者的主要选择。第三，分布状态。集中度分别为79%和90.9%，后者更集中。第四，水平高低。北京比分别为55.8%和80.6%，沿海比为82.9%和91.5%，即非211高校学生的就业地区质量较高。

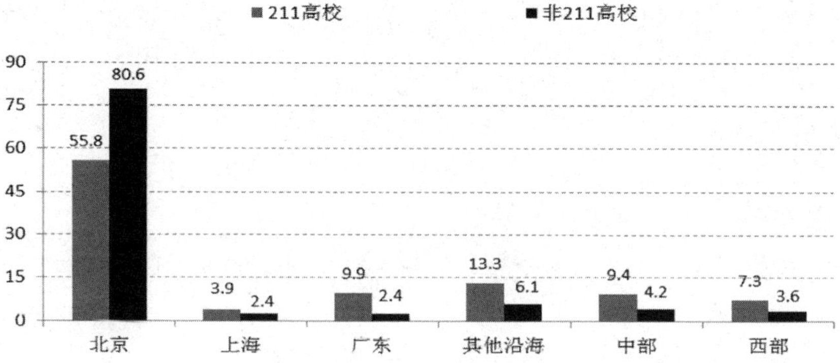

图3-82 就业地区（%）

（2）就业行业分布。如图3-83所示。第一，选项比较。211高校大学生在制造、交通邮电通信、金融保险、科研技术的比例较高，非211高校大学生在建筑、贸易餐饮、房地产、社会服务、教育文化传媒、党政机关社团的更多。第二，三大选择。除金融保险，制造和科研技术为前者的两大选择，建筑、教育文化和传媒为后者的主要选择。第三，分布状态。集中度分别为 54.1% 和 53.3%，前者偏大。第四，水平高低。高工资行业比为 65.7% 和 55.1%，前者较高。

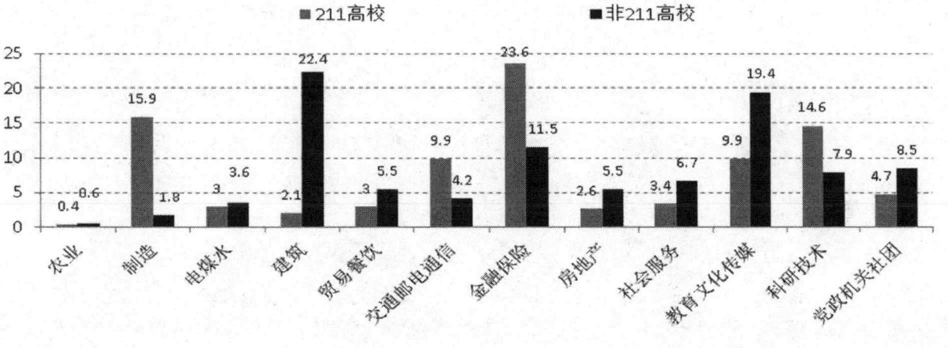

图 3-83　就业行业（%）

（3）单位性质分布。如图 3-84 所示。第一，选项比较。211 高校大学生在教育和科研机构、国企有明显的优势，非 211 高校大学生在党政机关、其他事业单位、个体民企就业的更多。第二，三大选择。国企、个体民企、其他事业单位是两大群体共同的选择。第三，分布状态。集中度分别为 77.7% 和 77.5%，差异很小。第四，水平高低。体制内单位比为 72.5% 和 58.1%，前者的单位更稳定。

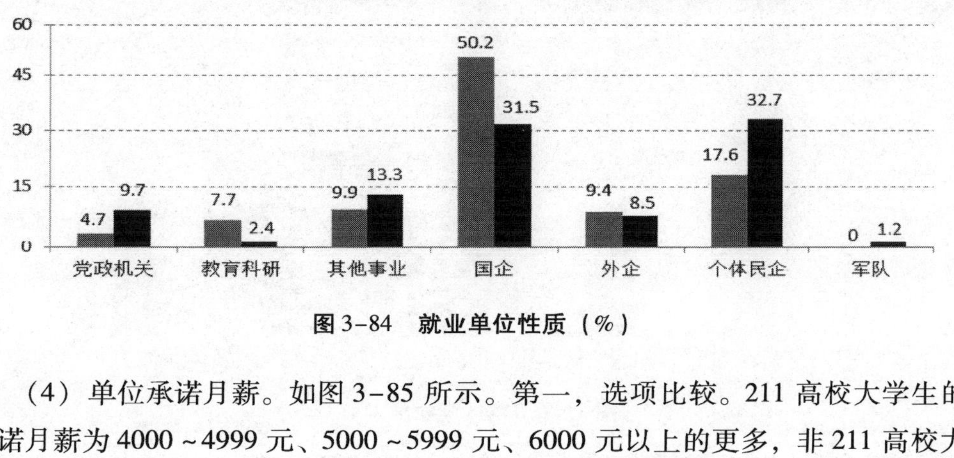

图 3-84　就业单位性质（%）

（4）单位承诺月薪。如图 3-85 所示。第一，选项比较。211 高校大学生的承诺月薪为 4000 ~4999 元、5000 ~5999 元、6000 元以上的更多，非 211 高校大学生为2000元以下、2000～2999元、3000～3999元的更多。第二，三大选择。2000～2999元、3000～3999元、4000～4999元为两大群体的共同选择。第三，分布状态。集中度分别为70%和82.4%，后者更集中。第四，水平高低。平均承诺月薪为4316和3490.8元，前者的收入优势明显。

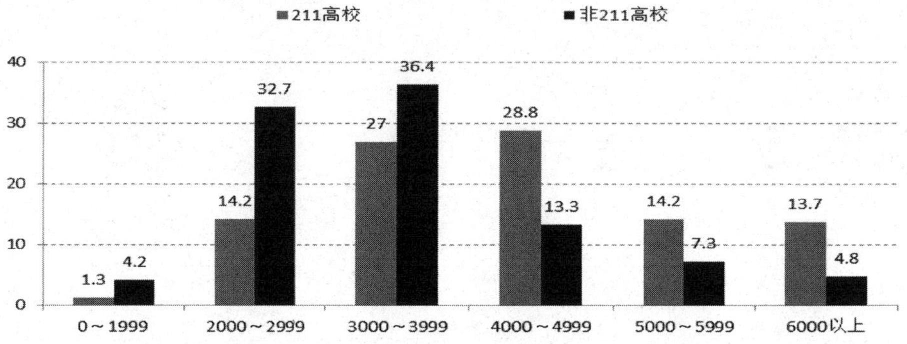

图3-85　单位承诺月薪（%，元）

（5）专业对口程度。211高校大学生“不对口”、“基本对口”、“对口”分别占12.9%、54.9%、31.8%，非211高校大学生分别为24.8%、44.2%、30.3%。对口率分别为86.7%和74.5%，前者更高。

（6）就业满意程度。如图3-86所示。第一，选项比较。211高校大学生的满意度为60%～80%的比重较高，非211高校大学生为80%以上的更多。第二，三大选择。满意度为60%～80%、40%～60%、80%以上为三大选择。第三，分布状态。集中度分别为90.6%和91.6%，后者偏大。第四，水平高低。平均满意度为64.1%和65.9%，后者偏大。

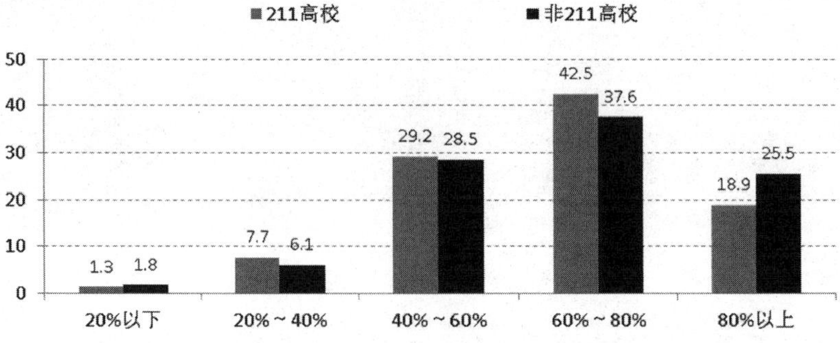

图3-86　就业满意度（%）

4. 未实现就业情况

如图 3-87 所示。第一，选项比较。政治面貌、学习成绩对 211 高校大学生的就业不利影响更大，工作经验、就业预期、就业形势、社会关系对非 211 高校大学生不利影响更大。第二，三大选择。经验不足、预期太高、专业不好是两大群体共同面临的三大困难。第三，分布状态。集中度分别为 32.1% 和 36.9%，后者面临的困难更集中。

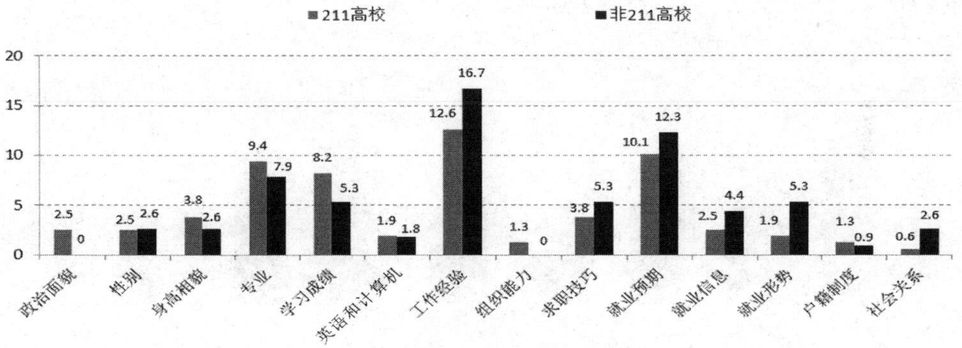

图 3-87　求职不成功的最主要影响因素（%）

（四）基本结论

第一，大学生就业意愿：差异明显。211 高校大学生的行业期望和月薪期望较高；非 211 高校大学生更希望在北京和体制内单位就业，更不愿意去农村就业。

第二，大学生就业行为：前者积极。211 高校大学生在收集就业信息方面更积极，主动联系和面试的次数较多，求职费用较高；非 211 高校大学生在投递简历方面更积极，更多地运用了社会关系。

第三，大学生就业结果：前者较好。211 高校大学生的接收单位较多，高工资行业比高，体制内单位比高，承诺月薪、专业对口度较高。非 211 高校大学生的就业率较高，地区质量更好，就业满意度较高。总体上，高校层次对于大学生就业结果有正面影响。

四、不同地区生源的大学生就业状况

在 811 名大学生中，北京生源的有 125 人，非北京生源有 677 人。

（一）就业意愿

如图3-88所示。第一，选项比较。北京生源大学生更看重单位的类型和规模、就业环境、工作稳定性，非北京生源大学生更看重薪酬福利、户口和社会保障。第二，三大选择。除兴趣偏好、薪酬福利之外，专业对口、单位的类型规模是前者的主要选择，晋升发展机会是后者的主要选择。第三，分布状态。集中度分别为49.6%和55.4%，表明非北京生源大学生的择业因素更集中。

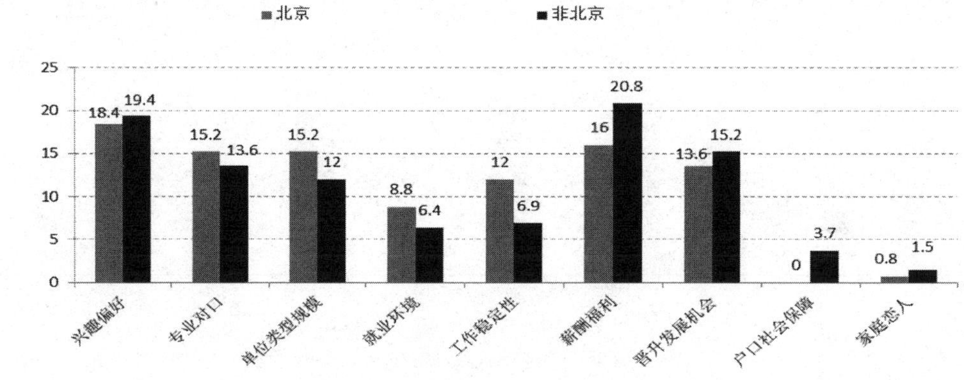

图3-88　择业时最看重的因素（%）

1. 地区期望

如图3-89所示。第一，选项比较。北京生源大学生希望在北京就业的比重较高，非北京的大学生更希望在上海、广东、其他沿海地区和中西部地区就业。第二，三大选择。几乎所有北京生源的学生都希望在北京就业；非北京生源学生除了北京，主要选择其他沿海地区和上海。第三，分布状态。集中度分别为96.8%

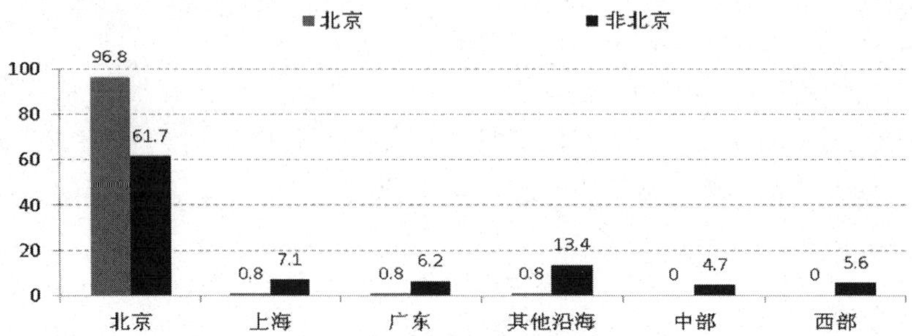

图3-89　最希望的就业地区（%）

98.4% 和 82.2%，前者的选择更集中。第四，水平高低。北京比分别为和 61.7%，沿海比分别为 99.2% 和 88.4%，显然，生源地带来了很大的影响。

2. 城乡期望

对于北京生源大学生来说，24.8% 的愿意去农村工作，74.4% 的不愿意去农村工作；对于非北京大学生，28.1% 的愿意去农村工作，70.3% 的不愿意去农村工作，前者的城乡期望更高。

3. 行业期望

如图 3-90 所示，北京生源大学生更倾向于建筑、房地产，非北京生源大学生更倾向于制造、贸易餐饮、交通邮电通信、金融保险、科研技术。除金融保险、教育文化和传媒，建筑为前者的第三大选择，党政机关和社团成为后者的第三大选择。集中度分别为 53.6% 和 50.3%，前者更集中。高工资行业比为 53.6% 和 70.9%，后者的行业期望更高。

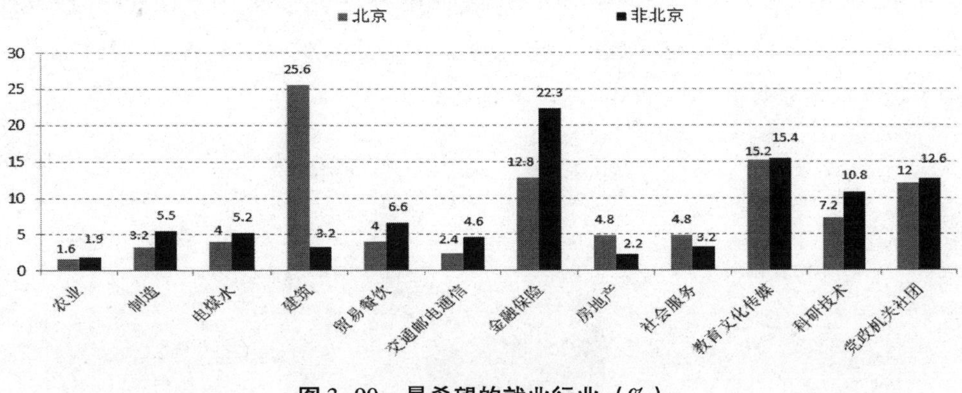

图 3-90 最希望的就业行业（%）

4. 性质期望

如图 3-91 所示，北京生源大学生更倾向于国企，非北京生源大学生更倾向于教育和科研机构、外企。国企、党政机关和外企是共同的三大选择。集中度分别为 76.8% 和 72.8%，前者更集中。体制内单位比分别为 83.2% 和 77.9%，前者的性质期望更高。

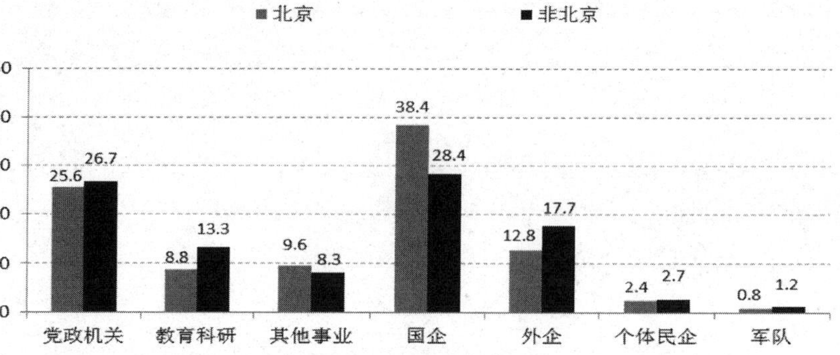

图 3-91　最希望的就业单位性质（%）

5. 期望月薪

如图 3-92 所示，北京生源大学生选择 2000 ~ 2999 元、3000 ~ 3999 元的更多，非北京生源大学生选择 4000 ~ 4999 元、5000 ~ 5999 元、6000 ~ 6999 元的更多。除 3000 ~ 3999 元、4000 ~ 4999 元以外，7000 元以上为前者的主要选择，5000 ~ 5999 元为后者的主要选择。集中度分别为 75.2% 和 68.4%，前者更集中。平均期望月薪为 4604 元、5022 元，后者更高。

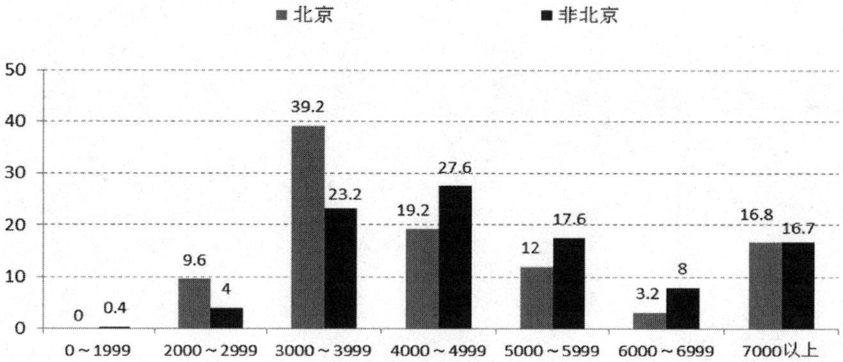

图 3-92　期望月薪（%，元）

如图 3-93 所示，北京生源大学生选择保底月薪为 2000 ~ 2999 元的更多，非北京生源大学生选择 3000 ~ 3999 元、4000 ~ 4999 元、6000 ~ 6999 元、7000 元以上的更多。2000 ~ 2999 元、3000 ~ 3999 元、4000 ~ 4999 元是三大选择。平均期望月薪分别为 3272.7 元和 3837.7 元，后者的保底月薪更高。

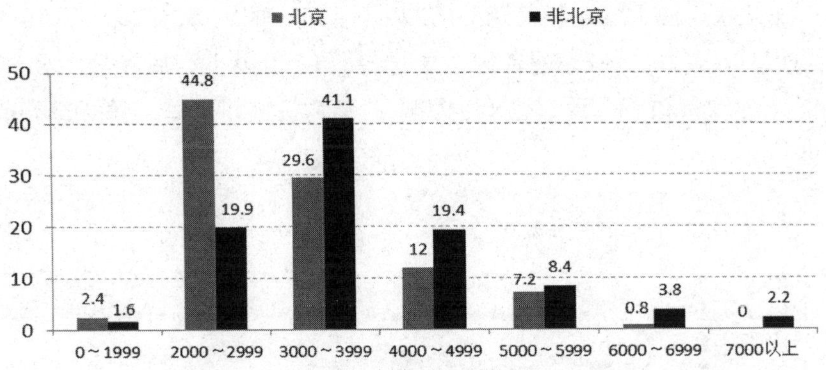

图 3-93　保底月薪（%，元）

（二）就业行为

1. 收集信息

如图 3-94 所示。第一，选项比较。北京生源大学生收集信息 20～29 小时、30～39 小时的更多，非北京生源大学生收集信息 10～19 小时、40～49小时、60 小时以上的更多。第二，三大选择。除 10 小时以下、20～29小时以外，30～39 小时为前者的主要选择，60 小时以上为后者的主要选择。第三，集中度分别为 68% 和 57.9%，前者的分布更集中。第四，水平高低。平均收集信息 28.7 小时和 31.2 小时，后者在收集就业信息方面更积极。

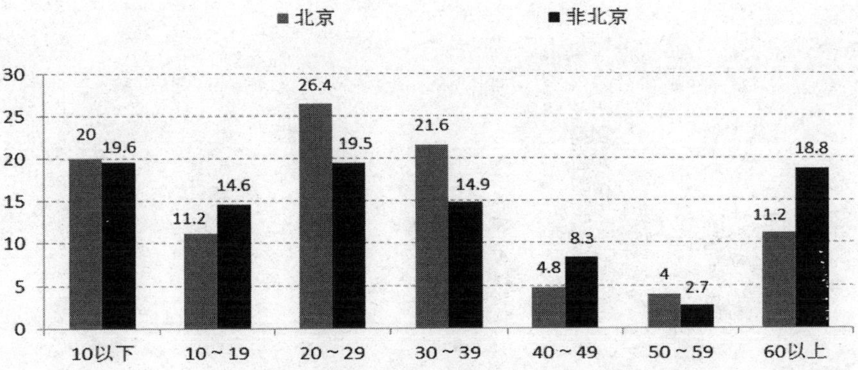

图 3-94　收集信息的时间（%，小时）

2. 投递简历

如图 3-95 所示，北京生源大学生投简历 20～29 份、30～39 份、40～49 份的更多，非北京生源大学生投简历10份以下、60份以上的更多。除10～19份、20～29份以外，30～39份为前者的主要选择，10份以下为后者的主要选择。集中度分别为63.2%和58.4%，前者更集中。平均投递简历27.4份和28.2份，后者更积极。

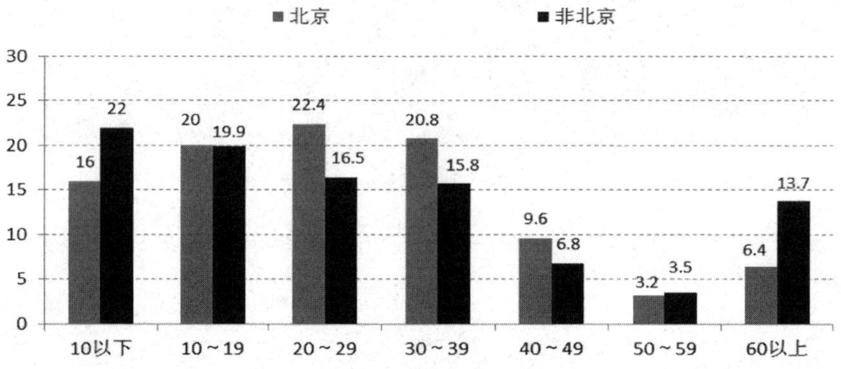

图3-95　投递简历数量（%，份）

3. 主动联系

如图3-96所示，北京生源大学生联系0次、5～9次的比重较大，非北京生源大学生联系1～4次、20次以上的更多。联系1～4次、5～9次、0次为共同的三大选择。分布状态，集中度分别为87.2%和84.9%，前者更集中。平均联系4.6次和5次，后者更积极。

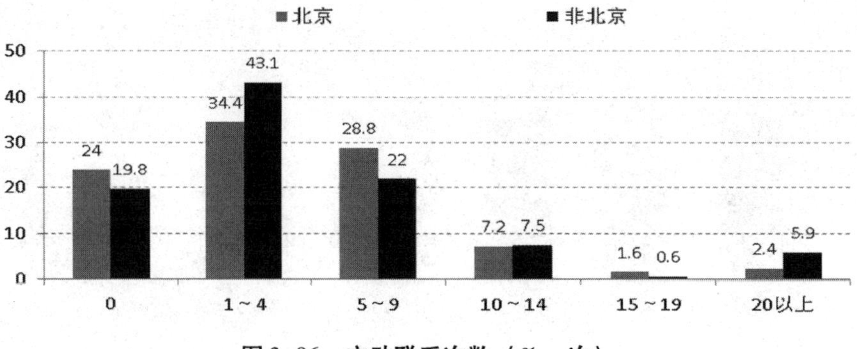

图3-96　主动联系次数（%，次）

4. 求职费用

如图3-97所示，北京生源大学生在500元以内的比重较大，非北京生源大学生在 500 ~ 999 元、1000 ~ 1999 元、2000 ~ 2999 元的更多。500 元以内、1000 ~ 1999元、500 ~ 999 元为共同的三大选择。集中度分别为 86.4% 和 81.1%，前者更集中。平均求职费用为 858.9 元和 1115.1 元，后者的物质投入更多。

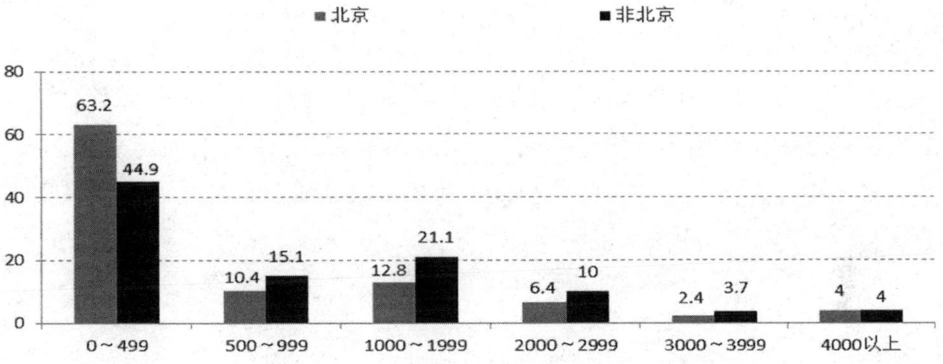

图 3-97　求职费用（%，元）

5. 面试数量

如图 3-98 所示，北京生源学生面试 5 ~ 9 次、15 ~ 19 次的比重较大，非北京生源学生面试 0 次、1 ~ 4 次和 20 次以上的更多。面试 1 ~ 4 次、5 ~ 9次、10 ~ 14 次为共同的三大选择。集中度分别为 85.6% 和 84.9%，前者偏集中。平均面试 7.3 次和 7 次，前者更多。

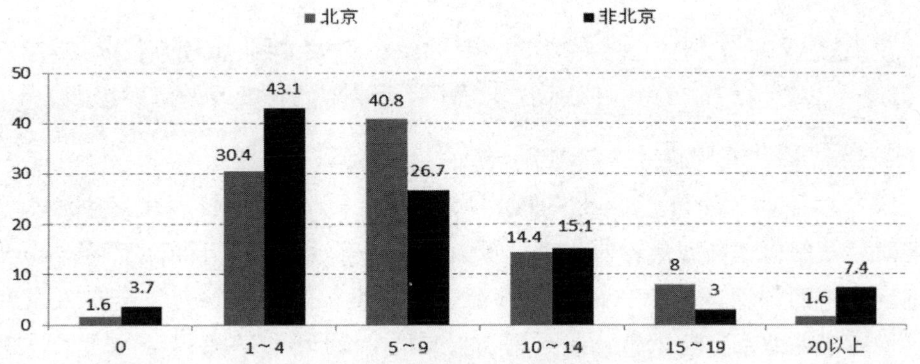

图 3-98　面试次数（%，次）

6. 利用社会关系

北京生源大学生“用过、至关重要”、“用过、有些帮助”、“用过、没有帮助”、“没用过”分别占 22.4%、33.6%、6.4%、36.8%，非北京生源大学生分别占10.3%、31.6%、9.2%、47.3%。动用社会关系分别占62.4%和51.1%，前者更多地运用了社会关系。

（三）就业结果

1. 接收单位

如图3-99所示，北京生源大学生获得2~4家单位的比重较大，非北京生源大学生无接收单位的更多。除2~4家、1家以外，5~9家是前者的主要选择，0家是后者的主要选择。平均接收单位2.4和2.2家，北京生源大学生拥有更多的就业机会。

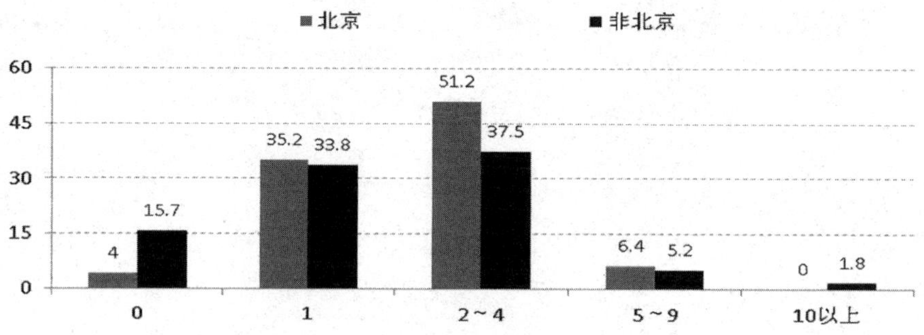

图3-99　接收单位数量（%，家）

2. 就业率

狭义就业率分别为69.84%和33.83%，广义就业率分别为77.78%和46.05%，前者均高三成多，体现出生源地对大学生能否就业的重要影响。

3. 实现就业的情况

（1）就业地区分布。如图3-100所示。第一，选项比较。北京生源大学生在北京就业的概率高四成；非北京生源大学生更多地分布于上海、广东、其他沿海地区和中西部地区。第二，三大选择。北京生源学生最终几乎全部在北京就业，而对于非北京生源学生，北京第一，其他沿海地区第二，接下来是广东和中部地区。第三，分布状态。集中度分别为100%和78.1%，前者显著更集中。第四，水平高低。北京比分别为99%和55.2%，沿海比分别为99%和82.5%，显然，前者的就业地区更发达。

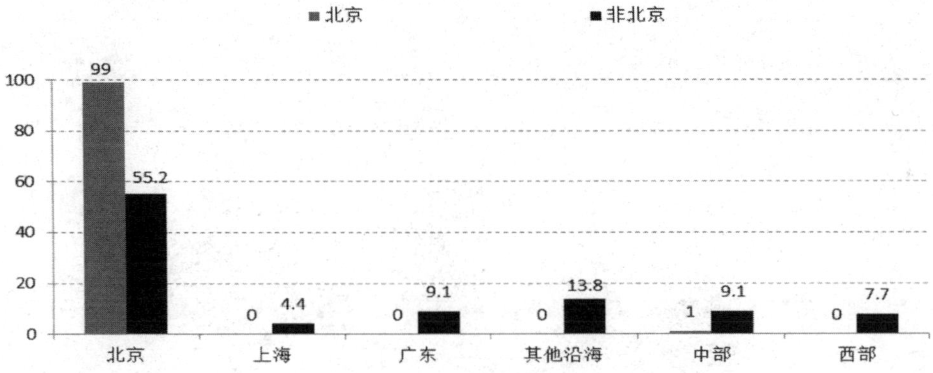

图 3-100　就业地区（%）

（2）就业行业分布。如图 3-101 所示，北京生源大学生在建筑、房地产、社会服务的比例较高，非北京生源大学生在制造、交通邮电通信、金融保险、教育文化传媒、科研技术、党政机关社团的更多。除了建筑成为前者的第一大选择，金融保险、教育文化和传媒、科研技术为两者的共同选择。集中度分别为 54.1% 和 47.6%，前者更集中。高工资行业比分别为 43.6% 和 67.1%，后者的就业行业实力较强。

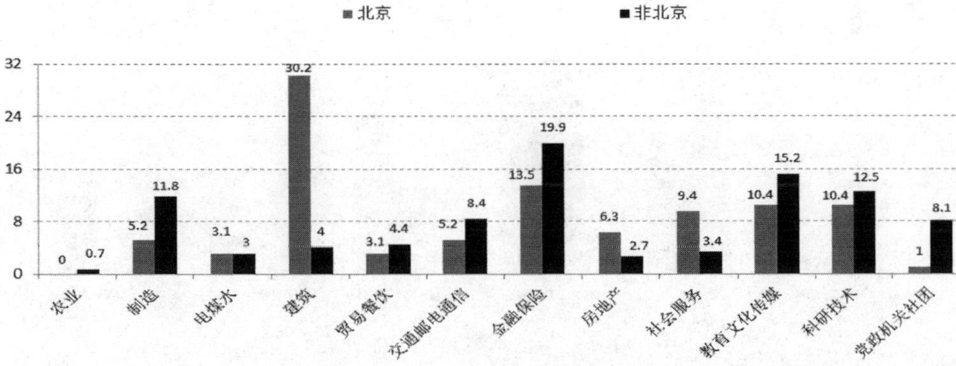

图 3-101　就业行业（%）

（3）单位性质分布。如图 3-102 所示，北京生源大学生在其他事业单位、个体民企和军队有优势，非北京生源大学生在党政机关、国企就业的更多。国企、个体民企、其他事业单位是两大群体的三大共同选择。集中度分别为 81.2% 和 76.8%，前者更集中。体制内单位比分别为 62.5% 和 68.4%，后者的单位更稳定。

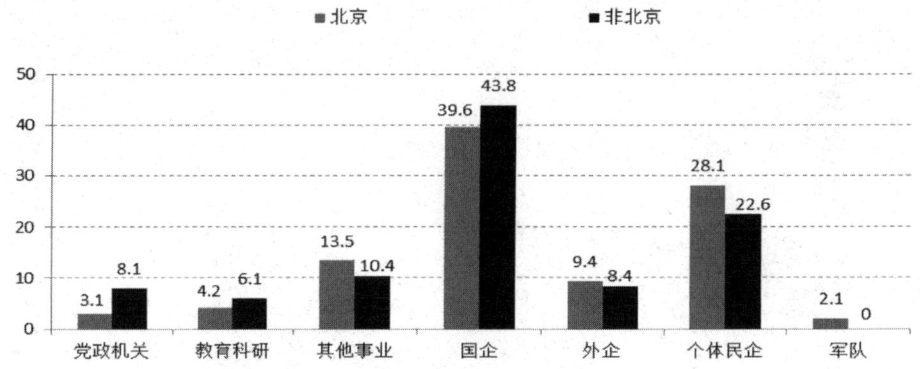

图 3-102　就业单位性质（%）

（4）单位承诺月薪。如图 3-103 所示，北京生源大学生的承诺月薪为 2000 元以下、2000～2999 元、3000～3999 元的更多，非北京生源大学生的承诺月薪为 4000～4999 元、5000～5999 元、6000 元以上的更多。2000～2999 元、3000～3999 元、4000～4999 元为三大共同选择。集中度分别为 82.2% 和 72.4%，前者更集中。平均承诺月薪为 3489.5 元和 4142.9 元，后者的收入更高。

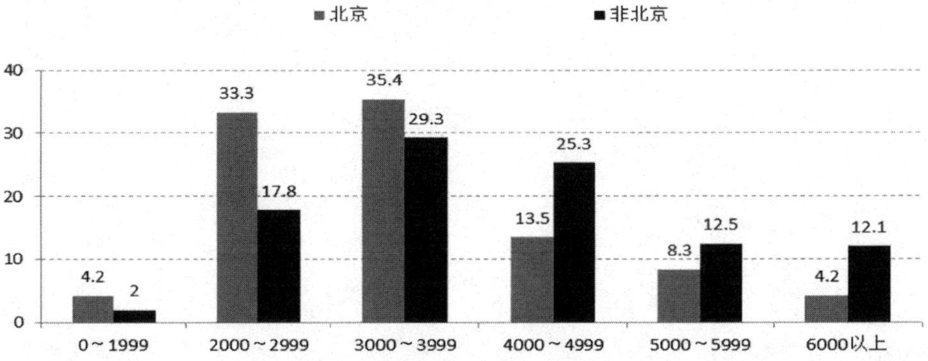

图 3-103　单位承诺月薪（%，元）

（5）专业对口程度。北京生源大学生的不对口、基本对口和对口分别占 28.1%、43.8%、28.1%，非北京生源大学生为 14.5%、52.2% 和 32.7%。对口率分别为 71.9% 和 84.9%，后者较高。

（6）就业满意程度。如图 3-104 所示，北京生源大学生的满意度为 60% ~ 80% 的更多，非北京生源大学生的满意度为 20% ~40% 的比重较高。满意度为 60% ~ 80%、40% ~ 60%、80% 以上为三大选择。集中度分别为 95.8% 和 89.5%，前者更集中。平均满意度为 66.5% 和 64.3%，前者偏高。

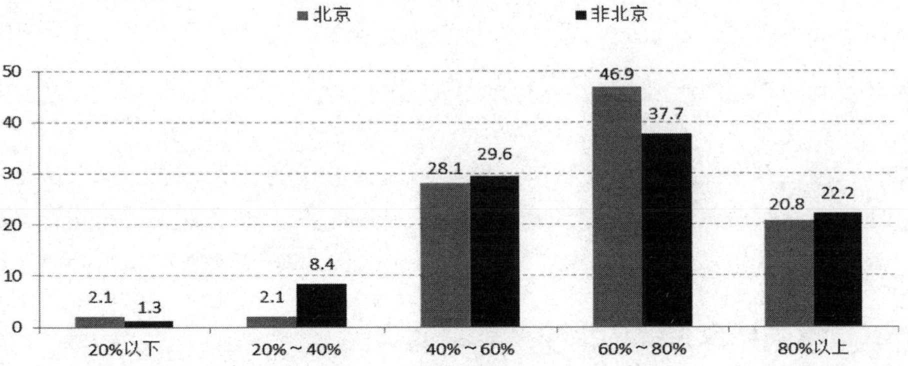

图 3-104 就业满意度（%）

4. 未实现就业情况

如图 3-105 所示，性别、成绩、英语和计算机对北京生源大学生的就业不利影响更大，身高相貌、专业、工作经验、就业信息对非北京生源大学生的不利影响更大。性别、学习成绩、就业预期是北京生源未就业大学生的三大障碍，工作经验、就业预期、专业是非北京生源未就业大学生的三大障碍。集中度分别为 35% 和 35.7%，后者偏集中。

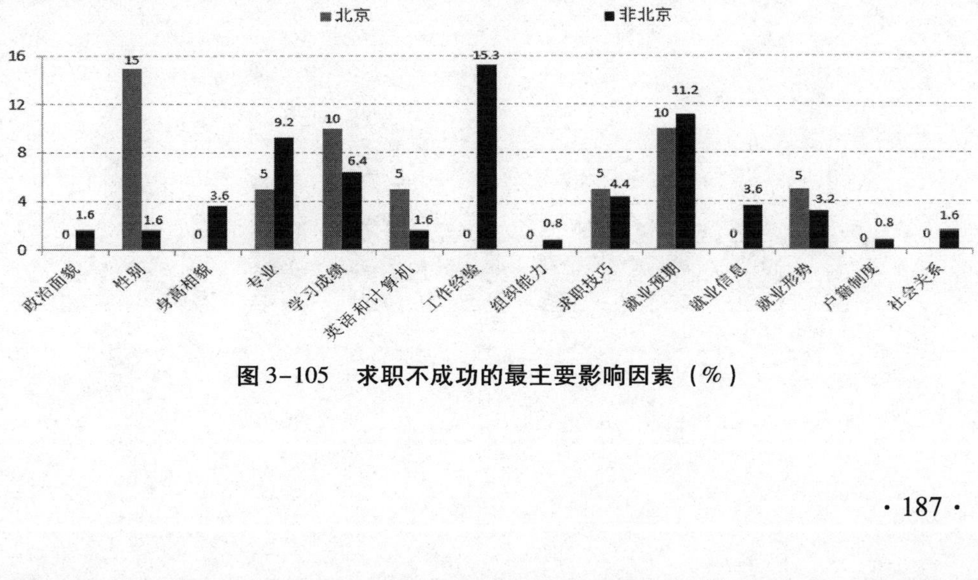

图 3-105 求职不成功的最主要影响因素（%）

（四）基本结论

第一，大学生就业意愿：差异明显。北京生源大学生的就业地区期望、城乡期望、单位性质期望较高，而非北京生源大学生的行业期望和月薪期望较高。

第二，大学生就业行为：前者消极。北京生源大学生参加面试更积极，更多地运用了社会关系；非北京生源大学生在收集信息、投递简历、主动联系、求职费用方面更加努力。后者的求职行为总体上更积极主动。

第三，大学生就业结果：各有优劣。北京生源大学生的接收单位数量较多，就业率较高，在北京地区就业较多，就业满意度也较高；非北京生源大学生在行业、性质、月薪收入和专业对口度方面有一定的优势。与就业行为相结合，非北京生源大学生的就业行为更积极，而就业结果并没有明显优势，不太合理。

五、不同城乡生源的大学生就业状况

在 811 名大学生中，来自城镇和农村的大学生分别有 499 人和 304 人。

（一）就业意愿

如图 3-106 所示。第一，选项比较。城镇生源的大学生更看重兴趣偏好、单位类型和规模，而农村生源的大学生更看重专业对口、薪酬福利。第二，三大选择。除兴趣偏好、薪酬福利之外，晋升发展机会是城镇生源学生的主要选择，专业对口是农村生源学生的主要选择。第三，集中度分别为 54.8% 和 55.6%，后者偏大。

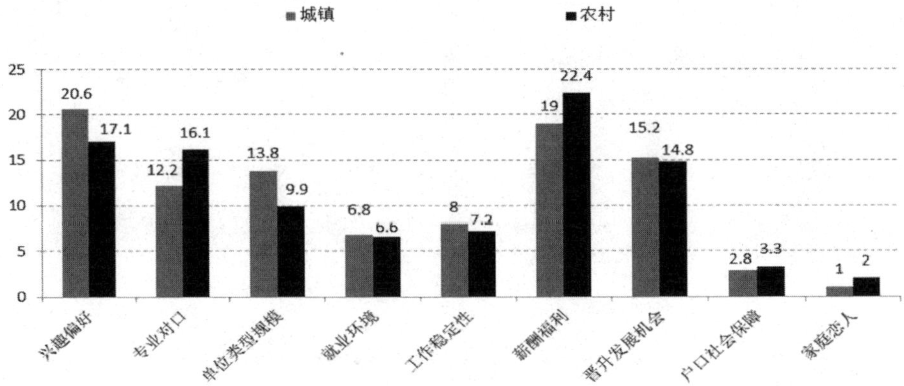

图 3-106　择业时最看重的因素（%）

1. 地区期望

如图 3-107 所示。第一，选项比较。城镇生源大学生希望在北京就业的比重较高，农村生源大学生更希望在其他沿海地区和广大的西部地区就业。第二，三大选择。北京占绝对优势，其次是其他沿海地区，接下来是上海，两大群体的选择相同。第三，分布状态。集中度分别为 86.5% 和 81.3%，前者更集中。第四，水平高低。北京比分别为 71.3% 和 59.5%，沿海比分别为 91.5% 和 87.2%，即城镇生源大学生的地区期望明显较高。

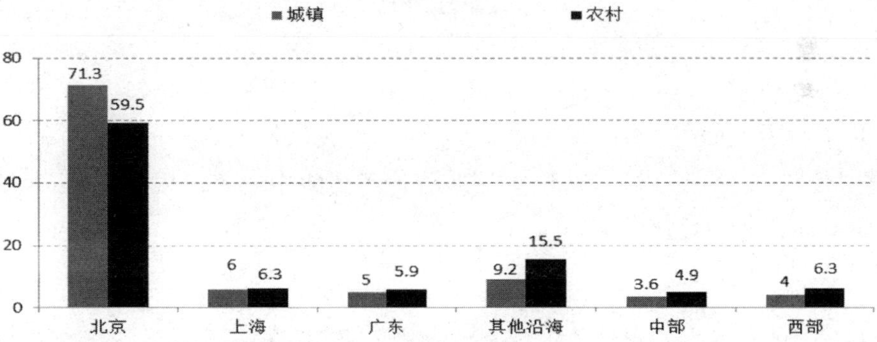

图 3-107 最希望的就业地区（%）

2. 城乡期望

对城镇生源大学生来说，18.4% 的愿意去农村工作，80.6% 的不愿意去农村工作；对于农村生源大学生，42.4% 的愿意去农村工作，55.3% 的不愿意去农村工作。即城镇生源大学生的城乡期望更高。

3. 行业期望

如图 3-108 所示，城镇生源大学生更倾向于金融保险，农村生源大学生更倾向于贸易餐饮和科研技术。除金融保险、教育文化和传媒外，党政机关和社团为前者的主要选择，科研技术为后者的主要选择。集中度分别为 51.2% 和 46.4%，前者更集中。高工资行业比分别为 68.8% 和 66.8%，前者的行业期望较高。

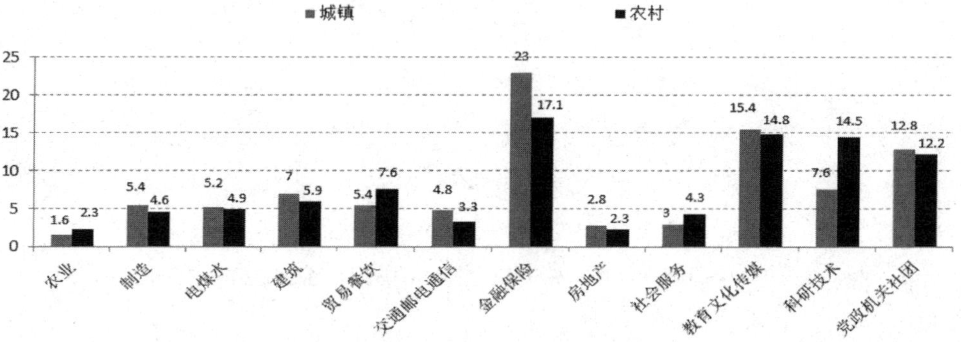

图 3-108　最希望的就业行业（%）

4. 性质期望

如图 3-109 所示，两者的差异很小。国企、党政机关、外企是两者的三大共同选择。集中度分别为 74.2% 和 72.4%，前者更集中。体制内单位比为 79.6% 和 78%，前者的性质期望偏高。

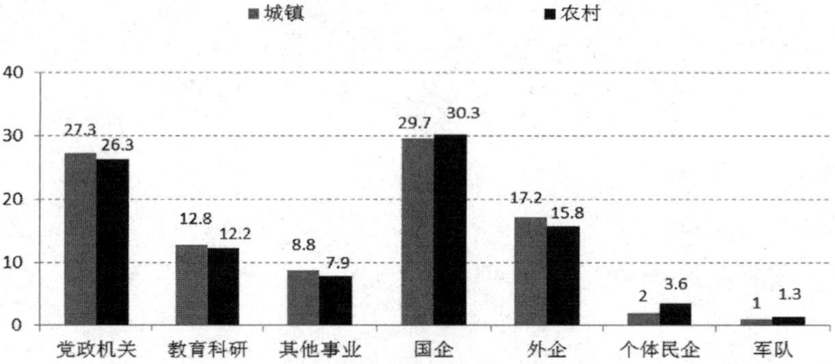

图 3-109　最希望的就业单位性质（%）

5. 期望月薪

如图 3-110 所示，城镇生源大学生选择 7000 元以上的更多，而农村生源大学生选择 3000～3999 元的更多。除 3000～3999 元、4000～4999 元外，7000 元以上为前者的主要选择，5000～5999 元为后者的主要选择。集中度分别为 68.9% 和 71.1%，后者更集中。平均期望月薪为 5071.6 元和 4762.6 元。

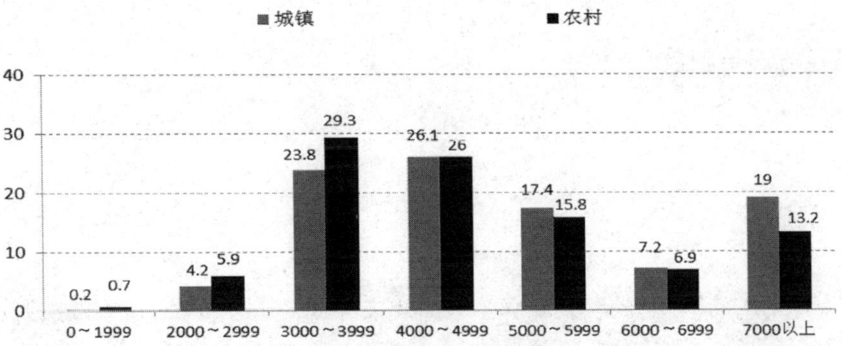

图 3-110　期望月薪（%，元）

如图 3-111 所示，城镇生源大学生的保底月薪选择为 5000 ~ 5999 元、6000 ~ 6999元的更多，农村生源大学生选择 2000 ~ 2999 元的更多。3000 ~ 3999 元、2000 ~ 2999 元、4000 ~ 4999 元是三大选择。平均期望月薪分别为 3828. 9 元和 3594. 5 元，前者较高。

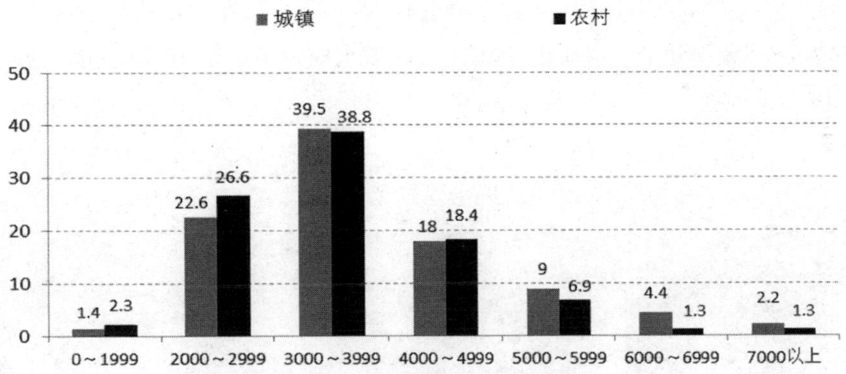

图 3-111　保底月薪（%，元）

（二）就业行为

1. 收集信息

如图 3-112 所示。第一，选项比较。城镇生源大学生收集信息 10 小时以下，农村生源大学生为 10 ~ 19 小时、60 小时以上的更多。第二，三大选择。除 20 ~ 29 小时、60 小时以上以外，10 小时以下为前者的主要选择，30 ~ 39 小时为后者的主要选择。第三，分布状态。集中度分别为 59. 2% 和 54. 9%，前者更集中。

第四，水平高低。平均收集信息30小时和31.8小时，即农村生源大学生在收集就业信息方面更积极。

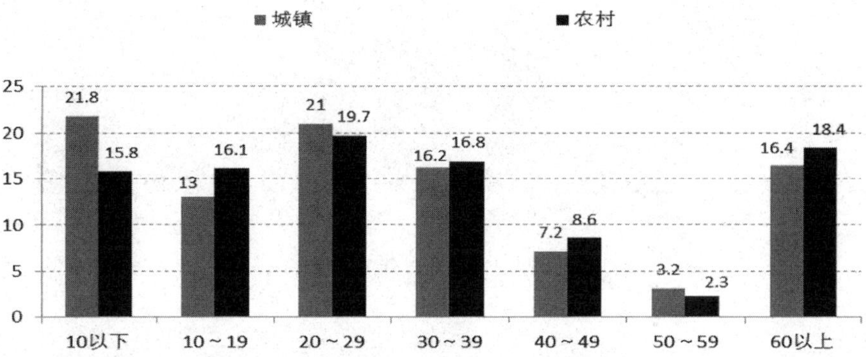

图3-112　收集信息的时间（%，小时）

2. 投递简历

如图3-113所示，农村生源大学生投简历60份以上的更多，差异不大。10份以下、10～19份、20～29份成为两者共同的三大选择。集中度分别为59.2%和58.3%，前者更集中。平均收集信息27.7小时和28.3小时，后者在投简历方面更积极。

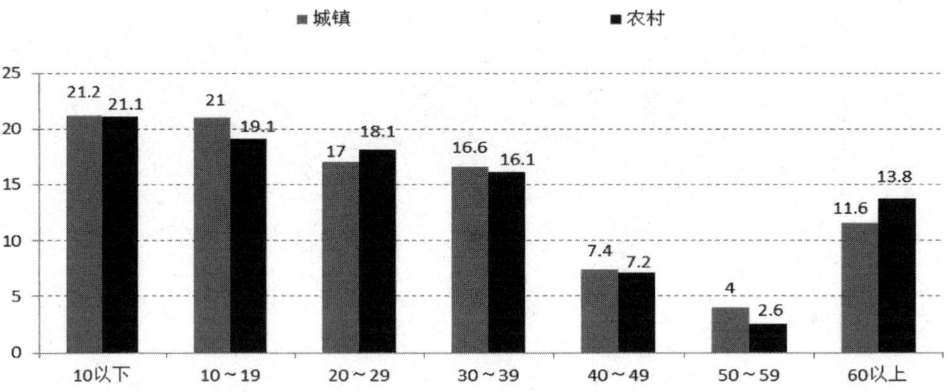

图3-113　投递简历数量（%，份）

3. 主动联系

如图3-114所示，城镇生源大学生联系1～4次、5～9次的比重较大，农村生源大学生联系0次、20次以上的更多。联系1～4次、5～9次、0次为共同的选择。集中度分别为 86. 5% 和 82. 9% ，前者更集中。平均联系 4. 8 次和 5. 1 次，后者更积极。

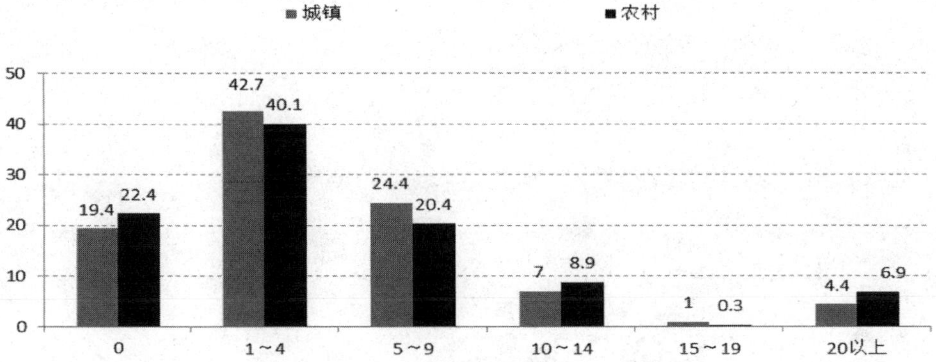

图 3-114　主动联系次数（%，次）

4. 求职费用

如图 3-115 所示，城镇生源大学生在 500 元以下、4000 元以上的比重较大，农村生源大学生在 500～999 元的更多，但差异不大。500 元以下、1000～1999 元、500～999 元为共同的三大选择。集中度分别为 81. 7% 和 83% ，后者更集中。平均求职费用为 1087. 6 元和 1051. 5 元，前者的求职费用偏高，这可能与家庭收入状况相关。

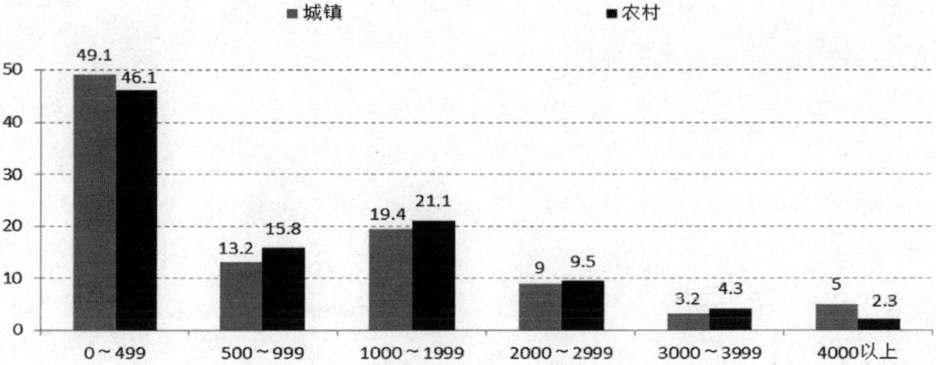

图 3-115　求职费用（%，元）

5. 面试数量

如图3-116所示，城镇生源大学生面试1~4次的更多，农村生源大学生面试5~9次、10~14次的更多。面试1~4次、5~9次、10~14次为共同的三大选择。集中度分别为84.6%和86.2%，后者更集中。平均面试均为7次，无差异。

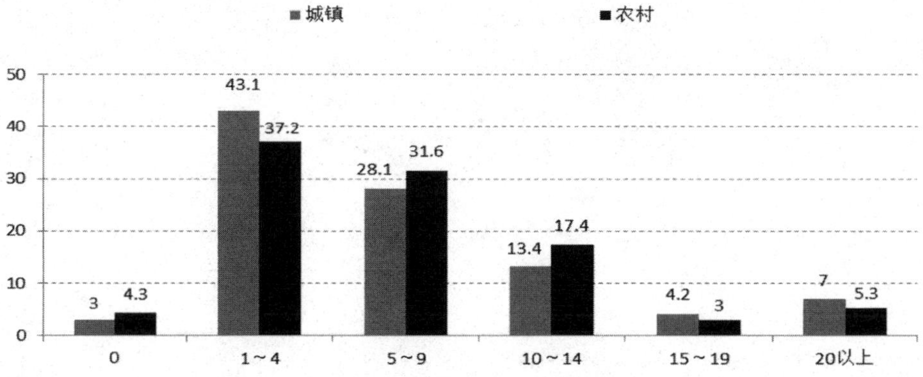

图3-116　面试次数（%，次）

6. 利用社会关系

城镇生源大学生"用过、至关重要"、"用过、有些帮助"、"用过、没有帮助"、"没用过"分别占14.8%、38.3%、8.8%、37.3%，农村生源大学生分别为7.6%、21.4%、8.9%、59.9%。动用社会关系的分别占61.9%和37.9%，前者运用社会关系的情况明显更多。

（三）就业结果

1. 接收单位

如图3-117所示。城镇生源大学生获得2~4家的比重较大，农村生源大学生没获得接收单位的更多。2~4家、1家和无接收单位为三大选择。平均接收单位均为2.2家。

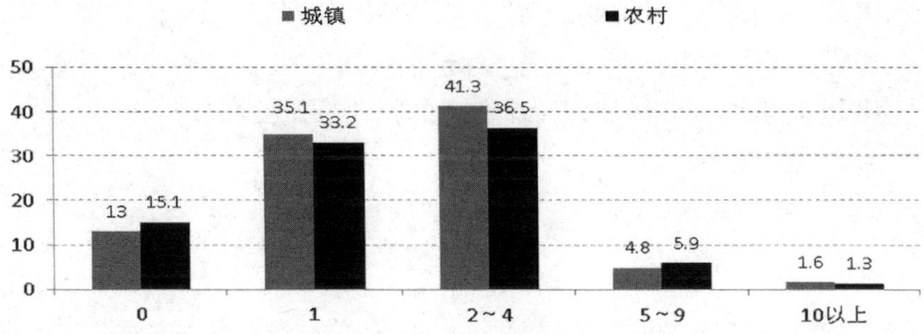

图 3-117　接收单位数量（%，家）

2. 就业率

狭义就业率分别为 40.53% 和 38.1%，广义就业率分别为 52.26% 和 49.21%，即城镇生源大学生的就业率更高。

3. 实现就业的情况

（1）就业地区分布。如图 3-118 所示。第一，选项比较。城镇生源大学生在北京就业的概率高出 10 个百分点；农村生源大学生在其他沿海和中部地区就业的更多。第二，三大选择。除了北京和其他沿海地区之外，广东是前者的主要选择，中部地区是后者的主要选择。第三，分布状态。集中度分别为 85.7% 和 84%，前者更集中。第四，水平高低。北京比分别为 69.9% 和 59.1%，沿海比分别为 89.4% 和 81.3%，前者的就业地区较好。

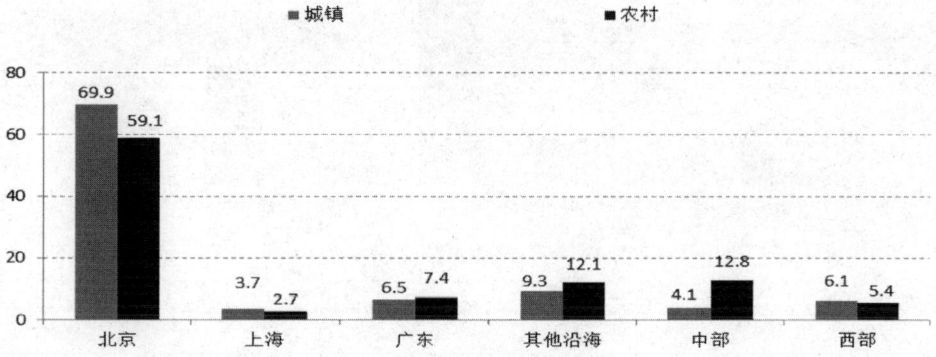

图 3-118　就业地区（%）

（2）就业行业分布。如图 3-119 所示，城镇生源大学生在交通邮电通信、金融保险、房地产就业的比例较高，农村生源大学生在制造、贸易餐饮、科研技术就业的更多。除教育文化和传媒外，金融保险、建筑为前者的主要选择，科研技术、制造为后者的主要选择。集中度分别为 48% 和 42.3%，前者更集中。高工资行业比分别为 65.8% 和 54.4%，前者的行业质量更高。

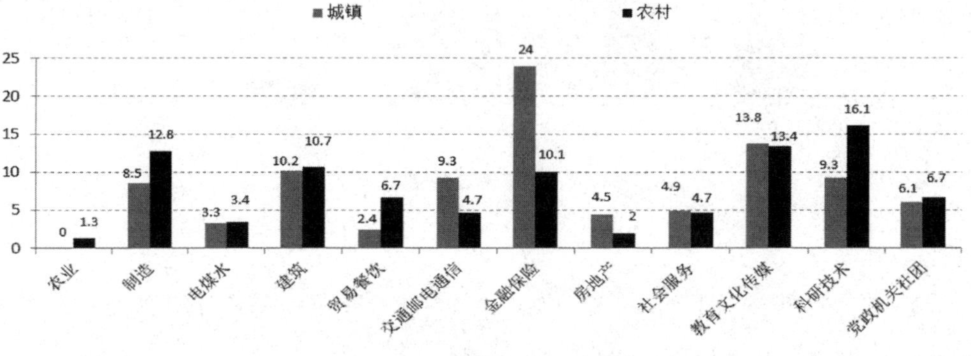

图 3-119　就业行业（%）

（3）单位性质分布。如图 3-120 所示，城镇生源大学生在外企有优势，农村生源大学生在党政机关就业的更多，但差异很小。国企、个体民企、其他事业单位是两大群体的共同选择。集中度分别为 77.3% 和 79.9%，后者更集中。体制内单位比分别为 65.5% 和 69.2%，后者更稳定。

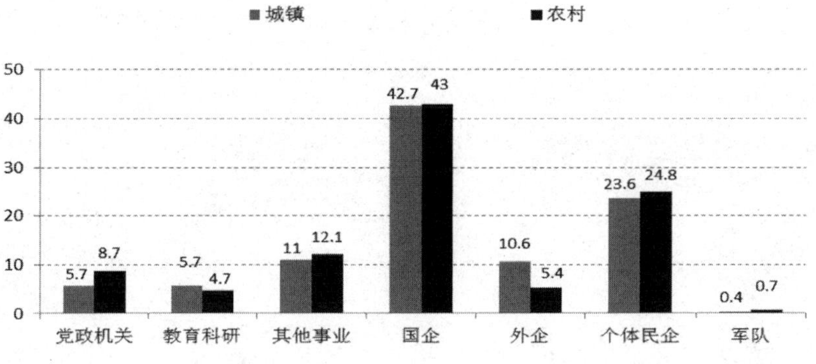

图 3-120　就业单位性质（%）

（4）单位承诺月薪。如图 3-121 所示，城镇生源大学生的承诺月薪为 5000～5999元、6000 元以上的更多，农村生源大学生为 3000～3999 元、4000～4999 元的更多。3000～3999 元、4000～4999 元、2000～2999 元成为两大群体的共同选择。集中度分别为 72.3% 和 79.2%，后者更集中。平均承诺月薪为 4059.4 元和 3843.5 元，前者有一定的收入优势。

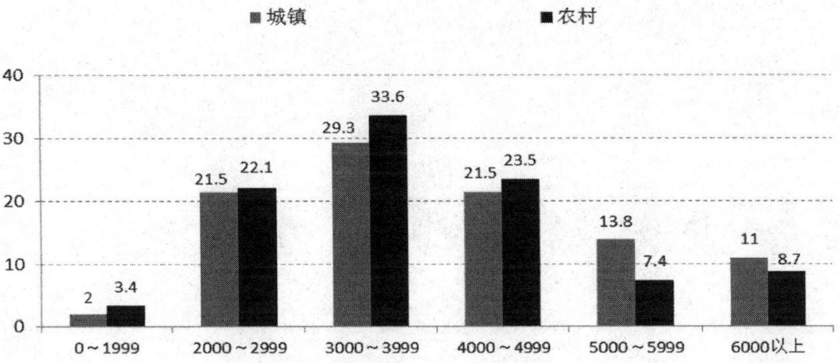

图 3-121　单位承诺月薪（%，元）

（5）专业对口程度。城镇生源大学生不对口、基本对口、对口分别占 19.5%、49.6%、30.5%，农村生源大学生分别为 15.4%、52.3%、31.5%。对口率分别为 80.1% 和 83.8%，后者较高。

（6）就业满意程度。如图 3-122 所示，城镇生源大学生的满意度为 80% 以上的比重较高，农村生源大学生的满意度为 20% ～40% 的比重较高。满意度为 60% ～80%、40% ～60%、80% 以上是两者的共同选择。集中度分别为 93.2% 和 87.3%，前者更集中。平均满意度为 65.9% 和 62.6%，前者较高。

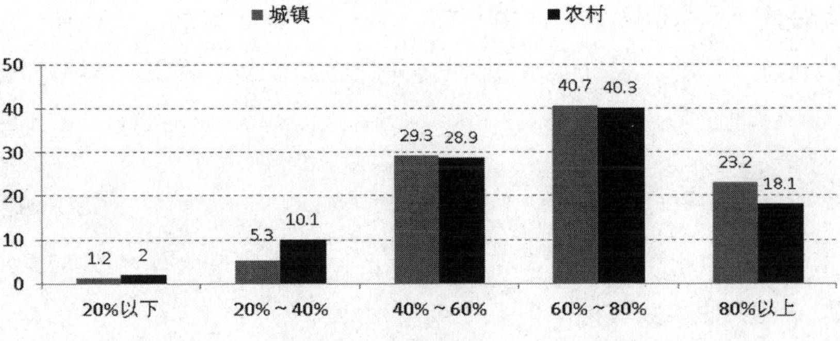

图 3-122　就业满意度（%）

4. 未实现就业情况

如图 3-123 所示，成绩不好、形势严峻对城镇生源大学生的就业不利影响更大，政治面貌、身高相貌、专业、工作经验、求职技巧对农村生源大学生不利影响更大。除经验不足、预期太高，成绩不好是前者的主要障碍，专业不好是后者的障碍。集中度分别为 32.9% 和 36.8%，后者更集中。

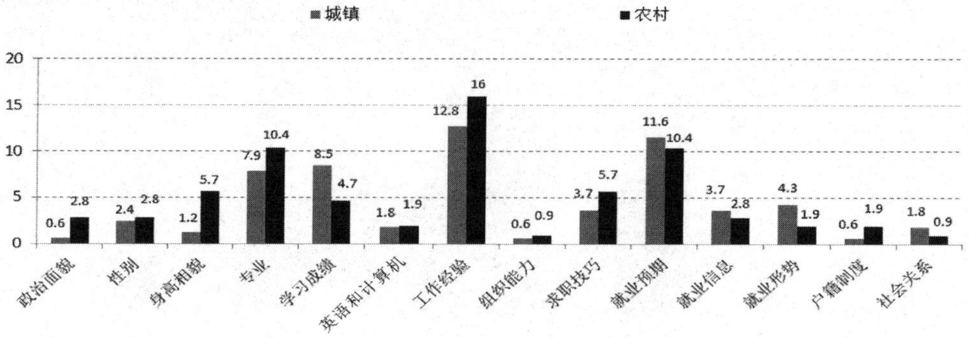

图 3-123　求职不成功的最主要影响因素（%）

（四）基本结论

第一，大学生就业意愿：前者较高。与来自农村的大学生相比，来自城镇的大学生的就业地区期望、城乡期望、行业期望、性质期望和月薪期望都较高。受生活环境的影响，城镇生源大学生的期望较高具有一定的现实合理性。

第二，大学生就业行为：前者消极。除了求职费用和运用社会资本，农村生源大学生在收集信息时间、投递简历、主动联系更多，总体求职行为较积极。

第三，大学生就业结果：前者较好。城镇生源大学生的就业率较高，就业地区和行业较好，工资收入较高，满意度也较高；农村生源大学生只有单位性质较好、专业对口度较高。农村生源大学生求职行为更积极，而就业结果较差，体现出一定的不合理性。

六、不同家庭收入的大学生就业状况

在 811 名大学生中，来自 3000 元以上的高收入家庭大学生有 375 人，来自 3000 元以下的低收入家庭的大学生有 427 人。

（一）就业意愿

如图 3-124 所示。第一，选项比较。高收入家庭大学生更看重户口和社会保障，而低收入家庭大学生更看重专业对口。第二，三大选择。除兴趣偏好、薪酬福利以外，晋升发展机会是高收入家庭子女的主要选择，专业对口是低收入家庭子女的主要选择。第三，分布状态。集中度分别为 54.9% 和 54.2%，前者偏大。可见，家庭富裕程度对大学生就业观念有一定的影响。

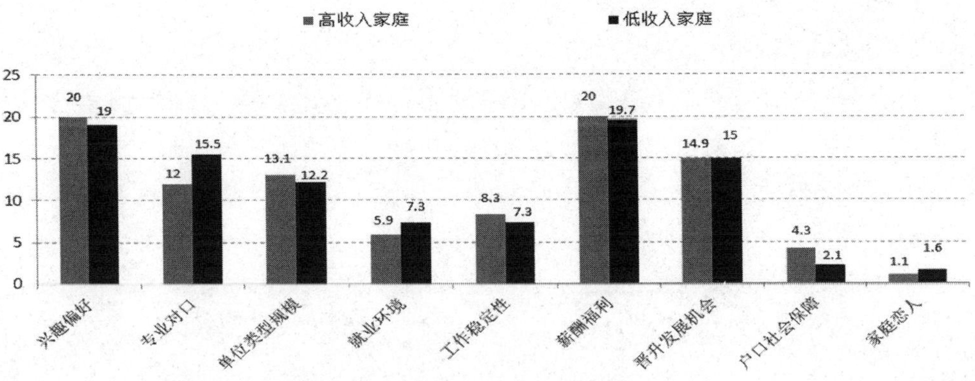

图 3-124　择业时最看重的因素（%）

1. 地区期望

如图 3-125 所示。第一，选项比较。人均家庭月收入 3000 元以上的大学生希望在北京就业的比重较高，人均家庭月收入 3000 元以下的大学生更希望在广东、其他沿海和中西部地区就业。第二，三大选择。除了北京和其他沿海地区以外，高收入家庭子女更多地选择上海，而低收入家庭子女更多地选择广东。第三，分布状态。集中度分别为 89.6% 和 82.2%，前者更集中。第四，水平高低。北京比分别为 74.9% 和 60.4%，沿海比分别为 93.1% 和 87.6%，前者较高。即富裕家庭的子女更希望在大城市和发达地区就业。

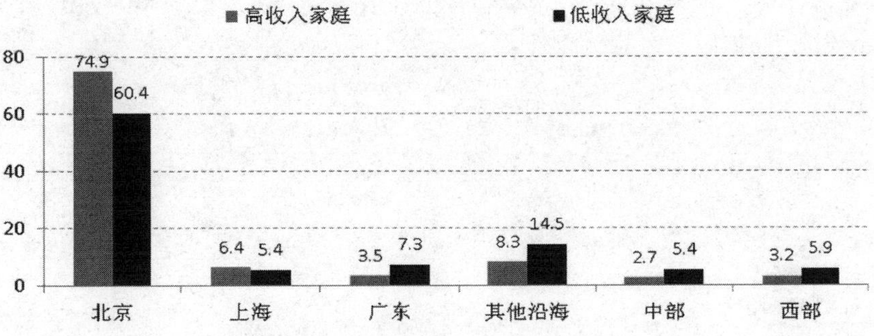

图 3-125　最希望的就业地区（%）

2. 城乡期望

对于高收入家庭大学生来说，21.6% 的愿意去农村工作，77.3% 的不愿意去农村工作；32.8% 的低收入家庭大学生愿意去农村工作，65.3% 的不愿意去农村工作，即富裕家庭子女的城乡期望更高。

3. 行业期望

如图3-126所示，高收入家庭大学生更倾向于金融保险，低收入家庭大学生更倾向于科研技术。金融保险、教育文化和传媒、党政机关和社团为两者共同的行业选择。集中度分别为51.2%和47.1%，前者更集中。高工资行业比分别为68.7%和67.7%，前者偏高。

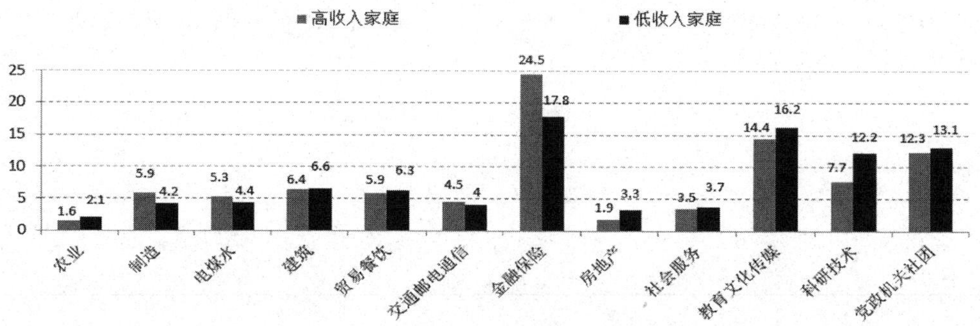

图3-126　最希望的就业行业（%）

4. 性质期望

如图3-127所示，高收入家庭大学生更倾向于国企，低收入家庭大学生更倾向于教育和科研机构。国企、党政机关和外企是三大共同选择。集中度分别为74.4%和71.8%，前者更集中。体制内单位比分别为78.1%和79.6%，后者的期望偏高。

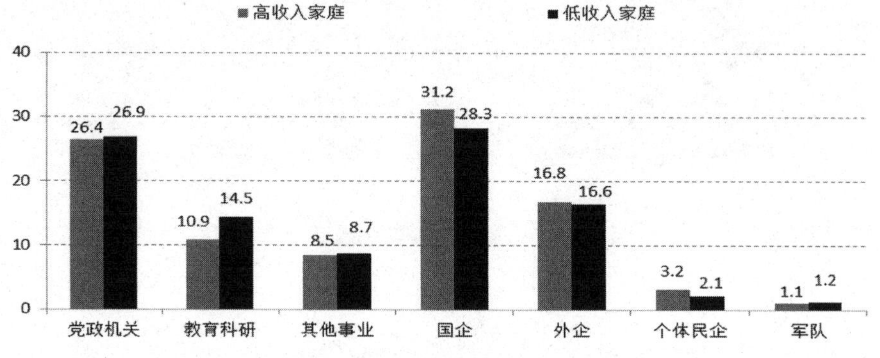

图3-127　最希望的就业单位性质（%）

5. 期望月薪

如图 3-128 所示，高收入家庭大学生选择 5000～5999 元、7000 元以上的更多，低收入家庭大学生选择 2000～2999 元、3000～3999 元的更多。3000～3999 元、4000～4999 元、7000 元以上是他们共同的三大选择。集中度分别为 68.5% 和 69.4%，后者偏集中。平均期望月薪为 5126.7 元和 4812.2 元，即高收入家庭大学生的期望月薪更高。

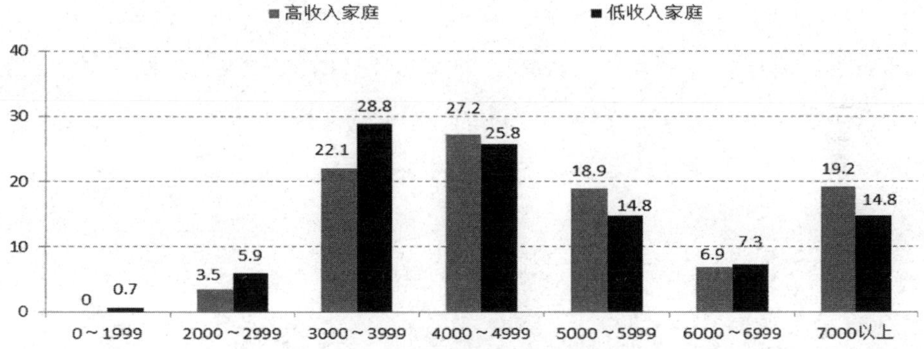

图 3-128 期望月薪（%，元）

如图 3-129 所示，高收入家庭大学生的保底月薪为 5000～5999 元的更多，低收入家庭大学生选择 2000 元以下、2000～2999 元的更多，但差异不大。3000～3999元、2000～2999 元、4000～4999 元是三大选择。平均期望月薪为 3858.1 元和 3649.3 元，前者的保底月薪较高。

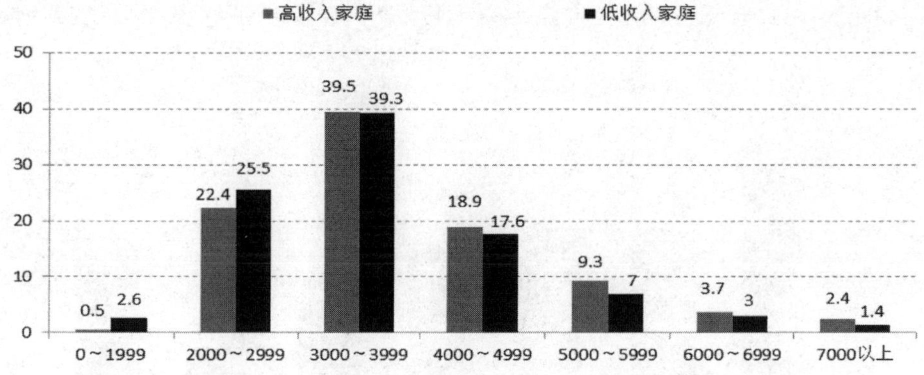

图 3-129 保底月薪（%，元）

（二）就业行为

1. 收集信息

如图 3-130 所示。第一，选项比较。高收入家庭大学生收集信息 10 小时以下、30～39 小时的更多，低收入家庭大学生收集信息 10～19 小时、40～49 小时、60 小时以上的更多。第二，三大选择。除 10 小时以下、20～29小时以外，30～39 小时为前者的主要选择，60 小时以上、10～19 小时为后者的主要选择。第三，分布状态。集中度分别为 61.6% 和 56%，前者更集中。第四，水平高低。平均收集信息 29.7 小时和 31.3 小时，即家庭较贫困的大学生在收集就业信息方面更积极。

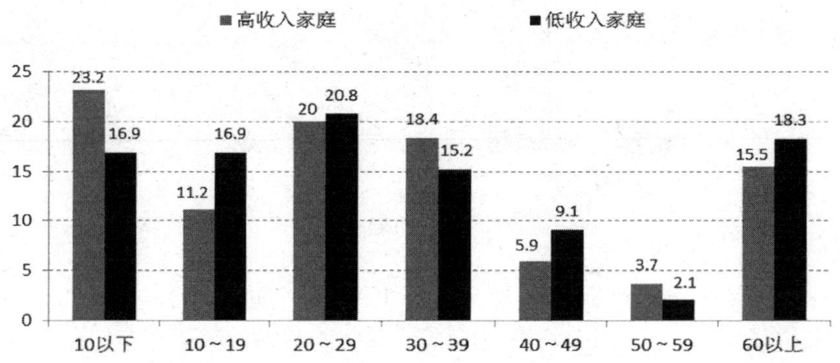

图 3-130　收集信息的时间（%，小时）

2. 投递简历

如图 3-131 所示，高收入家庭大学生投简历 30～39 份的更多，低收入家庭

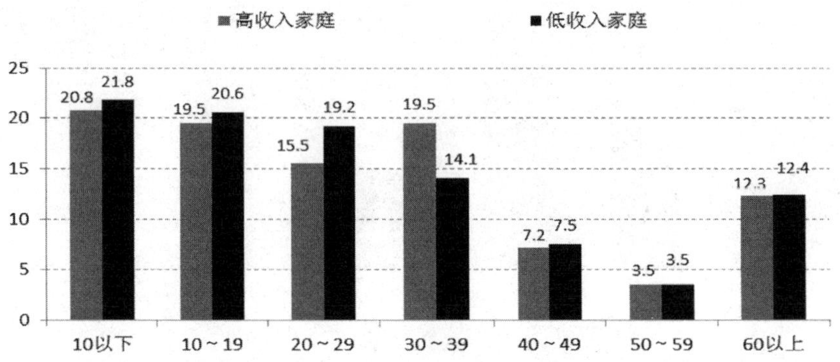

图 3-131　投递简历数量（%，份）

大学生投简历 20～29 份的更多。除 10 份以下、10～19 份以外，30～39 份为前者的主要选择，20～29 份为后者的主要选择。集中度分别为 59.8% 和 61.6%，后者更集中。平均投简历 28.3 份和 27.5 份，前者更多，但差异不大。

3. 主动联系

如图 3-132 所示，高收入家庭大学生联系 5～9 次的比重较大，低收入家庭大学生联系 1～4 次的更多。联系 1～4 次、5～9 次、0 次为共同的三大选择。集中度分别为 84.3% 和 86.2%，后者更集中。平均联系均为 4.9 次。

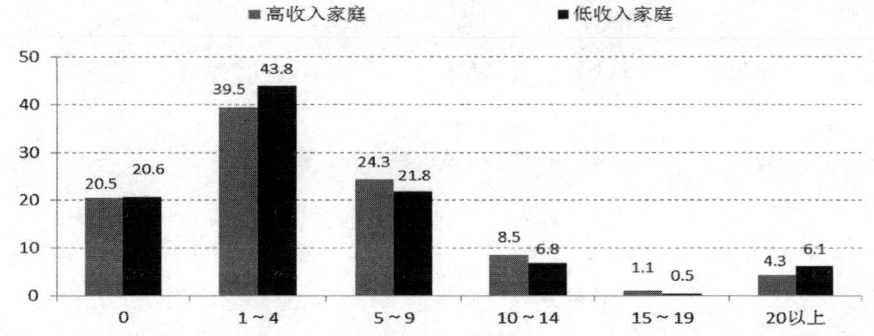

图 3-132　主动联系次数（%，次）

4. 求职费用

如图 3-133 所示，高收入家庭大学生的求职费用为 4000 元以上的比重较大，低收入家庭大学生 500 元以内、500～999 元的更多。500 元以下、1000～1999 元、500～999 元为三大选择。集中度分别为 78.9% 和 84.5%，后者更集中。平

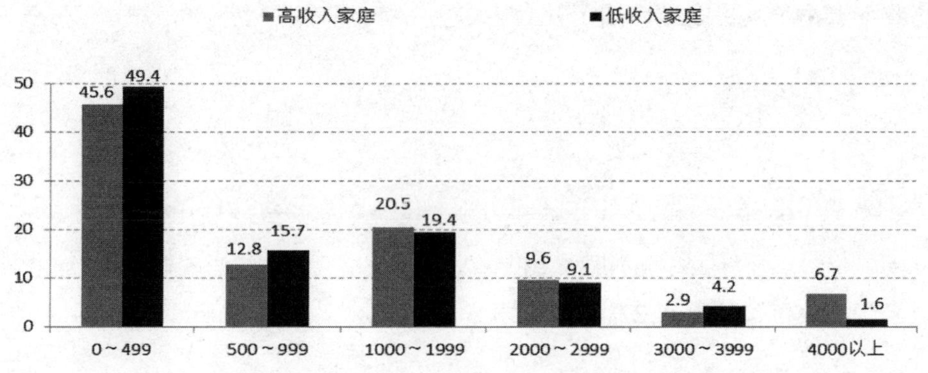

图 3-133　求职费用（%，元）

均求职费用为 1182. 7 元和 987. 1 元，高收入家庭大学生有更好的物质条件，求职费用也更高。

5. 面试数量

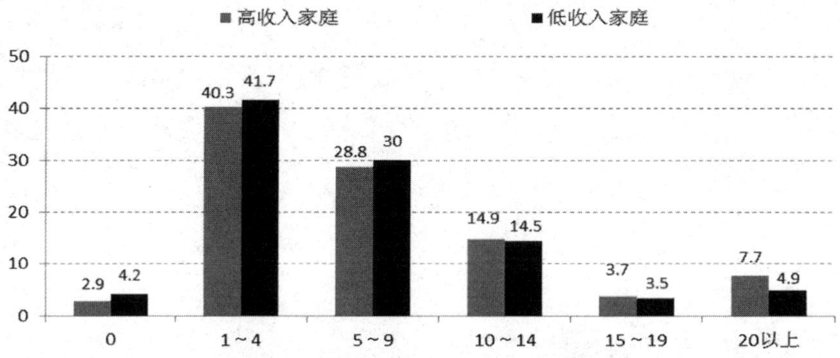

图 3-134　面试次数（%，次）

如图 3-134 所示，高收入家庭大学生面试 20 次以上的更多，其他差异很小。面试 1 ~ 4 次、5 ~ 9 次、10 ~ 14 次为共同的三大选择。集中度分别为 84% 和 86. 2%，后者更集中。行为高低，平均面试 7. 3 次和 6. 6 次，即高收入家庭子女有较多的面试机会，他们在面试环节投入了更多。

6. 利用社会关系

高收入家庭大学生“用过、至关重要”、“用过、有些帮助”、“用过、没有帮助”、“没用过”分别占 16. 8%、36. 3%、9. 3%、35. 7%，低收入家庭大学生分别占 8. 4%、28. 3%、7. 5%、54. 6%。动用社会关系的占 62. 4% 和 44. 2%，即高收入家庭子女更多地运用了社会资本。

（三）就业结果

1. 接收单位

如图 3-135 所示，高收入家庭大学生获得 2 ~4 家单位的比重较大，低收入家庭大学生只有 1 家单位的更多，但差异不大。2 ~4 家、1 家和 0 家为三大选择。平均接收单位均为 2. 2 家，无差异。

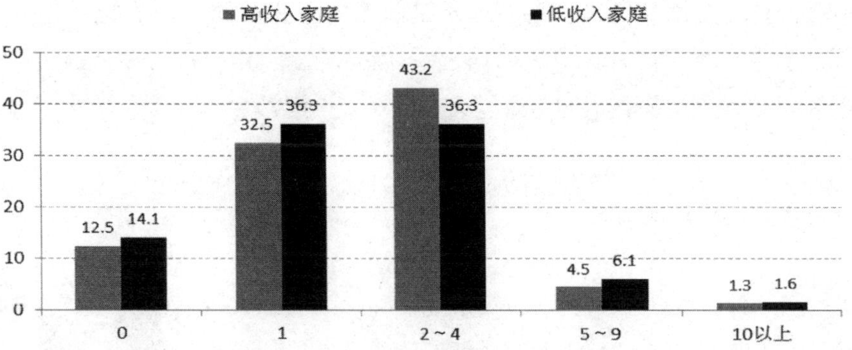

图3-135　接收单位数量（%，家）

2. 就业率

狭义就业率分别为42.7%和37.07%，广义就业率分别为55.65%和47.14%，富裕家庭子女的就业率越高。

3. 实现就业的情况

（1）就业地区分布。如图3-136所示。第一，选项比较。高收入家庭大学生在北京就业的概率高出20个百分点；低收入家庭在广东、其他沿海地区和中西部地区就业的更多。第二，三大选择。除了北京，前者更多地选择其他沿海地区、上海和西部地区，后者更多地选择中部和其他沿海地区。第三，分布状态。集中度分别为89.2%和80.5%，前者更集中。第四，水平高低。北京比分别为76.3%和56%，沿海比为92.8%和80.5%，前者的地区质量较高。

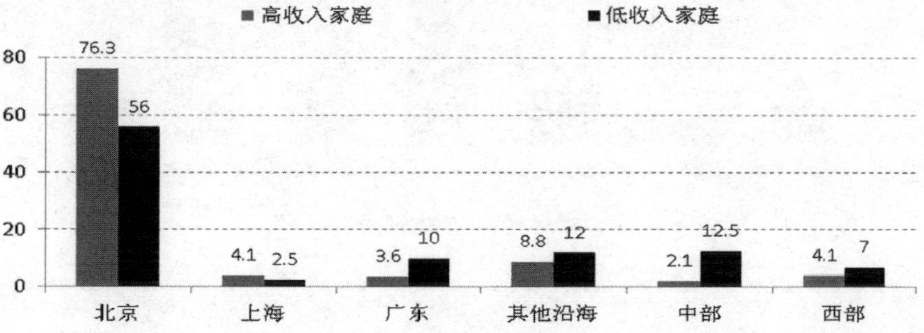

图3-136　就业地区（%）

（2）就业行业分布。如图3-137所示，高收入家庭大学生在金融保险、社会服务的比例较高，低收入家庭大学生在制造、贸易餐饮、科研技术的更多。除金融保险、教育文化和传媒以外，建筑是前者的主要选择，科研技术为后者的主要选择。集中度分别为 47.9% 和 41%，前者更集中。高工资行业比分别为 63.4% 和 58.5%，前者的行业较好。

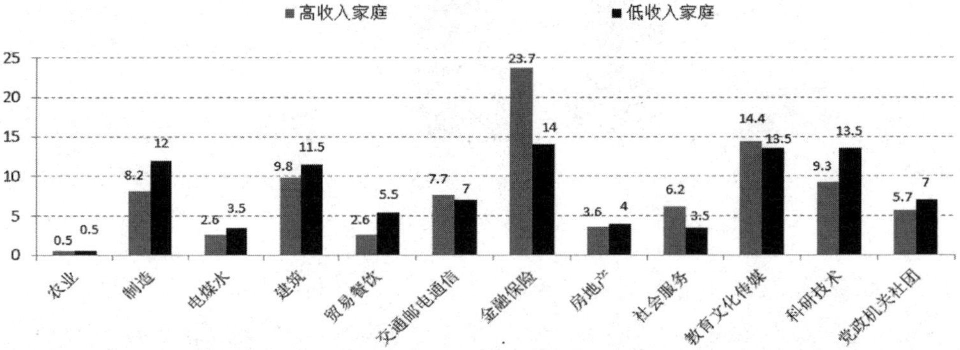

图 3-137　就业行业（%）

（3）单位性质分布。如图 3-138 所示，两者的差异很小。国企、个体民企、其他事业单位是两大群体的三大选择。集中度分别为 76.9% 和 78.5%，后者更集中。体制内单位比为 66.6% 和 67%，后者更稳定。

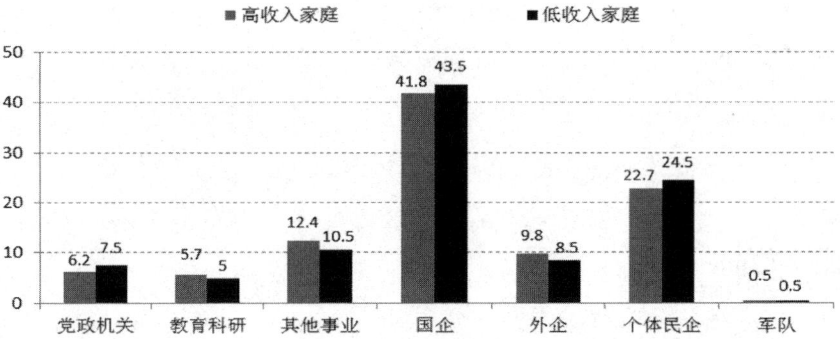

图 3-138　就业单位性质（%）

（4）单位承诺月薪。如图 3-139 所示，高收入家庭大学生的承诺月薪为 2000 元以下、4000～4999 元、5000～5999 元的更多，低收入家庭大学生的承诺月薪为 2000～2999 元、3000～3999 元的更多。3000～3999 元、4000～4999 元、2000～2999 元为两大群体的共同选择。集中度分别为 69.6% 和 80.5%，后者更集中。平均承诺月薪为 4081.6 和 3877.5 元，前者更高。

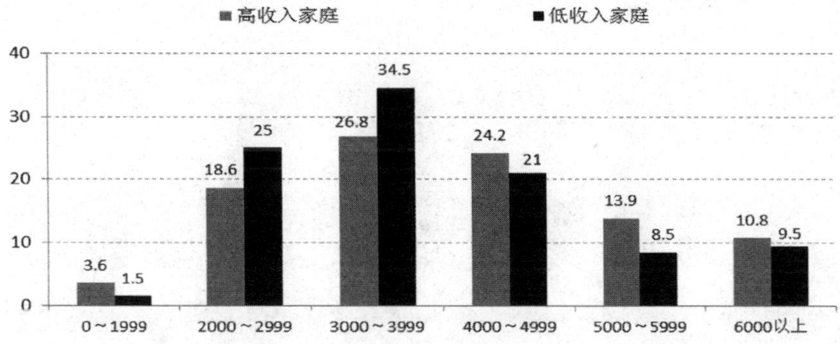

图 3-139　单位承诺月薪（%，元）

（5）专业对口程度。高收入家庭大学生的不对口、基本对口、对口的比重分别为 21.6%、52.1%、25.3%，低收入家庭大学生分别为 14%、49.5%、36.5%。对口率分别为 77.4%和 86%，后者的对口率更高。

（6）就业满意程度。如图 3-140 所示，高收入家庭大学生的满意度为 60%～80%的比重较高，低收入家庭大学生的满意度为 20%～40%的更多。60%～80%、40%～60%、80%以上为三大选择。集中度分别为 93.3%和 88.5%，前者更集中。平均满意度为 65.6%和 63.9%，前者较高。

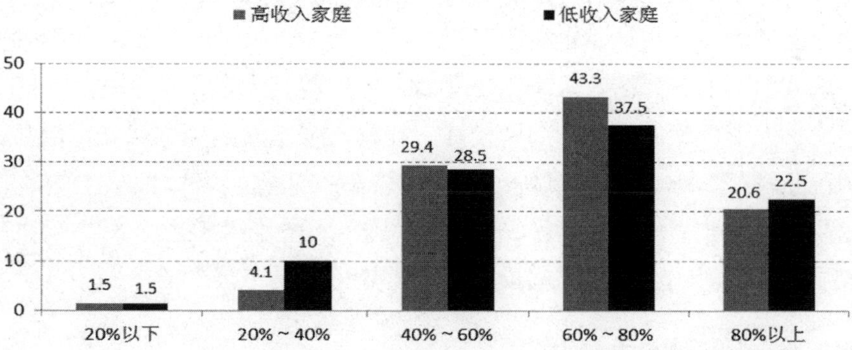

图 3-140　就业满意度（%）

4. 未实现就业情况

如图 3-141 所示，就业预期、就业形势对高收入家庭大学生的就业不利影响更大，而专业、英语和计算机对低收入家庭大学生不利影响更大。预期太高、经验不足、专业不好是两者的三大选择。集中度分别为 35.7%和 33.5%，前者更集中。

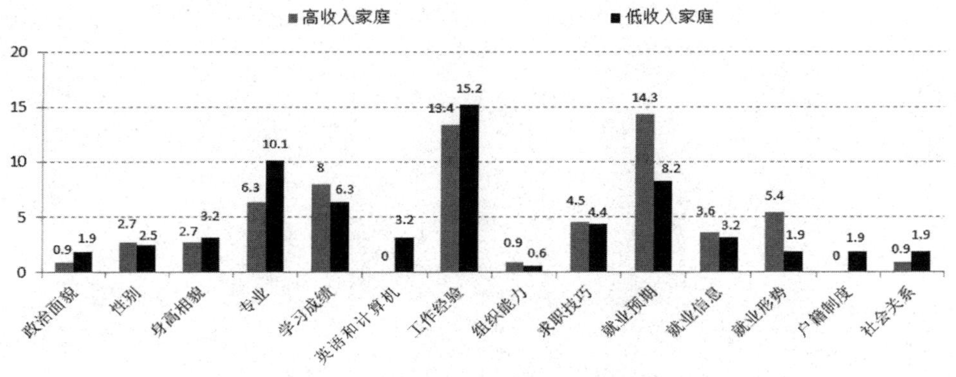

图 3-141　求职不成功的最主要影响因素（%）

（四）基本结论

第一，大学生就业意愿：前者较高。高收入家庭大学生的就业期望较高，他们更期望去北京、上海这样的大都市，更不愿意去农村工作，行业期望和月薪期望也较高；低收入家庭子女期望更稳定的单位。由于家庭经济状况较好，他们的就业意愿较高，有一定的现实基础和合理性。

第二，大学生就业行为：前者积极。高收入家庭大学生在投递简历、求职费用、参加面试方面更主动，也运用了更多的社会关系；低收入家庭大学生在收集就业信息方面更积极。高收入家庭子女的总体求职行为较积极主动。

第三，大学生就业结果：前者较好。高收入家庭大学生，就业率较高，就业地区和行业较好，承诺月薪较高，满意度较高；低收入家庭大学生的单位更稳定，专业对口率较高。换句话说，家庭收入作为一个外生变量，对大学生就业结果有较强的正面影响，贫困家庭子女处于劣势，这是不公平的。

七、不同性别的大学生就业状况

在 811 名大学生中，男生有 489 人，女生有 315 人。

（一）就业意愿

如图 3-142 所示。第一，选项比较。男生更看重专业对口、薪酬福利、发展机会，女生更看重单位的类型和规模、就业环境。第二，三大选择。除薪酬福利、兴趣偏好，晋升发展机会是男生的主要选择，单位的类型和规模是女生的主要选择。第三，分布状态。集中度分别为 57.1% 和 52%，前者更集中。

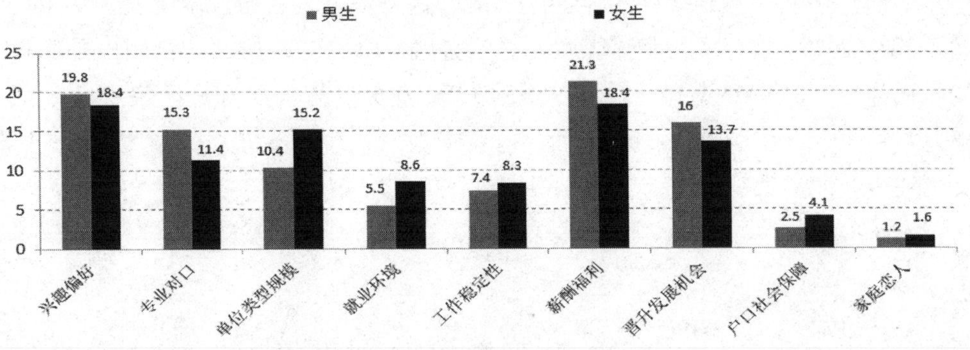

图 3-142　择业时最看重的因素（%）

1. 地区期望

如图 3-143 所示。第一，选项比较。男生更希望在上海和广东就业，女生更希望在其他沿海地区就业，但差别很小。第二，三大选择。北京、其他沿海地区和上海是两大群体的共同选择。第三，分布状态。集中度分别为 83.5% 和 86.4%，后者的分布更集中。第四，水平高低。北京比分别为 66.3% 和 67.9%，沿海比分别为 89.8% 和 90.2%，女生的地区期望更高。

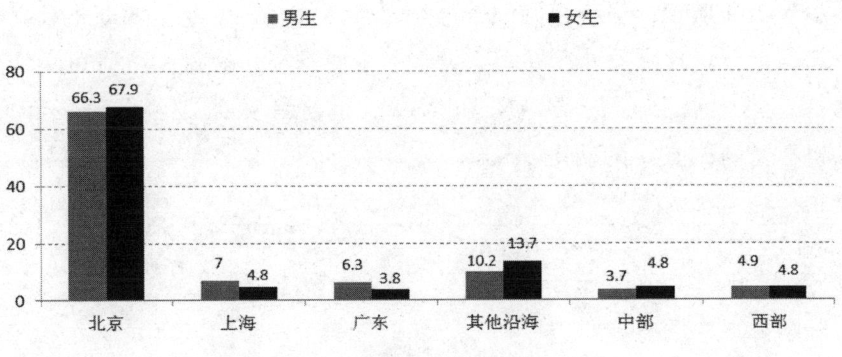

图 3-143　最希望的就业地区（%）

2. 城乡期望

31.7% 的男生愿意去农村工作，66.3% 的不愿意去农村工作；20.6% 的女生愿意去农村工作，78.7% 的不愿意去农村工作。即女生的城乡期望显著更高。

3. 行业期望

如图 3-144 所示，男生更倾向于制造、金融保险、科研技术就业，女生更倾向于贸易餐饮、教育文化和传媒就业。除金融保险、党政机关和社团以外，科研技术成为男生的主要选择，教育文化和传媒为女生的主要选择。集中度分别为 47.9% 和 56.4%，女生的选择更集中。高工资行业比分别为 67.9% 和 68.1%，女生的行业期望偏高。

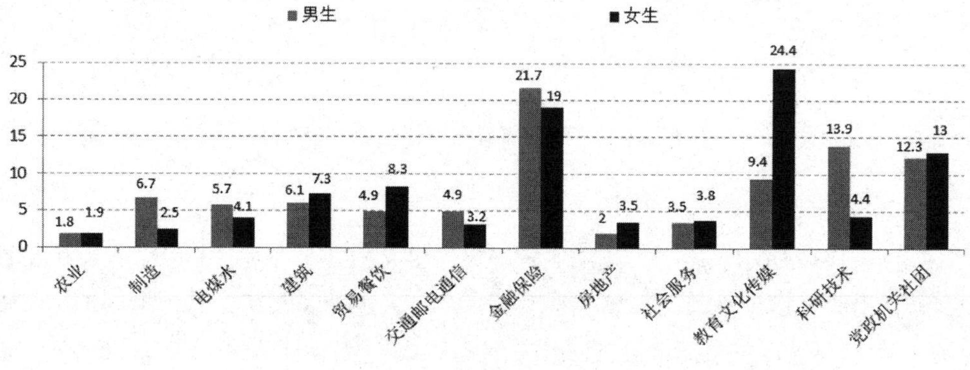

图 3-144 最希望的就业行业（%）

4. 性质期望

如图 3-145 所示，男生更倾向于外企、个体民企，女生更倾向于教育和科研机构。除国企、党政机关外，外企为男生的主要选择，教育和科研机构是女生的主要选择。集中度分别为 74.8% 和 73.3%，前者更集中。体制内单位比为 76.2% 和 82.9%，女生的期望较高。

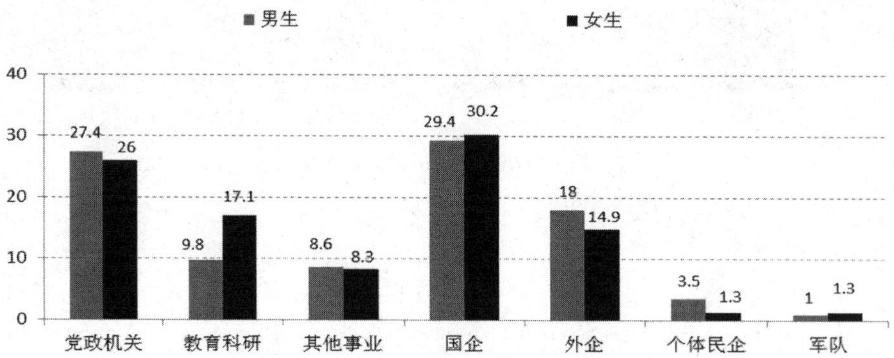

图 3-145 最希望的就业单位性质（%）

5. 期望月薪

如图 3-146 所示，男生选择 4000 ~ 4999 元、6000 ~ 6999 元以外，7000 元以上的更多，女生选择 2000 ~ 2999 元、3000 ~ 3999 元的更多。除 3000 ~ 3999 元、4000 ~ 4999 元，7000 元以上是男生的主要选择，5000 ~ 5999 元是女生的主要选择。集中度分别为 67.9% 和 72.4%，女生的选择更集中。平均期望月薪为 5112.1 元和 4722.9 元，即男生的要求也更高。

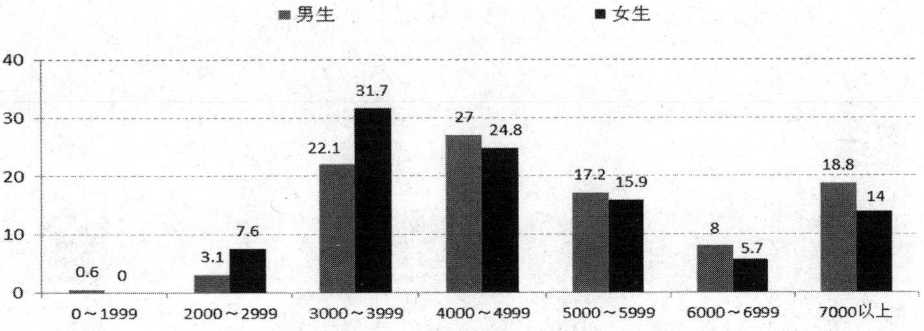

图 3-146　期望月薪（%，元）

如图 3-147 所示，男生的保底月薪选择 4000 ~ 4999 元、6000 ~ 6999 元的更多，女生选择 2000 ~ 2999 元、3000 ~ 3999 元的更多。3000 ~ 3999 元、2000 ~ 2999 元、4000 ~ 4999 元是三大选择。平均期望月薪分别为 3820.5 元和 3616.9 元，男生更高。

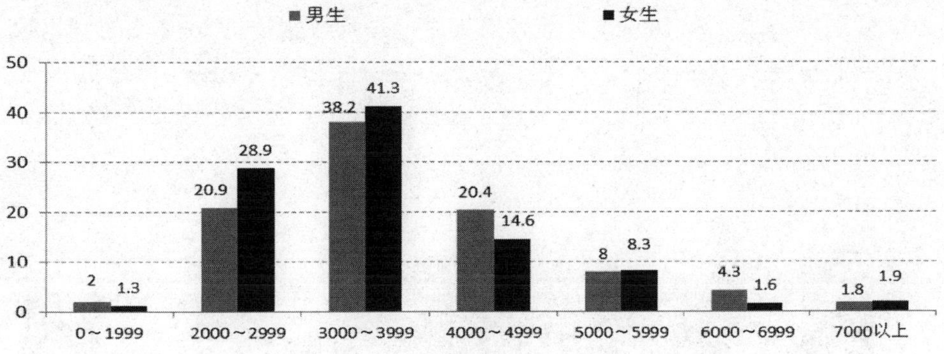

图 3-147　保底月薪（%，元）

（二）就业行为

1. 收集信息

如图3-148所示。第一，选项比较。男生收集信息20～29小时的更多，女生收集信息10小时以下、30～39小时的更多。第二，三大选择。除10小时以下、20～29小时以外，60小时以上为男生的主要选择，30～39小时为女生的主要选择。第三，分布状态。集中度分别为58.1%和57.8%，前者更集中。第四，水平高低。平均收集信息31小时和30.3小时，男生偏高。

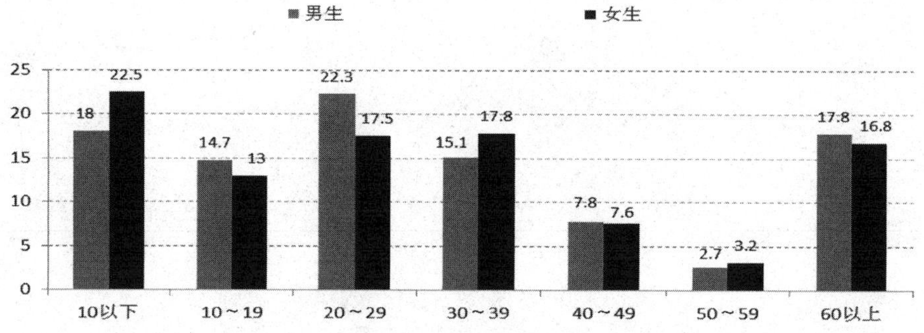

图3-148 收集信息的时间（%，小时）

2. 投递简历

如图3-149所示，男生投递简历10份以下、10～19份、20～29份的更多，女生投简历为30～39份、40～49份、50～59份、60份以上的更多。除10份以下、10～19份以外，20～29份为男生的主要选择，30～39份为女生的主要选择。集中度分别为63.2%和54.3%，前者更集中。平均收集信息26.2小时和30.5小时，后者更积极。

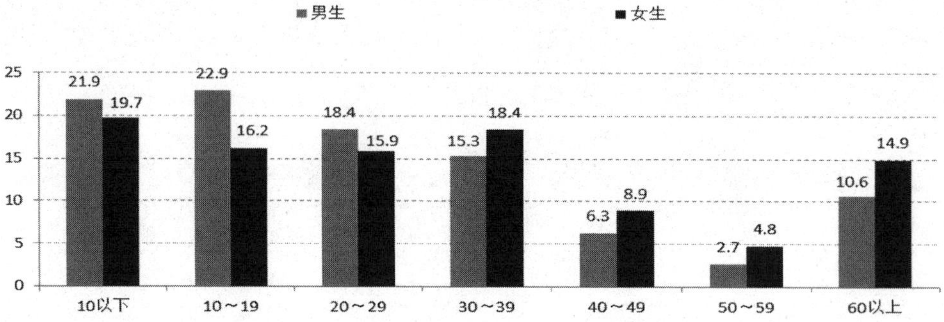

图3-149 投递简历数量（%，份）

3. 主动联系

如图3-150所示，女生没联系的比重偏高，其他情况几乎无差异。联系1~4次、5~9次、0次为共同的选择。集中度分别为84.4%和86.3%，后者更集中。平均联系5次和4.7次，男生更主动。

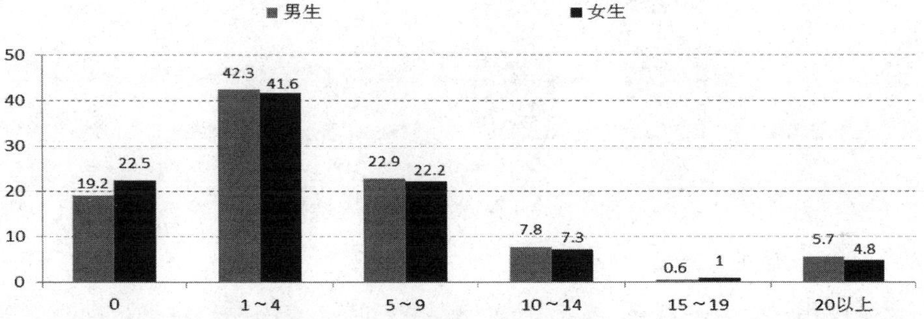

图3-150　主动联系次数（%，次）

4. 求职费用

如图3-151所示，男生的求职费用为1000~1999元、2000~2999元的比重较大，女生为500元以内、4000元以上的更多。500元以下、1000~1999元、500~999元为共同的三大选择。集中度分别为81.8%和82.6%，后者更集中。平均求职费用为1091.6元和1040.1元，男生偏高。

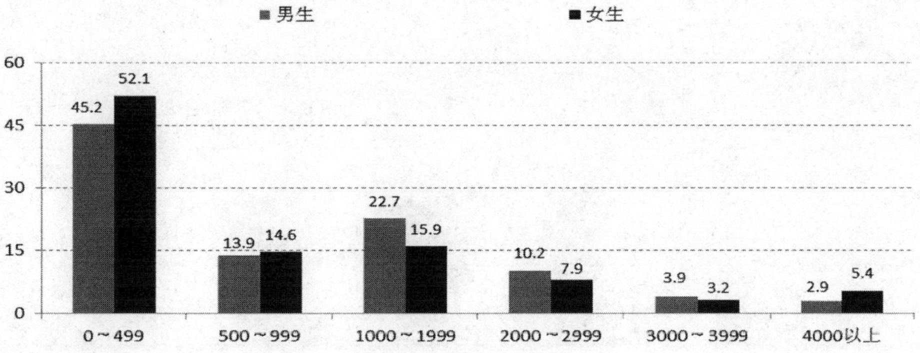

图3-151　求职费用（%，元）

5. 面试数量

如图3-152所示，女生面试1~4次的更多。面试1~4次、5~9次、10~14次为共同的选择。集中度分别为84.2%和86.4%，后者更集中。平均面试分别为7次和6.9次，男生更积极。

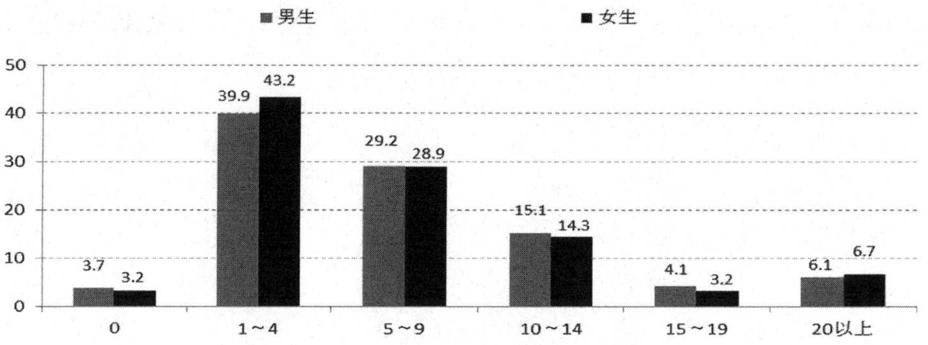

图3-152　面试次数（%，次）

6. 利用社会关系

男生“用过、至关重要”、“用过、有些帮忙”、“用过、没有帮助”、“没用过”分别占10.4%、32.3%、8%、47.9%，女生分别占14%、31.1%、10.2%、43.2%。动用社会关系分别占50.7%和55.3%，女生运用关系的更多。

（三）就业结果

1. 接收单位

如图3-153所示，男生获得0家、2～4家、5～9家的比重较大，女生获得1家的更多。2～4家、1家和0家为三大选择。平均接收单位为2.3家和2.1家，男生有一定的优势。

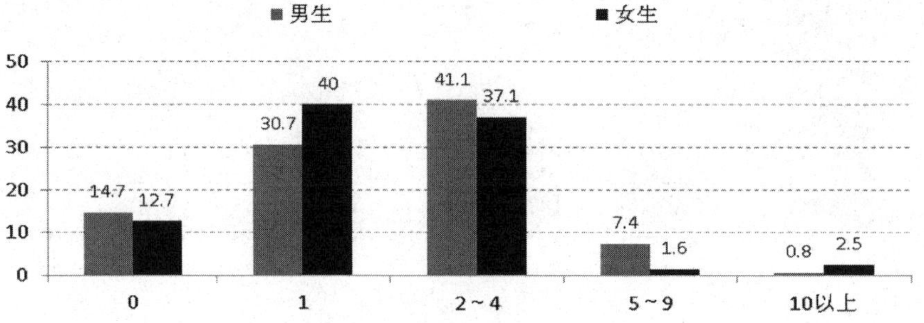

图3-153　接收单位数量（%，家）

2. 就业率

狭义就业率分别为40.28%和39.33%，广义就业率分别为51.3%和51.33%。

即广义就业率无差异，而在传统的正式就业方面，男生有微弱的优势。

3. 实现就业的情况

（1）就业地区分布。如图 3-154 所示。第一，选项比较。男生在上海、广东就业的概率较高，女生在北京就业的更多。第二，三大选择。除了北京和其他沿海地区之外，男生更多地去广东，女生更多地去西部工作。第三，分布状态。集中度分别为 82.1% 和 86.6%，后者更集中。第四，水平高低。北京比分别为 63.1% 和 70.5%，沿海比分别为 86.1% 和 86.6%，女生的就业地区更好。

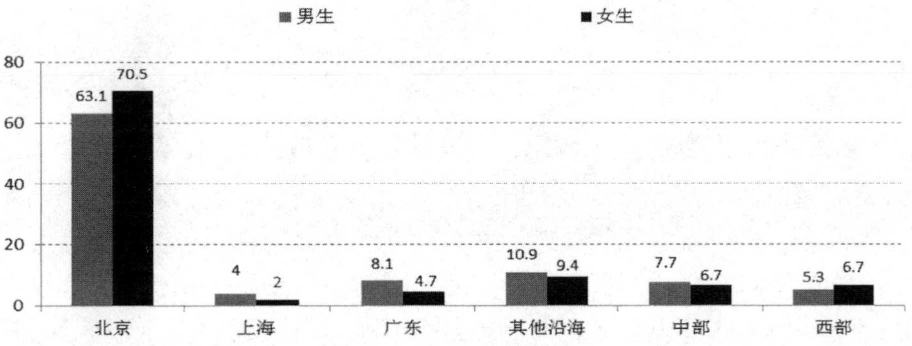

图 3-154　就业地区（%）

（2）就业行业分布。如图 3-155 所示，男生在制造、电煤水供应、交通邮电通信、科研技术的比例较高，女生在建筑、金融保险、社会服务、教育文化传媒的更多。除金融保险以外，制造、科研技术为男生的两大选择，教育文化和传媒、建筑为女生的两大选择。集中度分别为 45.4% 和 59.8%，后者更集中。高工资行业比分别为 58.4% 和 66.5%，女生的就业行业较好。

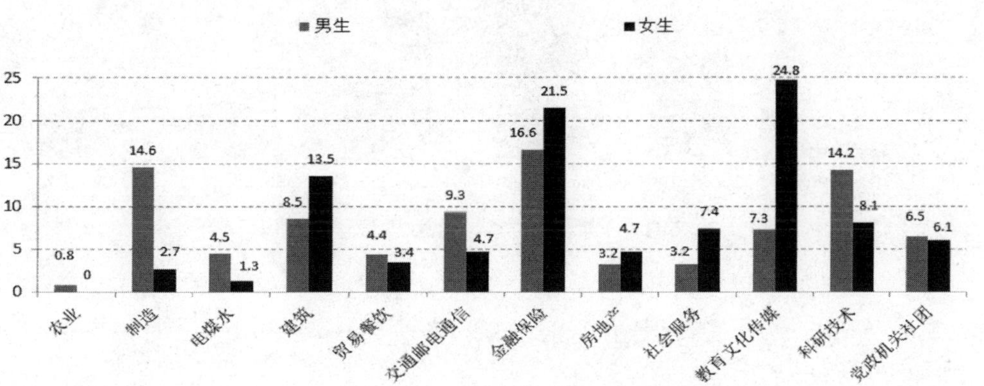

图 3-155　就业行业（%）

（3）单位性质分布。如图3–156所示，男生在其他事业单位、国企、外企有轻微的优势，女生在个体民企就业的更多。国企、个体民企、其他事业单位为两大群体的共同选择。集中度分别为76.5%和79.1%，后者更集中。体制内单位比分别为70.9%和58.9%，男生的单位更稳定。

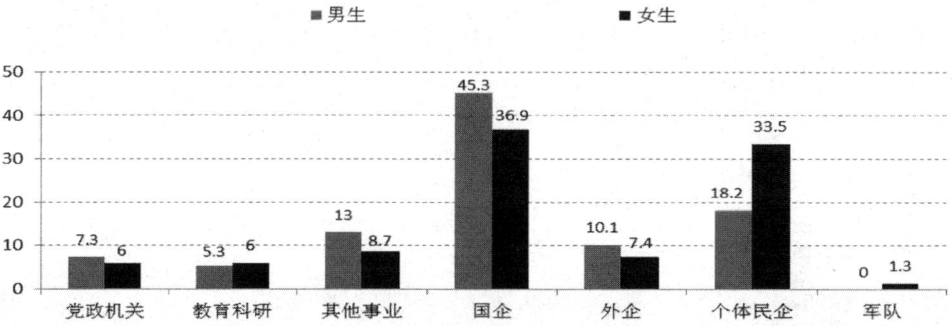

图3–156 就业单位性质（%）

（4）单位承诺月薪。如图3–157所示，男生的承诺月薪为4000～4999元、5000～5999元、6000元以上的更多，女生为2000～2999元、3000～3999元的更多。3000～3999元、2000～2999元、4000～4999元为共同的选择。集中度分别为72.4%和77.4%，后者更集中。平均承诺月薪为4088.1和3793.9元，男生的收入更高。

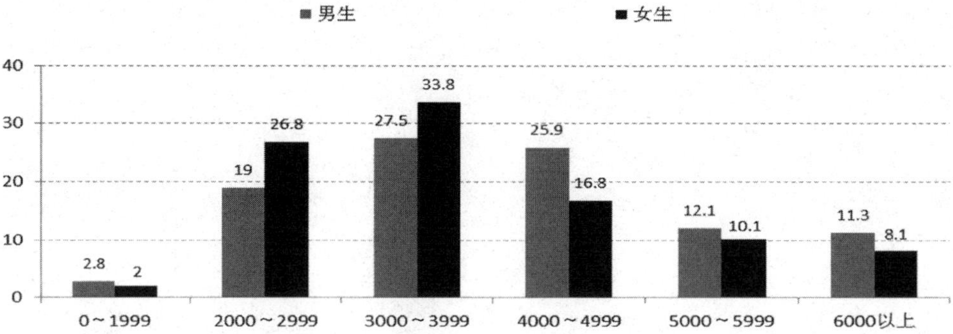

图3–157 单位承诺月薪（%，元）

（5）专业对口程度。男生“不对口”、“基本对口”、“对口”的比重分别占16.2%、54.7%、28.3%，女生分别占20.1%、44.3%、35.6%。对口率分别为83%和79.9%，男生的对口度较高。

（6）就业满意程度。如图3–158所示，男生的满意度为40%～60%的比重较高，女生的满意度为 80% 以上的更多。满意度为 60% ~80%、40% ~60%、80% 以上为共同选择。集中度分别为 91.5% 和 90%，前者更集中。平均满意度为 64.7% 和 64.8%，女生偏高。

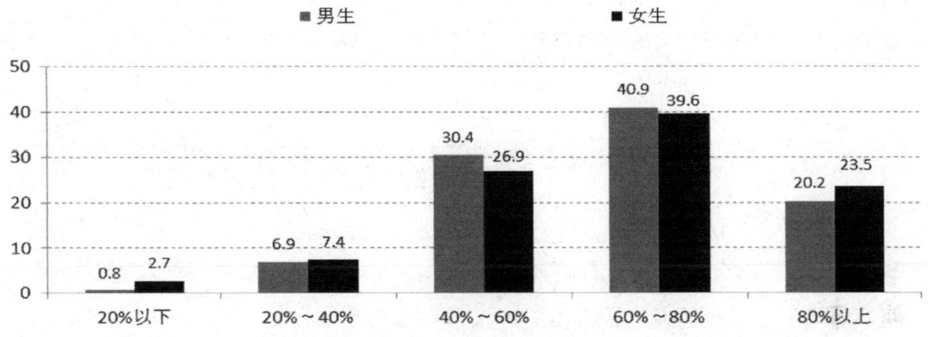

图 3-158　就业满意度（%）

4. 未实现就业情况

如图 3-159 所示，身高相貌、学习成绩、工作经验对男生就业的不利影响较大，性别、专业、就业形势对女生就业的不利影响较大。除经验不足、预期太高之外，成绩不好为男生求职不成功的主要因素，专业不好为女生的主要障碍。集中度分别为 36.7% 和 38.6%，女生面临的障碍更集中。

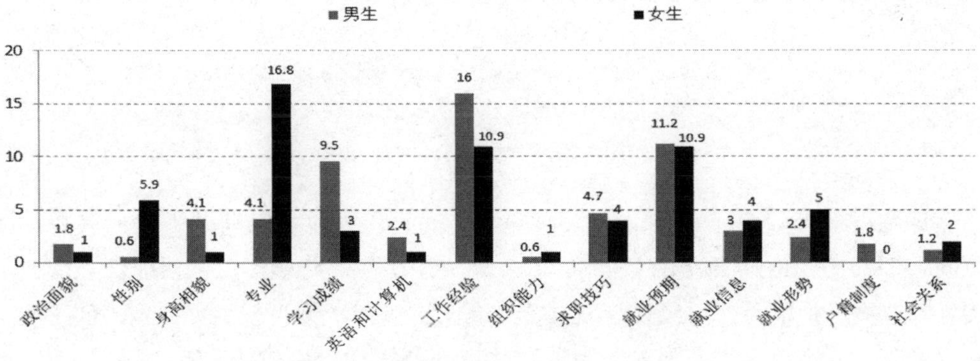

图 3-159　求职不成功的最主要影响因素（%）

（四）基本结论

第一，大学生就业意愿：女生较高。男生对月薪期望较高；女生更希望去北京和其他沿海地区就业，更不愿意去农村就业，行业期望和单位性质期望较高，女生的总体就业期望较高。

第二，大学生就业行为：女生消极。男生在收集就业信息、主动联系、参加面试更主动，求职费用也较高，女生投递简历更多，更多地运用了社会关系。

第三，大学生就业结果：女生较差。男生的接收单位数量和就业率较高，单位更稳定，工资收入较高、专业对口度较高；女生的就业地区和行业较好。

第三节　2012 年北京大学生创业状况

本节分析 2012 年北京 18 所高校大学生对大学生创业认识、创业意识、创业能力、创业环境、创业实践以及创业促进措施的看法[1]。

一、样本描述

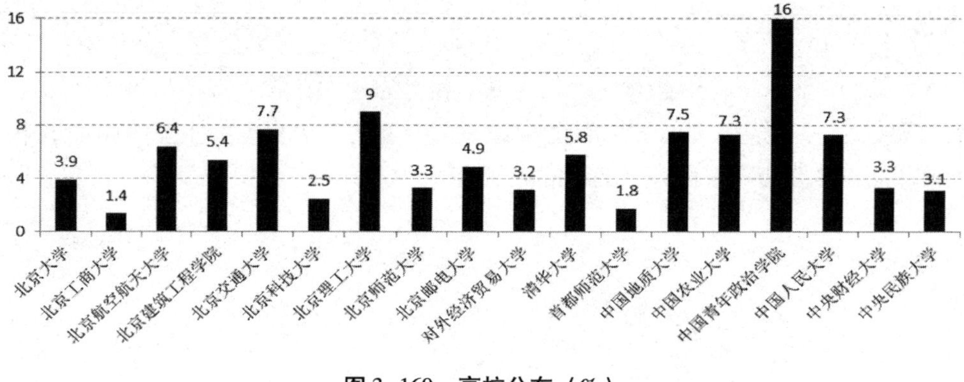

图 3-160　高校分布（%）

课题组于 2012 年 6 月对北京大学毕业生就业和创业状况展开了抽样调查。回收问卷 2113 份，创业部分有效问卷 1704 份，有效率为 80.6%。包括综合类、理工类、农业类、师范类、财经类、政法类、民族类共 18 所高校，如图 3-160 所示，北京大学、清华大学、中国人民大学和北京师范大学分别占 3.9%、5.8%、7.3% 和 3.3%，北京理工大学、北京科技大学、北京邮电大学、北京交通大学、北京航空航天大学、中国地质大学和北京建筑工程学院分别占 9%、2.5%、4.9%、7.7%、6.4%、7.5%、5.4%，中国农业大学占 7.3%，首都师范大学占 1.8%，对

[1] 黄敬宝：《2012 届北京大学生创业调查》，《经济论坛》2013 年第 8 期，第 155—157 页。

外经济贸易大学、中央财经大学、北京工商大学占3.2%、3.3%和1.4%，中国青年政治学院占16%，中央民族大学占3.1%。

样本覆盖了11个学科门类，哲学占0.2%，经济学占15.6%，法学占9.3%，教育学占0.9%，文学占12.4%，历史学占1.1%，理学占6.6%，工学占36.4%，农学占0.1%，医学占0.1%，管理学占16.7%。

他们来自于我国31个省区市，如图3-161所示，北京最多、占11.6%，其次是山东、占7.1%，再次是河北、占6.5%，河南占5.2%，湖南和山西均占3.9%，其他省份比较分散。农村和城镇分别32.8%、66.5%。男生占58.3%，女生占40.4%。

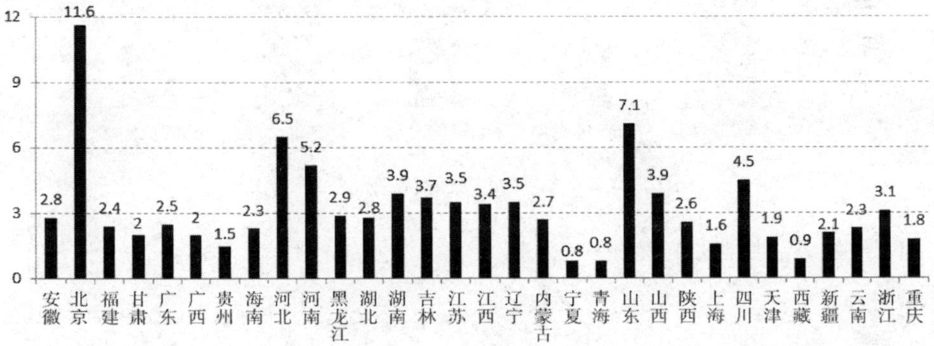

图3-161 生源地分布（%）

二、大学生创业状况

（一）大学生对创业的认识

447名毕业生、占被调查的26.2%，认为大学生创业是“不现实的”、没有可行性；136名、占样本的8%，认为它是当大学生无法实现就业时的“走投无路”的一种替代；有1003名、占58.9%，认为创业是“更好地实现自身价值的一种就业形式”，142名、占8.3%，认为是“推动社会发展的动力”，比就业的层次更高。即34.2%的大学生对大学生创业持否定的观点，67.2%的大学生认识到其重要的社会价值和现实意义。

（二）大学生创业的优势

大学生作为一个相对独立的创业群体，其优势何在？如图3-162所示，82%的大学生认为是“年轻、勇于拼搏”，其次是“创新能力强”、占44.6%，再次是“学习能力强”、占43.7%，“知识技能多”占28.6%，“家庭负担轻”占27.9%，可以更好地团结合作等占0.5%。换句话说，大学生作为一个独立的潜在创业群体，朝气蓬勃、充满活力，学习能力和创新思维较强，掌握较多的现代科技知识和工作技能，比下岗员工、返乡农民工等其他群体更为优势，更可能成为中国未来的主体创业力量。

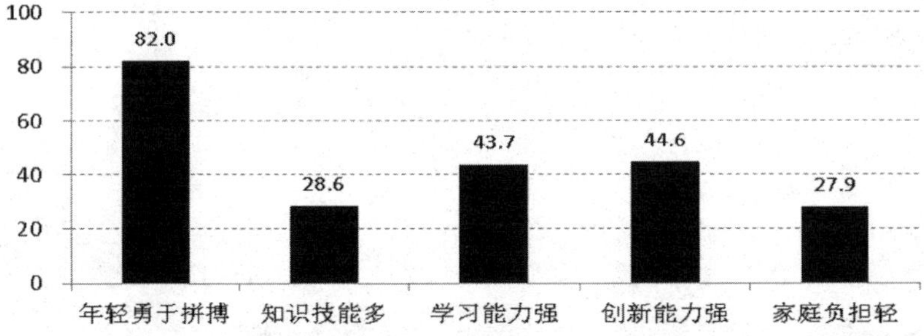

图3-162 大学生创业的优势（多选,%）

（三）大学生创业的障碍

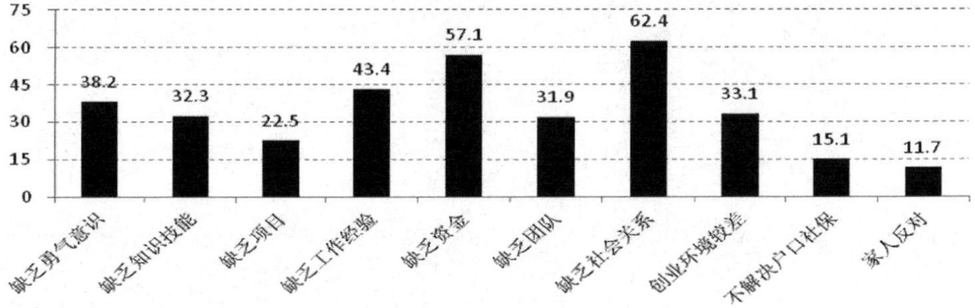

图3-163 大学生创业的障碍（多选,%）

现实中有哪些因素阻碍了大学生创业的步伐呢？如图3-163所示，62.4%的大学生首选“缺乏社会关系”，57.1%的认为是缺乏资金，43.4%的认为是缺乏工作经验，38.2%的认为是缺乏创业精神，33.1%的认为是创业环境差，32.3%的认为是缺乏创业能力，31.9%的认为缺乏创业团队，22.5%的认为缺乏创业项目，15.1%的认为由于不解决户口和社会保障问题而缺少安全感，11.7%的认为是父母及家族成员反对。也就是说，目前妨碍大学生创业的因素很多，既包含创业者素质不高的问题，也包括创业资金、户口和社会保障等创业环境的问题，但缺乏社会关系、资金和经验为三大主要障碍。这些都不是大学生个人短期内可以解决的，推动大学生创业还有很长的路要走。

（四）大学生的创业意愿

对于“您会自主创业吗”的回答，如图3-164所示，宁可失业、也不创业的占21.9%，体现出很坚决的排斥姿态。找不到工作会考虑的占33.2%，这是一种被动选择的结果，属于生存型创业意愿的范畴。会主动选择创业的大学生占41.5%，这是一种主动选择的结果，属于机会型创业意愿的范畴；具体又分为三种情况，其中，尚未实施的占38.8%，正准备筹办的占2.4%，已经创业占0.3%。大学生创业意愿总体上较为积极。

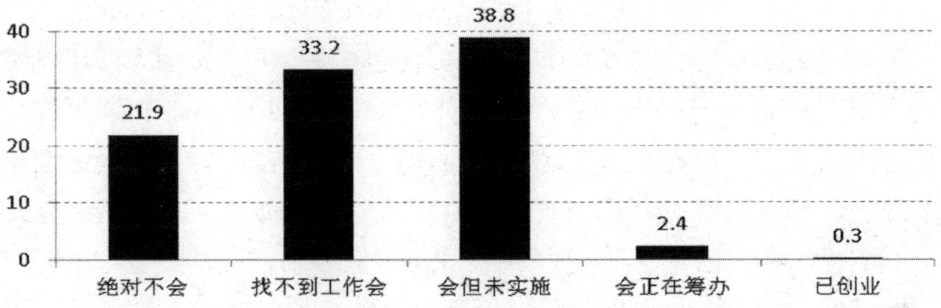

图3-164　大学生的创业意愿（%）

（五）大学生的创业技能

掌握必要的知识和技能，是大学生开展创业活动的基本前提。根据调查，大学生没掌握任何的创业知识和技能的占52.1%，掌握了一些知识和技能的占44.8%，掌握很多的只占2.5%，绝大多数大学生不具备创业的知识和能力。具体来说，如图3-165所示，缺乏语言表达、运算等基础知识和能力的占27.5%，缺乏专业技术的为37.9%，缺乏企业管理知识和技能占41.1%，缺乏组织与协调能力占30%，缺乏创办企业的知识和能力占52.2%，缺乏创业程序知识占57.4%，缺乏对创业政策与环境的了解占46%。这说明，相对于创业活动的需要，大学生的创业知识和技能普遍、全面缺乏。

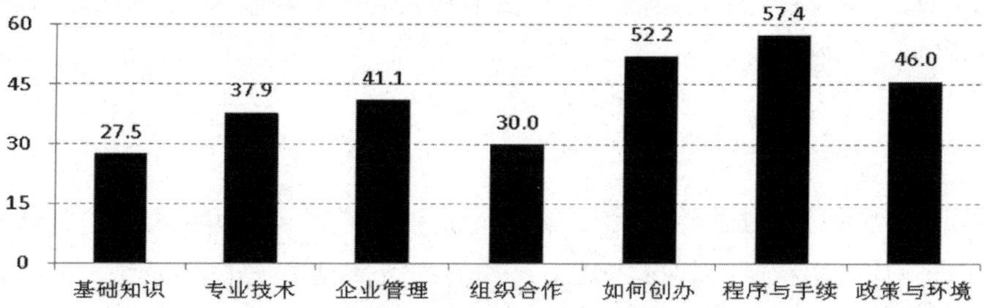

图 3-165　缺乏的创业知识和技能（多选,%）

（六）大学生的创业实践

现实中，已创业或正准备创业的共有 13 名毕业生，在具有机会型创业意愿的 707 名中占 1.84%，在具有机会型创业意愿和生存型创业意愿的 1272 名中占 1.02%，在全部样本 1704 名中占 0.76%。即使很多大学毕业生认识到创业的贡献、也有创业的想法，而一旦进入现实，真正创业的却非常少。

填写具体创业信息仅有 5 人，见表 3-1。创业大学生所经营主业的范围较广，从高科技的电子、互联网、安防服装到传统的食品加工、餐饮，还有比较专业的留学文书等专门的社会服务。创业地点主要集中于北京，内蒙古呼和浩特也有 1 家。投资额度差距很大，最少的 500 元，最多的 80 万元；筹资途径包括个人与父母储蓄、银行贷款和集资；创业形式方面，合伙 3 家，个体和公司各有 1 家。除了 1 家之外，其他经营时间未超过半年，员工在 10 人以内，有一定的盈利，创业困难集中于产品储存、销售、贷款，以及个人时间等方面，说明了大学生创业起步阶段的不容易。

表 3-1　2012 年北京大学生创业状况

产品或服务	经营地址	投资（元）	筹资途径	企业形式	经营时间（月）	员工（人）	盈利（元）	困难
留学文书	北京海淀	500	集资	合伙	3	3	1100	时间不够
茶店	北京海淀	10000	银行贷款	合伙	6	8	60000	
网络	北京	100000	个人储蓄	合伙	5	9	20000	
电子、餐饮、安防服装	北京顺义	800000	储蓄和银行贷款	公司	36	20	600000	贷款不足
鲜肉加工	内蒙古呼和浩特	50000	父母储蓄	个体	0	3	0	产品保存困难，销售渠道不畅

（七）大学生的创业教育

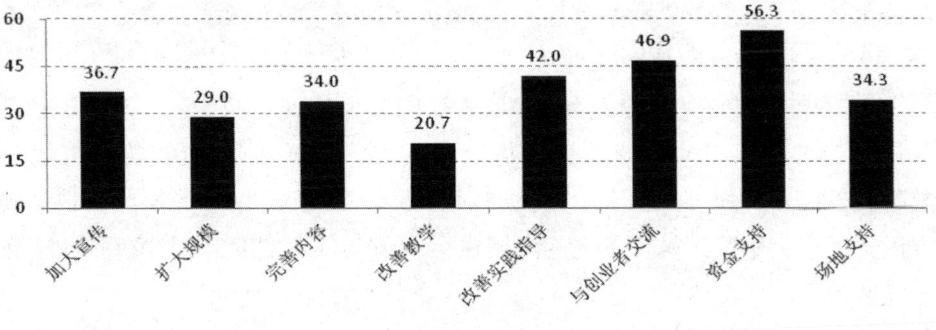

图 3-166　如何促进创业教育（多选,%）

大学生的创业能力在很大程度上与高校的创业教育密切相关。在本次调研中，曾接受创业教育的只有 19.4%，超过八成的大学生从来没有接触过创业教育。要通过改善高校教育，为潜在创业大学生提供人力资本保障。大学生认为如何改善高校的创业教育呢？如图 3-166 所示，36.7% 的毕业生认为要加大教育宣传，29% 的认为要扩大教育规模，34% 的认为要完善教育内容，20.7% 的认为要改善课堂教学，42% 的认为要改善实践指导，46.9% 的认为要改善与创业者的交流或专家指导，56.3% 的认为要提供创业资金支持，34.3% 的认为要提供场地支持。因而，促进高校创业教育将是一个全面而系统的巨大工程。

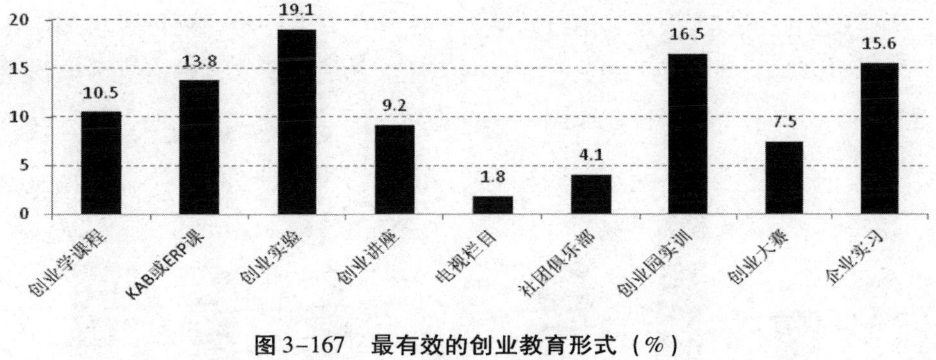

图 3-167　最有效的创业教育形式（%）

对于采用什么样的创业教育形式最好？如图 3-167 所示，选择“创业实验”的最多、占 19.1%，“学校创业园或科技园实训”占 16.5%，“去企业实习实践”占 15.6%，“KAB 教学或 ERP 沙盘”占 13.8%，“创业学或创业指导课”

占 10.5%，“企业家讲座、讲学”占 9.2%，“创业大赛”占 7.5%，“创业社团或俱乐部”占 4.1%，观看电视栏目《致富经》、《生财有道》等占 1.8%。

关于第二个有效的创业教育形式，如图 3-168 所示，选择去企业实习实践的占 19.2%，创业园或科技园实训占 17.5%，企业家讲座、讲学占 11.9%，创业大赛占 11.4%，创业实验占 9.5%，创业社团或俱乐部占 9.3%，“KAB 教学或 ERP 沙盘”占 6%，“创业学或创业指导课”占 4.3%，观看电视栏目占 3.2%。这说明高校需要加强对大学生全方位的创业教育训练，不仅要加强课堂教学的理论知识学习，更重要的是提供一些训练机会，包括创业实验、创业科技园、企业实习实践等。

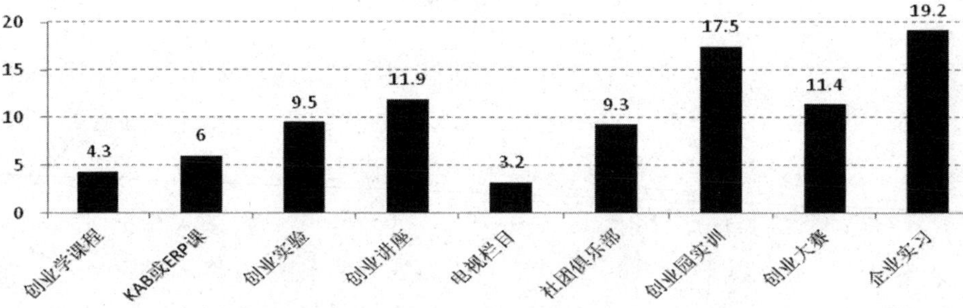

图 3-168　其次有效的创业教育形式（%）

（八）政府提供的创业帮助

大学生创业不仅能缓解当前日益严峻的大学生就业困难，还可以增加工作岗位、带动更多的劳动者实现就业，因而具有重大的战略意义，政府要为大学生创业营造一个更好的宏观环境。如图 3-169 所示，67.2% 的大学生期望政府设立创

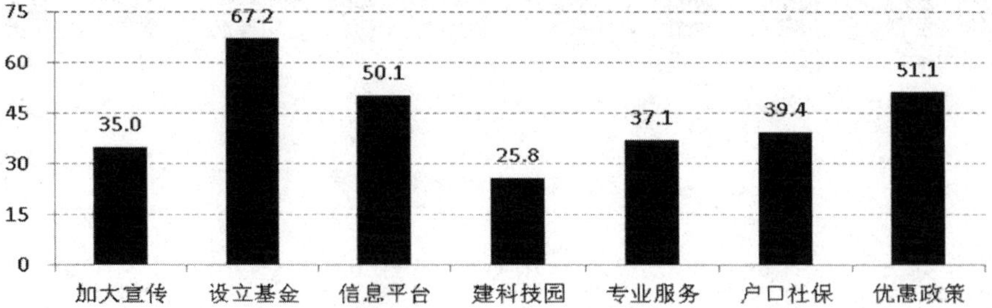

图 3-169　政府为大学生创业提供哪些帮助（多选，%）

业基金，以解决创业融资难题；51.1%的期望提供优惠的财政与信贷政策；50.1%的期望搭建创业信息平台；39.4%的希望解决户口和社会保障问题；37.1%的期望建立专业化社会服务机构，提供高质量的专业指导；35%的期望强化宣传，形成崇尚创业、鼓励创业的社会文化；25.8%的期望组建创业科技园。这些建议将为相关部门制定促进大学生创业的政策提供了有益的参考。

三、大学生创业的影响因素

（一）大学生创业意愿的影响因素

我们通过对比，分析大学生机会型创业比和生存型创业比的影响因素。

学习成绩：学习成绩居前50%的大学生和成绩居后50%的大学生的机会型创业比分别占42.1%和39.8%，前者高2.3%，生存型创业比分别占33.5%和32%，前者高1.5%。这说明学习成绩较好的大学生的创业意愿更强烈。

学科专业：理工类、经管类、文法类的机会型创业比分别为41.6%、37%和46.5%，文法类最高、经管类最低，最大差额为9.5%。生存型创业比为32.9%、36.1%和29.7%，经管类最高、文法类最低，最大差额为6.4%。即学科专业对大学生创业意愿有较强的影响。

高校：机会型创业比分别为40%和46.2%，前者低6.2%，生存型创业比为34.1%和30.2%，前者高3.9%。

地区生源：北京生源和非北京生源大学生的机会型创业比分别占46.5%、40.7%，前者高5.8%，生存型创业比分别占31.3%、33.5%，前者低2.2%，体现了生源地有影响，但不尽相同。

城乡生源：来自城镇和农村的大学生的机会型创业比分别为41.1%、41.9%，前者低0.8%，生存型创业比分别32.7%、34.7%，前者低2%，即来自农村的大学生创业倾向较高，但差距很小。

家庭收入：高收入家庭和低收入家庭大学生的机会型创业比分别为41.6%、41.4%，前者高0.2%，生存型创业比分别为33.2%、33.4%，前者低0.2%，家庭收入的影响很小。

性别：男生和女生的机会型创业比分别为42.9%、39.2%，前者高3.7%；生存型创业比分别为33.9%、32.7%，前者高1.2%。可见，性别有较强的影响，尤其是在机会型创业方面，男生更可能为了实现自身价值而创业。

（二）大学生创业者的特征

2012 年创业大学生有 13 人，下面就梳理一下创业大学生的基本特征。

高校：中国人民大学、北京理工大学和中国青年政治学院各有 2 人，北京大学、北京科技大学、北京邮电大学、中国地质大学、中国农业大学、中央民族大学和北京建筑工程学院均有 1 人。即以理工院校、综合院校为主，政法院校、农林院校、民族院校也有分布。

学科专业：国际经济与贸易专业 1 人；汉语言文学 1 人，英语 1 人；历史学 1 人；机械设计制造及其自动化 1 人，软件工程 1 人，石油工程 1 人，土木工程 1 人；工商管理 3 人，人力资源管理 1 人，劳动与社会保障 1，即以管理学和工学为主。

性别：男生有 8 人，女生有 5 人，即以男生为主。

政治面貌：具有中共党员身份的大学生 6 人，非党员身份的大学生 7 人。

生源地：北京、广东、海南生源的大学生各有 2 人，江西、内蒙古、宁夏、山东、四川、台湾、云南各有 1 人，即以东部地区生源的大学生为主，中部和西部也有分布。

城乡分布：来自城镇和农村分别 8 人、5 人，以城镇生源为主。

父母职业：父母为党政事业单位负责人、国企负责人和个体私营企业主的均有 2 人，其他 7 人。

家庭收入：家庭人均收入为 0 ~ 999、1000 ~ 1999、3000 ~ 4999 元的各 1 人，2000 ~ 2999 元的有 3 人，5000 元以上的有 7 人，均以高收入家庭为主。

学习成绩：成绩居前和居后的大学生分别为 8 人和 5 人，以学习成绩较好为主。

英语：通过英语国家四级和没通过的分别为 11 人和 2 人，英语水平较高。

计算机：通过计算机国家二级和没通过的分别为 5 人和 8 人，计算机水平不高。

其他证书：除了 1 人有普通话证书，1 人有志愿工作二等奖学金，1 人有其他证书，剩下的 10 人均没有其他证书。

发表论文：公开发表论文和没发表的大学生的分别为 4 人和 9 人。

学生干部：曾做学生干部的有 11 人，非干部 2 人，即以学生干部为主。

实习经历：有 2 个月以上的实习经历的 10 人，大多有实习经历。

奖学金：获得奖学金的有 8 人，大多曾获得过奖学金。

概括起来，2012 年北京大学生创业者的特征为：即以理工院校、综合院校，工学和管理学专业的男生，以东部生源、城镇生源、高收入家庭为主，学习成绩和英语较好，曾经做过学生干部、并有实习经历，大多都曾获得奖学金。经验表明，拥有以上特征的大学生，更可能进行创业。

四、基本结论

（一）大学生创业的可能性

通过本次调查发现，绝大多数大学生能客观地认识到大学生创业的重大意义，也具备一定的创业意识，近七成大学生可以把创业作为一种职业形式选择。作为一个群体来看，大学毕业生在年龄阶段、创业精神、创业能力、学习能力等方面具有创业优势，尤其是学习能力和创新能力，对于创业活动是至关重要的。因而，大学生可以选择创业，并可能成为我国创业活动的主力军。

（二）大学生创业的现实性

现实中，目前真正创业的大学生非常少。目前妨碍大学生创业的因素很多，既包含创业者素质不高的问题，也包括创业资金、户口和社会保障等创业环境的问题。尽管国家和有些地方大力推动，但总体的创业环境并不十分乐观。有些大学生已经创业，而调查表明他们面临着很多困难。我们需要多方努力创造更好的创业条件，推动大学生创业浪潮。

（三）大学生创业的多因性

关于大学生创业意愿，学习成绩、学科专业、高校层次、生源地、城乡分布、家庭收入水平、性别等都有一定的影响。关于大学生创业实践，即以理工院校、综合院校，工学和管理学专业的男生，以东部生源、城镇生源、高收入家庭为主，学习成绩和英语较好，曾经做过学生干部、并有实习经历，大多都曾获得奖学金；拥有以上特征的大学生更可能进行创业。

第四章　2013 年北京大学生就业与创业调查研究

本章分析 2013 年北京 18 所高校大学生的总体就业状况、分类就业状况以及总体创业状况。

第一节　2013 年北京大学生总体就业状况

一、样本描述

课题组于 2013 年 6 月对北京地区大学生就业与创业状况展开了抽样调查。回收问卷 2263 份，有效问卷 2058 份，有效率为 90.9%。包括综合类、理工类、农业类、师范类、财经类、政法类、民族类共 18 所高校，其中，北京大学、清华大学、中国人民大学和北京师范大学分别占 2.7%、3.4%、4.4% 和 4.0%，北京理工大学、北京科技大学、北京邮电大学、北京交通大学、北京航空航天大学、中国地质大学和北京建筑大学分别占 3.9%、6.8%、8.0%、4.8%、7%、7.2%、5.3%❶，中国农业大学占 8.3%，首都师范大学占 3.1%，对外经济贸易大学、中央财经大学和北京工商大学占 1.7%、6.8% 和 1.8%，中国青年政治学院占 18.1%，中央民族大学占 2.8%，如图 4-1 所示，以综合院校、理工院校和财经院校为主。

❶ 2013 年，北京建筑工程学院更名为北京建筑大学。

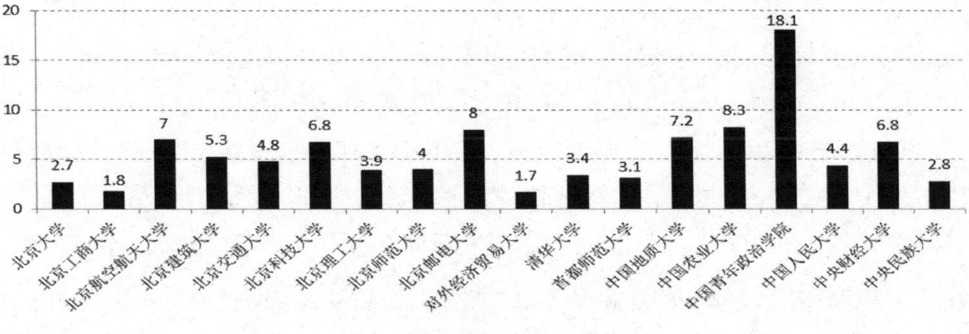

图 4-1 高校分布（%）

如图 4-2 所示，覆盖了 11 个学科门类，哲学占 0.1%，经济学占 14.9%，法学占 9.2%，教育学 0.1%，文学占 6.4%，历史学占 0.3%，理学占 10.2%，工学占 38.8%，农学占 0.9%，医学占 0.2%，管理学占 18.1%，空缺项占 0.6%。

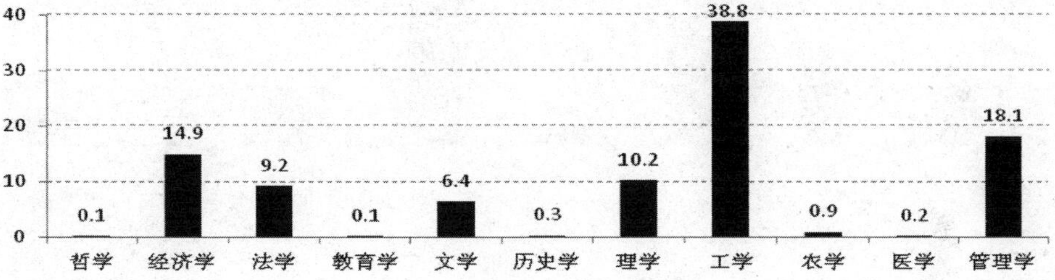

图 4-2 学科分布（%）

被调研者来自于我国 31 个省区市和香港地区、澳门地区，如图 4-3 所示，

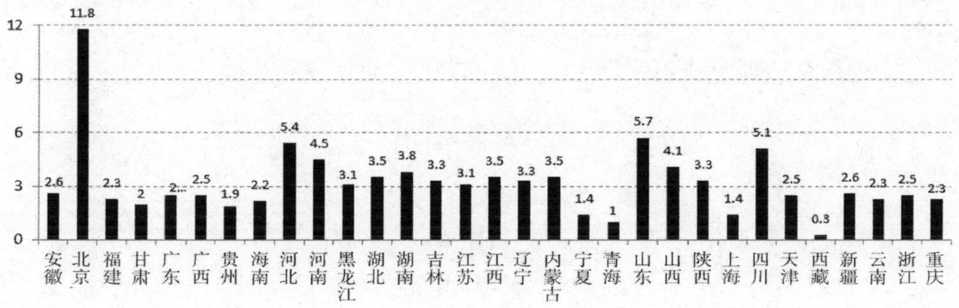

图 4-3 生源地分布（%）❶

❶ 香港和澳门各有 1 人，比重太小，图中没有标示。

北京占11.8%，比重最大，其次是山东、占5.7%，再次是河北、占5.4%，四川占5.1%，河南、山西分别占4.5%和4.1%，其他省份比较分散。农村、城镇分别占32.9%、65.9%。男生占54.6%，女生占43.6%❶。

在被调研的2058名大学毕业生中，如图4-4所示，无接收单位、继续寻找工作的210人、占10.2%，有接收单位没签协议或合同、还在寻找更好的工作的有344人、占16.7%，找到工作并签三方协议的452人、占22%，找到工作并签劳动合同或临时合同的64人、占3.1%，考上研究生的637人、占31%，出国或准备出国的206人、占10%，自主创业的13人、占0.6%，暂时不准备就业（含自愿失业、继续考研等）133人、占6.5%。其中，有1名学生既签三方协议，又准备创业。可见，大学生的毕业去向是多样化的。

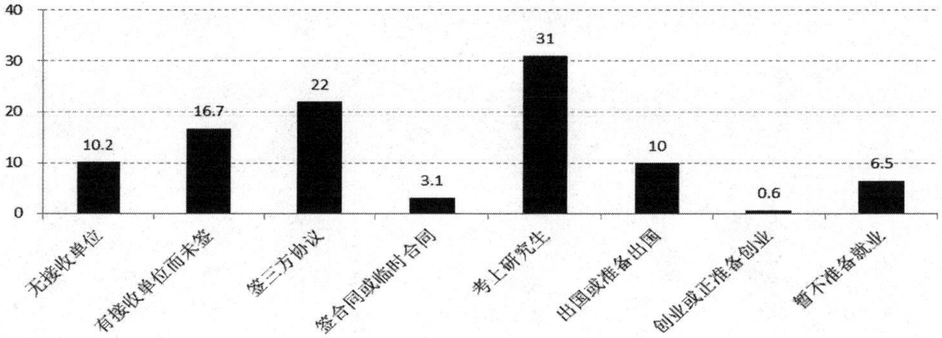

图4-4　毕业去向（%）

有寻找工作经历的共1411人，我们从就业意愿、就业行为和就业结果三个方面对他们的就业状况加以考察。

二、大学生就业状况

（一）就业意愿

大学生选择职业时最看重什么？如图4-5所示，选择“薪酬福利”的比重最大、占21.1%，其次是“兴趣偏好”、占19.6%，再次是“晋升发展机会”、占14.3%，“专业对口”、“单位的类型和规模”、“就业环境”、“工作稳定性”，

❶　空缺项是指被调研者没有填写，空缺项比例没有计入，因而各种比例之和可能不足100%。下同。

分别占13%、11.4%、8.7%、7.4%，而受“户口和社会保障”、“家庭和恋人”的影响很小，只占2.6%和1.6%。可见，薪酬福利、兴趣偏好、发展机会成为大学生择业的三大重要影响因素。集中度为35.4%，说明大学生的选择是很分散的❶。

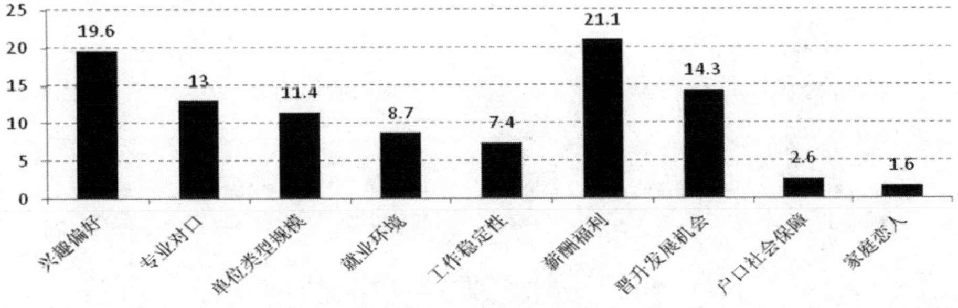

图4-5　择业时最看重的因素（%）

其次看重的因素如图4-6所示，薪酬福利、就业环境和发展机会居前三位，集中度为57.3%，比较分散。下面，我们重点探讨与薪酬福利、发展机会相关的几个具体就业意愿。

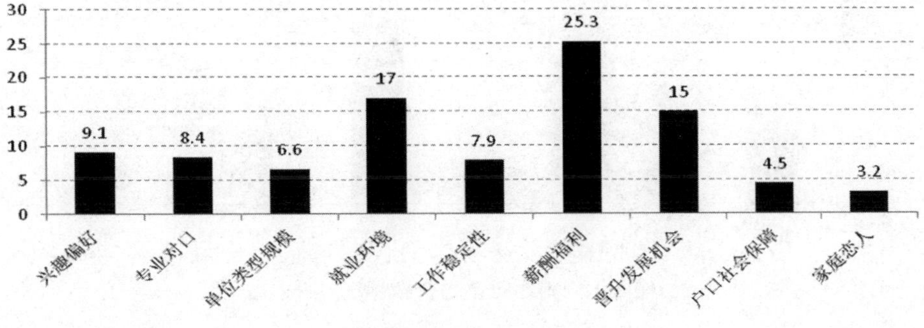

图4-6　择业时其次看重的因素（%）

1. 地区期望

如图4-7所示，最希望在北京就业的占60.5%，最希望在上海和广东就业的占7.7%和8.6%，其他沿海地区占12.8%，中部和西部地区只有4.5%和

❶ 界定：前三位比例之和在50%以下、为很分散，50%～60%为较分散，60%～70%为较集中，70%～80%为很集中，80%以上为特别集中。下同。

5.7%。集中度为81.9%，说明大学生的就业地区期望特别集中。北京比为60.5%，沿海比为89.6%，都表明大学生的就业地区期望主要集中于经济发达地区，期望较高。

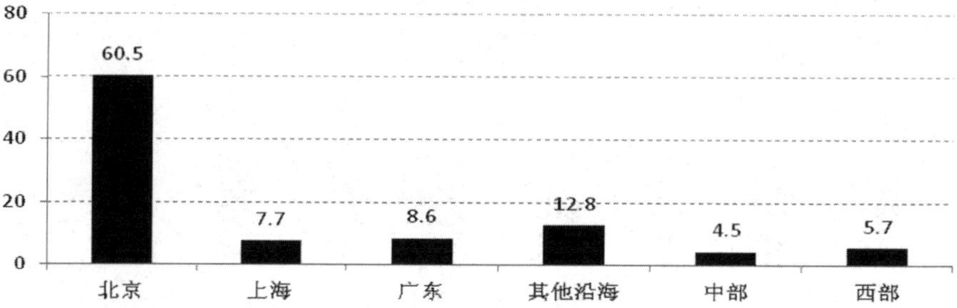

图4-7　最希望的就业地区（%）

其次希望的就业地区主要是其他沿海地区、上海和北京，如图4-8所示。集中度为62.4%，较集中。北京比和沿海比分别为12.8%和70.8%，虽然有所降低，仍然较高。

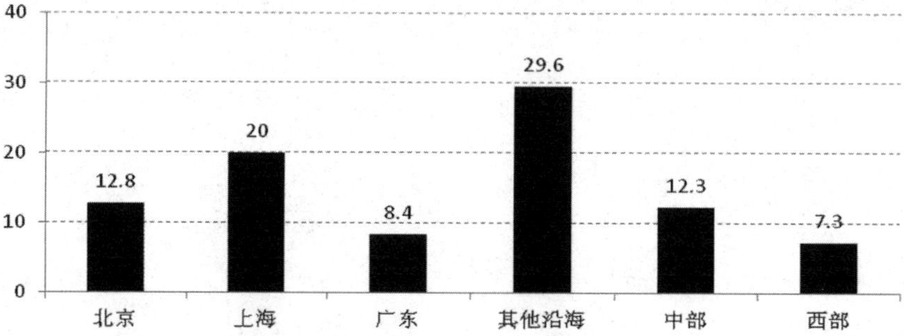

图4-8　其次希望的就业地区（%）

2. 城乡期望

497人愿意去农村工作、占35.2%，908人不愿意去农村工作、占64.4%，城乡期望较高。究其原因，如图4-9所示，最主要的是“发展机会少”、占41.6%，其次是“环境不好”、占21.9%，再次是“收入低”、占20.2%，担心户籍和社会保障问题无法解决、占11.6%，还有专业不对口、离家远、不喜欢、出来了不想回去、家人不许、家庭条件不好、想回家干、恋人、没去过等其他项，占1.5%。即收入水平、发展机会、社会环境和制度障碍都成为大学生去农村就业的后顾之忧。

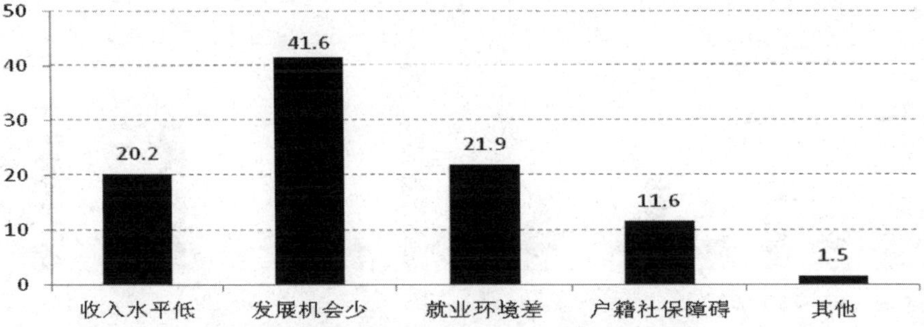

图 4-9 不愿意去农村就业的最主要原因（%）

其次的原因，如图 4-10 所示，发展机会较少、收入水平较低、就业环境不好、户籍和社会保障制度障碍都是他们不愿意去农村工作的重要原因，也比较均衡。

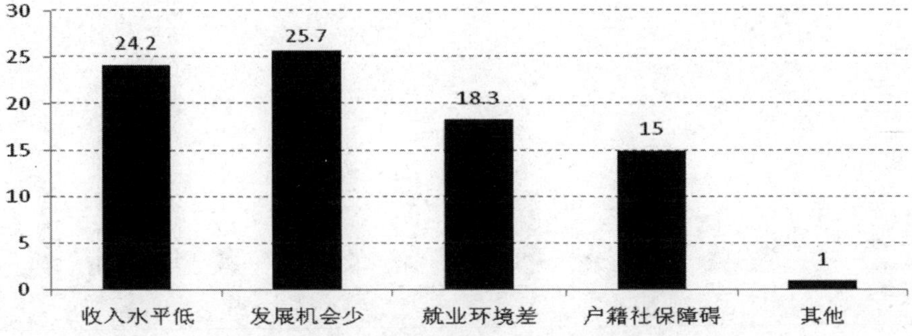

图 4-10 不愿意去农村就业的其次原因（%）

3. 行业期望

大学生最希望的就业行业如图 4-11 所示，选择“金融保险业”的最多、占 20.9%，其次是“教育文化和传媒业”、占 14.2%，再次是“党政机关和社团”、占 13%，然后是“科研技术业”、“建筑业”、“交通邮电通信业”、“贸易和餐饮业”、“制造业”和“电煤水生产供应业”，分别占 12.2%、8.7%、5.7%、4.7%、4.5%、3.3%，选择其他行业的比例不高。集中度为 48.1%，表明行业期望是很分散的。高工资行业比为74.4%，较高❶。

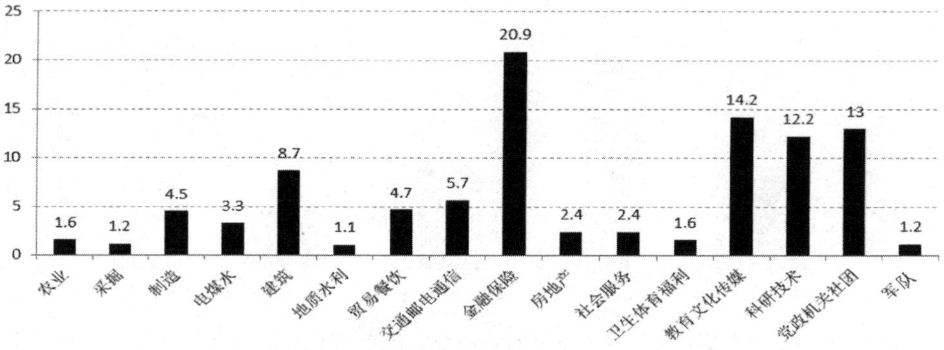

图4-11 最希望的就业行业（%）

其次希望的就业行业如图4-12所示，教育文化和传媒、科研技术、党政机关和社团居前三位，金融保险、房地产也有较高的比重。集中度为40%，更加分散。高工资行业比为65.8%，也表明行业期望较高。

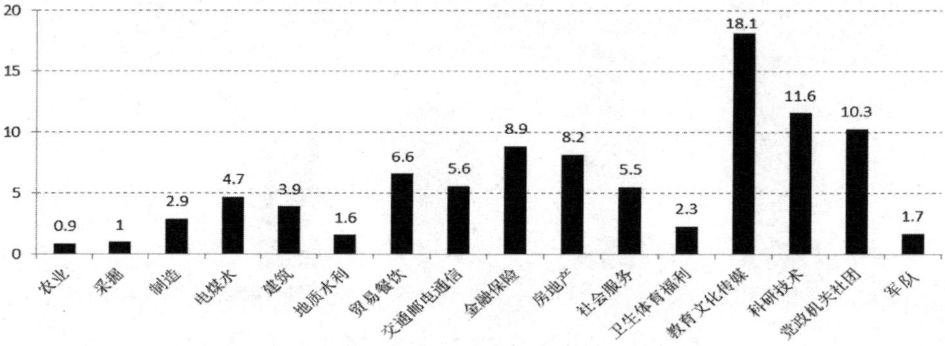

图4-12 其次希望的就业行业（%）

4. 性质期望

如图4-13所示，国企成为首选、占28.9%，其次是党政机关、占25.4%，

❶ 根据《中国统计年鉴》中的"各地区按行业分城镇单位就业人员平均工资"，将2008—2010年数据取平均值再排序，依次是金融保险业，科学研究和综合技术服务业，交通运输、仓储和邮电通信业，电力、煤气及水的生产和供应业，采掘业，地质勘查业、水利管理业，卫生体育和社会福利业，教育文化和广播电影和电视业，国家机关、党政机关和社会团体，房地产业，社会服务业，制造业，批发零售贸易和餐饮业，建筑业，农林牧渔业。以年均收入35000元为界，"国家机关、党政机关和社会团体"及以前的为高工资行业，房地产业及以后的为低工资行业。

再次是教育和科研机构、占 16.2%，接着是外企、占 15.7%，其他事业单位占 7.5%，个体民营企业和军队分别占 2.7% 和 1.7%。集中度为 70.5%，说明大学生的单位性质选择很集中。体制内单位比为 79.7%，表明性质期望较高。

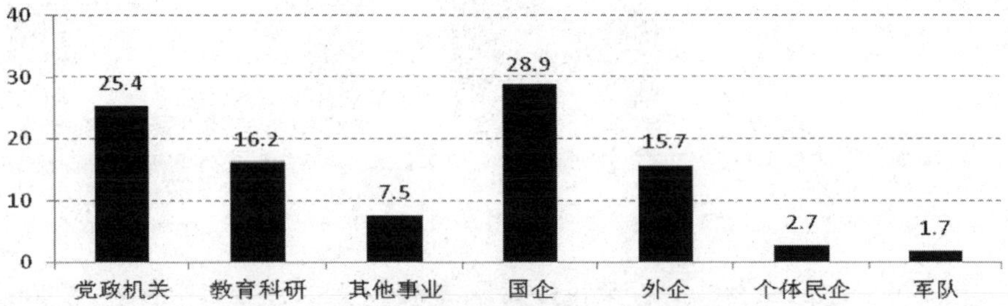

图 4–13　最希望的就业单位性质（%）

其次希望的就业单位性质如图 4–14 所示，国企、其他事业单位和外企位居前三位，党政机关和学校科研单位也占较大的比重。集中度为 60.1%，较集中。体制内单位占 71%，也较高。

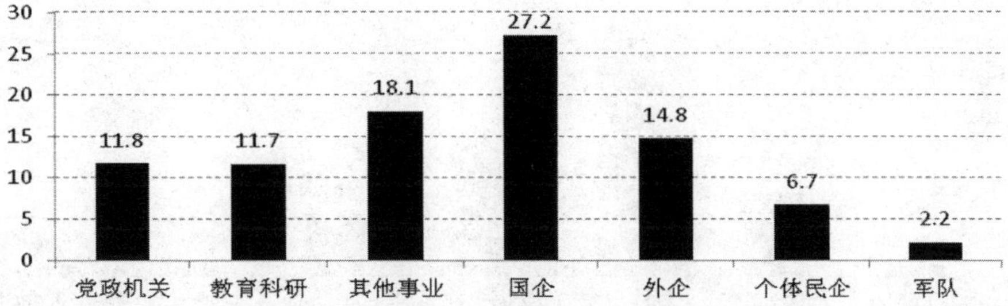

图 4–14　其次希望的就业单位性质（%）

5. *期望月薪*

至于大学生希望能得到的工资水平，如图 4–15 所示，2000 元以下的仅占 0.5%，2000～2999 元的占 2.6%，3000～3999 元的占 17.7%，4000～4999 元占 30.4%，5000～5999 元占 20.7%，6000～6999 元占 6.4%，7000 元以上占 19.4%，总体上呈正态分布。集中度为 70.5%，表明大学生的月薪选择很集中。根据公式“平均数 = Σ 组中值 × 频率”，每个大学生的平均期望月薪为 5186.6 元。

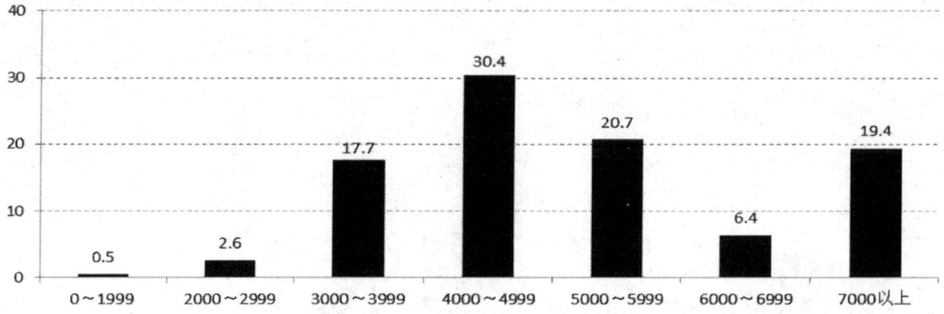

图 4-15　期望月薪（%，元）

如果理想未能如愿，“你的保底月薪”是多少？如图 4-16 所示，2000 元以下的占 2%，2000～2999 元的占 14.2%，3000～3999 元占 40.3%，4000～4999 元占 24.7%，5000～5999 元占 10.8%，6000～6999 元占 3.2%，7000 元以上占 2.4%。集中度为 79.2%，很集中。平均保底月薪为 3976.4 元，大约是平均期望月薪的 3/4。尽管大学生期待的工资很高，如果得不到，也能较大幅度地下调。

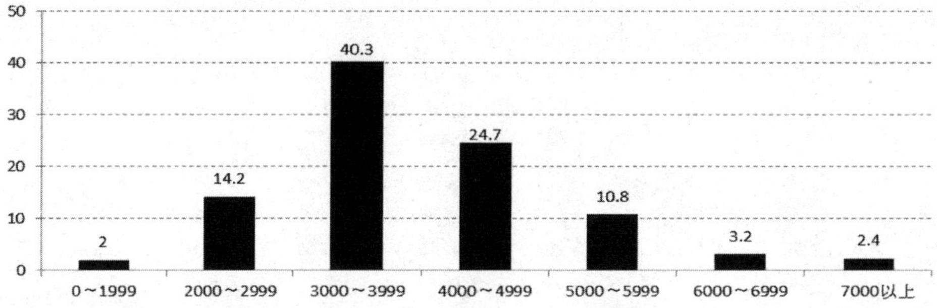

图 4-16　保底月薪（%，元）

（二）就业行为

1. 收集信息

如图 4-17 所示，74% 的大学生曾通过校园招聘会获取信息，其次是通过网络、占 58.7%，再次是通过社会招聘会、占 46.8%，通过学校就业指导中心介绍的占 36.4%，通过亲朋和老师介绍分别占 26.2%、22%，通过社会实践占 19.9%。即大学生获取就业信息的渠道是多样化的，但高校扮演着十分重要的角色。

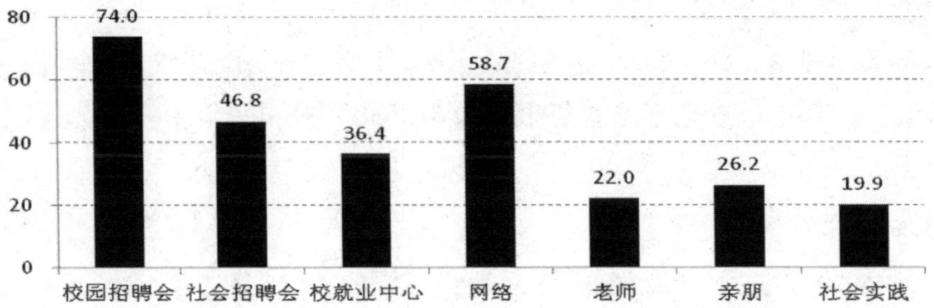

图 4-17　收集信息的渠道（多选,%）

从收集信息时间来看，如图 4-18 所示，10 小时以下的占 20.6%，10～19小时的占 19.8%，20～29 小时占 19.4%，30～39 小时占 12.1%，40～49 小时占 6%，50～59 小时占 2.8%，60 小时以上占 18.7%。集中度为 59.8%，表明大学生收集信息的时间分布较分散，分层性明显。平均收集信息 29.7 小时。

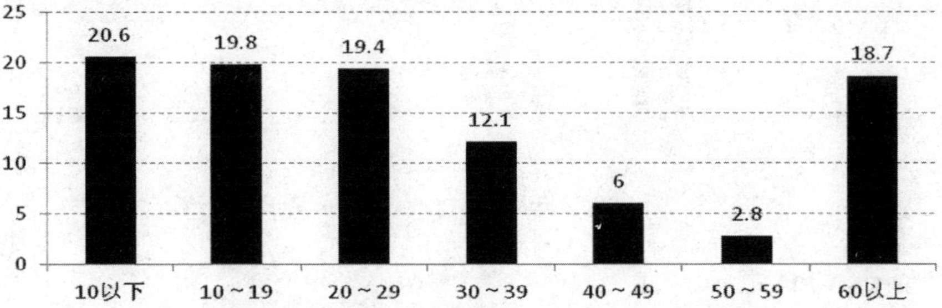

图 4-18　收集信息的时间（%，小时）

2. 投递简历

多投递简历，意味着扩大了搜寻范围。如图 4-19 所示，10 份以下的占 26.9%，

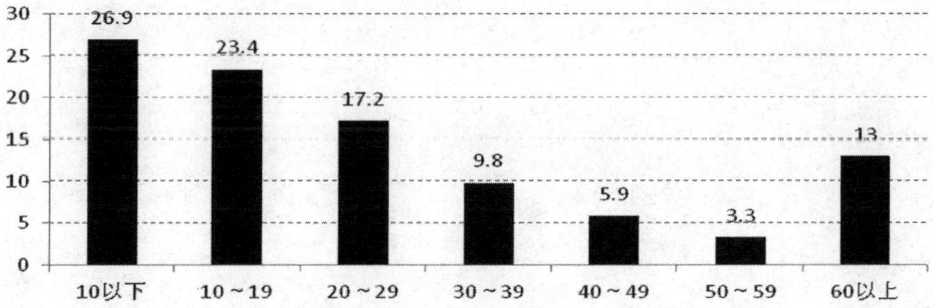

图 4-19　投递简历数量（%，份）

10～19份占23.4%，20～29份占17.2%，30～39份占9.8%，40～49份5.9%，50～59份占3.3%，60份以上占13%，基本上呈金字塔形分布，即随着投简历的数量增加，其比重逐渐下降。集中度为67.5%，分布较集中。每个大学生平均投递简历25.6份。

3. 主动联系

如图4－20所示，从来没联系过的占23.7%，联系1～4次的占45.4%，5～9次占20.6%，10～14次占5.7%，15～19次占0.9%，20次以上占2.8%。集中度为89.7%，表明大学生主动联系分布特别集中。近七成的大学生主动联系未超过4次，平均联系4.1次，主动性不强。

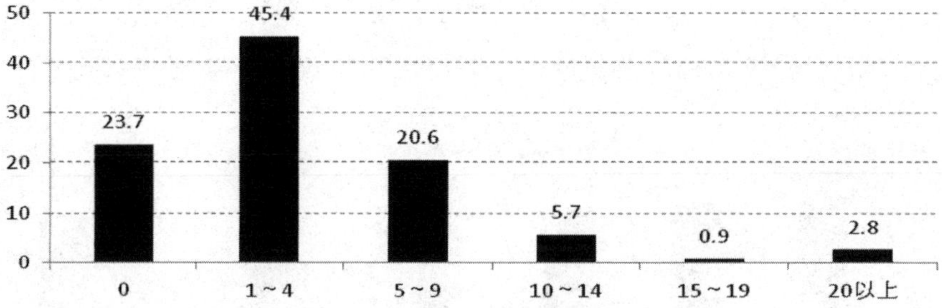

图4－20 主动联系次数（%，次）

4. 求职费用

如图4－21所示，求职费用在500元以下的占52.4%，500～999元占18.8%，1000～1999元占15.9%，2000～2999元、3000～3999元、4000元以上分别占7.4%、2.1%、2.7%。集中度为87.1%，分布特别集中。八成以上未超过2000元，平均求职费用为896.8元。

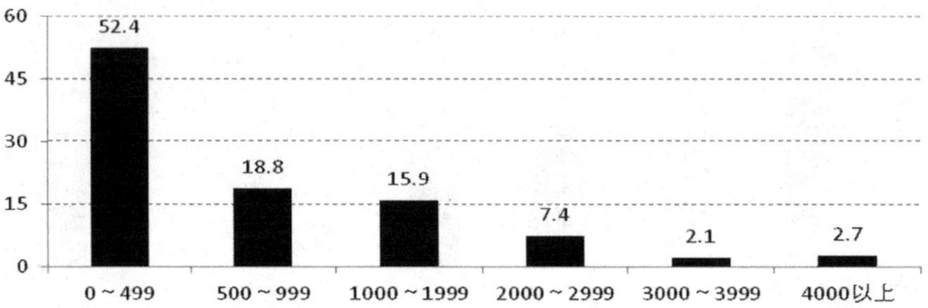

图4－21 求职费用（%，元）

5. 面试数量

如图4-22所示，没参加过面试的占7.6%，参加1~4家的占49%，5~9家占24.9%，10~14家占9.6%，15~19家和20家以上分别占3.5%和4.7%。集中度为83.5%，表明大学生参加面试的分布特别集中。平均参加面试5.8次。

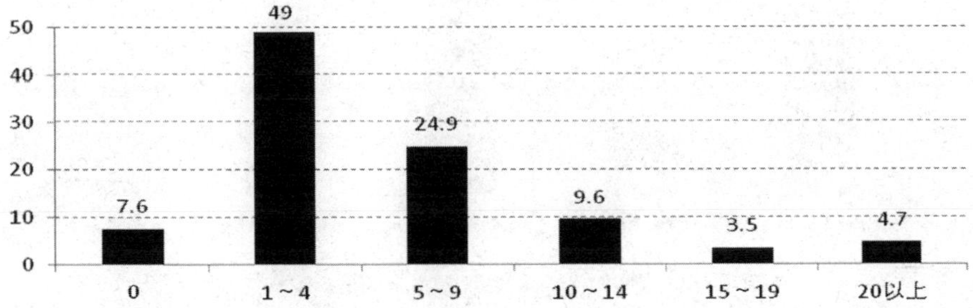

图4-22 面试次数（%，次）

6. 利用社会关系

在寻找工作的过程中，你还利用过社会关系吗？作用如何？选择“用过、至关重要”的占14%，“用过、有些帮助”的占29.1%，“用过、但没有作用”占7.6%，“没有用过、靠自己努力”占48.5%。50.7%的大学生曾用过社会关系，而且，大多数是有帮助的。

根据他们与大学生的关系分类，如图4-23所示，在715名用过社会关系的同学中，60.4%的大学生是由父母提供帮助的，由亲戚朋友提供帮助的占56.4%，老师同学提供帮助占42.9%，邻居同乡提供帮助占13.8%，配偶恋人提供帮助占10.2%。即很多大学生利用过多种社会关系，但以父母和亲戚朋友为主。

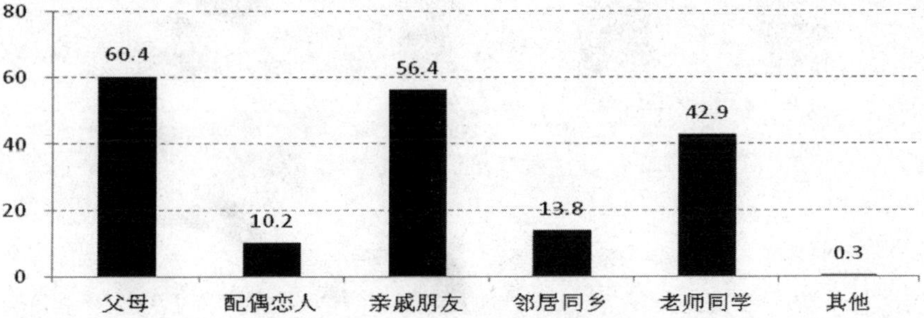

图4-23 动用的社会关系（多选，%）

至于他们的具体行为和作用，如图4-24所示，60.6%的曾提供就业信息，递交求职简历占25.9%，向单位推荐占67.3%，说服领导录用占9.7%，直接决定录用占6%。即利用社会关系的形式多样，效果差异很大。

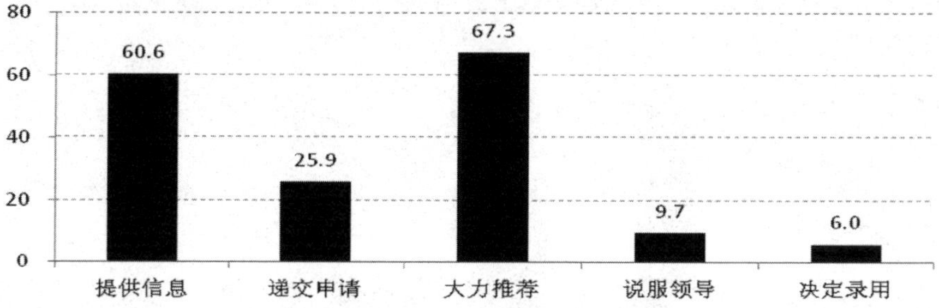

图4-24　动用社会关系所起的作用（多选,%）

（三）就业结果

1. 接收单位

如图4-25所示，无接收单位的占25.1%，只有1家接收单位的占36.2%，2~4家占29.4%，5~9家占2.6%，10家以上占0.5%。即3/4的毕业生都有接收单位，但超过1/3的只有1家。平均接收单位为1.58家。有些大学生获得了多个就业机会，有些大学生确实没接收单位，再次说明了就业状况的分层性。

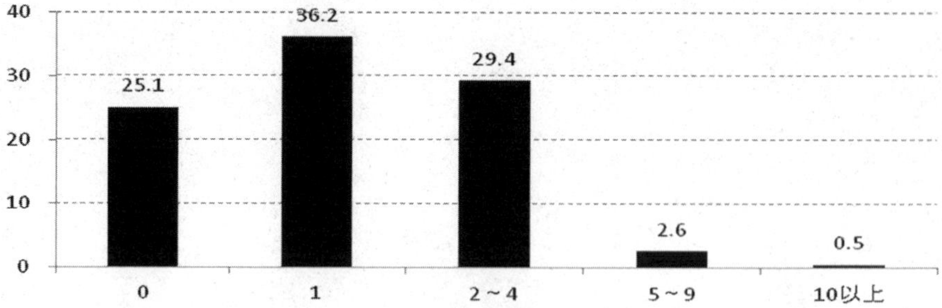

图4-25　接收单位数量（%，家）

2. 就业率

劳动力总数为1083人，签“三方协议”的有452人，故大学生的狭义就业率为41.74%。加上签劳动合同的64人以及创业的13人，共529人，广义就业率为 48. 85%。比较接收单位和广义就业率，相差大约一成，他们处于“有业不就”的状态。

3. 实现就业的情况

根据广义就业的概念，并剔除创业的情况，我们对实现就业的 512 名大学生的就业状况展开深入分析。

（1）就业地区分布。如图 4-26 所示，在北京就业的占 52. 7%，上海为 5. 8%，广东为 6. 4%，“北上广” 共占 64. 9%，其他沿海地区为 14. 5%，中部和西部地区为 7. 9% 和 11. 8%。集中度为 79%，表明实际就业的地区分布很集中。北京比和沿海比分别为 52. 7%、79. 4%，总体上就业地区质量较高。与就业意愿相比，实际在“北上广” 地区就业的比例下降了，而在其他沿海地区就业的比例上升，北京比和沿海比分别下降 7. 8% 和 10. 2%，现实与理想存在一定的差距。

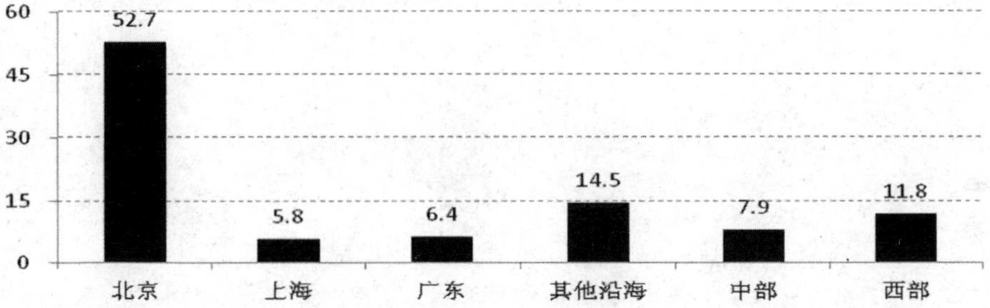

图 4-26　就业地区（%）

（2）就业行业分布。如图 4-27 所示，金融保险业占 21. 1%，建筑业占 15. 7%，科研技术业占 12. 4%，制造业占 9. 7%，教育文化和传媒业占 7. 9%，

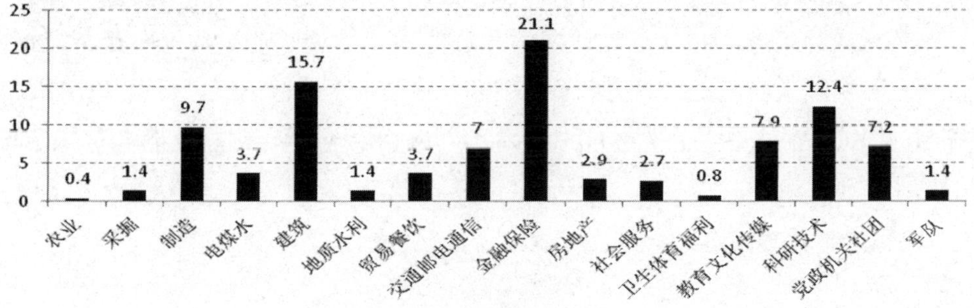

图 4-27　就业行业（%）

党政机关和社团占7.2%、交通运输仓储邮电通信业占7%，电煤水业、贸易餐饮均占3.7%，其他行业较少。集中度为49.2%，实际的行业分布很分散。高工资行业占64.3%，总体较好。与就业意愿相比，教育文化传媒、党政机关和社团分别下降6.3%和5.8%，而建筑业和制造业上升了7%、5.2%，高工资行业比下降了10.1%，即就业行业与预期存在较大的差异。

（3）单位性质分布。如图4-28所示，国企占43.8%，个体民企占17.8%，其他事业单位占11.8%，外企占9.7%，党政机关占8.1%，教育和科研机构占6.6%，军队占1.6%。集中度为73.4%，表明大学生实际就业的性质分布很集中。体制内单位比为71.9%，单位的稳定性总体较好。与就业期望相比，党政机关、教育和科研机构、外企分别下降17.3%、9.6%、6%，而个体民企、国企、其他事业单位上升了15.1%、14.9%和4.3%，体制内单位比下降了7.8%，实际状况与性质期望存在较大的差距，尤其是很多人的公务员梦想破灭。

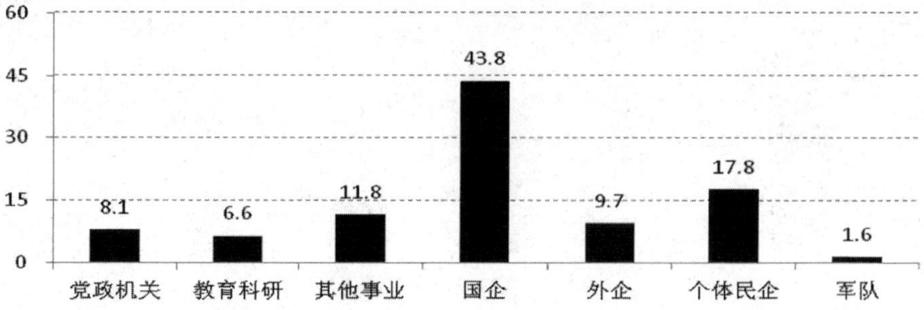

图4-28 就业单位性质（%）

（4）单位承诺月薪。如图4-29所示，2000元以下的占1.4%，2000~2999元占15.5%，3000~3999元占36.8%，4000~4999元占25.8%，5000~5999元占11%，6000元以上占8.3%。集中度为78.1%，表明大学生实际的月薪分布很集中。平均承诺月薪为4046.1元，比期望月薪少1140.5元，比平均保底月薪高69.7元。可见，实际平均工资比期望水平低很多，很接近于最低工资。根据《中国统计年鉴》，2010年全社会职工平均月工资为3378.7元，对于初次就业的大学生来说，他们的工资不算太低。

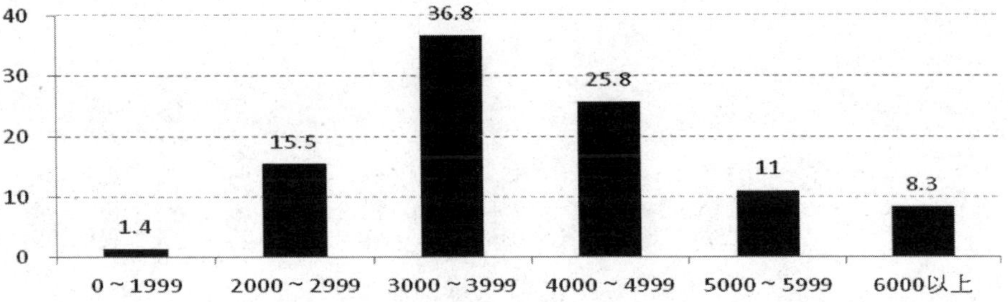

图 4-29　单位承诺月薪（%，元）

（5）专业对口程度。工作岗位与所学的专业“不对口”占 20.2%，“基本对口”占 50.2%，“对口”占 29.5%。基本对口和对口之和，简称对口率，为 79.7%，总体上是相符的。

（6）就业满意程度。满意度在 20% 以下的占 1.2%，20%～40% 的占 6.8%，40%～60% 的占 27.1%，60%～80% 的占 39.7%，80% 以上的占 25%。超六成的毕业生满意度超过及格线，平均值为 66.2%，总体上比较满意。

4. 未实现就业情况

准备就业而没能实现就业的有 492 人。如图 4-30 所示，经验不足成为他们求职不成功的最主要障碍、占 12%，预期太高占 11%，专业不好占 8.5%，就业形势严峻占 7.7%，知识不足占 6.7%，求职技巧缺乏占 5.1%，信息不畅占 3.5%，政治面貌、性别、身高相貌、英语和计算机、组织能力、户籍制度、社会关系等方面也有一定的不利影响。集中度为 31.5%，表明求职不成功的影响因素分布很分散。其次的影响因素如图 4-31 所示，就业形势严峻、工作经验不足、户籍制度障碍、求职技巧不足、预期太高和信息不畅是主要原因。集中度为 26.8%，更为分散。

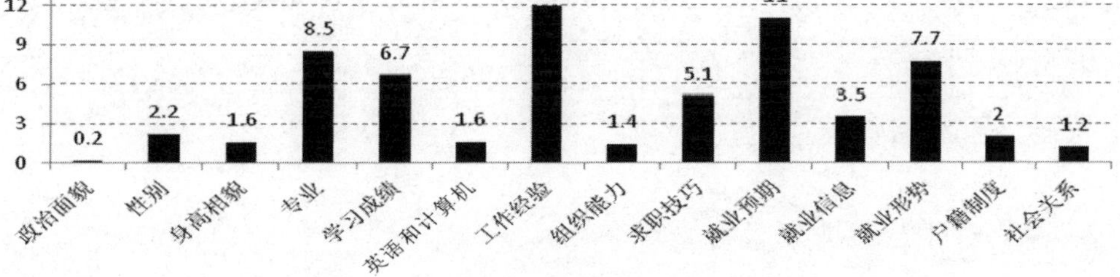

图 4-30　求职不成功的最主要影响因素（%）

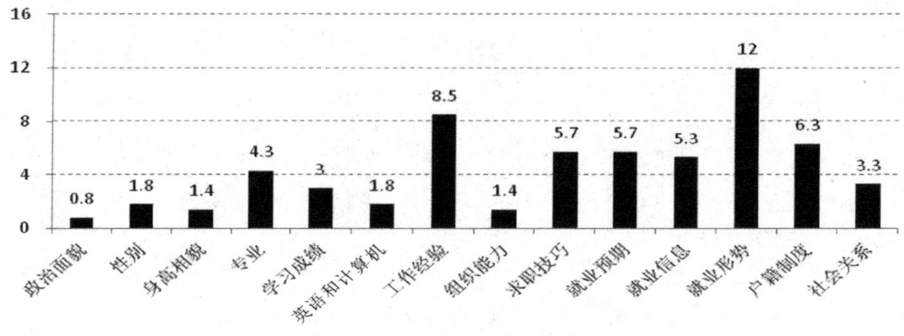

图 4–31　求职不成功的其次影响因素（%）

至于知识不足的原因，如图 4–32 所示，不喜欢本专业占 30.1%，认为学习没用而不重视占 22.6%，认为教学方法单调、上课缺乏吸引力占 20.5%，管理不严而无学习压力占 17.9%，认为课程内容陈旧占 14%，准备考研或出国而影响了学习占 7.1%，做学生干部工作多占 6.1%，因打工时间长而耽误了学习占 2.2%。这说明，既有大学生个人方面的原因，也有高校教育的问题。

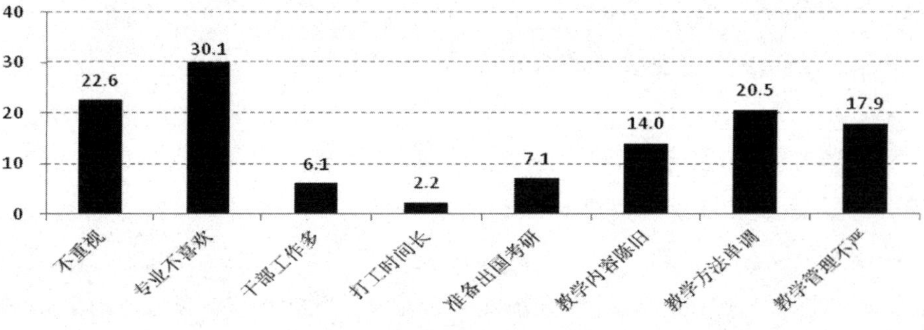

图 4–32　知识不足的原因（%）

对于组织能力不足的原因，缺乏锻炼机会占 41.1%，不重视占 20.9%，过于专注学习占 15%，其他项占 1.2%。

他们希望毕业后仍能得到母校提供的帮助，41.1% 的希望获得就业信息，技能培训占 37%，档案管理服务占 29.7%。

三、基本结论

（一）大学生就业期望的非均衡性

大学生选择东部沿海地区就业的近九成，北京就超过了六成；六成多不愿意去农村工作；金融保险、教育文化和传媒、党政机关和社团为三大行业，高工资行业比超过七成；国企、党政机关、教育和科研机构为三大性质选择，体制内单位比近八成；期望月薪和最低月薪为 3000～6000 元近七成，平均期望月薪为 5186.6 元、保底月薪为 3976.4 元。大学生的就业意愿有所差异是正常的，但过分“扎堆”现象就会导致理想与现实的差异，进而无法实现匹配。

（二）大学生就业行为的分层性

收集信息的集中度为 59.8%，平均收集信息 29.7 小时；投递简历的集中度为 67.5%，平均投递简历 25.6 份；主动联系的集中度为 89.7%，平均联系 4.1 次；求职费用的集中度为 87.1%，平均费用为 896.8 元；面试的集中度为 83.5%，平均参加面试 5.8 次，都体现大学生自身努力程度的分层性。50.7% 的大学生曾用过社会关系，体现了大学生利用外在社会资本状况的分层性。

（三）大学生就业结果的差异性

除了就业之外，还有考研、出国、自愿性失业等毕业去向形式。3/4 的毕业生都有接收单位，但超过 1/3 的只有 1 家，平均接收单位为 1.58 家；狭义就业率为 41.74%，广义就业率为 48.85%；北京比和沿海比分别为 52.7%、79.4%；高工资行业占 64.3%；体制内单位比为 71.9%；平均承诺月薪为 4046.1 元，比期望月薪少 1140.5 元，比保底月薪高 69.7 元；专业对口率为 79.7%；就业满意为 66.2%。经验不足、预期太高、专业不好是大学生求职不成功的三大成因，还有其他原因。这既反映大学生就业的总体状况，也反映出不同大学生的就业数量和就业质量的差异。

第二节　2013 年北京大学生的分类就业状况

一、不同学习成绩的大学生就业状况

在 2013 年调查的 1411 名大学生中，学习成绩排名居前 25% 的有 462 人，居前25%～50% 的有 512 人，居前 50%～75% 的有 303 人，居前75%～100% 的有

129 人。故成绩居前 50% 的样本 974 人，成绩居后 50% 的样本 432 人[1]。

（一）就业意愿

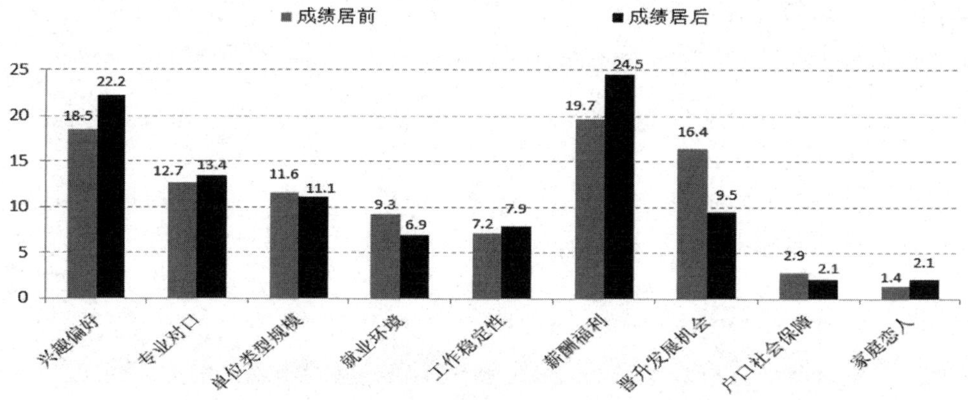

图 4–33　择业时最看重的因素（%）

图 4–33 显示了成绩居前和成绩居后的大学生群体所看重的择业因素。第一，选项比较。成绩居前的大学生更看重就业环境和晋升发展机会，而成绩居后的大学生更看重兴趣偏好、薪酬福利，其他方面的差异不大[2]。第二，三大选择。薪酬福利、兴趣偏好是共同看重的两大因素，前者还看重发展机会，后者为专业对口。第三，分布状态。两者的集中度分别为 54.6% 和 60.1%，表明后者的择业因素分布更分散。下面，我们重点探讨与薪酬福利、发展机会相关的几个具体就业意愿。

1. 地区期望

如图 4–34 所示。第一，选项比较。成绩排名前 50% 的大学生，希望在北京地区就业的比重较高。第二，三大选择。北京、其他沿海地区、广东是两大群体的共同选择。第三，分布状态。集中度分别为 82.2% 和 81%，即学习好的大学生的地区期望选择更集中，但差异不大。第四，水平高低。北京比分别为 61.7% 和 57.6%，沿海比分别为 89.8% 和 88.9%，学习成绩越好，他们的地区期望偏高。

[1] 由于剔除了空缺项，分类大学生的样本之和，一般少于样本总数。下同。

[2] 界定：当两者的比重没超过 2%，认为两者是无差异的。下同。

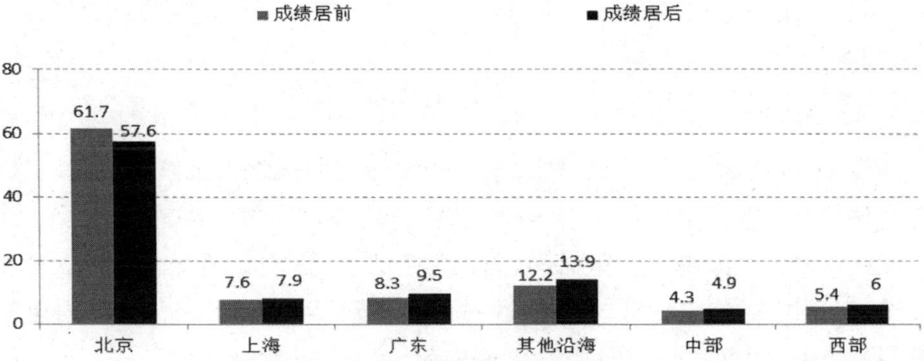

图 4-34　最希望的就业地区（%）

2. 城乡期望

对于成绩居前的大学生来说，36.3%的愿意去农村工作，63.1%的不愿意去农村工作；对成绩居后的大学生，32.9%的愿意去农村工作，66.9%的不愿意去农村工作。即较差大学生的城乡期望反而更高。

3. 行业期望

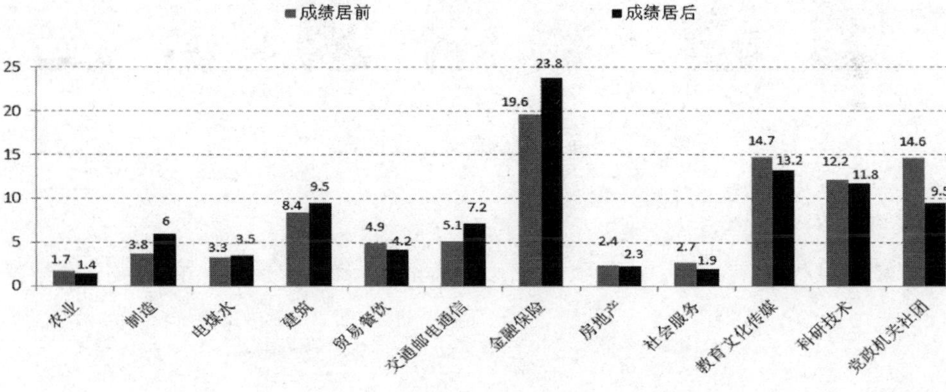

图 4-35　最希望的就业行业（%）❶

如图 4-35 所示。第一，选项比较。成绩居前的大学生更倾向于党政机关社团，成绩居后的大学生更倾向于制造、金融保险。第二，三大选择。除金融保险、教育文化和传媒，党政机关和社团成为成绩居前大学生的一大行业选择，科研技术是成绩居后的大学生的主要选择。第三，分布状态。集中度分别为48.9%

❶ 为了使图形更清晰，删除了比例较小的采掘、地质水利、卫生体育福利、军队。下同。

和48.8%，前者偏高。第四，水平高低。高工资行业比分别为69.5%和69%，前者偏高。

4. 性质期望

如图4-36所示。第一，选项比较。成绩居前的大学生更倾向于党政机关、教育和科研机构，而成绩居后的大学生更倾向于外企。第二，三大选择。除国企、党政机关，教育和科研单位是优秀大学生的主要选择，外企是落后大学生的主要选择。第三，分布状态。集中度分别为73.3%和68.7%，优秀大学生的性质期望更集中。第四，水平高低。体制内单位比分别为81.8%和74.7%，前者的性质期望更高。

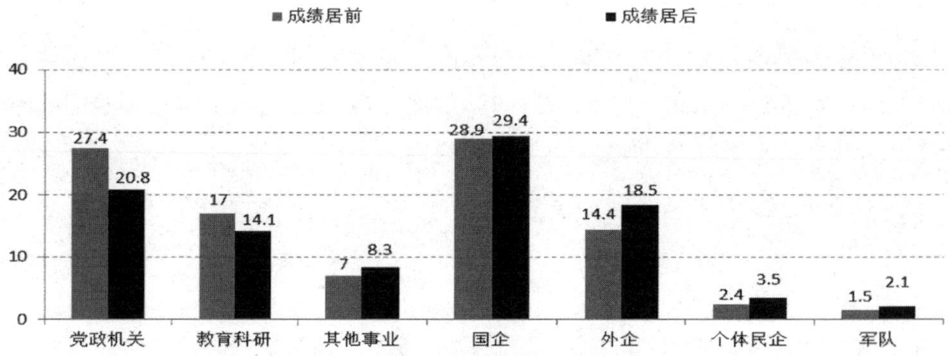

图4-36 最希望的就业单位性质（%）

5. 期望月薪

如图4-37所示。第一，选项比较。两者的选择差异不大。第二，三大选择。

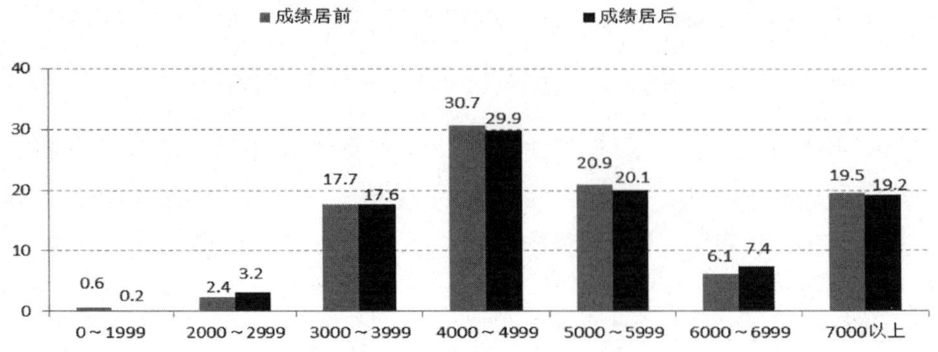

图4-37 期望月薪（%，元）

4000～4999 元、5000～5999 元、7000 元以上是他们共同的选择。第三，分布状态。集中度分别为 71.1% 和 69.2%，前者偏集中。第四，水平高低。根据公式"平均数＝∑组中值×频率"，平均期望月薪为 5185.2 元、5193.1 元，后者的期望月薪更高，但差距不大。

保底月薪如图 4－38 所示，成绩居前的大学生选择 5000～5999 元的更多。3000～3999 元、4000～4999 元、2000～2999 元是三大选择，平均期望月薪分别为 3977.4 元和 3972.7 元，前者偏高。

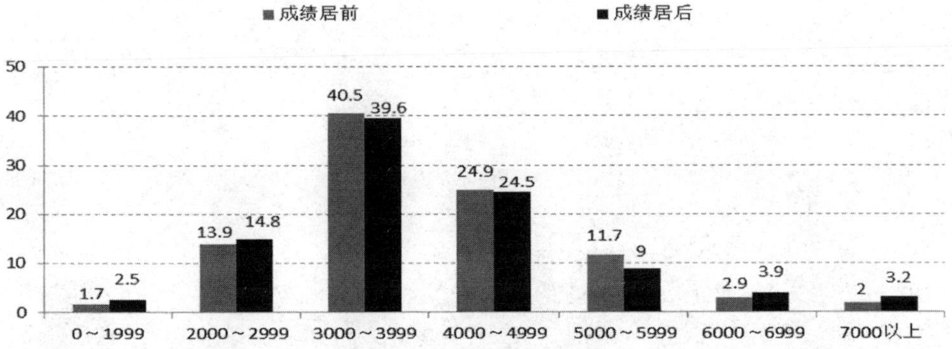

图 4－38　保底月薪（%，元）

（二）就业行为

1. 收集信息

如图 4－39 所示。第一，选项比较。成绩居前的大学生收集信息 10～19 小时的更多，成绩居后的大学生收集信息 10 小时以下的更多。第二，三大选择。除

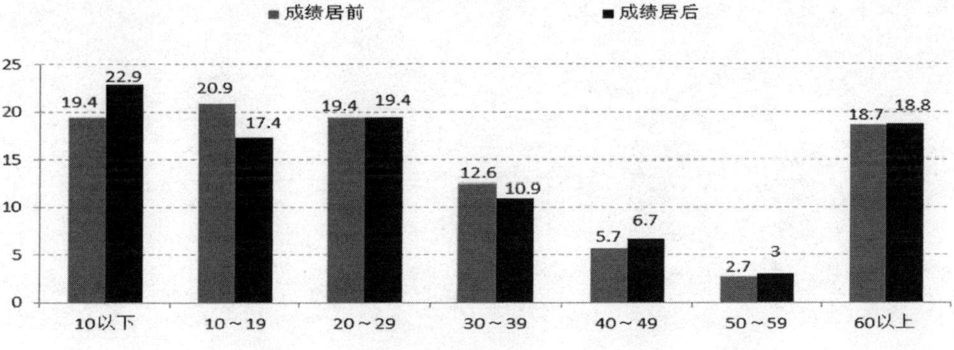

图 4－39　收集信息的时间（%，小时）

10 小时以下、20～29 小时，10～19 小时是前者的主要选择，60 以上是后者的主要选择。第三，分布状态。集中度分别为 59.7% 和 61.1%，后者偏集中。第四，水平高低。平均收集信息 29.7 小时和 29.6 小时，前者偏大。

2. 投递简历

如图 4-40 所示。第一，选项比较。成绩居前的大学生投递简历 10～19 份的更多，成绩居后的大学生投简历 10 份以下的更多。第二，三大选择。10 份以下、10～19 份、20～29 份是两大群体的共同选择。第三，分布状态。集中度分别为 67.9% 和 66.6%，前者偏集中。第四，水平高低。平均收集信息均为 25.6 小时。

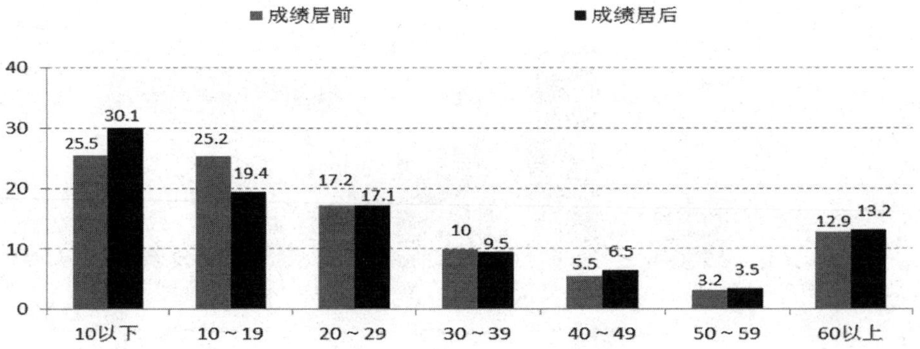

图 4-40 投递简历数量（%，份）

3. 主动联系

如图 4-41 所示。第一，选项比较。成绩居前的大学生联系 5～9 次、联系 10～14次的比重较大，成绩居后的大学生从来没联系过、联系 1～4 次的更多。

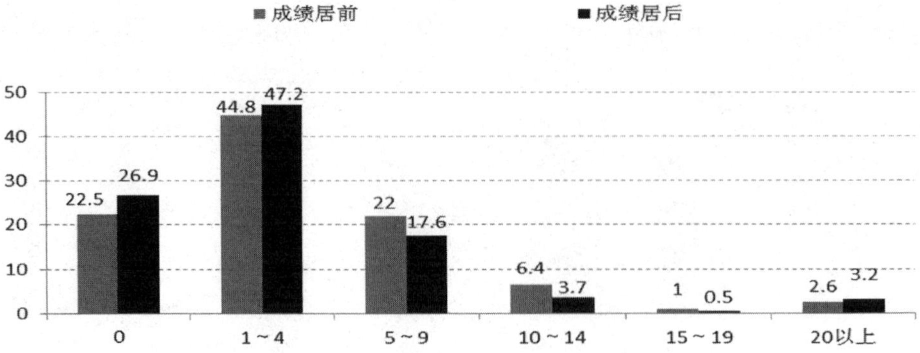

图 4-41 主动联系次数（%，次）

第二，三大选择。联系 1 ~ 4 次、0 次、5 ~ 9 次为共同的选择。第三，分布状态。集中度分别为 89.3% 和 91.7%，后者更集中。第四，水平高低。平均联系 4.2 次和 3.7 次，前者更积极。

4. 求职费用

如图 4 - 42 所示。第一，选项比较。成绩居前的大学生在 500 ~ 999 元、1000 ~ 1999元的比重较大，而成绩居后的大学生 500 元以内的比重较大。第二，三大选择。500 元以下、500 ~ 999 元和 1000 ~ 1999 元为共同的选择。第三，分布状态。集中度分别为 87.1% 和 86.7%，前者更集中。第四，水平高低。平均求职费用为 911.3 元和 871.5 元，优秀大学生的物质投入更多。

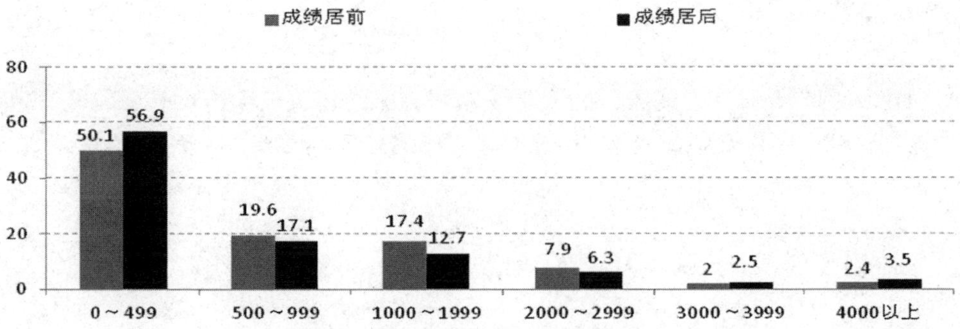

图 4-42 求职费用（%，元）

5. 面试数量

如图 4-43 所示。第一，选项比较。成绩居前的大学生面试 1 ~ 4 次的比重较大，成绩居后的大学生没有参加面试和参加 10 ~ 14 次的更多。第二，三大选择。

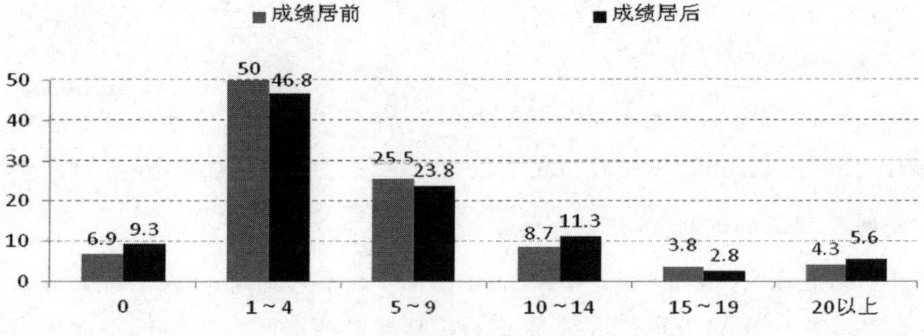

图 4-43 面试次数（%，次）

面试1~4次、5~9次、10~14次为共同的选择。第三，分布状态。集中度分别为84.2%和81.9%，前者更集中。第四，水平高低。平均面试5.7次和5.9次，后者更积极。

6. 利用社会关系

成绩居前的大学生“用过、至关重要”、“用过、有些帮助”、“用过、没有帮助”、“没用过”分别占13.7%、31.1%、6.7%、47.7%，成绩居后大学生分别占14.8%、24.5%、9.5%、50.5%。动用社会关系的分别占51.5%和48.8%，前者使用社会关系的情况更普遍。

（三）就业结果

1. 接收单位

如图4-44所示，成绩居后的大学生获得1家的比重较大。1家、2~4家和0家为三大选择。平均接收单位均为1.6家和1.5家，学习成绩有一定的正面影响。

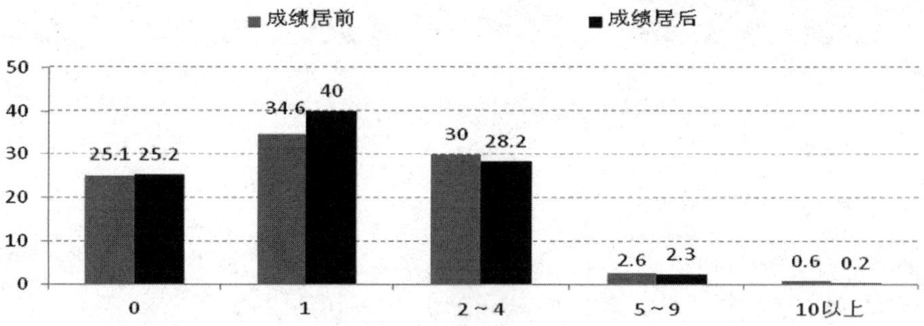

图4-44　接收单位数量（%，家）

2. 就业率

狭义就业率分别为44.46%和37.08%，前者高7个百分点；广义就业率分别为51.22%和44.65%，前者高6个百分点，学习成绩有重要影响。

3. 实现就业的情况

（1）就业地区分布。如图4-45所示，第一，选项比较。成绩优秀在北京就业的概率高出14个百分点；成绩较差的在其他沿海地区和中西部地区就业的更多。第二，三大选择。北京、其他沿海地区、西部地区是所有学生的三大地区选择，只是次序不尽相同。第三，集中度分别为 79.9% 和 77.3%，前者更集中。第四，水平高低。北京比和沿海比分别为 83% 和 71.9%，成绩好的实际就业地区更好。

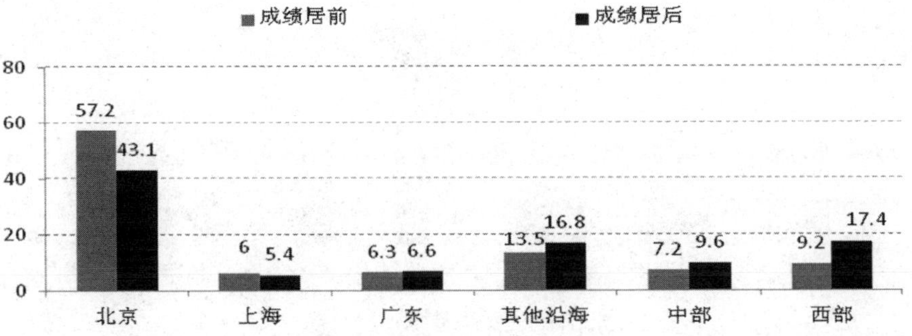

图 4-45　就业地区（%）

（2）就业行业分布。如图 4-46 所示。第一，成绩居前的大学生在教育文化传媒、科研技术、党政机关社团的比例较高，而成绩居后的大学生在建筑、金融保险的更多。第二，三大选择。金融保险、建筑、科研技术是共同的三大行业。第三，集中度分别为 46.5% 和 55.2%，后者更集中。第四，高工资行业比分别为 62.3% 和 53.4%，即前者的行业更好。

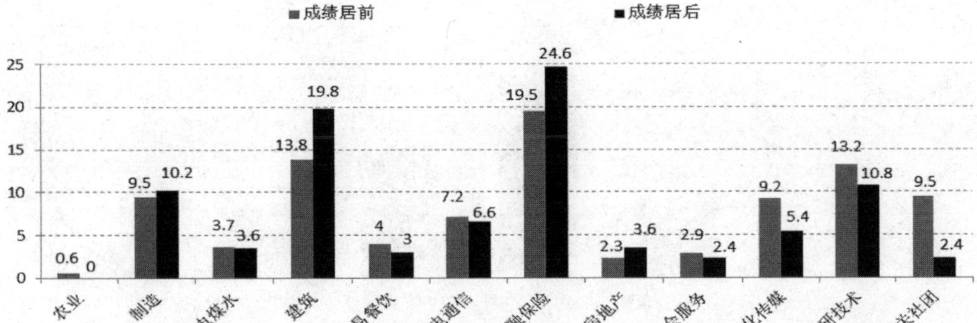

图 4-46　就业行业（%）

（3）单位性质分布。如图 4-47 所示。第一，选项比较。成绩居前的大学生在党政机关、教育和科研机构、其他事业单位的比例更高，而成绩居后的大学生在国企和个体民企、军队就业的更多。第二，三大选择。国企、个体民企、其他事业单位，是两大群体的共同选择。第三，分布状态。集中度分别为 70.9% 和

78.5%，后者更集中。第四，水平高低。体制内单位比分别为72.2%和71.3%，即优秀大学生的单位偏稳定。

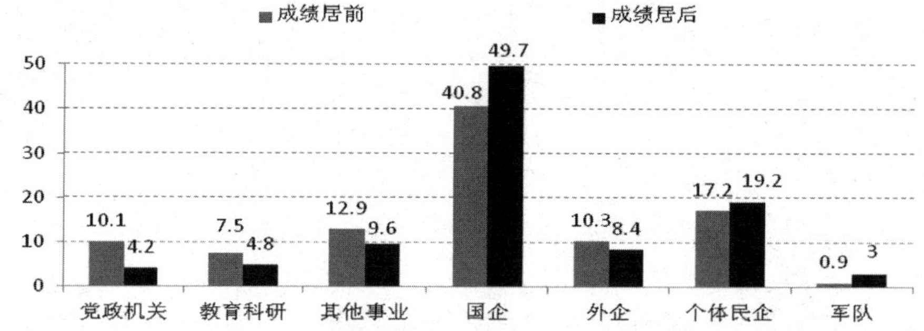

图4-47　就业单位性质（%）

（4）单位承诺月薪。如图4-48所示。第一，选项比较。成绩居前的大学生的承诺月薪为3000～3999元的更多，而成绩居后的大学生的承诺月薪为5000～5999元的更多。第二，三大选择。3000～3999元、4000～4999元、2000～2999元为两大群体的共同选择。第三，分布状态。集中度分别为79.2%和75.4%，前者更集中。第四，水平高低。平均承诺月薪为4053.8和4033.3元，学习优秀的大学生有一定的收入优势。

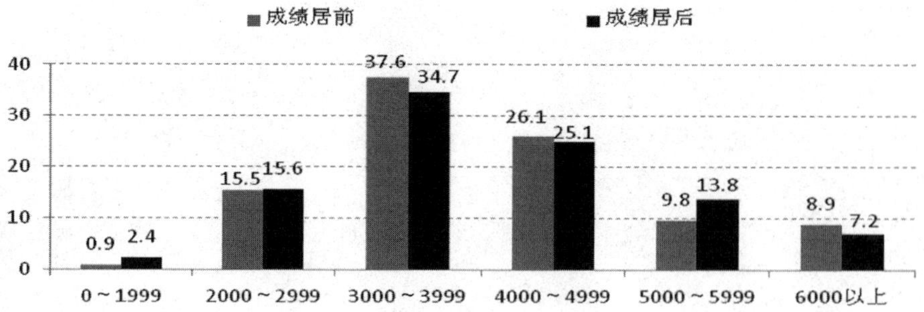

图4-48　单位承诺月薪（%，元）

（5）专业对口程度。成绩居前的大学生的不对口、基本对口、对口的分别占20.4%、52.3%、27.3%，成绩居后的大学生分别占19.8%、46.1%、33.5%。对口率均为79.6%，无差异。

（6）就业满意程度。如图4-49所示。第一，选项比较。优秀学生的满意度为60%～80%、80%以上的比重较高，较差学生为20%～40%、40%～60%的更多。第二，三大选择。满意度为 60% ~80%、40% ~60%、80% 以上的比重最高。第三，集中度分别为 92.8% 和 89.8%，前者更集中。第四，水平高低。平均满意度为 67.3% 和 63.6%，即优秀大学生的满意度偏高，但差异不大。

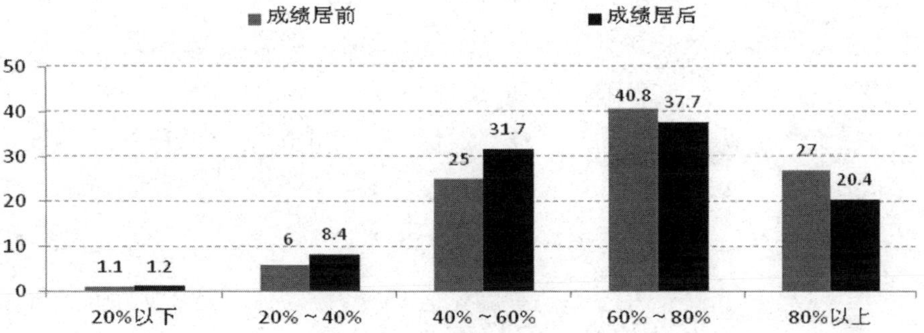

图 4-49　就业满意度（%）

4. 未实现就业情况

如图 4-50 所示。第一，选项比较。性别、就业预期对于成绩居前的大学生就业的不利影响较大，而学习成绩、工作经验、求职技巧对成绩居后的大学生就业的不利影响较大。第二，三大选择。除预期太高、经验不足之外，专业不好成为前者的主要就业障碍，成绩不好成为后者的主要障碍。第三，分布状态。集中度分别为 31.2% 和 32.8%，后者面临的就业障碍更集中。

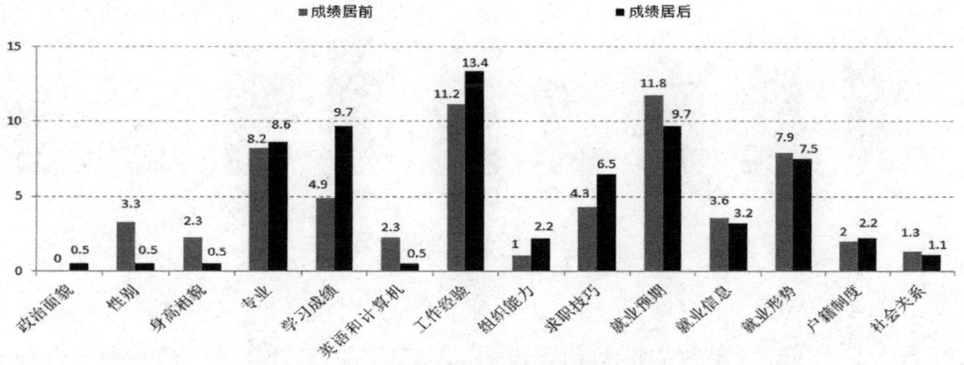

图 4-50　求职不成功的最主要影响因素（%）

（四）基本结论

第一，大学生就业意愿：前者较高。成绩居前的大学生更希望在北京就业、行业和性质期望较高，保底月薪期望较高；成绩居后的大学生的城乡期望和月薪期望较高。

第二，大学生就业行为：前者积极。成绩居前的大学生在收集就业信息方面更积极，主动联系的次数较多，求职费用较高，更多地利用了社会关系；成绩居后的大学生参加面试更积极。总体来看，前者的就业行为更积极。学习成绩越好，求职行为越积极，具有正向激励效应。

第三，大学生就业结果：前者较好。优秀大学生的接收单位较多，就业率较高，就业地区、行业、性质、月薪、满意度较高。优秀大学生的就业结果明显好于落后大学生，这是合理的，也显示出人力资本的价值和认真学习的重要性。

二、不同学科专业的大学生就业状况

哲学、教育学、历史学、农学、医学学科的人数较少，剔除，并把六大主要学科门类合并处理。在2013年的1411名大学生中，理学和工学有640人，经济和管理有499人，文学和法学有245人。

（一）就业意愿

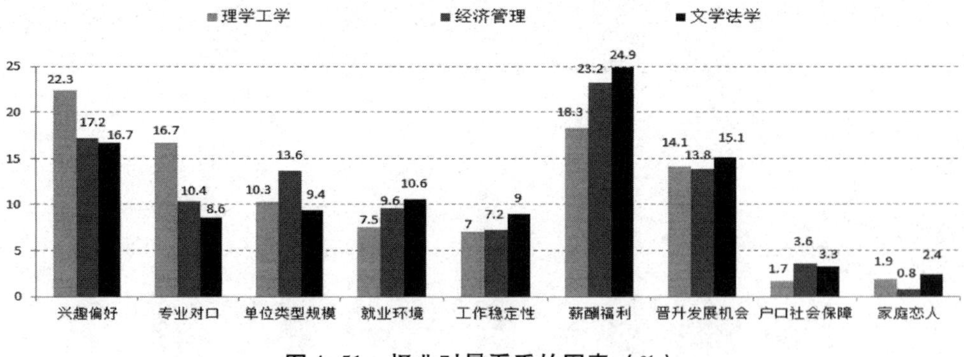

图4–51　择业时最看重的因素（%）

如图4–51所示。第一，选项比较。理工类大学生更看重兴趣偏好、专业对口，经管类大学生更看重单位的类型和规模❶。第二，三大选择。除兴趣偏好、薪酬福利之外，理工类大学生的主要选择是专业对口，经管类和文法类大学生的主要选择是晋升发展机会。第三，分布状态。集中度分别57.3%、54.2%和56.7%，理工类

❶ 界定：当第一大比重与第二大比重之差没超过2%，认为它们是无差异的。下同。

最集中，经管类最分散，但差异不大。

1. 地区期望

如图 4–52 所示。第一，选项比较。理工类大学生希望在北京就业的比重较高，经管类大学生希望在上海就业的更多，文法类大学生更希望在其他沿海地区和西部地区就业。第二，三大选择。除了北京和其他沿海地区之外，上海是理工类大学生的最大选择，广东是经管类大学生的最大选择，西部地区是文法类大学生的最大选择。第三，分布状态。集中度分别为 82%、83.1% 和 80.8%，经管类最集中，文法类最分散。第四，水平高低。北京比分别为 65%，58.7% 和 54.7%，沿海比为 89%、92.3% 和 86.1%，文法类大学生最低，而理工类与经管类不好比。

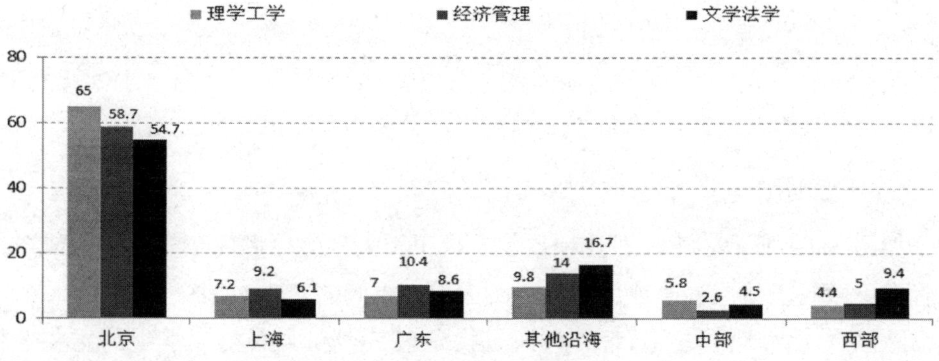

图 4–52 最希望的就业地区（%）

2. 城乡期望

对于理工类大学生来说，35.6% 的愿意去农村工作，63.8% 的不愿意去农村工作；经管类大学生 34.7% 的愿意去农村工作，65.1% 的不愿意去农村工作；文法类大学生 35.9% 的愿意去，63.7% 的不愿意去农村工作。经管类大学生的城乡期望最高，文法类最低，但差异不大。

3. 行业期望

如图 4–53 所示。第一，选项比较。理工类大学生更倾向于制造、建筑、交通邮电通信、科研技术，经管类大学生更倾向于贸易餐饮、金融保险，文法类大学生更倾向于电煤水供应、教育文化传媒、党政机关社团。第二，三大选择。除教育文化和传媒外，科研技术、建筑是理工类大学生的两大选择，金融保险、党政机关社团是经管类的两大选择，党政机关社团、金融保险是文法类的两大选择。第三，集中度分别为48%、59.5%和71.8%，文法类最集中，理工类最分散。第四，水平高低。高工资行业比分别为60.1%、74.5%和83.2%，文法类大学生的行业期望最高，理工类最低。

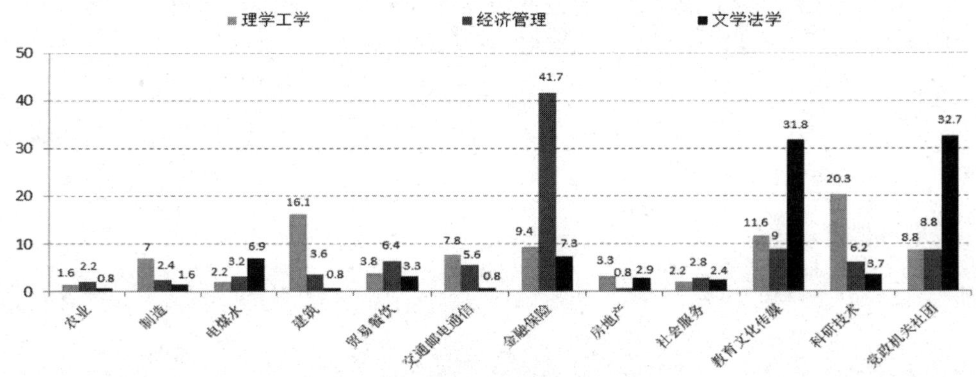

图4-53　最希望的就业行业（%）

4. 性质期望

如图4-54所示。第一，选项比较。理工类大学生更倾向于教育和科研机构，经管类更倾向于其他事业单位，文法类大学生更倾向于党政机关。第二，三大选择。除国企、党政机关，教育和科研机构是理工类和文法类大学生的主要选择，外企是经管类的主要选择。第三，分布状态。集中度分别为71.3%、69.3%和80.8%，即文法类最集中，经管类最分散。第四，水平高低。体制内单位比分别为79.3%、76.7%和86.5%，即文法类大学生的性质期望最高，经管类最低。

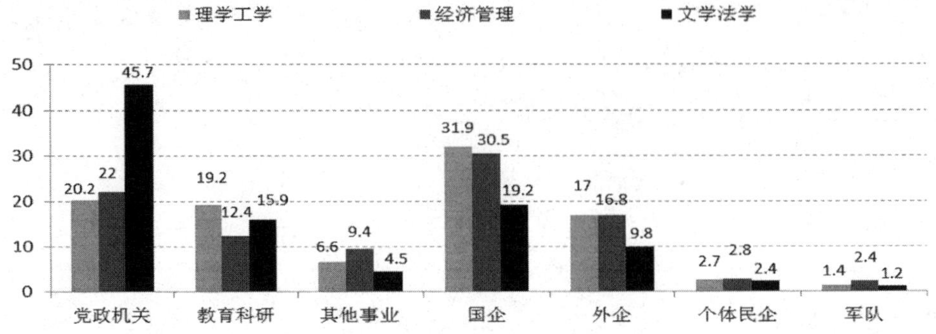

图4-54　最希望的就业单位性质（%）

5. 期望月薪

如图4-55所示。第一，选项比较。理工类大学生选择5000～5999元的更多，经管类大学生选择6000～6999元的更多，文法类大学生选择3000～3999元、4000～4999元的更多。第二，三大选择。除4000～4999元、5000～5999元，7000元以上是理工类和经管类大学生的主要选择，3000～3999元是文法类的主要选择。第三，分布状态。集中度分别为72.2%、70.5%和76.8%，文法类最集中，经管类最分散。第四，水平高低。平均期望月薪为5290元、5273.4元、4814.1元，理工类最高，文法类最低。

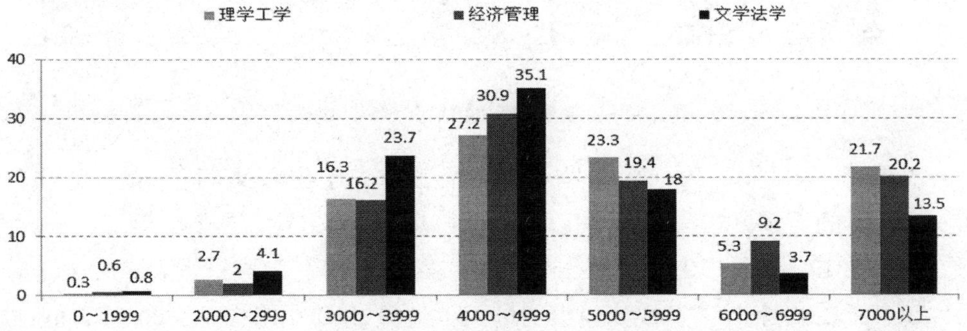

图4-55 期望月薪（%，元）

保底月薪如图4-56所示，3000～3999元、4000～4999元、2000～2999元是三大选择。平均期望月薪分别为3995.2元、4119.7元和3643.5元，经管类大学生的保底月薪最高，理工类其次，文法类最低。

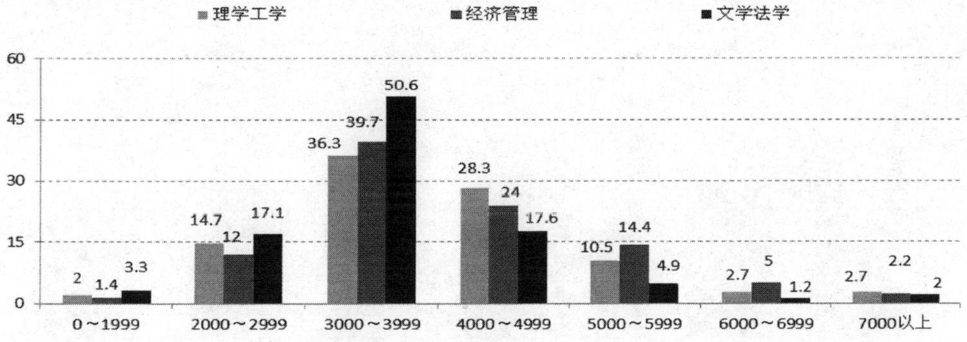

图4-56 保底月薪（%，元）

（二）就业行为

1. 收集信息

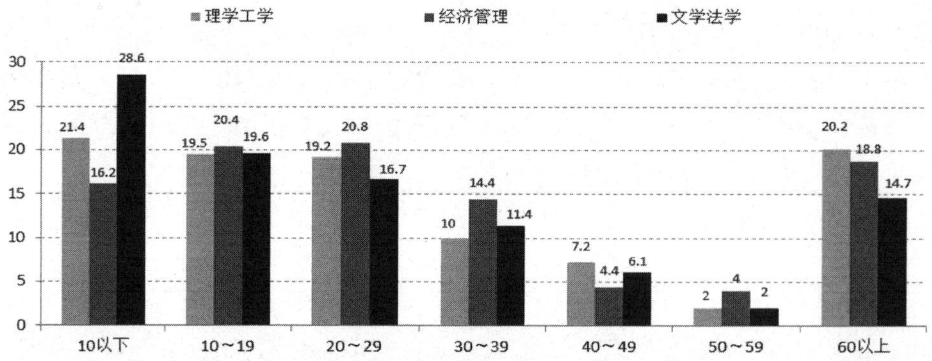

图 4-57　收集信息的时间（%，小时）

如图 4-57 所示。第一，选项比较。经管类大学生收集信息 30～39 小时、50～59小时的更多，文法类大学生收集信息 10 小时以下的更多。第二，三大选择。除 10～19 小时，10 小时以下、60 小时以上为理工类大学生的两大选择，20～29小时、60 小时以上成为经管类的两大选择，10 小时以下、20～29 小时成为文法类的两大选择。第三，分布状态。集中度分别为 61.1%、60% 和 64.9%，文法类最集中，经管类最分散。第四，水平高低。平均收集信息 29.9 小时、30.8 小时和 26.2 小时，经管类最多，文法类最低。

2. 投递简历

如图 4-58 所示。第一，选项比较。理工类大学生投简历 10 份以下的更多，

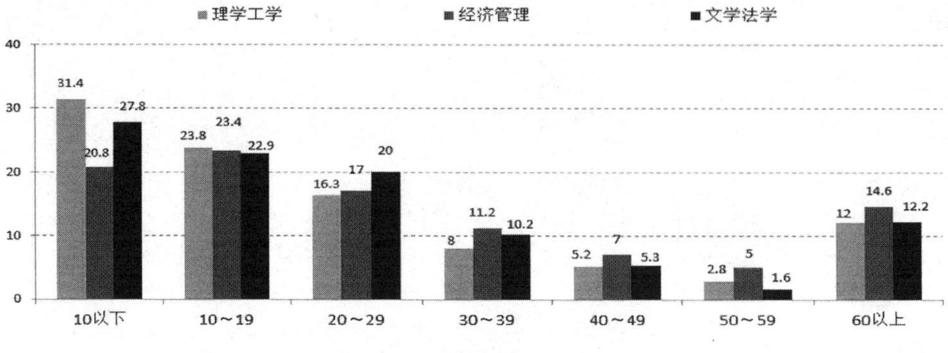

图 4-58　投递简历数量（%，份）

经管类投简历 50 份以上的更多，文法类投简历 20 ~ 29 份的更多。第二，三大选择。10 份以下、10 ~ 19 份、20 ~ 29 份为共同的三大选择。第三，分布状态。集中度分别为 71.5%、61.2% 和 70.7%，理工类最集中，经管类最分散。第四，水平高低。平均投简历 23.8 份、28.4 份和 24.6 份，经管类最多，理工类最少。

3. 主动联系

如图 4-59 所示。第一，选项比较。理工类大学生联系 5 ~ 9 次的比重较大，经管类大学生联系 0 次的更多。第二，三大选择。联系 1 ~ 4 次、0 次、5 ~ 9 次为共同的主要选择。第三，分布状态。集中度分别为 90.8%、88% 和 89.8%，理工类最集中，经管类最分散。第四，水平高低。平均联系分别为 4 次、4.1 次和 4.2 次，文法类最多，理工类最少。

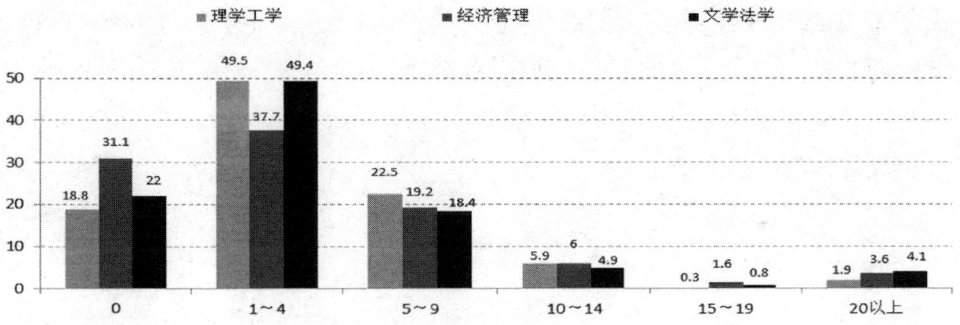

图 4-59 主动联系次数（%，次）

4. 求职费用

如图 4-60 所示。第一，选项比较。理工类大学生在 500 元以内的比重较大，经管类大学生在 1000 ~ 1999 元的更多，文法类大学生在 2000 ~ 2999 元的更多。第二，三大选择。500 元以下、500 ~ 999 元、1000 ~ 1999 元为共同选择。第三，分布状态。集中度分别为 92.8%、81.9% 和 82.9%，理工类最集中，经管类最分散。第四，水平高低。平均求职费用为 698.3 元、1099.7 元和 998 元，经管类最多，理工类最低。

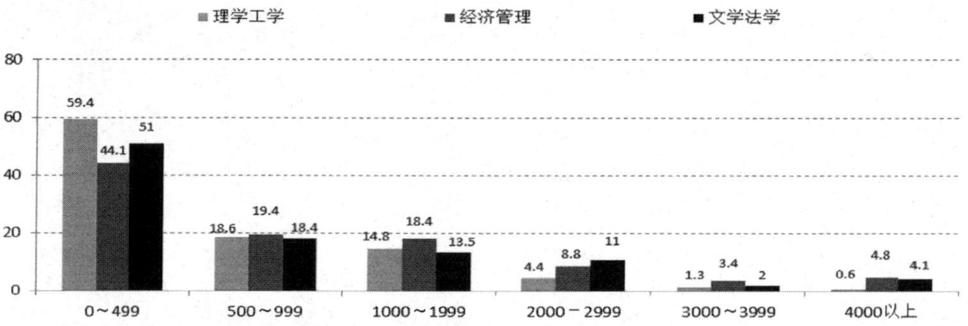

图 4-60　求职费用（%，元）

5. 面试数量

如图 4-61 所示。第一，选项比较。经管类大学生面试 5 ~ 19 次更多，文法类大学生面试 1 ~ 4 次更多。第二，三大选择。面试 1 ~ 4 次、5 ~ 9次、10 ~ 14 次为共同的选择。第三，分布状态。集中度分别为 82. 3%、81% 和 91. 4%，文法类最集中，经管类最分散。第四，水平高低。平均面试 5. 8 次、6. 4 次和 4. 6 次，经管类最高，文法类最低。

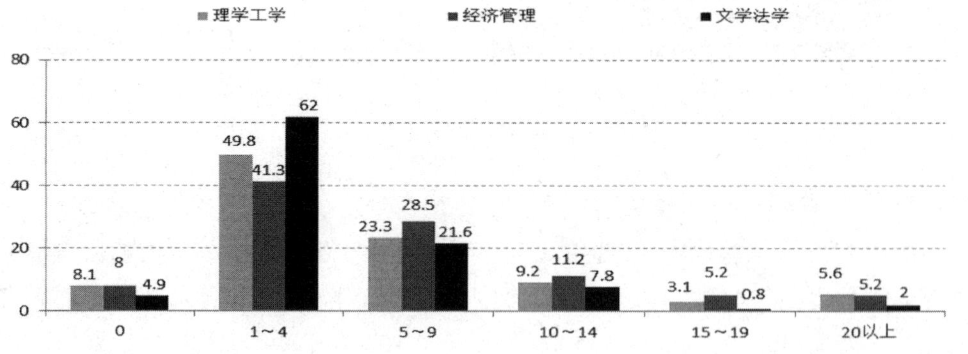

图 4-61　面试次数（%，次）

6. 利用社会关系

理工类大学生“用过、至关重要”、“用过、有些帮助”“用过、没有帮助”、“没用过”的分别占 13. 9%、33. 1%、7. 2%、45%，经管类分别占 13. 4%、23. 6%、7. 4%、54. 5%，文法类分别占 15. 1%、30. 2%、8. 2%、46. 5%。动用社会关系的占 54. 2%、44. 4% 和 53. 5%，理工类最高，经管类最低。

（三）就业结果

1. 接收单位

如图 4-62 所示。理工类大学生获得 1 家、2～4 家的比重较大。1 家、2～4 家和 0 家共同的三大选择。平均接收单位分别为 1.7 家、1.6 家和 1.4 家，理工类最多，文法类最少。

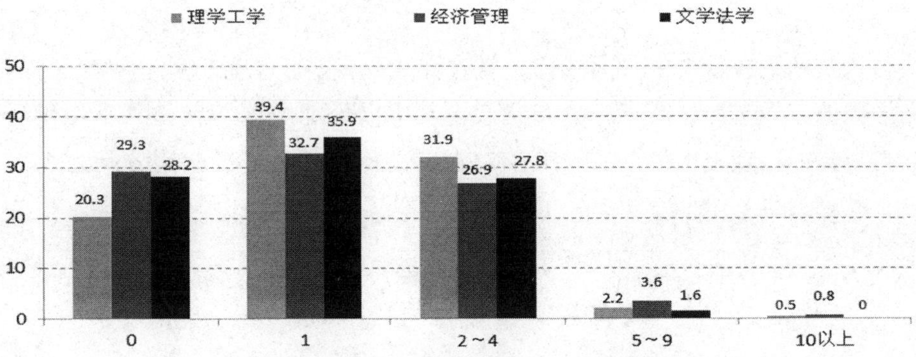

图 4-62　接收单位数量（%，家）

2. 就业率

狭义就业率分别为 48.46%、41.78% 和 24.87%，广义就业率为 55.79%、48.19% 和 30.69%，理工类最高，文法类最低，体现出学科专业的重大影响。

3. 实现就业的情况

（1）就业地区分布。如图 4-63 所示。第一，选项比较。文法类在西部地区

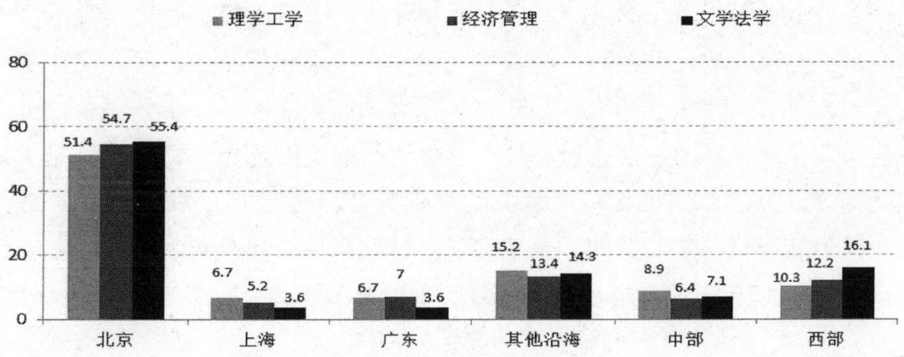

图 4-63　就业地区（%）

就业的更多。第二，三大选择。除了北京占绝对主体地位，其他沿海地区和西部地区是两大共同选择。第三，分布状态。集中度分别为76.9%、80.3%和85.8%，文法类最集中，理工类最分散。第四，水平高低。北京比分别为51.4%、54.7%和55.4%，沿海比分别为80%、80.3%和76.9%。

（2）就业行业分布。如图4-64所示。第一，选项比较。理工类大学生在制造、建筑、科研技术的比例较高，经管类大学生在交通邮电通信、金融保险的更多，文法类大学生在社会服务、教育文化和传媒、党政机关社团的更多。第二，三大选择。建筑、科研技术、制造是理工类的三大选择，金融保险、交通邮电通信、科研技术是经管类的三大选择，教育文化和传媒、金融保险、党政机关社团是文法类的三大选择。第三，分布状态。集中度分别为52.9%、61.6%和66%，文法类最集中，理工类最分散。第四，水平高低。高工资行业比分别为47.2%、76.1%和69.6%，经管类最高，理工类最低。

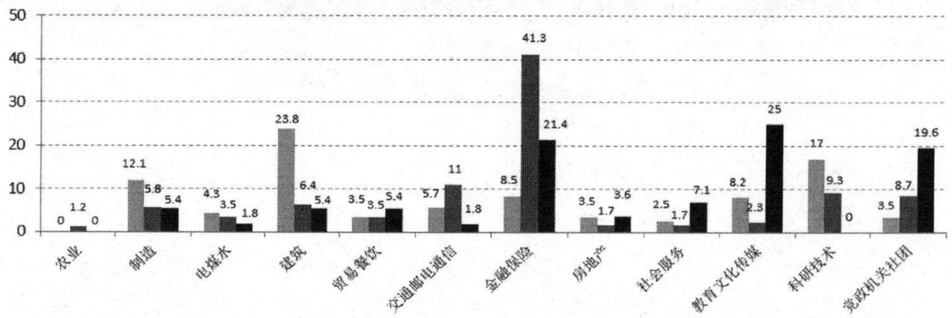

图4-64　就业行业（%）

（3）单位性质分布。如图4-65所示。第一，选项比较。理工类大学生在教育和科研机构就业的比例较高，经管类大学生在国企和外企的更多，文法类大学生在党政机关、个体民企的更多。第二，三大选择。除国企、个体民企之外，其他事业单位是理工类的主要选择，外企是经管类的主要选择，党政机关是文法类的主要选择。第三，分布状态。集中度分别为76.2%、74.5%和75%，理工类最集中，经管类最分散。第四，水平高低。体制内单位比分别为74.1%、73.4%和59%，表明理工类的就业单位最稳定，文法类最不稳定。

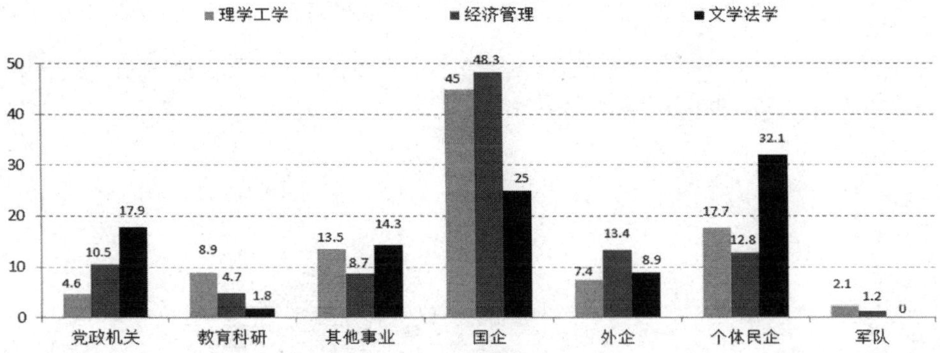

图 4-65　就业单位性质（%）

（4）单位承诺月薪。如图 4-66 所示。第一，选项比较。理工类大学生的承诺月薪为 3000～3999 元的更多，经管类为 6000 元以上的更多，文法类大学生的承诺月薪为 2000 元以内、2000～2999 元的更多。第二，三大选择。3000～3999 元、4000～4999 元、2000～2999 元为共同选择。第三，分布状态。集中度分别为 81.8%、70.9% 和 80.3%，理工类最集中，经管类最分散。第四，水平高低。平均承诺月薪为 3957 元、4269.2 元和 3839.3 元，经管类最高，文法类最低。

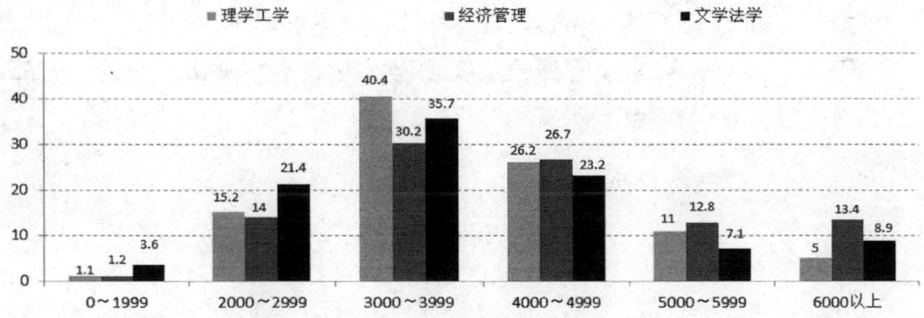

图 4-66　单位承诺月薪（%，元）

（5）专业对口程度。理工类的大学生不对口、基本对口、对口分别为 14.9%、53.2% 和 31.9%，经管类分别为 24.4%、46.5% 和 28.5%，文法类分别为 35.7%、46.4% 和 17.9%。对口率分别为 85.1%、75% 和 64.3%，理工类最高，文法类最低。

（6）就业满意程度。如图 4-67 所示。第一，选项比较。文法类大学生的满意度为 20%～40%、80% 以上的更多。第二，三大选择。60%～80%、40%～

60%、80%以上为共同的三大选择。第三，分布状态。集中度分别为93.6%、90.2%和87.5%，理工类最集中，文法类最分散。第四，水平高低。平均满意度为66.8%、65.3%和65.4%，差异不大。

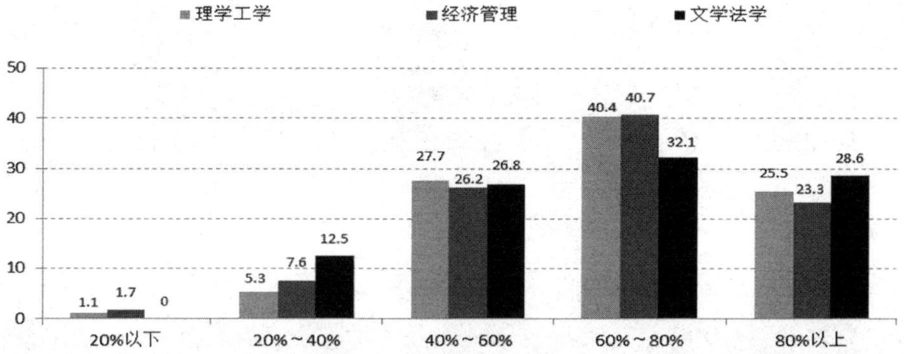

图4-67　就业满意度（%）

4. 未实现就业情况

如图4-68所示。第一，选项比较。学习成绩对经管类大学生就业的不利影响较大，专业、工作经验、就业预期对文法类大学生就业的不利影响较大。第二，三大选择。除经验不足、预期太高之外，专业不好是理工类大学生的主要障碍，成绩不好、就业形势是经管类的主要障碍，专业不好是文法类的主要障碍。第三，分布状态。集中度分别为27%、31.2%和46.3%，文法类最集中，理工类最分散。

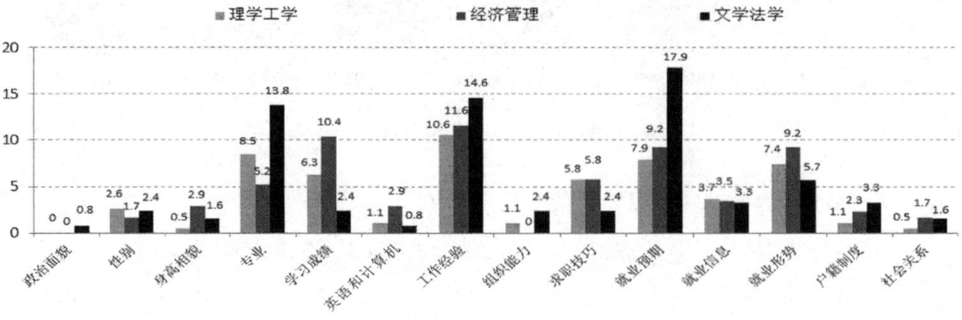

图4-68　求职不成功的最主要影响因素（%）

（四）基本结论

第一，大学生就业意愿：经管类最高、文法类最低。理工类大学生的月薪期望最高；行业期望最低。经管类的城乡期望、保底月薪期望最高；性质期望最低。文法类的行业期望和性质期望最高；地区期望、城乡期望、月薪期望、保底月薪期望最低。各有重点，但总体来看，经管类的期望最高，文法类最低。

第二，大学生就业行为：经管类积极、理工类消极。理工类大学生利用社会关系最积极，投简历、主动联系、费用支出方面最不积极；经管类收集信息、投简历、求职费用、参加面试等方面最积极，利用社会关系方面最不积极；文法类在主动联系方面最积极，收集信息、面试方面最不积极。总体来看，经管类最积极，理工类最不积极，这与我们日常留下的“理工男”印象是相符的。

第三，大学生就业结果：理工类最好、文法类最差。理工类大学生的接收单位最多，就业率最高，单位最稳定，专业对口率和满意度最高；但高工资行业比最低。经管类的高工资行业比和月薪最高；但满意度最低。文法类的接收单位最少，就业率最低，单位最不稳定，月薪和专业对口率最低。总体来看，理工类最好，文法类最差。尽管就业行为最消极，但理工类的就业结果最好，可能有点不太公平，但也体现出学科专业对大学生就业的重要影响。

三、不同高校层次的大学生就业状况

在 1411 名大学生中，211 高校有 934 人，非 211 高校有 477 人。

（一）就业意愿

如图 4–69 所示。第一，选项比较。211 高校大学生更看重专业对口，非 211

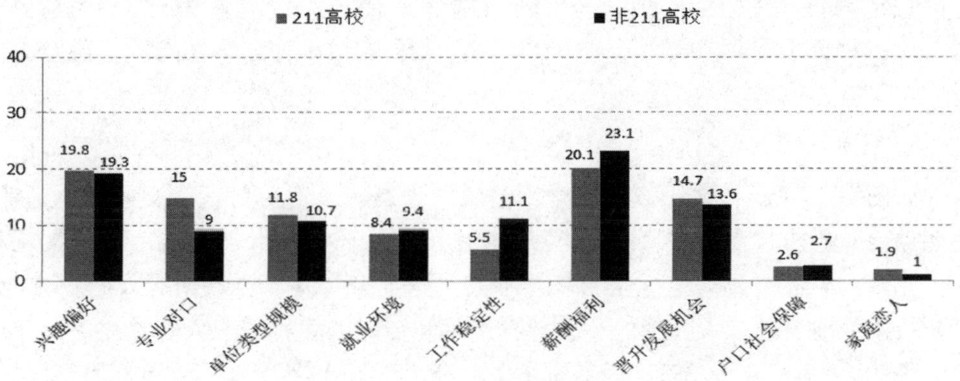

图 4–69　择业时最看重的因素（%）

高校大学生更看重工作稳定性、薪酬福利。第二，三大选择。薪酬福利、兴趣偏好和发展机会是两类大学生都看重的三大因素。第三，分布状态。集中度分别为54.9%和56%，即非211高校大学生所看重的因素分布更集中，但差异不大。

1. 地区期望

如图4-70所示。第一，选项比较。211高校大学生，希望在上海、广东就业的比重较高，非211高校大学生，更希望在北京和西部地区就业。第二，三大选择。除了北京和其他沿海地区之外，广东成为前者的主要地区选择，西部地区是后者的主要选择。第三，分布状态。集中度分别为80.5%和85.7%，后者更集中。第四，水平高低。北京比分别为58.2%和64.8%，沿海比分别为89.6%和89.3%。

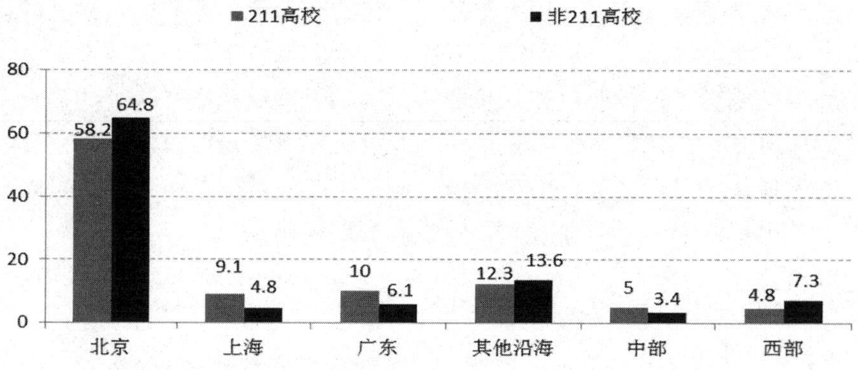

图4-70　最希望的就业地区（%）

2. 城乡期望

对于211高校大学生来说，35.3%的愿意去农村工作，64.2%的不愿意去农村工作；对于非211高校大学生，35%的愿意去农村工作，64.6%的不愿意去农村工作，差异很小。

3. 行业期望

如图4-71所示，211高校大学生更倾向于制造、贸易餐饮、交通邮电通信、金融保险、科研技术，非211高校大学生更倾向于电煤水、建筑、教育文化传媒、党政机关社团，其他行业的差异不大。除金融保险、党政机关和社团之外，科研技术为前者的三大选择之一，教育文化和传媒为后者的三大选择之一。集中度分别为49.4%和58.9%，后者更集中。高工资行业比分别为67.9%和72.5%，后者的行业期望较高。

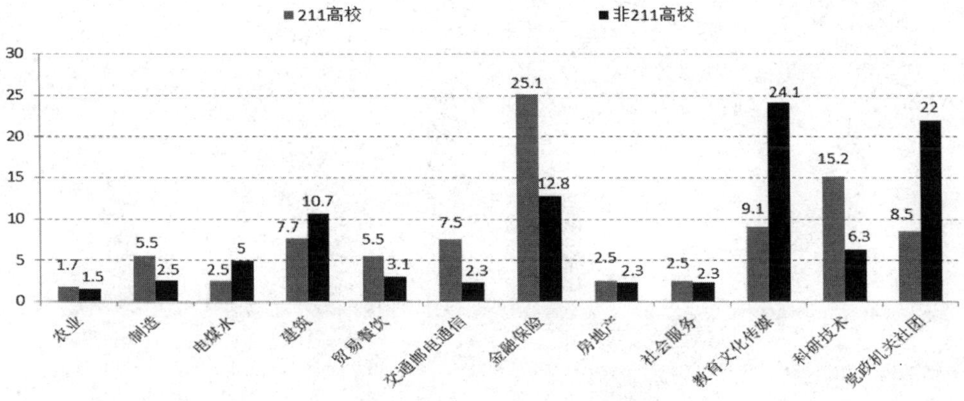

图 4-71 最希望的就业行业（%）

4. 性质期望

如图 4-72 所示，211 高校大学生更倾向于国企、外企，而非 211 高校大学生更倾向于党政机关，即 211 高校大学生更倾向于去企业就业。除国企、党政机关之外，外企是前者的主要选择，教育和科研机构是后者的主要选择。集中度分别为 69.8% 和 75.8%，后者更集中。体制内单位比为 76.8% 和 85.5%，后者希望的单位更稳定。

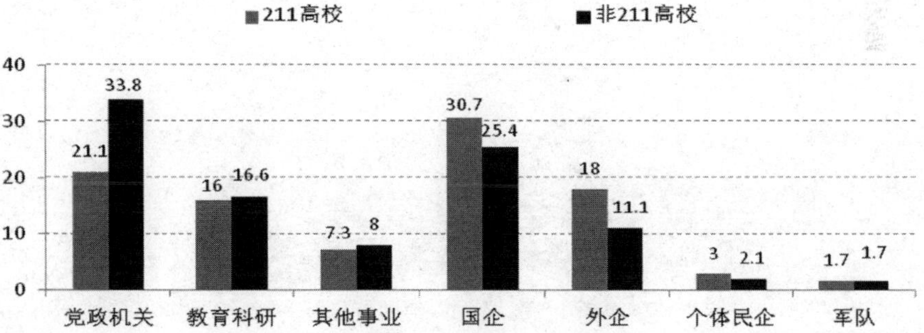

图 4-72 最希望的就业单位性质（%）

5. 期望月薪

如图 4-73 所示，211 高校大学生选择 5000 元以上的更多，非 211 高校大学生选择 2000～4999 元的更多。除 4000～4999 元、5000～5999 元，7000 元以上是前者的三大选择之一，3000～3999 元是后者的三大选择之一。集中度分别为 73.2% 和 76.3%，后者更集中。平均期望月薪为 5394.2 元、4782.1 元，前者更高。

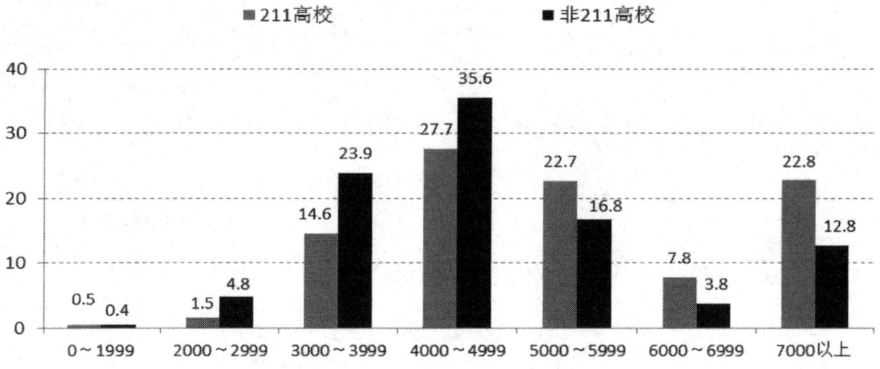

图 4-73　期望月薪（%，元）

保底月薪如图 4-74 所示，211 高校选择 4000～4999 元、5000～5999 元、6000～6999 元的比重较高，非 211 高校选择 2000～2999 元、3000～3999 元的比重较高。除 3000～3999 元、4000～4999 元之外，前者主要选择了 5000～5999 元，后者主要选择了 2000～2999 元。平均期望月薪为 4186.2 元和 3563.6 元，前者较高。

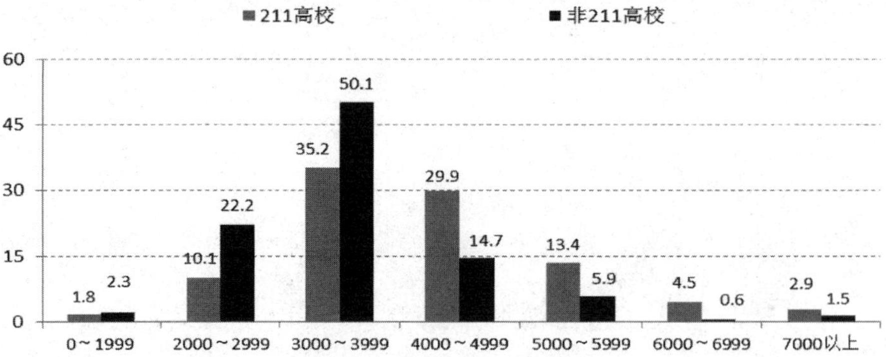

图 4-74　保底月薪（%，元）

（二）就业行为

1. 收集信息

如图 4-75 所示。第一，选项比较。211 高校大学生收集信息 30～39 小时的更多，非 211 高校大学生收集信息 10 小时以下、20～29 小时的更多。第二，三大选择。除 10 小时以下、10～19 小时，60 小时以上为前者的主要选择，20～29

小时为后者的主要选择。第三，分布状态。集中度分别为 58.3% 和 63.8%，后者更集中。第四，水平高低。平均收集信息 30.3 小时和 28.4 小时，前者在收集就业信息方面更积极。

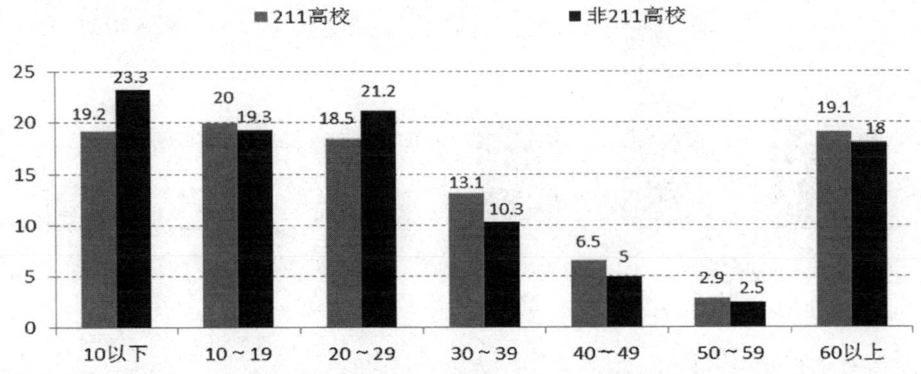

图 4-75 收集信息的时间（%，小时）

2. 投递简历

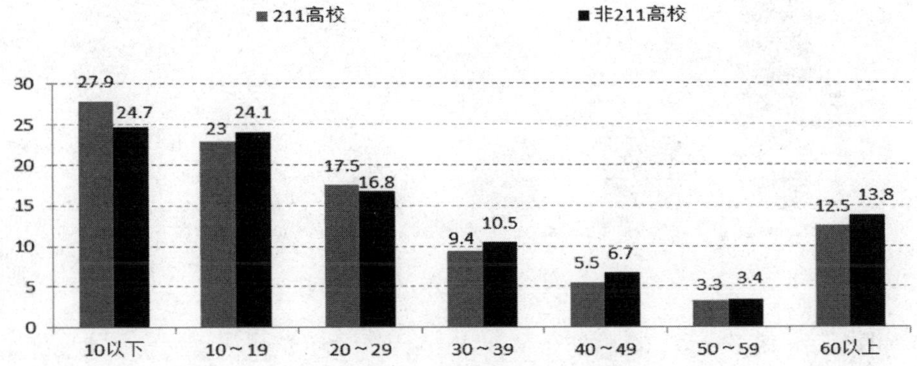

图 4-76 投递简历数量（%，份）

如图 4-76 所示，211 高校大学生投简历 10 份以下的更多。10 份以下、10～19 份、20～29 份为共同的三大选择。集中度分别为 68.4% 和 65.6%，前者更集中。平均投简历 25.2 份和 26.6 份，后者更积极。

3. 主动联系

如图 4-77 所示，非 211 高校大学生主动联系 20 次以上的更多。联系 1～4 次、0 次、5～9 次为共同的三大选择。集中度分别为 90.8% 和 87.8%，前者更集中。平均联系 3.9 次和 4.4 次，后者更积极。

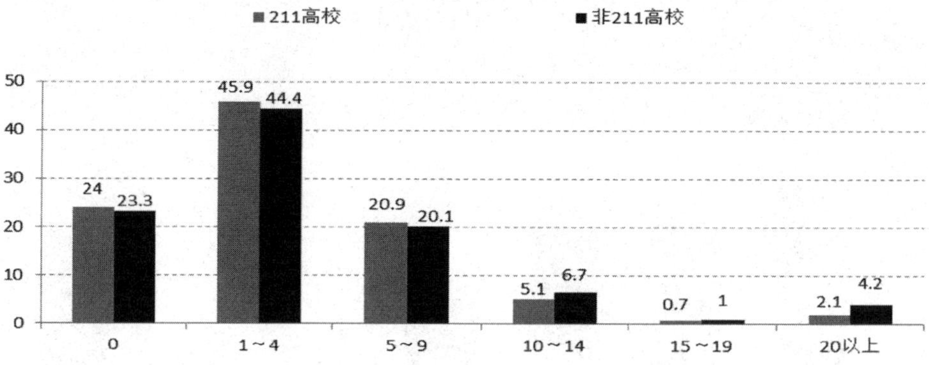

图 4–77　主动联系次数（%，次）

4. 求职费用

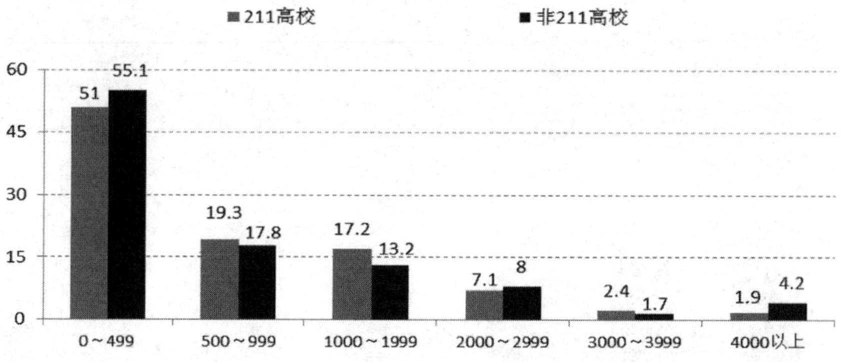

图 4–78　求职费用（%，元）

如图 4–78 所示，211 高校大学生选择 1000 ~ 1999 元的比重较大，非 211 高校大学生在 500 元以内、4000 元以上的比重较大。500 元以下、500 ~ 999 元、1000 ~ 1999 元为共同的三大选择。集中度分别为 87.5% 和 86.1%，前者更集中。平均费用为 886.8 元和 916.1 元，后者的物质投入更多。

5. 面试数量

如图 4–79 所示，211 高校大学生没面试和面试 20 次以上的更多，非 211 高校大学生参加面试 1 ~ 4 次、5 ~ 9 次的更多。面试 1 ~ 4 次、5 ~ 9 次、10 ~ 14 次为共同的三大选择。集中度分别为 80.3% 和 89.9%，后者更集中。平均面试 5.9 次和 5.5 次，前者更积极。

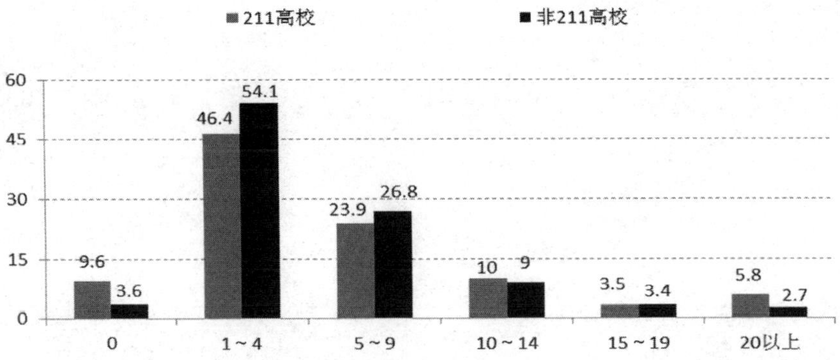

图 4-79　面试次数（%，次）

6. 利用社会关系

211 高校大学生“用过、至关重要”、“用过、有些帮助”、“用过、没有帮助”、“没用过”的比重分别为 13.1%、28.2%、7.5%、50.2%，非 211 高校大学生分别为 15.7%、31%、7.8%、45.3%。动用社会关系的占 48.8% 和 54.5%，非 211 高校大学生更多地运用了社会关系。

（三）就业结果

1. 接收单位

如图 4-80 所示，211 高校大学生无接收单位的比重较大，非 211 高校大学生只有 1 家的比重较大。1 家、2～4 家和 0 家为三大选择。平均接收单位均为 1.6 家，无差异。

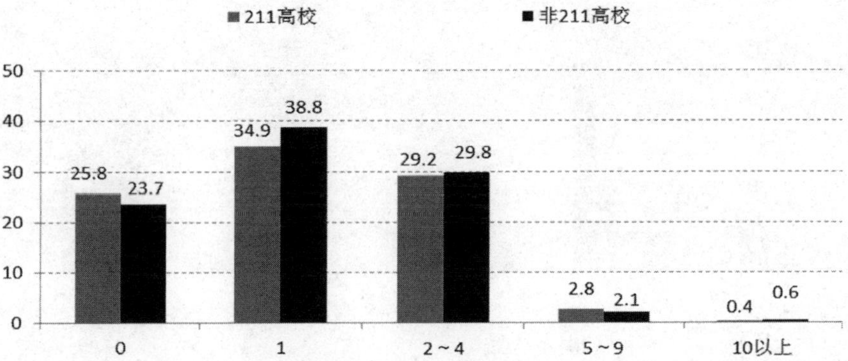

图 4-80　接收单位数量（%，家）

2. 就业率

狭义就业率分别为41.79%和41.75%，广义就业率分别为50.15%和46.5%，高校层次有正面影响。

3. 实现就业的情况

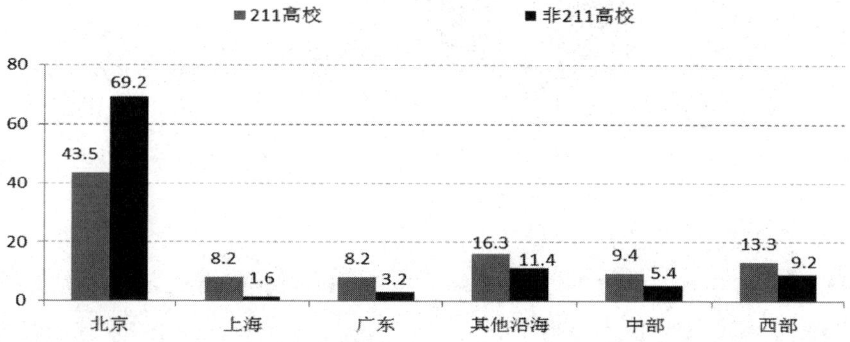

图4-81 就业地区（%）

（1）就业地区分布。如图4-81所示。第一，选项比较。211高校在上海、广东、其他沿海地区和中西部地区就业的比重较大；非211高校在北京就业的概率高20多个百分点。第二，三大选择。北京、其他沿海地区、西部地区为两大群体的共同选择。第三，分布状态。集中度分别为73.1%和89.8%，后者更集中。第四，水平高低。北京比分别为43.5%和69.2%，沿海比分别为76.2%和85.4%，后者的地区质量较高。

（2）就业行业分布。如图4-82所示，211高校大学生在制造、交通邮电通

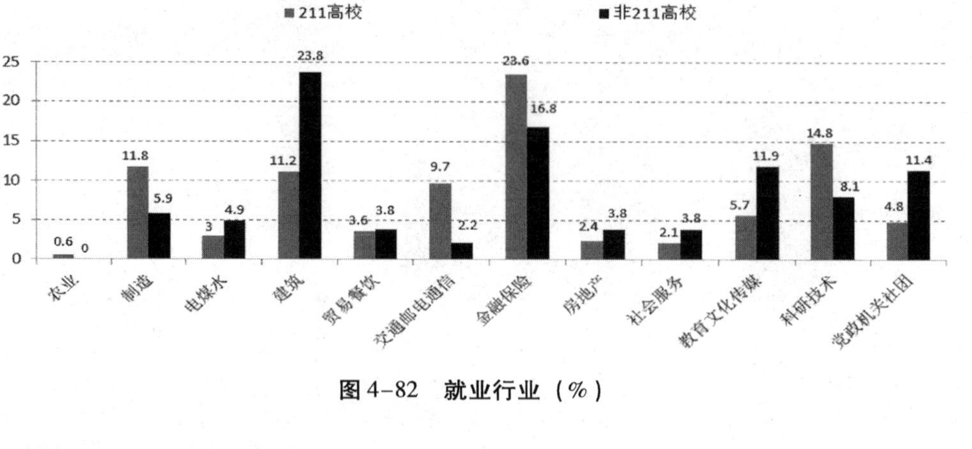

图4-82 就业行业（%）

信、金融保险、科研技术的比例较高，非 211 高校大学生在建筑、教育文化传媒、党政机关社团的比例较高。除金融保险外，科研技术、制造为前者的两大选择，建筑、教育文化和传媒为后者的两大选择。集中度分别为 50.2% 和 52.5%，后者更集中。高工资行业比分别为 61.6% 和 55.3%，前者的行业质量较高。

（3）单位性质分布。如图 4-83 所示，211 高校大学生在国企、外企、军队有明显的优势，非 211 高校大学生在党政机关、其他事业、个体民企就业的更多。除国企、个体民企以外，外企是前者的主要选择，其他事业单位是后者的主要选择。集中度分别为 73.7% 和 75.7%，后者更集中。体制内单位比分别为 71.5% 和 72.4%，后者更稳定。

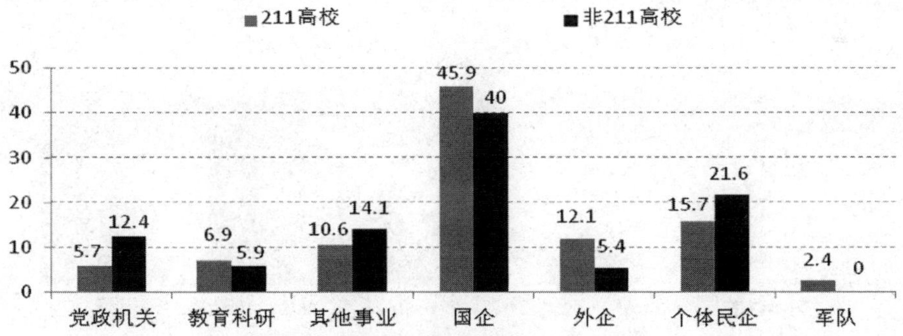

图 4-83　就业单位性质（%）

（4）单位承诺月薪。如图 4-84 所示，211 高校大学生的承诺月薪为 4000 ~ 4999 元、5000 ~ 5999 元、6000 元以上的更多，非 211 高校大学生的承诺月薪为 2000 ~ 2999 元、3000 ~ 3999 元的更多。除 3000 ~ 3999 元、4000 ~ 4999 元以外，5000 ~ 5999 元为前者的主要选择，2000 ~ 2999 元为后者的主要选择。集中度分

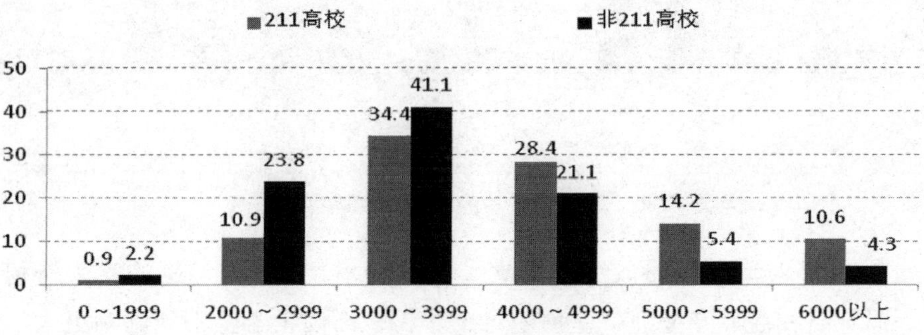

图 4-84　单位承诺月薪（%，元）

别为 77% 和 86%，后者更集中。平均承诺月薪为 4258.4 元和 3660.2 元，即 211 高校大学生的收入优势明显。

（5）专业对口程度。211 高校大学生不对口、基本对口、对口的比重分别占 16.3%、54.1%、29.3%，非 211 高校大学生分别占 27%、43.2%、29.7%。对口率分别为 83.4% 和 72.9%，前者更高。

（6）就业满意程度。如图 4-85 所示，211 高校大学生的满意度为 40% ~ 60%、60% ~80% 的比重较高，非 211 高校大学生的满意度为 80% 以上的比重较高。满意度为 60% ~80%、40% ~60%、80% 以上为三大选择。集中度分别为 91.2% 和 93%，后者更集中。平均满意度为 64.7% 和 68.7%，后者更高。

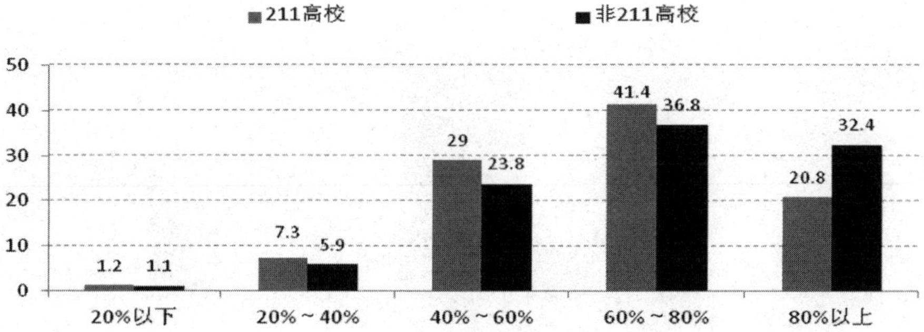

图 4-85 就业满意度（%）

4. 未实现就业情况

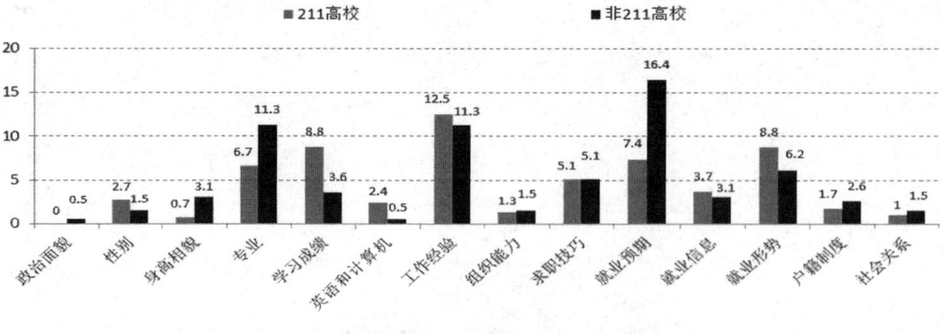

图 4-86 求职不成功的最主要影响因素（%）

如图 4-86 所示，学习成绩、就业形势对于 211 高校大学生的就业不利影响更大，而身高相貌、专业、就业预期对于非 211 高校大学生不利影响更大。除经验不足之外，学习成绩、就业形势是前者面临的主要困难，预期太高、专业不好是后者面临的主要困难。集中度分别为 30.1% 和 39%，后者面临的困难更集中。

（四）基本结论

第一，大学生就业意愿：差异明显。211 高校大学生的月薪期望和保底月薪期望较高；非 211 高校大学生更倾向于高工资行业、体制内单位就业。

第二，大学生就业行为：前者消极。211 高校大学生在收集信息、参加面试方面更积极；非 211 高校大学生投简历、主动联系方面更积极，求职费用较高，更多地运用了社会关系。后者的总体求职行为更积极。

第三，大学生就业结果：各有优劣。211 高校大学生的就业率较高，高工资行业比、承诺月薪、专业对口度较高；非 211 高校大学生的就业地区较好，体制内单位比和就业满意度较高。

四、不同地区生源的大学生就业状况

在 1411 名大学生中，北京生源的有 189 人，非北京生源有 1216 人。

（一）就业意愿

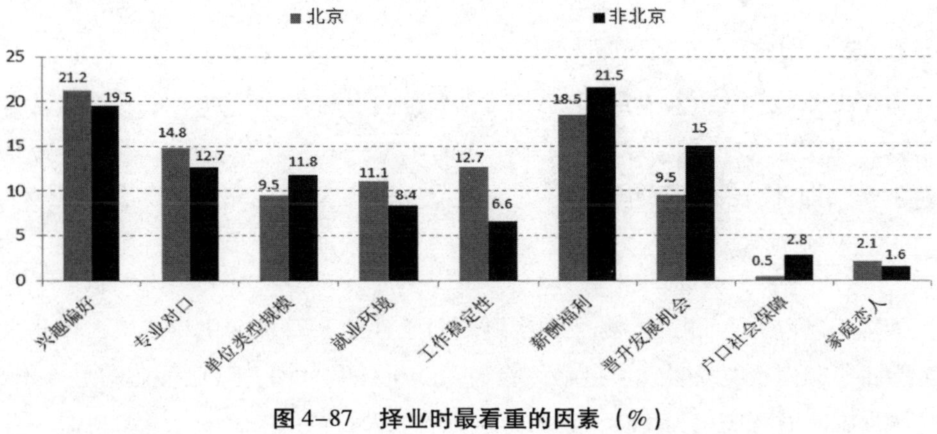

图 4-87　择业时最看重的因素（%）

如图 4-87 所示。第一，选项比较。北京生源大学生更看重专业对口、就业环境、工作稳定性，而非北京的大学生更看重单位的类型和规模、薪酬福利、发展机会、户口和社会保障。第二，三大选择。除兴趣偏好、薪酬福利，专业对口是北京生源大学生的主要选择，发展机会是非北京生源大学生的主要选择。第三，分布状态。集中度分别为 54.5% 和 56%，后者更集中。

1. 地区期望

如图4-88所示。第一，选项比较。北京生源大学生希望在北京就业的比重较高，非北京大学生更希望在上海、广东、其他沿海地区和中西部地区就业。第二，三大选择。绝大多数北京生源学生都希望在北京就业；除了北京非北京生源学生，主要选择其他沿海地区和广东。第三，分布状态。集中度分别为98.9%和79.4%，前者更集中。第四，水平高低。北京比分别为95.2%和55.1%，沿海比分别为99.4%和88%，前者的就业期望显著更高。

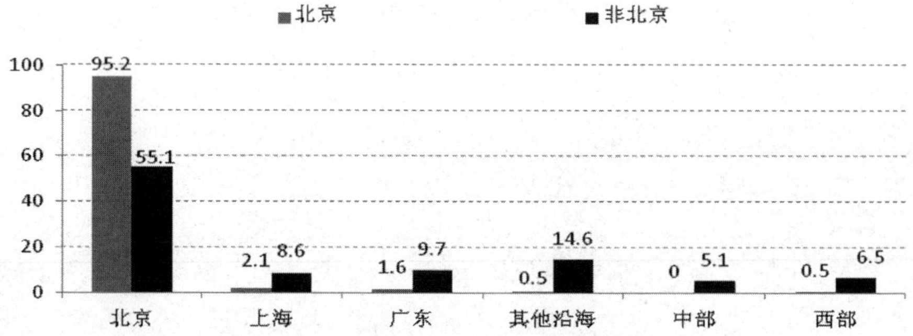

图4-88　最希望的就业地区（%）

2. 城乡期望

对于北京生源大学生来说，27.5%的愿意去农村工作，71.4%的不愿意去农村工作；对于非北京生源大学生，36.3%的愿意去农村工作，63.3%的不愿意去农村工作，即前者的城乡期望更高。

3. 行业期望

如图4-89所示，北京生源大学生更倾向于建筑、教育文化和传媒，非北京生源大学生更倾向于贸易餐饮、金融保险、党政机关和社团，其他行业的差异不大。除金融保险、教育文化和传媒，建筑为前者的三大行业选择之一，党政机关和社团为后者的三大选择之一。集中度分别为54%和49.4%，前者更集中。高工资行业比分别为59.2%和71.1%，后者的行业期望较高。

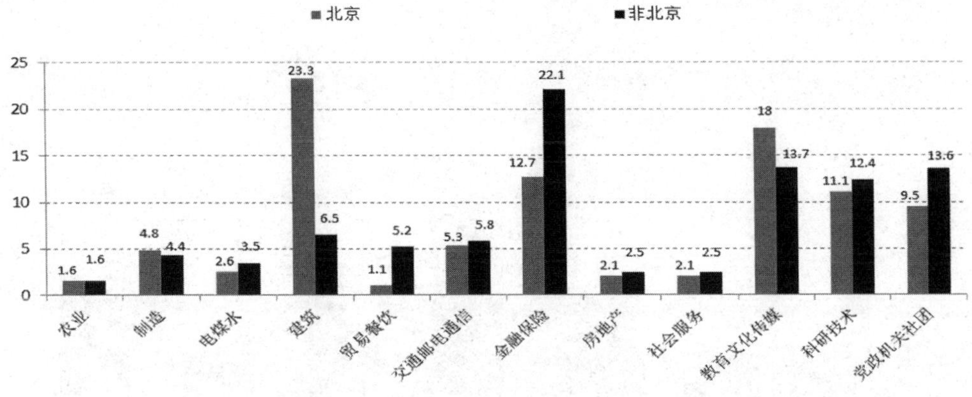

图 4-89　最希望的就业行业（%）

4. 性质期望

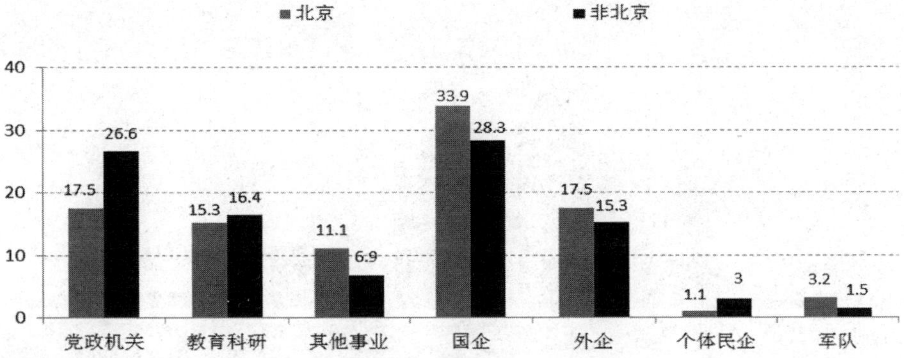

图 4-90　最希望的就业单位性质（%）

如图 4-90 所示，北京生源大学生更倾向于其他事业单位、国企和外企，而非北京生源大学生更倾向于党政机关。除国企、党政机关以外，外企是前者的主要选择，教育和科研单位是后者的主要选择。集中度分别为 68.9% 和 71.3%，后者更集中。体制内单位比分别为 81% 和 79.7%，前者对工作的稳定性要求更高。

5. 期望月薪

如图 4-91 所示，北京生源大学生选择 2000～2999 元、3000～3999 元的更多，而非北京生源大学生选择 5000～5999 元的更多，但差异不大。除 4000～4999 元、7000 元以上，3000～3999 元为前者的主要选择，5000～5999 元为后者的主要选择。集中度均为 71.9%，无差异。平均期望月薪为 4876.3 元、5237.8

元，后者的期望月薪更高。

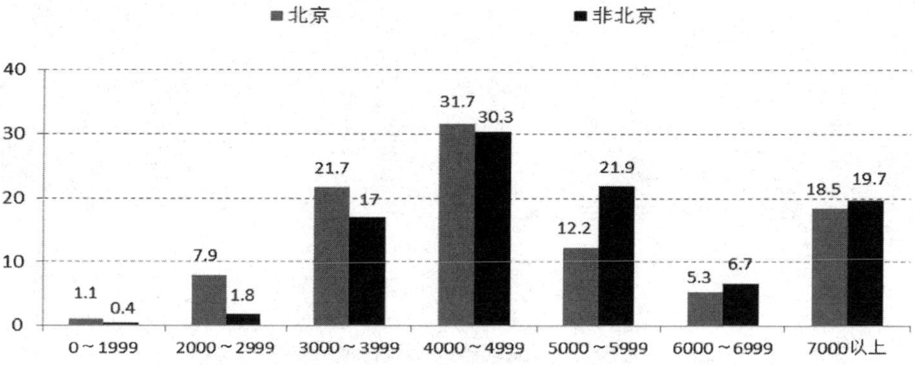

图 4-91　期望月薪（%，元）

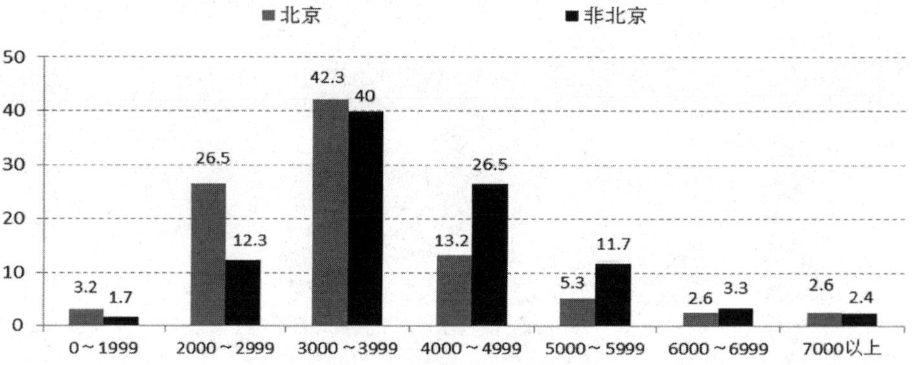

图 4-92　保底月薪（%，元）

保底月薪如图 4-92 所示，北京生源大学生的选择 2000～2999 元、3000～3999 元的比重较大，非北京生源大学生的选择 4000～4999 元、5000～5999 元的更多。3000～3999 元、4000～4999 元、2000～2999 元是三大共同选择。集中度分别为 82% 和 78.8%，前者更集中。平均期望月薪分别为 3582.9 元和 4037.4 元，后者更高。

（二）就业行为

1. 收集信息

如图 4-93 所示。第一，选项比较。北京生源大学生收集信息 30 小时以下的更多，非北京生源大学生收集信息 30 小时以上的更多。第二，三大选择。除 10

小时以下、10～19 小时以外，20～29 小时为前者的主要选择，60 小时以上为后者的主要选择。第三，集中度。分别为 73.5% 和 57.9%，前者更集中。第四，水平高低。平均收集信息 24.8 小时和 30.4 小时，后者在收集信息方面更积极。

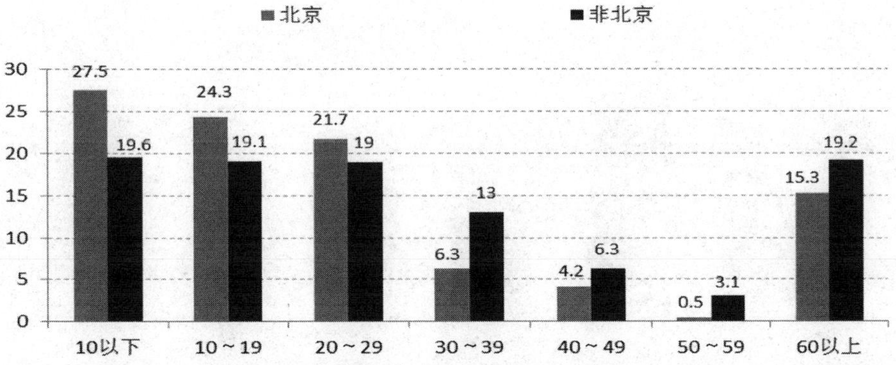

图 4-93　收集信息的时间（%，小时）

2. 投递简历

如图 4-94 所示，北京生源大学生投递简历 10～19 份的更多，非北京生源大学生投简历 10 份以下的更多。10 份以下、10～19 份、20～29 份为两者的三大共同选择。集中度分别为 68.2% 和 67.4%，前者更集中。平均投简历为 25.7 份和 25.6 份，前者偏大。

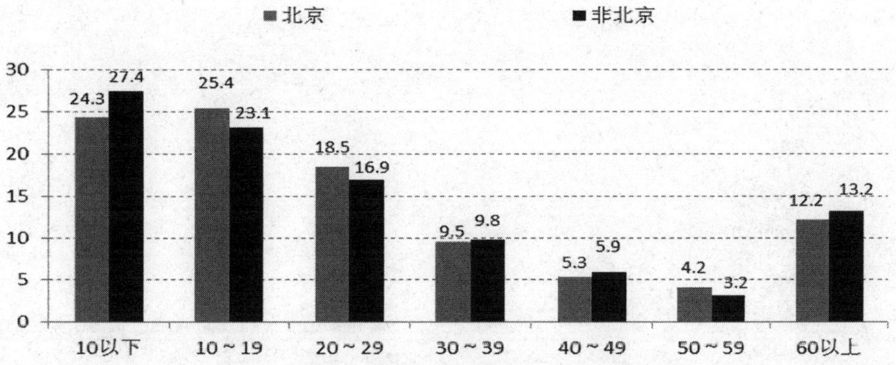

图 4-94　投递简历数量（%，份）

3. 主动联系

如图 4-95 所示，北京生源大学生联系 1～4 次、10～14 次的比重较大，非北京生源大学生没联系过的更多。联系 1 ~4 次、0 次、5 ~9 次为共同的三大选择。集中度分别为 87.3% 和 90.1%，后者更集中。平均联系 4.3 次和 4 次，前者更积极。

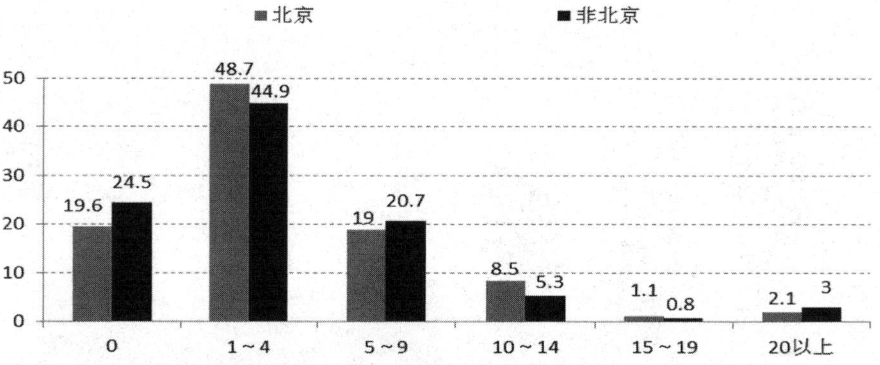

图 4-95　主动联系次数（%，次）

4. 求职费用

如图 4-96 所示，北京生源大学生在 500 元以内的比重较大，非北京生源大学生在 500 ~2999 元的更多。500 元以内、500 ~999 元、1000 ~1999 元为共同的三大选择。集中度分别为 93.2% 和 86.1%，前者更集中。平均求职费用为 598.4 元和 942.8 元，后者的物质投入更多。

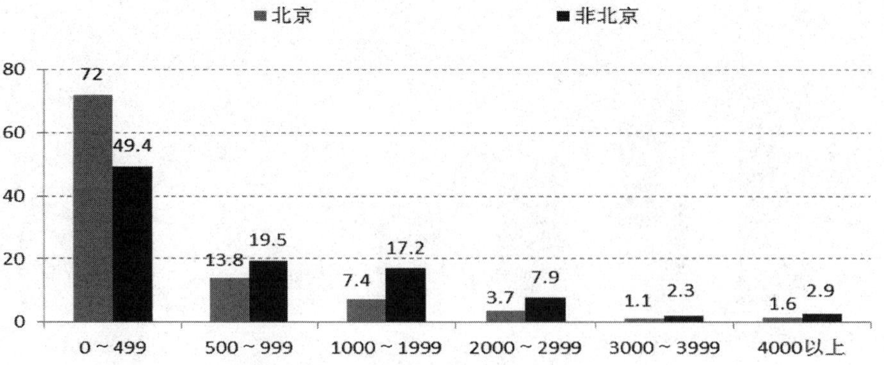

图 4-96　求职费用（%，元）

5. 面试数量

如图 4-97 所示，北京生源学生面试 5 ~9 次、15 ~19 次的比重较大，非北京生源学生面试 0 次、1 ~4 次的更多。面试 1 ~4 次、5 ~9 次、10 ~14 次为三大共性选择。集中度分别为 85.2% 和 83.2%，前者更集中。平均面试 6.2 次和 5.7 次，前者更积极。

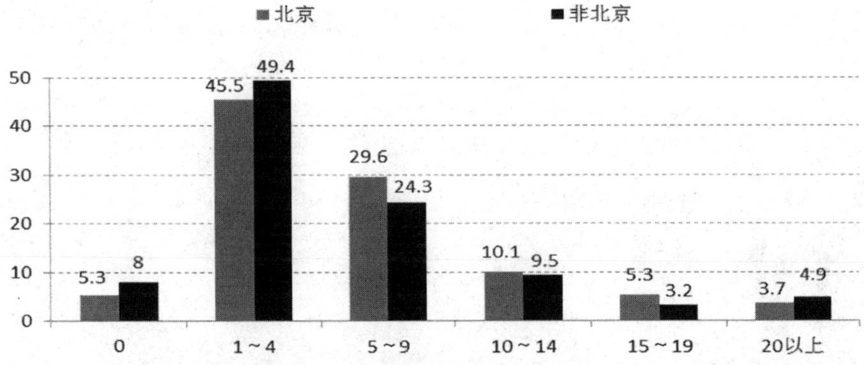

图 4-97　面试次数（%，次）

6. 利用社会关系

北京生源大学生“用过、至关重要”、“用过、有些帮助”、“用过、没有帮助”、“没用过” 分别占 19.6%、34.4%、6.3%、38.1%，非北京生源大学生分别占 13.2%、28%、7.8%、50.3%。动用社会关系的占 60.3% 和 49%，表明北京生源大学生更多地运用了社会关系，而且在就业中发挥了较强的作用。

（三）就业结果

1. 接收单位

如图 4-98 所示。北京生源大学生获得 1 家、2 ~4 家的比重较大，非北京生

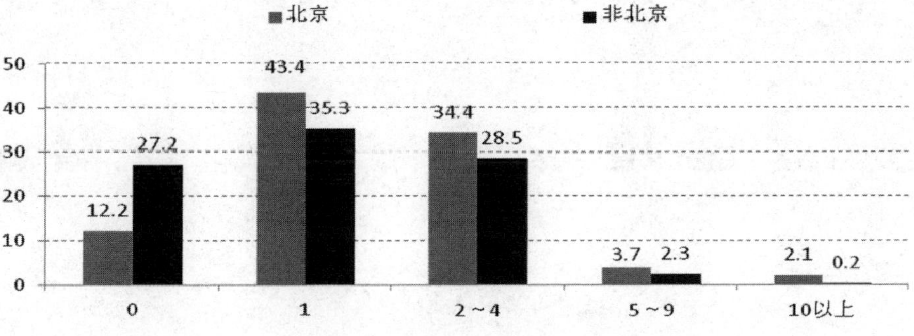

图 4-98　接收单位数量（%，家）

源大学生无接收单位的更多。1家、2~4家和0家为三大选择。平均接收单位分别为2.1和1.5家，前者拥有较大的优势。

2. 就业率

狭义就业率分别为64%和37.62%，广义就业率分别为70.9%和44.73%，体现出生源地的重要影响。

3. 实现就业的情况

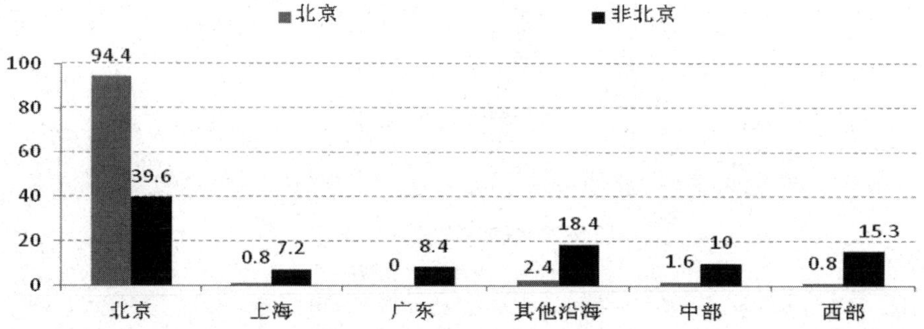

图4-99 就业地区（%）

（1）就业地区分布。如图4-99所示。第一，选项比较。北京生源大学生在北京就业的概率高出五成多；非北京生源大学生更多地分布于上海、广东、其他沿海和中西部等地区。第二，三大选择。北京生源学生几乎全部在北京就业，对于非北京生源学生，北京、其他沿海地区和西部地区为三大选择。第三，分布状

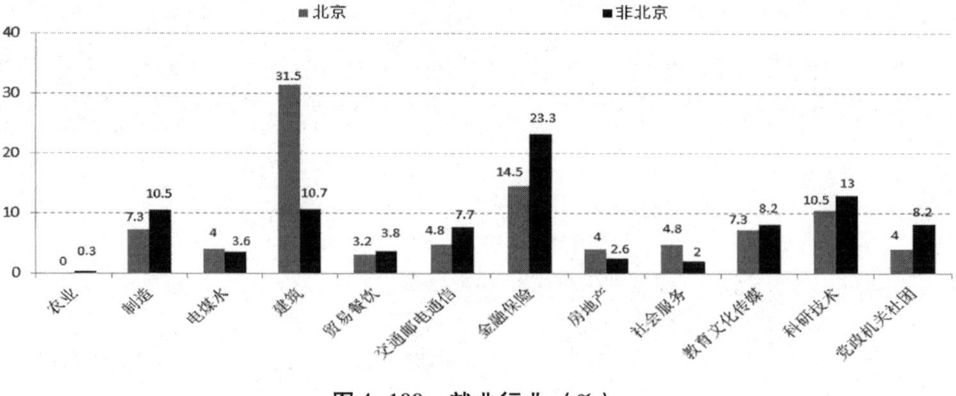

图4-100 就业行业（%）

态。集中度分别为 98.4% 和 73.3%，前者更集中。第四，水平高低。北京比分别为 94.4% 和 39.6%，沿海比分别为 97.6% 和 73.6%，显然，前者的就业地区较发达。

（2）就业行业分布。如图 4-100 所示，北京生源大学生在建筑、社会服务的比例较高，非北京生源大学生在制造、交通邮电通信、金融保险、科研技术、党政机关社团就业的较高。金融保险、科研技术、建筑为共同的三大选择。集中度分别为 56.5% 和 47%，前者更集中。高工资行业比分别为 45.1% 和 64%，后者的行业实力和发展潜力较强。

（3）单位性质分布。如图 4-101 所示，北京生源大学生在国企、个体民企有轻微的优势，非北京生源大学生在党政机关、外企就业的更高。国企、个体民企、其他事业单位是共同的三大选择。集中度分别为 79.1% 和 71.9%，前者更集中。体制内单位比分别为 72.6% 和 71.6%，前者更稳定。

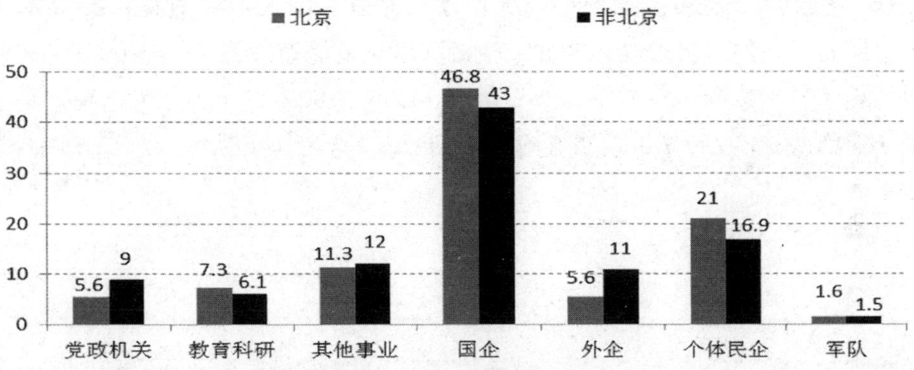

图 4-101 就业单位性质（%）

（4）单位承诺月薪。如图 4-102 所示，北京生源大学生的承诺月薪为 4000 元以内的更多，而非北京生源大学生的承诺月薪为 4000 元以上的更多。除 3000～3999元、4000～4999 元以外，2000～2999 元为前者的主要分布，5000～5999 元为后者的主要分布。集中度分别为 87.1% 和 77.5%，前者更集中。平均承诺月薪为 3533.3 和 4208.2 元，后者更高。

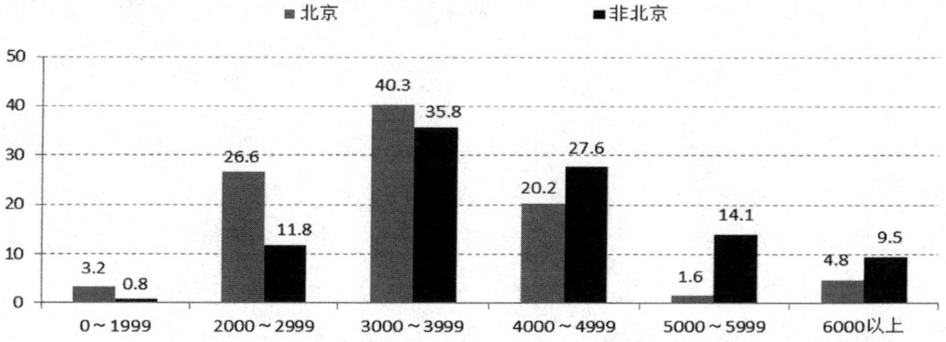

图 4-102　**单位承诺月薪（%，元）**

（5）专业对口程度。北京生源大学生的不对口、基本对口、对口分别占 23.4%、44.4%、32.3%，非北京生源大学生分别占 19.2%、51.9%、28.6%。对口率为 76.7% 和 80.5%，后者较高。

（6）就业满意程度。如图 4-103 所示，北京生源大学生的满意度为 20%～40%、80% 以上的比重较高，非北京生源大学生的满意度为 40%～60%、60%～80% 的更多。满意度为 60%～80%、40%～60%、80% 以上为三大选择。集中度分别为 89.6% 和 92.9%，后者更集中。平均满意度为 68.4% 和 65.5%，前者更高。

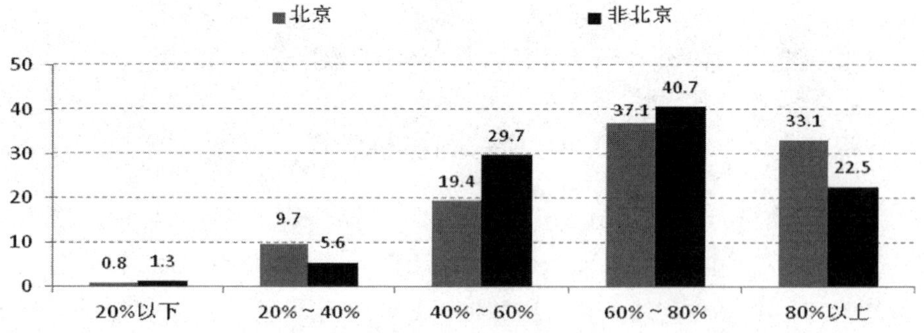

图 4-103　**就业满意度（%）**

4. 未实现就业情况

如图 4-104 所示，专业、英语和计算机、就业形势对北京生源大学生的就业不利影响更大，而政治面貌、性别、工作经验、户籍制度对非北京生源大学生的不利影响更大。除专业不好、预期太高以外，就业形势是前者的主要障碍，经验不足是后者的主要障碍。集中度分别为 33.3% 和 34.2%，后者更集中。

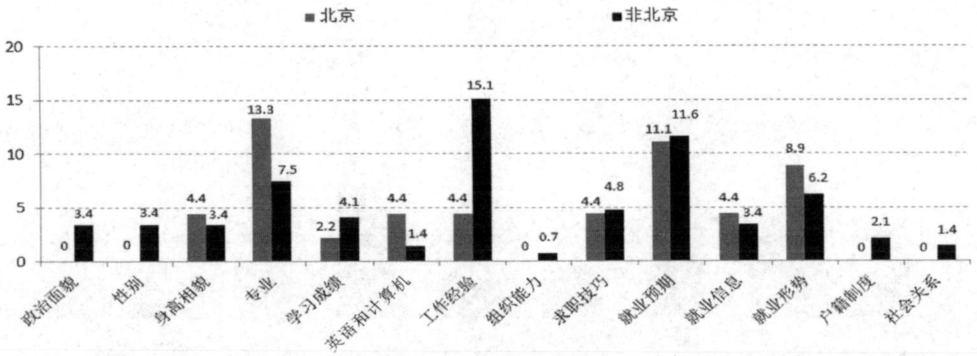

图 4-104　求职不成功的最主要影响因素（%）

（四）基本结论

第一，大学生就业意愿：差异明显。北京生源大学生的就业地区期望、城乡期望、单位性质期望较高；非北京生源大学生的行业期望和月薪期望较高。

第二，大学生就业行为：分层明显。北京生源大学生投递简历、主动联系、参加面试更加积极，而且运用了更多的社会关系；非北京生源大学生在收集信息、费用支付方面更努力。

第三，大学生就业结果：前者较好。北京生源大学生的接收单位较多，就业率较高，北京比和体制内单位比较高，就业满意度较高；而非北京生源大学生在行业、月薪收入和专业对口度方面有一定的优势。总体来看，北京生源大学生在就业方面具有明显的优势。

五、不同城乡生源的大学生就业状况

在 1411 名大学生中，来自城镇的大学生的有 866 人，来自农村的大学生的有 528 人。

（一）就业意愿

如图 4-105 所示。第一，选项比较。城镇生源大学生更看重单位的类型和规模、发展机会和就业环境，而农村生源大学生更看重专业对口、薪酬福利。第二，三大选择。除兴趣偏好、薪酬福利以外，发展机会是城镇生源学生的主要选择，专业对口是农村生源学生的主要选择。第三，分布状态。集中度分别为55.3%和59.1%，后者更集中。

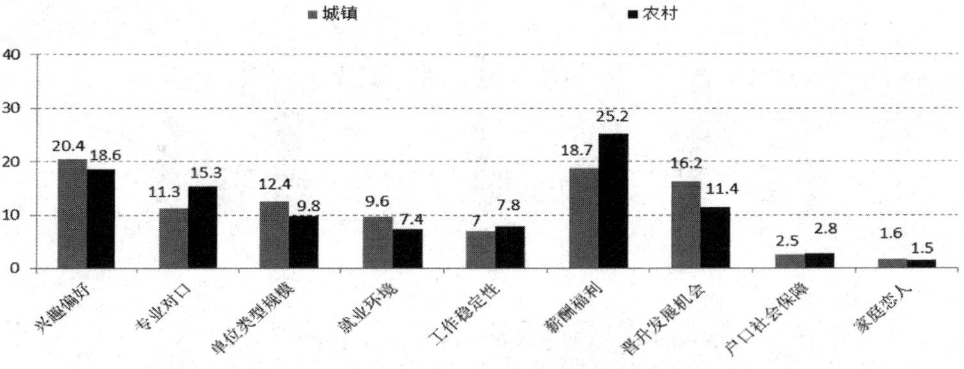

图4-105　择业时最看重的因素（%）

1. 地区期望

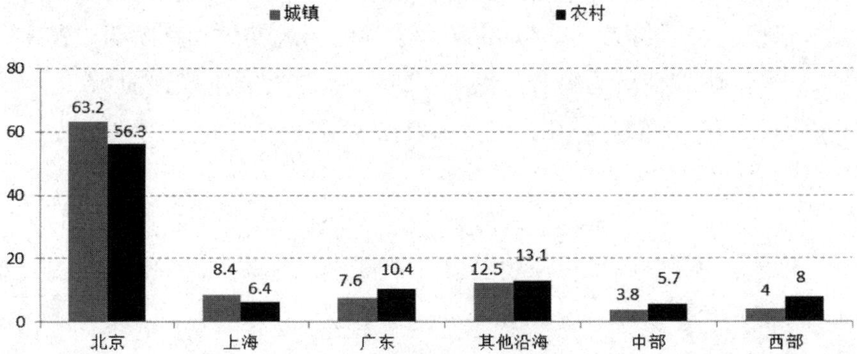

图4-106　最希望的就业地区（%）

如图4-106所示。第一，选项比较。城镇生源大学生希望在北京、上海就业的比重较高，农村生源大学生更希望在广东和广大的西部地区就业。第二，三大选择。北京占绝对优势，其次是其他沿海地区，接下来，城镇生源大学生选择上海的更多，农村生源大学生选择广东的更多。第三，分布状态。集中度分别为84.1%和79.8%，前者更集中。第四，水平高低。北京比分别为63.2%和56.3%，沿海比分别为91.7%和86.2%，即城镇生源大学生的地区期望明显更高。

2. 城乡期望

对于城镇生源大学生来说，29.1%的愿意去农村工作，70.6%的不愿意去农村工作；对于农村生源大学生，45.8%的愿意去农村工作，53.8%的不愿意去农村工作。前者的城乡期望较高。

3. 行业期望

如图4-107所示，城镇生源大学生更倾向于交通邮电通信、金融保险，农村生源大学生更倾向于社会服务、科研技术。除金融保险、教育文化和传媒以外，党政机关和社团为前者的主要选择，科研技术为后者的主要选择。集中度分别为50.8%和45.3%，前者更集中。高工资行业比分别为71.5%和66.3%，前者的期望较高。

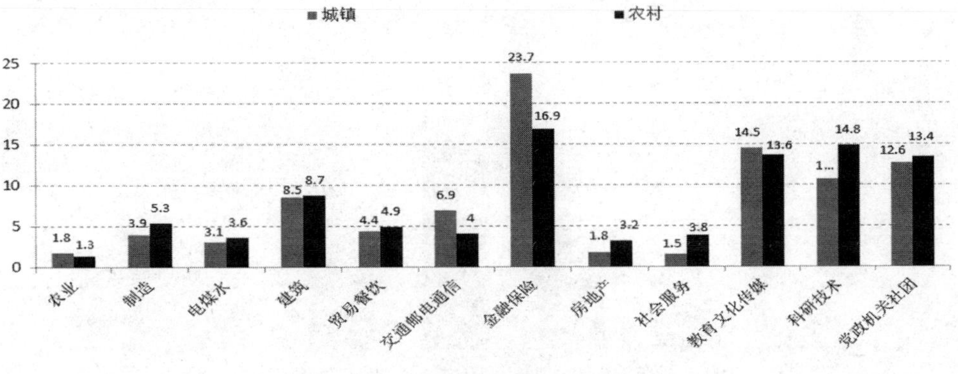

图4-107 最希望的就业行业（%）

4. 性质期望

如图4-108所示，城镇生源大学生更倾向于外企，而农村生源大学生更倾向于教育和科研机构，差异不大。国企、党政机关是两者的共同选择，前者的另一

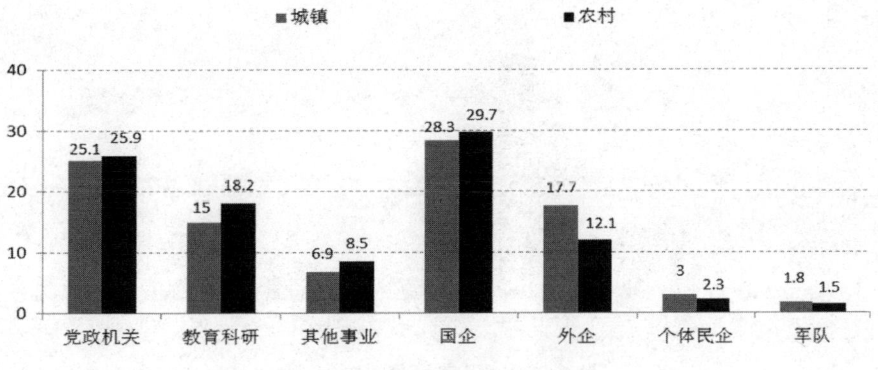

图4-108 最希望的就业单位性质（%）

大选择是外企，后者的另一大选择是教育和科研机构。集中度分别为 71.1% 和 73.8%，后者更集中。体制内单位比分别为 77.1% 和 83.8%，后者的性质期望偏高。

5. 期望月薪

如图 4-109 所示，城镇生源大学生选择 6000 ~ 6999 元和 7000 元以上的更多，而农村生源大学生选择 3000 ~ 3999 元、4000 ~ 4999 元的更多。除 4000 ~ 4999 元、5000 ~ 5999 元以外，7000 元以上成为前者的主要选择，3000 ~ 3999 元为后者的主要选择。集中度分别为 71.4% 和 74.4%，后者更集中。平均期望月薪分别为 5302.9 元和 5025.9 元，前者更高。

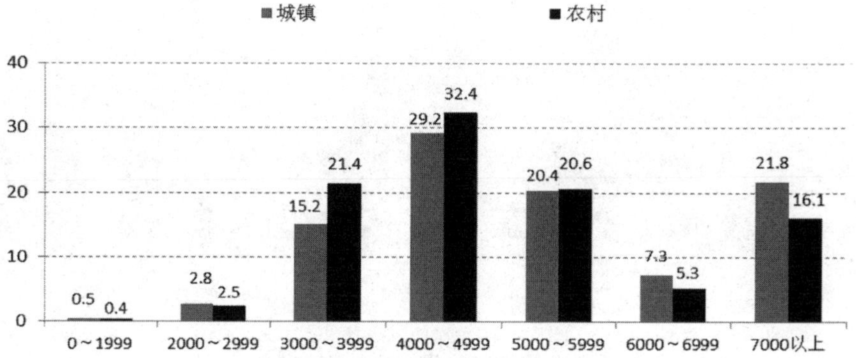

图 4-109　期望月薪（%，元）

如图 4-110 所示。城镇生源大学生的保底月薪选择为 4000 ~ 4999 元、5000 ~ 5999元、7000 元以上的更多，农村生源大学生选择 3000 ~ 3999 元的更多。

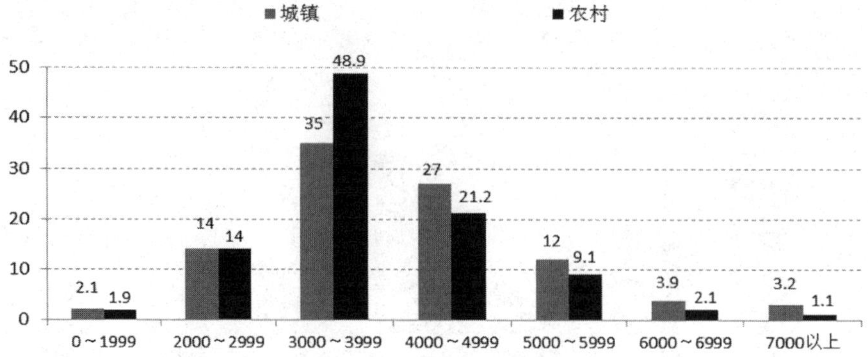

图 4-110　保底月薪（%，元）

3000～3999 元、4000～4999 元、2000～2999 元为三大选择。平均期望月薪分别为 4081.9 元和 3819.8 元，前者较高。

（二）就业行为

1. 收集信息

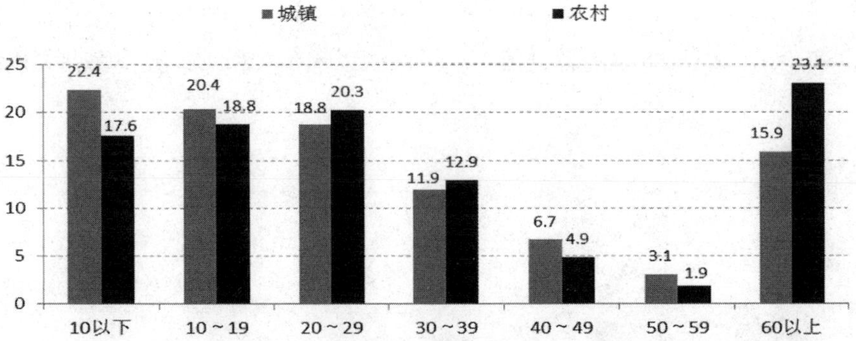

图 4-111 收集信息的时间（%，小时）

如图 4-111 所示。第一，选项比较。城镇生源大学生收集信息 10 小时以下的更多，农村生源大学生收集信息为 60 小时以上的更多。第二，三大选择。除 10～19 小时、20～29 小时，10 小时以下为前者的主要选择，60 小时以上为后者的主要选择。第三，分布状态。集中度分别为 61.6% 和 62.2%，后者更集中。第四，水平高低。平均收集信息 28.3 小时和 31.7 小时，后者更积极。

2. 投递简历

如图 4-112 所示，城镇生源大学生投递简历 10 份以下的更多，农村生源大

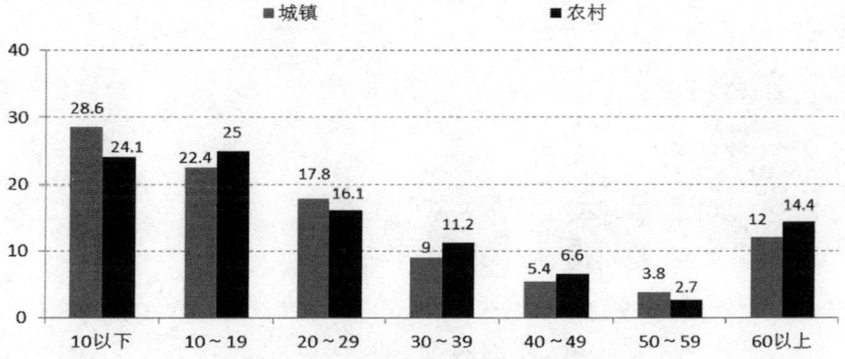

图 4-112 投递简历数量（%，份）

学生投简历 10～19 份、30～39 份、60 份以上的更多。10 份以下、10～19 份、20～29 份成为两者共同的三大选择。集中度分别为 68.8% 和 65.2%，前者更集中。平均收集信息 25 小时和 26.7 小时，后者在投简历方面更积极。

3. 主动联系

如图 4-113 所示，城镇生源大学生联系 1～4 次的比重较大，农村生源大学生联系 5～9 次的更多。联系 1～4 次、0 次、联系 5～9 次为共同的三大选择。集中度分别为 90.3% 和 88.8%，前者更集中。平均联系 3.9 次和 4.3 次，后者更积极。

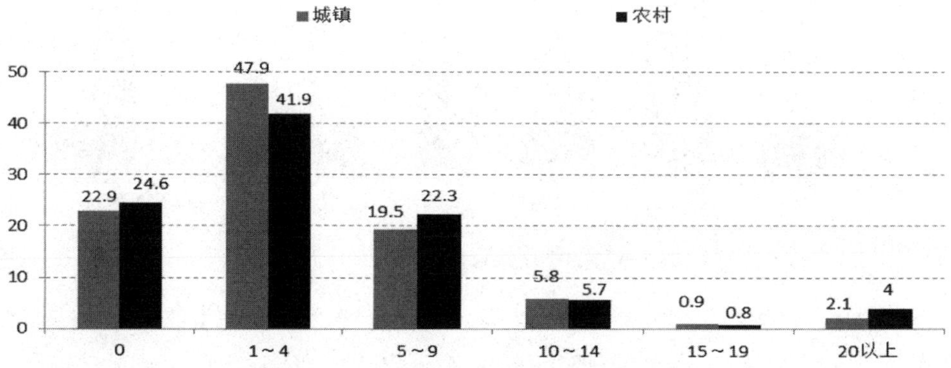

图 4-113 主动联系次数（%，次）

4. 求职费用

如图 4-114 所示，城镇生源大学生在 500 元以下、4000 元以上的比重较大，而农村生源大学生在 1000～1999 元、2000～2999 元的比重较大，但差异很小。

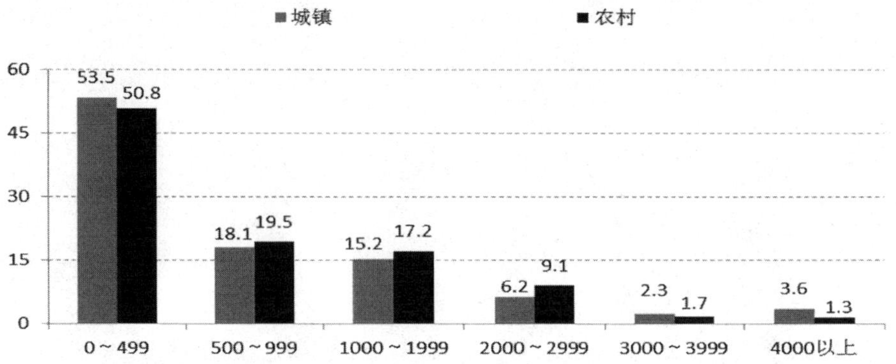

图 4-114 求职费用（%，元）

500元以下、500～999元、1000～1999元为共同的三大选择。集中度分别为86.8%和87.5%，后者更集中。平均求职费用为905.5元和881.7元，前者更高，这可能与家庭收入状况相关。

5. 面试数量

如图4-115所示，城镇生源大学生的面试1～4次的更多，而农村生源大学生面试5～9次的更多，但差异很小。面试1～4次、5～9次、10～14次为共同的三大选择。集中度分别为81.8%和86.4%，后者更集中。平均面试5.8次和5.9次，后者偏高。

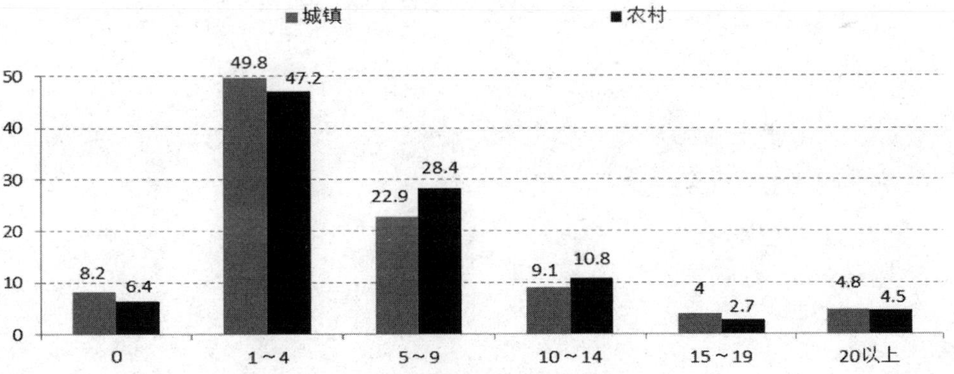

图4-115　面试次数（%，次）

6. 利用社会关系

城镇生源大学生“用过、至关重要”、“用过、有些帮助”、“用过、没有帮助”、“没用过”分别占17.3%、30.7%、7.7%、43.2%，农村生源大学生分别占8.7%、26.5%、6.8%、57.6%。动用社会关系的占55.7%和42%，前者更高。

（三）就业结果

1. 接收单位

如图4-116所示。城镇生源大学生获得1家的比重较大，而农村生源大学生，无接收单位的更多。1家、2～4家和0家为三大选择。平均接收单位均为1.6家，没差异。

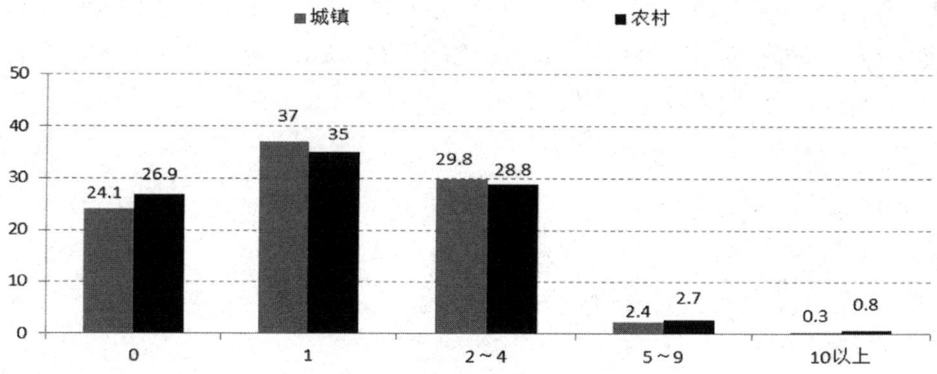

图 4-116　接收单位数量（%，家）

2. 就业率

狭义就业率分别为 42.6% 和 40.49%，广义就业率分别为 49.85% 和 47.41%，城镇生源大学生更高。

3. 实现就业的情况

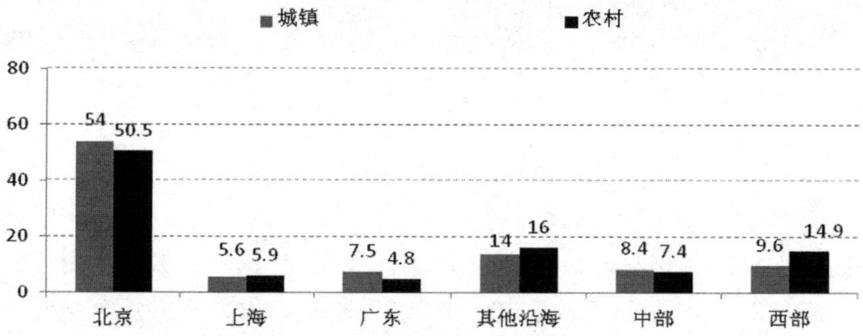

图 4-117　就业地区（%）

（1）就业地区分布。如图 4-117 所示。第一，选项比较。城镇生源大学生在北京、广东就业的概率较高；农村生源大学生在其他沿海地区和西部地区就业的更多。第二，三大选择。除了北京之外，其他沿海和西部地区是两大共同选择。第三，分布状态。集中度分别为 77.6% 和 81.4%，后者更集中。第四，水平高低。北京比分别为 54% 和 50.5%，沿海比分别为 81.1% 和 77.2%，前者的就业地区较好。

（2）就业行业分布。如图 4-118 所示，城镇生源大学生在交通邮电通信、金融保险、党政机关和社团就业的比例较高，而农村生源大学生在制造、电煤水供应、建筑、教育文化和传媒就业的更多。除金融保险、建筑以外，科研技术为前者的主要选择，制造为后者的主要选择。集中度分别为 49% 和 50%，后者更集中。高工资行业比分别为 63.3% 和 53.7%，前者质量较高。

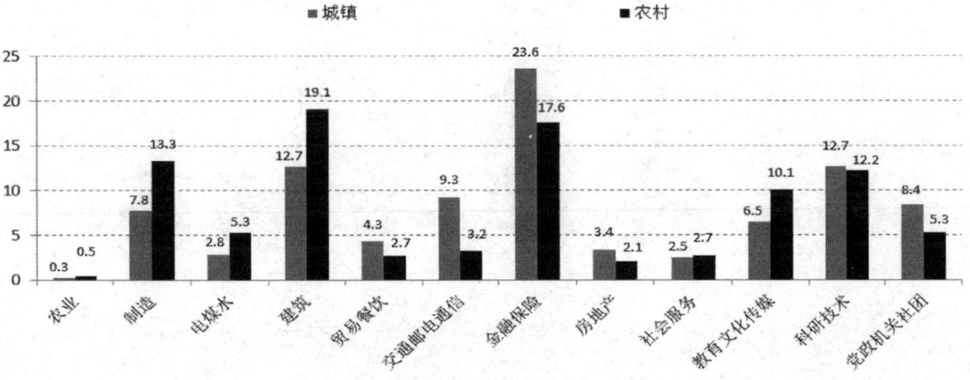

图 4-118　就业行业（%）

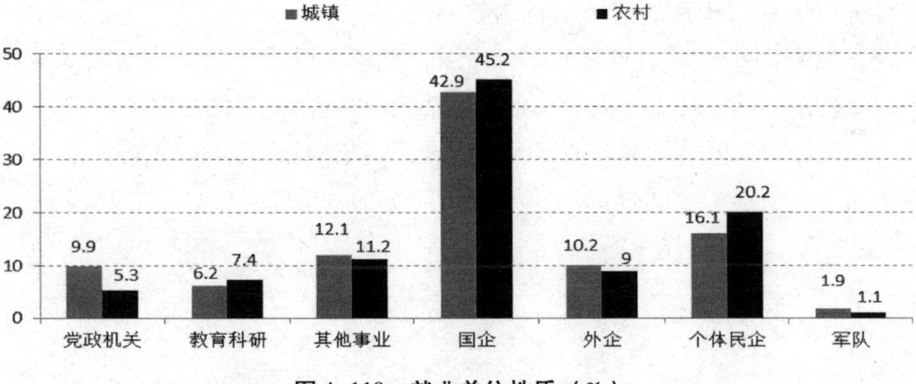

图 4-119　就业单位性质（%）

（3）单位性质分布。如图 4-119 所示，城镇生源大学生在党政机关有轻微的优势，而农村生源大学生在国企、个体民企就业的更多，但差异很小。国企、个体民企、其他事业单位是两大群体的三大共同选择。集中度分别为 71.1% 和 76.6%，后者更集中。体制内单位比分别为 73% 和 70.2%，前者的单位性质更稳定。

（4）单位承诺月薪。如图 4-120 所示，城镇生源大学生的承诺月薪为 6000 元以上的更多，而农村生源大学生的承诺月薪为 2000～2999 元、3000～3999 元、

5000～5999元的更多。3000～3999元、4000～4999元、2000～2999元为三大共同选择。集中度分别为76.7%和79.8%，后者更集中。平均承诺月薪为4093.4元和3994.7元，前者有一定的收入优势。

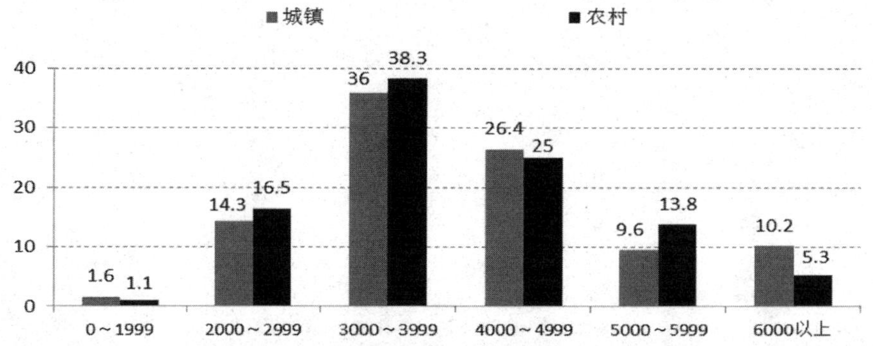

图4-120　单位承诺月薪（%，元）

（5）专业对口程度。对于城镇生源大学生，不对口、基本对口、对口分别占19.6%、52.2%、28%，农村生源大学生分别占21.8%、47.3%、30.9%。对口率分别为80.2%和78.2%，前者较高。

（6）就业满意程度。如图4-121所示，城镇生源大学生的满意度为80%以上的比重较高，而农村生源大学生的满意度为20%～40%的更多。60%～80%、40%～60%、80%以上是两者的三大共同选择。集中度分别为93.2%和90.5%，前者更集中。平均满意度为66.8%和65.1%，前者偏高。

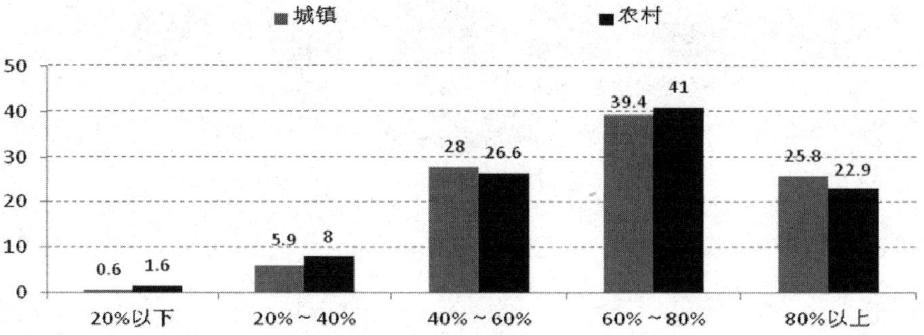

图4-121　就业满意度（%）

4. 未实现就业情况

如图4-122所示，专业、信息不足对于城镇生源大学生的就业不利影响更大，而成绩不好、工作经验、求职技巧对于农村生源大学生的不利影响更大。除预期太高、经验不足以外，专业不好是前者的主要障碍，成绩不好是后者的主要障碍。集中度分别为 32.2% 和 34.8%，后者更集中。

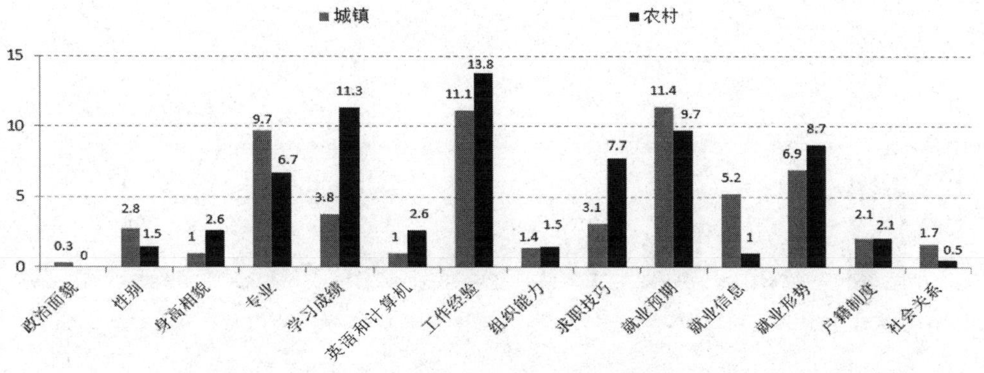

图 4-122　求职不成功的最主要影响因素（%）

（四）基本结论

第一，大学生就业意愿：前者较高。来自城镇的大学生的就业地区期望、城乡期望、行业期望和月薪期望都较高；来自农村的大学生的性质期望较高。受生活环境的影响，城镇生源大学生的期望较高具有一定的合理性。

第二，大学生就业行为：前者消极。城镇大学生的费用支出较多，运用了更多的社会资本；农村大学生在收集信息、投递简历、主动联系、面试方面更加努力。总体上，后者的求职行为更积极。

第三，大学生就业结果：前者较好。城镇生源大学生的就业率较高，就业地区、行业、性质较好，工资收入、对口度、满意度较高。农村大学生的求职行为积极，而就业结果较差，有一定的不合理性。

六、不同家庭收入的大学生就业状况

在 1411 名大学生中，来自 3000 元以上的高收入家庭大学生有 653 人，3000 元以下的低收入家庭的大学生有 748 人。

（一）就业意愿

如图 4-123 所示。第一，选项比较。高收入家庭大学生更看重单位类型模型、发展机会，低收入家庭大学生更看重薪酬福利。第二，三大选择。除兴趣偏好、薪酬福利以外，发展机会是高收入家庭子女的一大选择，专业对口是低收入家庭子女的主要选择。第三，分布状态。集中度分别为54%和57.5%，后者更集中。

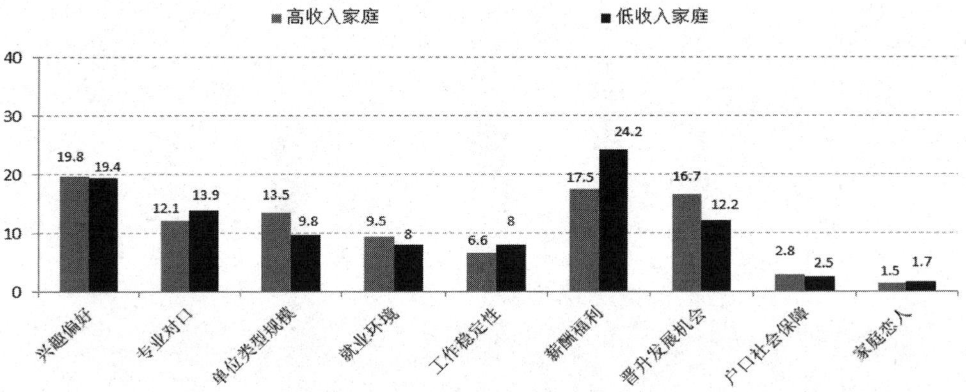

图4-123　择业时最看重的因素（%）

1. 地区期望

如图4-124所示。第一，选项比较。人均家庭月收入3000元以上的大学生，希望在北京、广东就业的比重较高，家庭月收入3000元以下的大学生更希望在中西部地区就业。第二，三大选择。北京、其他沿海地区、广东是共同的主要选择。第三，分布状态。集中度分别为84.8%和79.9%，前者更集中。第四，水平高低。北京比分别为62.9%和58.6%，沿海比分别为92.3%和87.4%。也就是说，家庭越富裕，其子女越可能选择在经济发达地区和大城市就业。

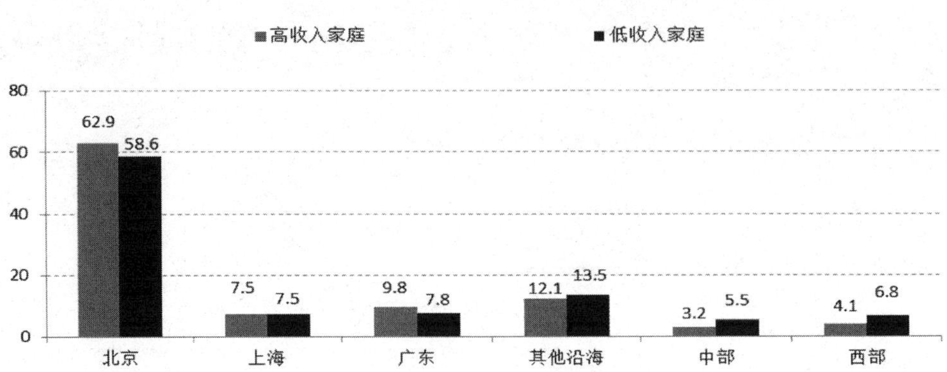

图4-124　最希望的就业地区（%）

2. 城乡期望

对于高收入家庭大学生来说，28.6%的愿意去农村工作，70.9%的不愿意去农村工作；低收入家庭大学生，41.3%的愿意去农村工作，58.3%的不愿意去农村工作。即富裕家庭的子女更不愿意去农村就业。

3. 行业期望

如图 4-125 所示，高收入家庭大学生更倾向于建筑、金融保险，低收入家庭大学生更倾向于交通邮电和通信、社会服务、科研技术。除金融保险、教育文化和传媒以外，党政机关和社团为前者的主要选择，科研技术为后者的主要选择。集中度分别为 51.6% 和 45.3%，前者更集中。高工资行业比分别为 69.5% 和 69.4%，前者偏高。

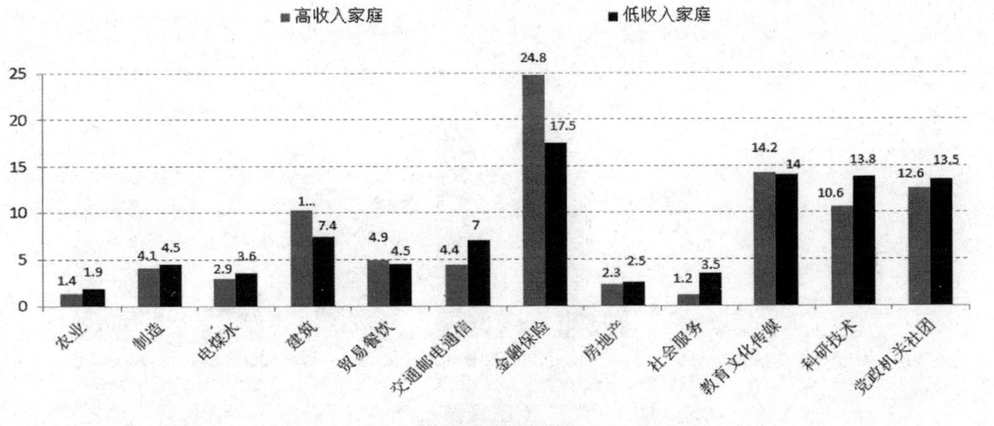

图 4-125 最希望的就业行业（%）

4. 性质期望

如图 4-126 所示，高收入家庭大学生更倾向于其他事业单位、国企、外企、低收入家庭大学生更倾向于党政机关、教育和科研机构，但差异不大。除国企、党政机关以外，外企是前者的主要选择，科研技术是后者的主要选择。集中度分别为 70.9% 和 72.1%，后者更集中。体制内单位比分别为 79.1% 和 80.1%，后者的期望偏高。

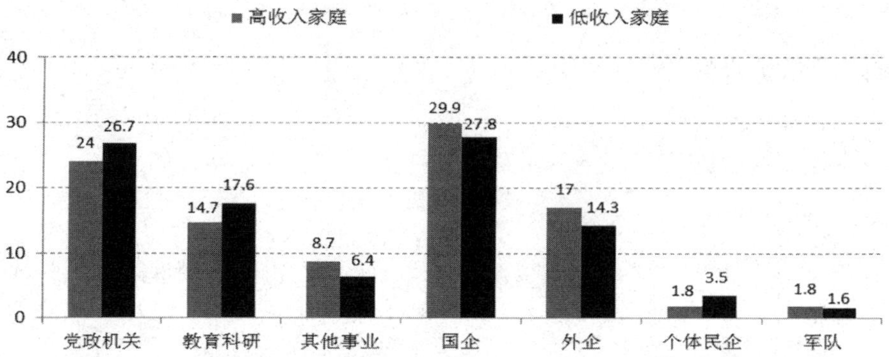

图 4-126　最希望的就业单位性质（%）

5. 期望月薪

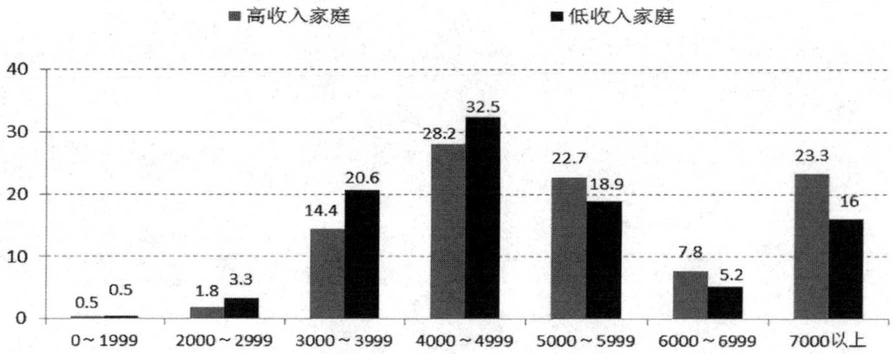

图 4-127　期望月薪（%，元）

如图 4-127 所示，高收入家庭大学生选择 5000～7000 元以上的更多，而低收入家庭大学生选择 3000～4999 元的更多。除 4000～4999 元、5000～5999 元以外，7000 元以上是前者的主要选择，3000～3999 元是后者的主要选择。集中度分别为 74.2% 和 72%，前者偏集中。平均期望月薪分别为 5396.7 元和 4997.2 元，前者更高。

如图 4-128 所示，高收入家庭大学生的保底月薪为 4000～4999 元、5000～5999 元的更多，低收入家庭大学生选择 2000～2999 元、3000～3999 元的更多。除 3000～3999 元、4000～4999 元以外，5000～5999 元是前者的主要选择，2000～2999元是后者的主要选择。平均保底月薪为 4151.6 元和 3824.6 元，前者更高。

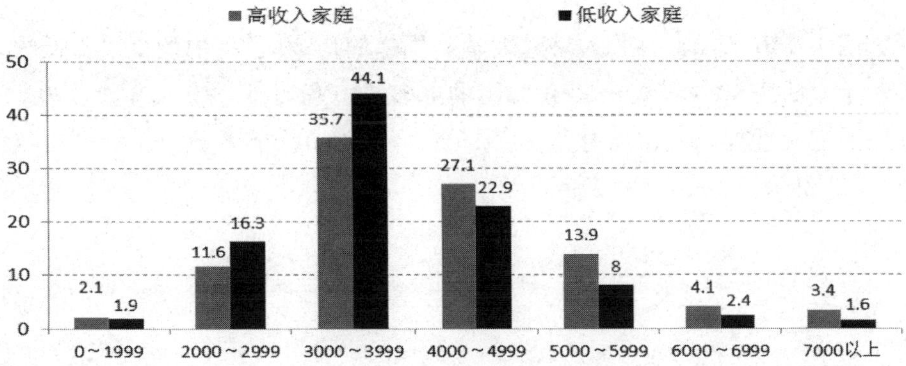

图 4-128　保底月薪（%，元）

（二）就业行为

1. 收集信息

如图 4-129 所示。第一，选项比较。高收入家庭大学生收集信息 10 小时以下、10～19 小时的更多，低收入家庭大学生收集信息20～29小时、60 小时以上的更多。第二，三大选择。除 10 小时以下、10～19 小时以外，20～29 小时为前者的主要选择，60 小时以上为后者的主要选择。第三，分布状态。集中度分别为 62.6% 和 60.8%，前者更集中。第四，水平高低。平均收集信息 27.9 小时和 31.2 小时，后者更积极。

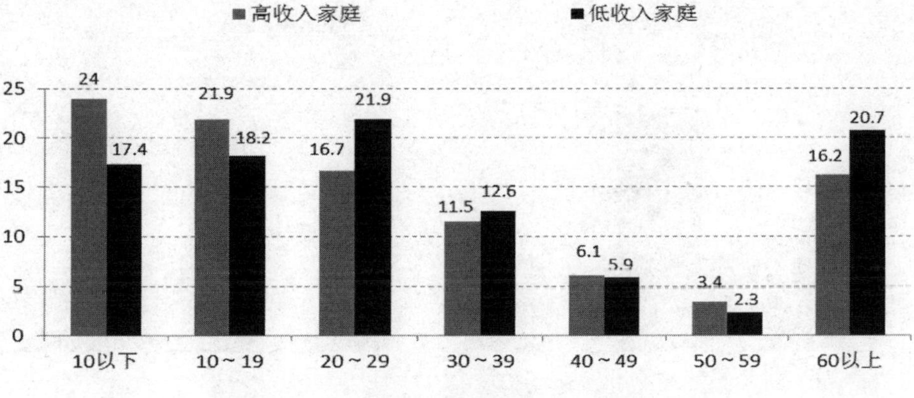

图 4-129　收集信息的时间（%，小时）

2. 投递简历

如图4-130所示，高收入家庭大学生投递简历20份以内的更多，低收入家庭大学生投简历30～39份、60份以上的更多。10份以下、10～19份、20～29份为共同的三大选择。集中度分别为71.9%和63.7%，前者更集中。平均收集信息23.5份和27.5份，后者更多。

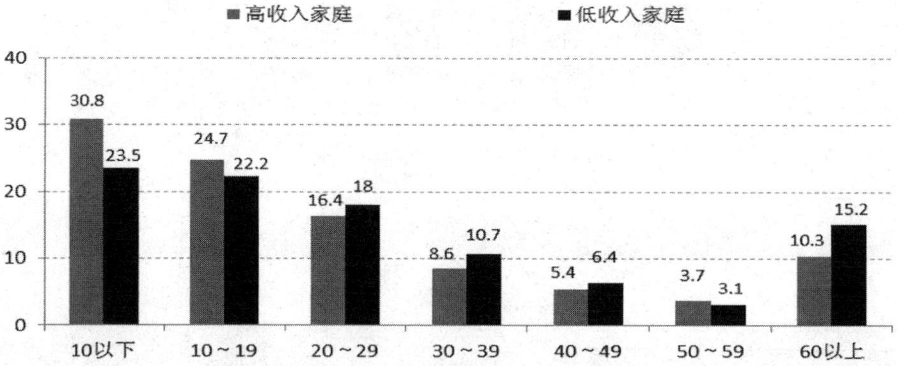

图4-130 投递简历数量（%，份）

3. 主动联系

如图4-131所示，高收入家庭大学生从未联系过的更多，低收入家庭大学生联系5～9次的更多。联系1～4次、5～9次、0次为共同的三大选择。集中度分别为89.7%和89.8%，后者偏大。平均联系分别为3.9次和4.2次，后者更加努力。

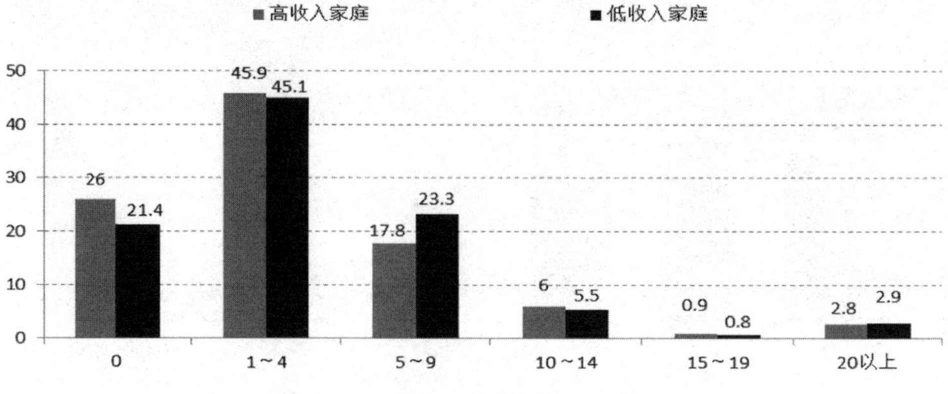

图4-131 主动联系次数（%，次）

4. 求职费用

如图 4-132 所示，高收入家庭大学生在 500 元以内、4000 元以上的比重较大，而低收入家庭大学生 500 ~ 999 元、1000 ~ 1999 元、2000 ~ 2999 元的比重较大。500 元以下、1000 ~ 1999 元、500 ~ 999 元为共同的选择。集中度分别为 86.7% 和 87.4%，后者更集中。平均求职费用为 811.7 元和 907.1 元，后者更高。

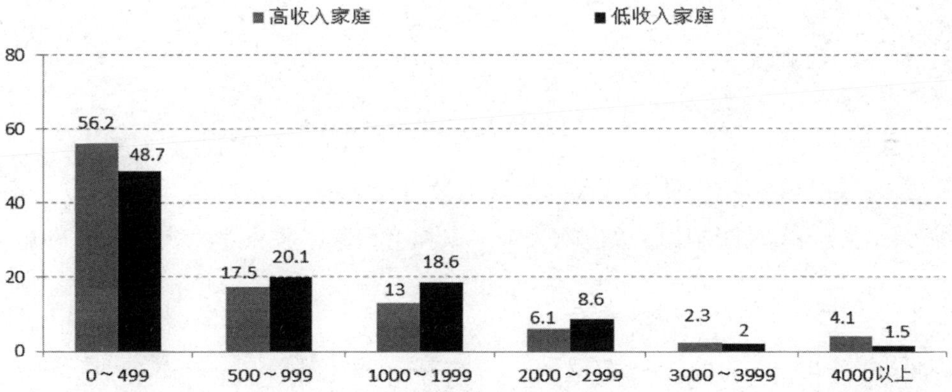

图 4-132　求职费用（%，元）

5. 面试数量

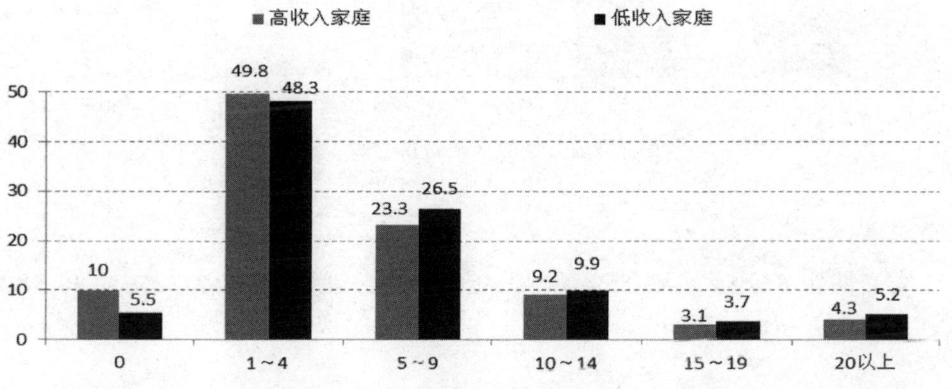

图 4-133　面试次数（%，次）

如图 4-133 所示，高收入家庭大学生没有面试的更多，低收入家庭大学生面试 5 ~9 次的更多。除面试 1 ~4 次、5 ~9 次以外，0 次为前者的主要选择，10 ~

14 次为后者的主要选择。集中度分别为 83.1% 和 84.7%，后者更集中。平均面试 5.5 次和 6.1 次，后者更多。

6. 利用社会关系

高收入家庭大学生“用过、至关重要”、“用过、有些帮助”、“用过、没有帮助”、“没用过”分别占 19.3%、28.8%、7.4%、43.8%，低收入家庭大学生分别占 9.4%、29.5%、7.8%、52.5%。动用社会关系的占 55.5% 和 46.7%，前者更多地运用了社会资本。

（三）就业结果

1. 接收单位

如图 4-134 所示，低收入家庭大学生没有接收单位的更多。1 家、2～4 家和 0 家为三大选择。平均接收单位均为 1.7 家和 1.5 家，收入水平有一定的影响。

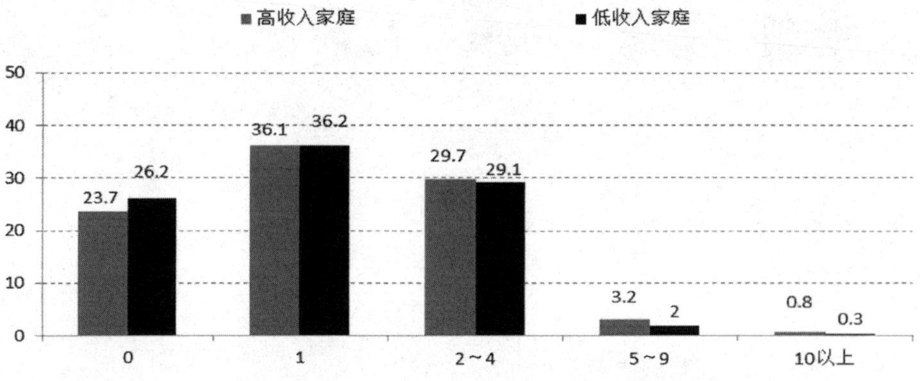

图 4-134　接收单位数量（%，家）

2. 就业率

狭义就业率分别为 43.55% 和 40.45%，广义就业率为 52.22% 和 46.18%，富裕家庭子女的就业率更高。

3. 实现就业的情况

（1）就业地区分布。如图 4-135 所示。第一，选项比较。高收入家庭大学生在北京就业的概率高出 10 多个百分点，在上海也有一定的优势；低收入家庭的大学生更多地在其他沿海和中西部地区就业。第二，三大选择。除了北京，高收入家庭子女更多地选择其他沿海地区、上海和西部地区，低收入家庭子女更多地选择其他沿海地区和西部地区。第三，分布状态。集中度分别为 78.4% 和 79.9%，后者更集中。第四，水平高低。北京比分别为 60% 和 46%，沿海比分别为 84.4% 和 75.3%，前者的地区质量较高。

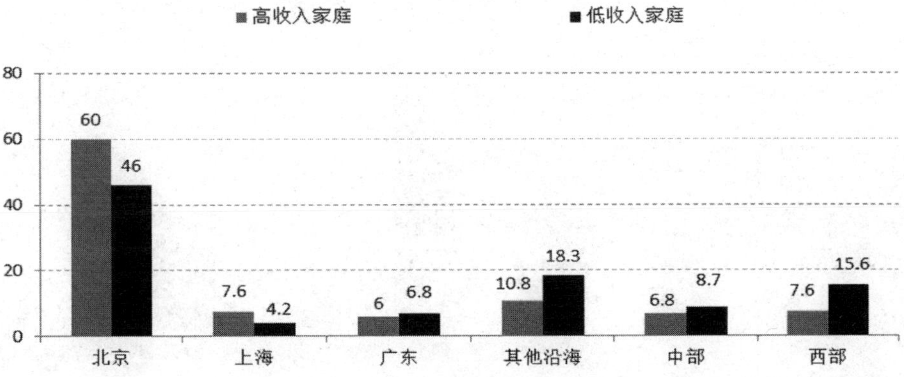

图 4-135　就业地区（%）

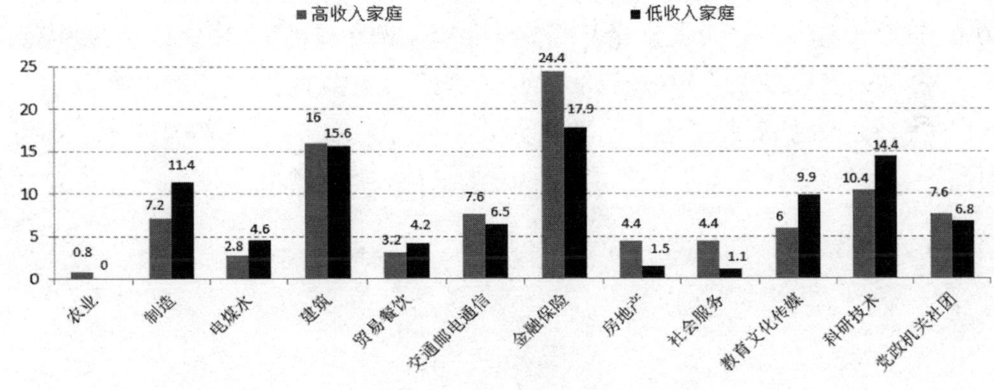

图 4-136　就业行业（%）

（2）就业行业分布。如图 4-136 所示，高收入家庭大学生在金融保险、房地产、社会服务的比例较高，低收入家庭大学生在制造、教育文化和传媒、科研技术的比例较高。金融保险、建筑、科研技术是两者的三大共同选择。集中度分别为 50.8% 和 47.9%，前者更集中。高工资行业比分别为 58.8% 和 60.1%，后者更好。

（3）单位性质分布。如图 4-137 所示，高收入家庭大学生在其他事业单位、外企、军队有轻微的优势，而低收入家庭大学生在教育和科研、国企和个体民企就业的比例较高。国企、个体民企、其他事业单位，是两大群体的共同选择。集中度分别为 69.2% 和 77.5%，后者更集中。体制内单位比分别为 68.8% 和 74.9%，后者较稳定。

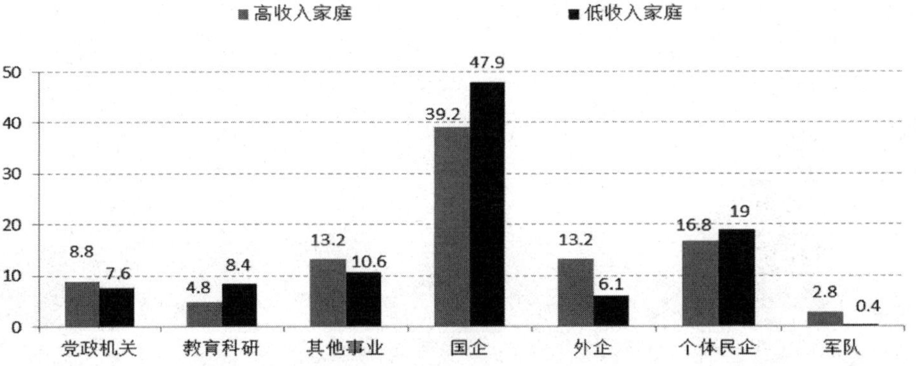

图 4-137　就业单位性质（%）

（4）单位承诺月薪。如图 4-138 所示，高收入家庭大学生的承诺月薪为 6000 元以上的更多，低收入家庭大学生为 2000～3999 元的更多。3000～3999 元、4000～4999 元、2000～2999 元为两大群体的三大共同选择。集中度分别为 72.4% 和 83.7%，后者更集中。平均承诺月薪为 4193.9 元和 3902.7 元，前者更高。

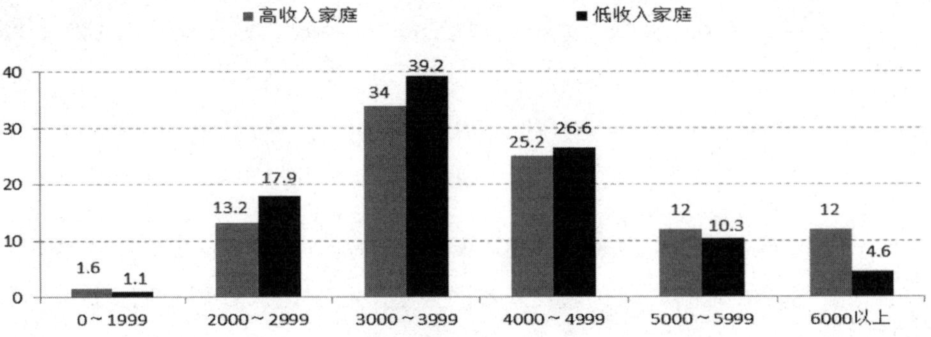

图 4-138　单位承诺月薪（%，元）

（5）专业对口程度。高收入家庭大学生的不对口、基本对口、对口分别占 19.2%、50.4%、30%，低收入家庭大学生分别占 20.5%、50.6%、28.9%。对口率分别为80.4%和79.5%，前者偏高。

（6）就业满意程度。如图4-139所示，高收入家庭大学生的满意度为80%以上的比重较高，低收入家庭大学生的满意度为40%～80%的更多。60%～80%、40%～60%、80%为三大共同选择。集中度分别为92%和91.7%，前者偏集中。平均满意度为68.2%和64.1%，前者更高。

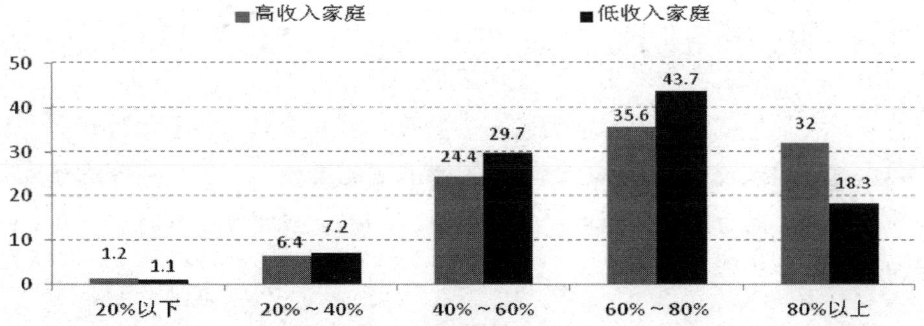

图4-139　就业满意度（%）

4. 未实现就业情况

如图4-140所示，就业预期对高收入家庭大学生的就业不利影响更大，而学习成绩、工作经验、求职技巧对低收入家庭大学生不利影响更大。预期太高、经验不足、专业不好是两者的共同选择。集中度分别为30.3%和31.8%，后者偏高。

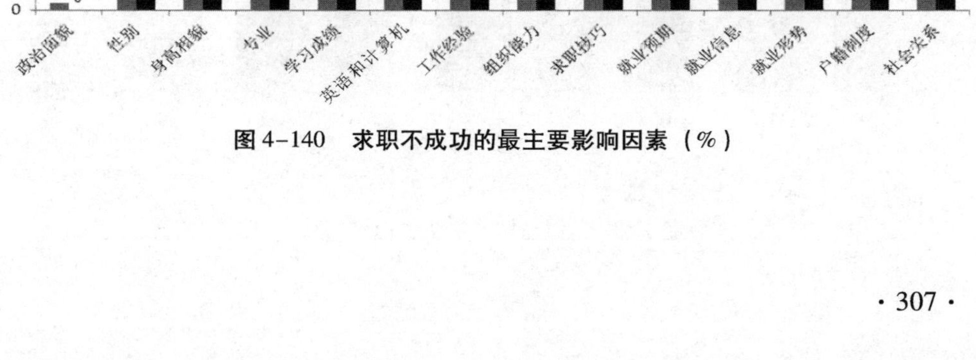

图4-140　求职不成功的最主要影响因素（%）

(四) 基本结论

第一，大学生就业意愿：前者较高。高收入家庭大学生就业的地区期望、城乡期望、行业期望，月薪期望较高；低收入家庭大学生的单位性质期望较高。总体上，高收入家庭子女的就业意愿较高，有一定的现实基础，但也可能导致就业困难。

第二，大学生就业行为：前者消极。高收入家庭大学生更多地运用了社会关系；低收入家庭大学生在收集信息、投简历、主动联系、参加面试方面更积极，费用支出更高。前者的求职努力程度明显低于后者。

第三，大学生就业结果：前者较好。高收入家庭子女的接收单位较多，就业率较高，就业地区较好，月薪较高，对口率和满意度较高；低收入家庭子女的行业和性质较好。前者的总体就业结果较好，寒门弟子找到好工作比较困难，具有一定的不合理性。

七、不同性别的大学生就业状况

在1411名大学生中，男生有782人，女生有595人。

(一) 就业意愿

如图4-141所示。第一，选项比较。男生更看重兴趣偏好、专业对口，而女生更看重就业环境、工作稳定性。第二，三大选择。薪酬福利、兴趣偏好和发展机会是共同的三大选择。第三，分布状态。集中度分别为56.6%和53.8%，前者更集中。

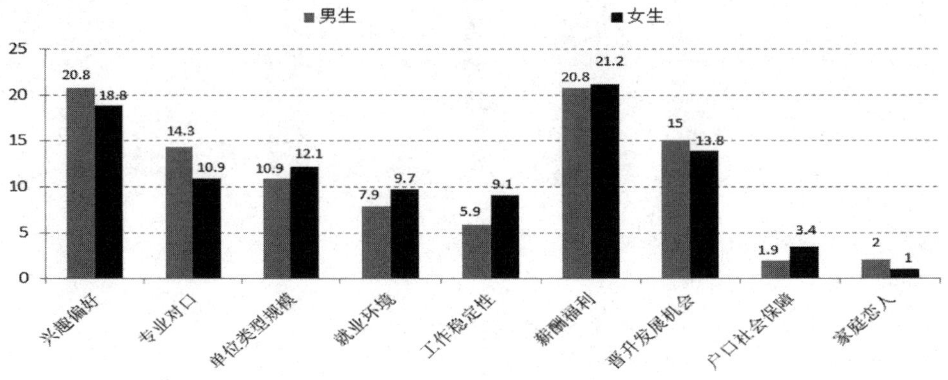

图4-141　择业时最看重的因素（%）

1. 地区期望

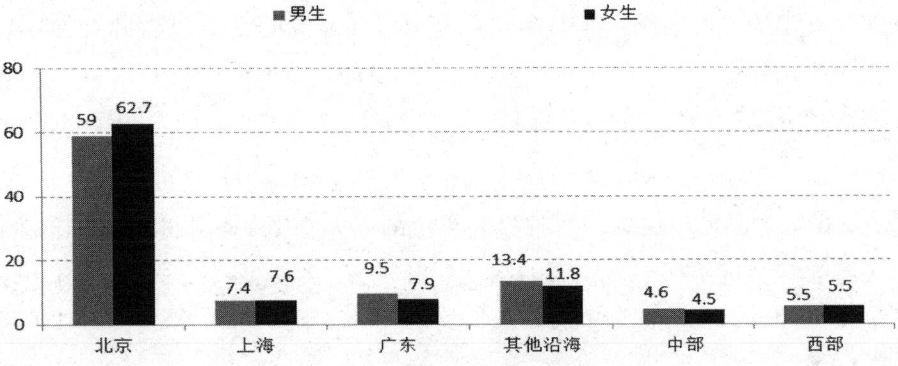

图 4-142 最希望的就业地区（%）

如图 4-142 所示。第一，选项比较。女生更希望在北京就业，但差别不大。第二，三大选择。北京、其他沿海地区和广东是两大群体的共同选择。第三，分布状态。集中度分别为 81.9% 和 82.4%，后者的分布更集中。第四，水平高低。北京比分别为 59% 和 62.7%，沿海比分别为 89.3% 和 90%，后者偏高。

2. 城乡期望

40.3% 的男生愿意去农村工作，59.2% 的不愿意去农村工作；28.6% 的女生愿意去农村工作，71.3% 的不愿意去。即女生的城乡期望明显高于男生。

3. 行业期望

如图 4-143 所示，男生更倾向于制造、建筑、交通邮电通信、科研技术就

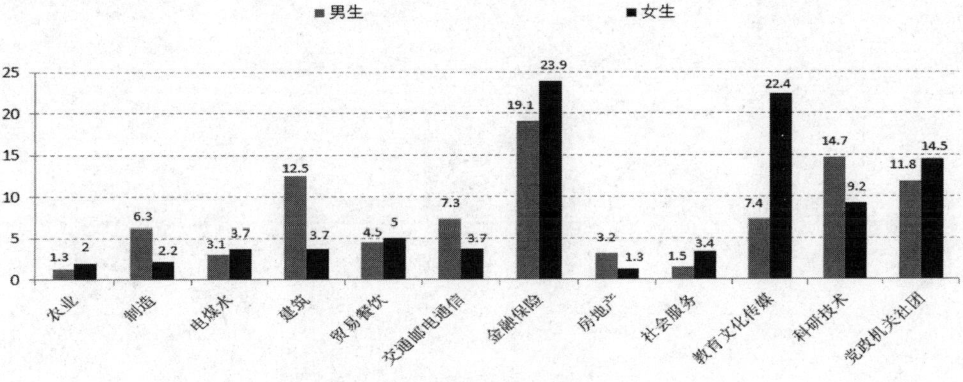

图 4-143 最希望的就业行业（%）

业，女生更倾向于金融保险、教育文化和传媒、党政机关和社团就业。除金融保险之外，科研技术、建筑成为男生的两大行业选择，教育文化和传媒、党政机关和社团为女生的两大选择。集中度分别为46.3%和60.8%，女生的选择更集中。高工资行业比分别为63.4%和77.4%，即女生的行业期望更高。

4. 性质期望

如图4-144所示，男生更倾向于国企，女生更倾向于党政机关、教育和科研机构。除国企、党政机关以外，外企为男生的一大选择，教育和科研机构为女生的一大选择。集中度分别为70%和72.3%，后者更集中。体制内单位比为78.7%和80.5%，女生的期望较高。

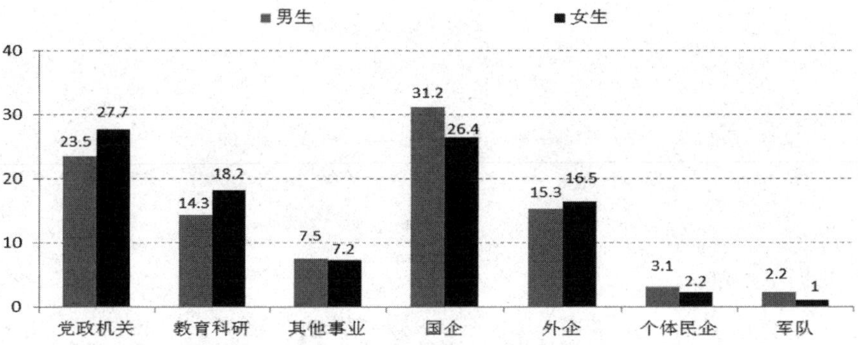

图4-144　最希望的就业单位性质（%）

5. 期望月薪

如图4-145所示，男生选择7000元以上的更多，女生选择3000~3999元、

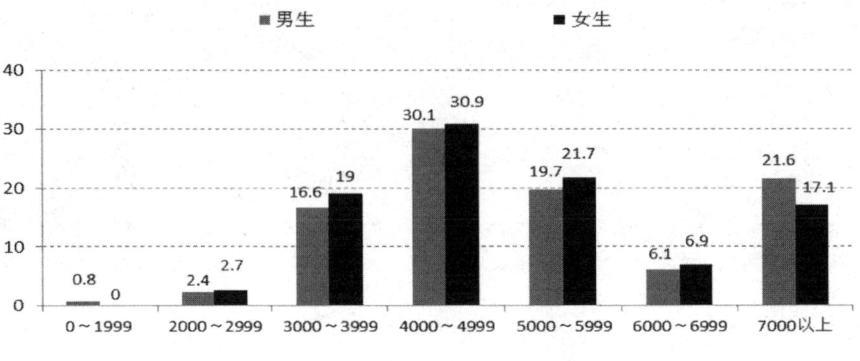

图4-145　期望月薪（%，元）

5000～5999元的更多。除4000～4999元、5000～5999元以外，7000元以上是男生的主要选择，3000～3999元是女生的主要选择。集中度分别为71.4%和71.6%，后者偏集中。平均期望月薪分别为5246.4元和5135.9元，男生的月薪要求更高。如图4-146所示。男生的保底月薪选择为4000～4999元的更多，女生选择3000～3999元的更多。3000～3999元、4000～4999元、2000～2999元是三大选择。集中度分别为78.1%和81%，女生的选择更集中。平均保底月薪分别为4033.5元和3904.8元，男生偏高。

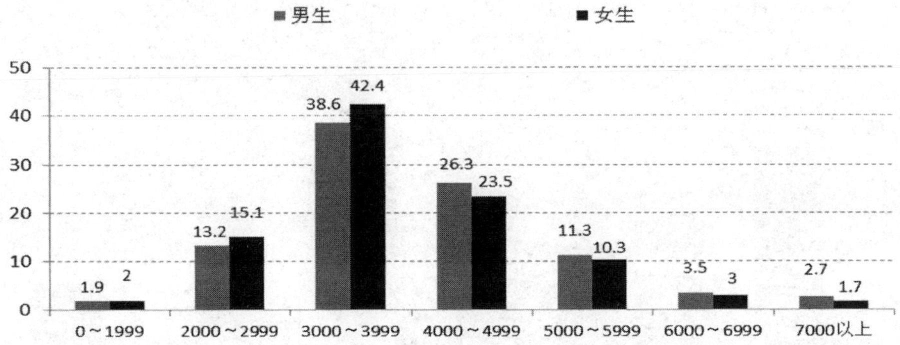

图4-146　保底月薪（%，元）

（二）就业行为

1. 收集信息

如图4-147所示。第一，选项比较。男生选择60小时以上的更多，女生选

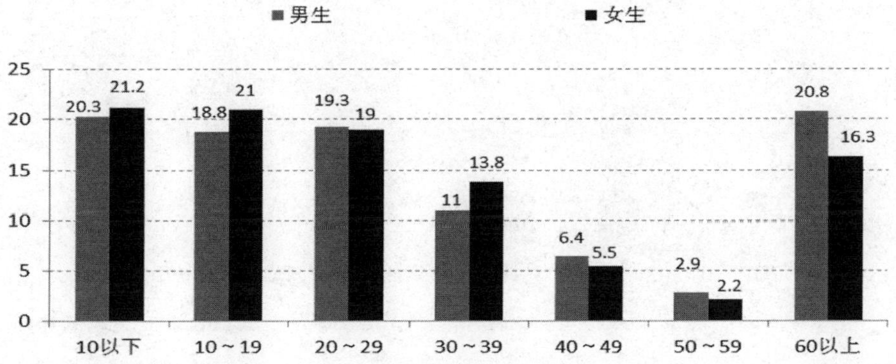

图4-147　收集信息的时间（%，小时）

择10~19小时、30~39小时的更多。第二，三大选择。除10小时以下、20~29小时以外，60小时以上为男生的主要选择，10~19小时为女生的主要选择。第三，分布状态。集中度分别为60.4%和61.2%，后者更集中。第四，水平高低。平均收集信息30.7小时和28.4小时，男生的积极性更高。

2. 投递简历

如图4-148所示，男生选择10份以下的更多。10份以下、10~19份、20~29份为男女生的三大共同选择。集中度分别为68.5%和66.7%，前者更集中。平均收集信息25.2小时和26小时，女生在投简历方面更积极。

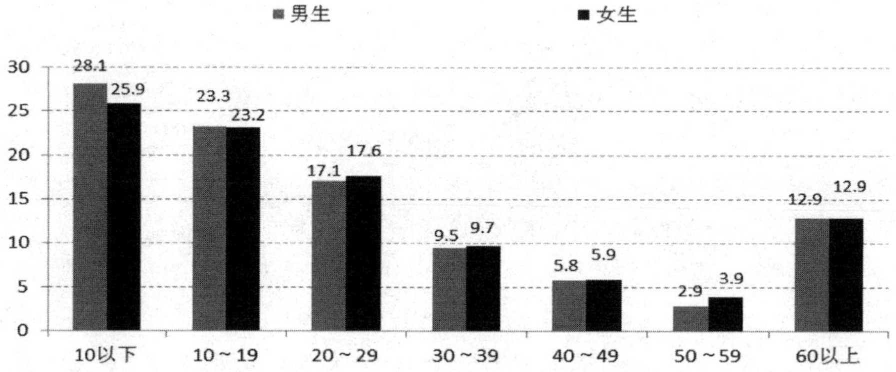

图4-148 投递简历数量（%，份）

3. 主动联系

如图4-149所示，男生联系5~9次的更多，女生没联系的更多。联系1~4

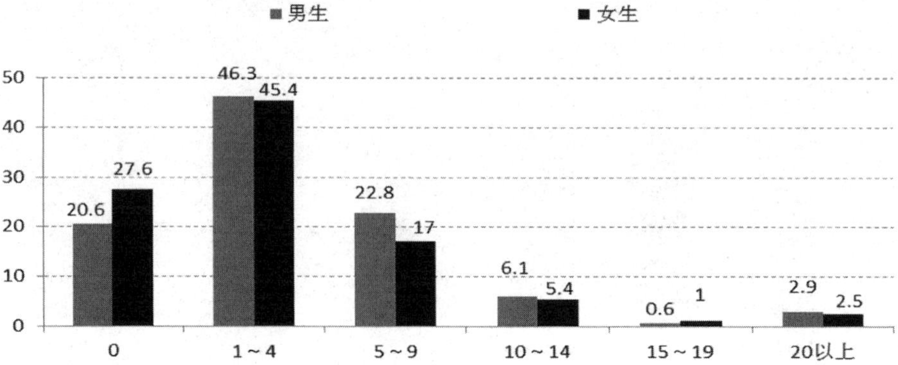

图4-149 主动联系次数（%，次）

次、5 ~9 次、0 次为共同的三大选择。集中度分别为 89.7% 和 90%，后者偏集中。平均联系 4.3 次和 3.7 次，男生更主动。

4. 求职费用

如图 4-150 所示，男生选择 1000 ~1999 元的更多。500 元以下、500 ~999 元和 1000 ~1999 元为共同的三大选择。集中度分别为 87.8% 和 86%，前者更集中。平均求职费用为 885.3 元和 905.5 元，女生更高。

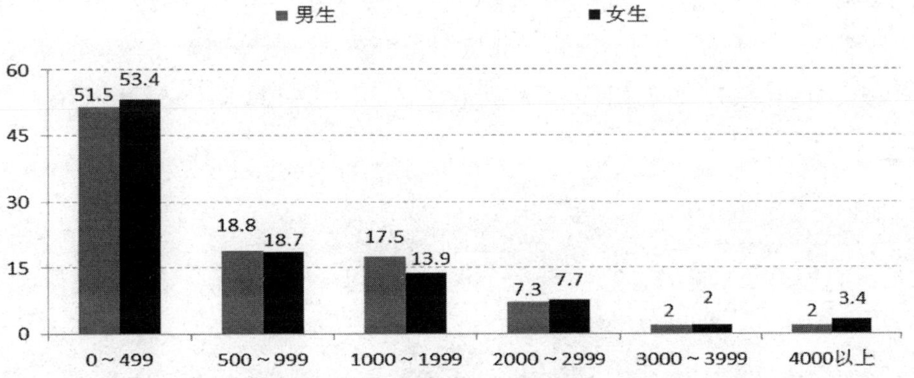

图 4-150 求职费用（%，元）

5. 面试数量

如图 4-151 所示，男生面试 20 次的更多，女生面试 5 ~9 次的更多。面试 1 ~4次、5 ~ 9 次、10 ~ 14 次为共同的三大选择。集中度分别为 81.5% 和 86.1%，后者更集中。平均面试为 6.1 次和 5.4 次，前者更高。

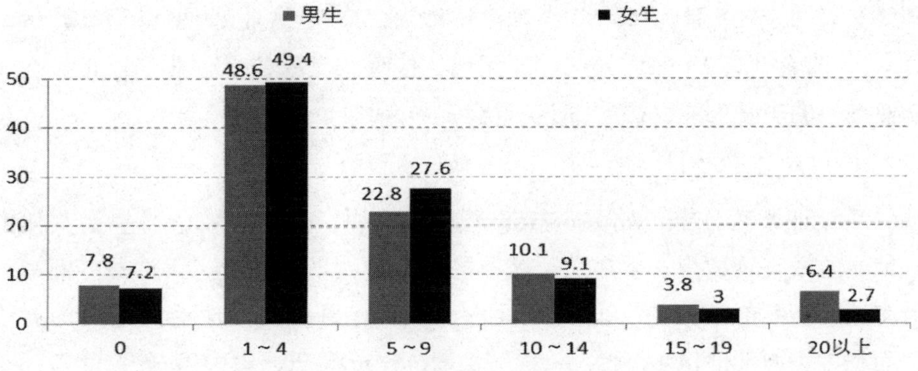

图 4-151 面试次数（%，次）

6. 利用社会关系

男生“用过、至关重要”、“用过、有些帮助”、“用过、没有帮助”、“没用过”分别占 12.9%、29.7%、7.7%、49.1%，女生分别为 15.5%、28.7%、7.6%、47.2%。动用社会关系的占 50.3% 和 51.8%，女生运用的更多。

（三）就业结果

1. 接收单位

如图 4-152 所示，男生获得 2～4 家单位的更多，女生没获得单位的更多。1 家、0 家、2～4 家为共同选择。平均接收单位为 1.7 家和 1.4 家，男生有一定的优势。

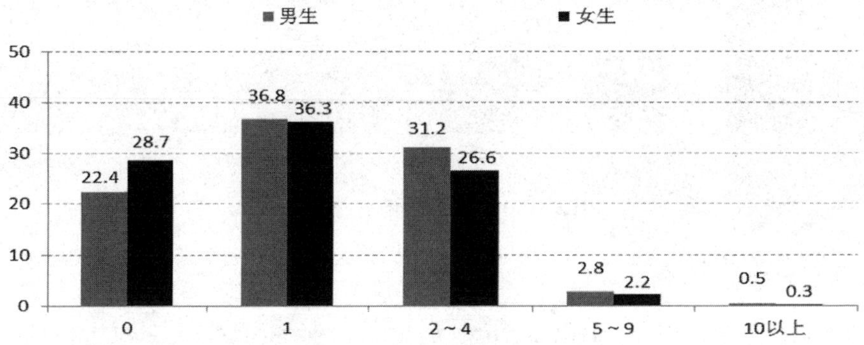

图 4-152　接收单位数量（%，家）

2. 就业率

狭义就业率分别为 45.95% 和 35.66%，广义就业率分别为 52.78% 和 43.12%，前者高近 10 个百分点。即无论从传统意义的狭义就业、还是包含了灵活就业在内的广义就业，男生都是有优势的。

3. 实现就业的情况

（1）就业地区分布。如图 4-153 所示。第一，选项比较。男生在其他沿海地区就业的概率较高，女生在北京就业的比重较大。第二，三大选择。北京、其他沿海地区、西部地区是共同的三大选择，只是男生去其他沿海地区的更多一些，而女生去西部地区的更多一些。第三，分布状态。集中度分别为 77.8% 和 80.7%，后者更集中。第四，水平高低。北京比分别为 48.8% 和 58.6%，沿海比分别为79.4%和80.2%，女生的就业地区较好，尤其是在北京地区。

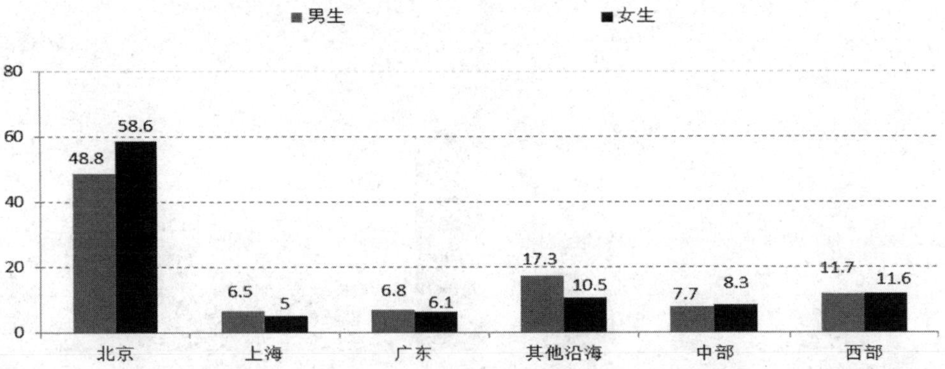

图4-153　就业地区（%）

（2）就业行业分布。如图4-154所示，男生在制造、建筑、房地产、科研技术的比例较高，而女生在金融保险、社会服务、教育文化传媒的更多。除金融保险、科研技术以外，建筑为男生的主要选择，教育文化和传媒为女生的主要选择。集中度分别为48.1%和56.8%，后者更集中。高工资行业比分别为51.8%和73.4%，女生的就业行业较好。

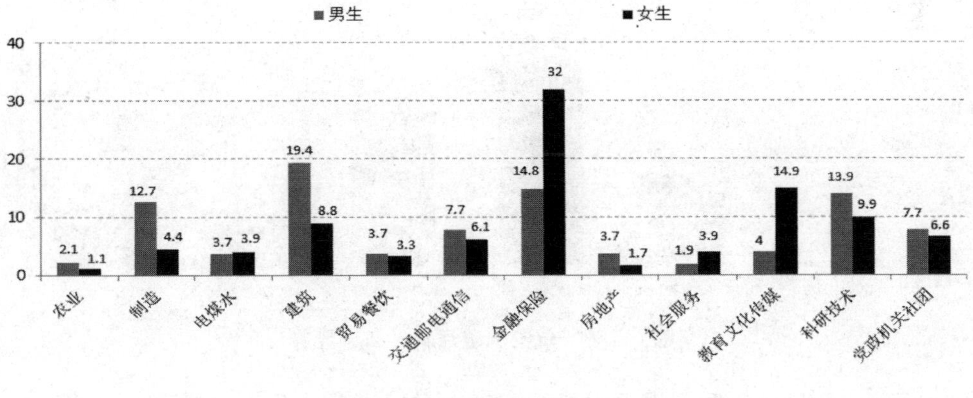

图4-154　就业行业（%）

（3）单位性质分布。如图4-155所示，男生在国企有明显的优势，女生在教育和科研机构、其他事业单位、外企、个体民企就业的比例较高。国企、个体民企、其他事业单位为两大群体的三大共同选择。集中度分别为75.4%和69.1%，前者更集中。体制内单位比分别为73.5%和69.1%，男生的就业单位更稳定。

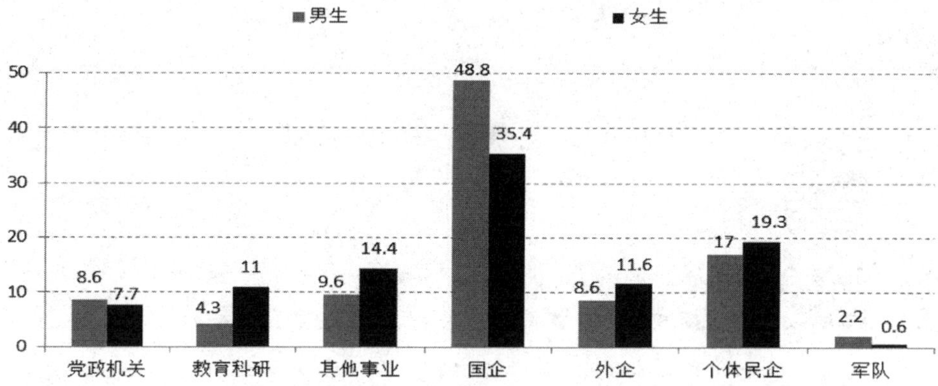

图 4-155　就业单位性质（%）

（4）单位承诺月薪。如图 4-156 所示，男生的承诺月薪选择为 6000 元以上的更多，女生选择 3000 ~ 3999 元的更多。3000 ~ 3999 元、4000 ~ 4999 元、2000 ~ 2999 元为三大共同选择。集中度分别为 76.5% 和 81.2%，后者更集中。平均承诺月薪为 4087.8 和 3983.3 元，男生的收入水平较高。

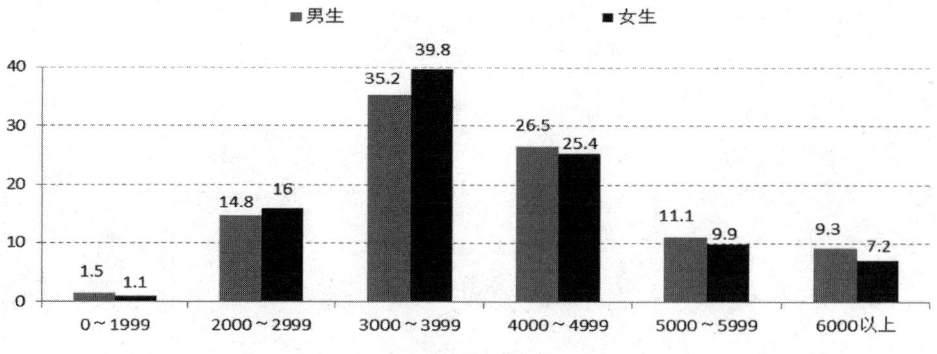

图 4-156　单位承诺月薪（%，元）

（5）专业对口程度。男生不对口、基本对口、对口分别占 16.4%、50.9%、32.4%，女生分别占 26.5%、48.6%、24.9%。对口率分别为 83.3% 和 73.5%，男生高出 10 个百分点。

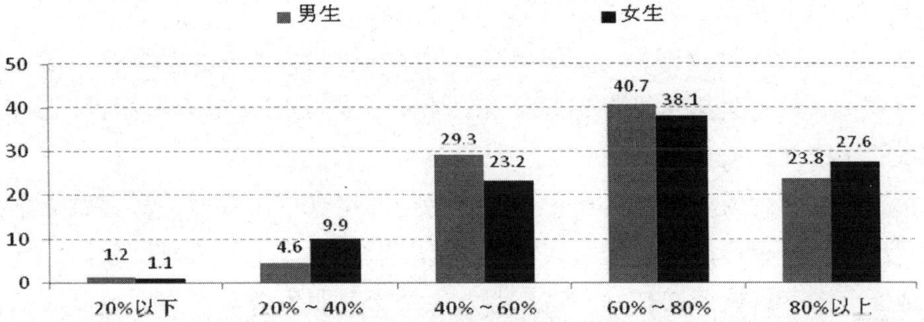

图 4-157　就业满意度（%）

（6）就业满意程度。如图 4-157 所示，男生的满意度为 40% ~60%、60% ~80%的比重最高，女生的满意度为 20% ~40%、80%以上的更多。60% ~80%、40% ~60%、80%以上为共同的三大选择。集中度分别为 93.8%和 88.9%，前者更集中。平均满意度为 66.3%和 66.2%，前者偏高。

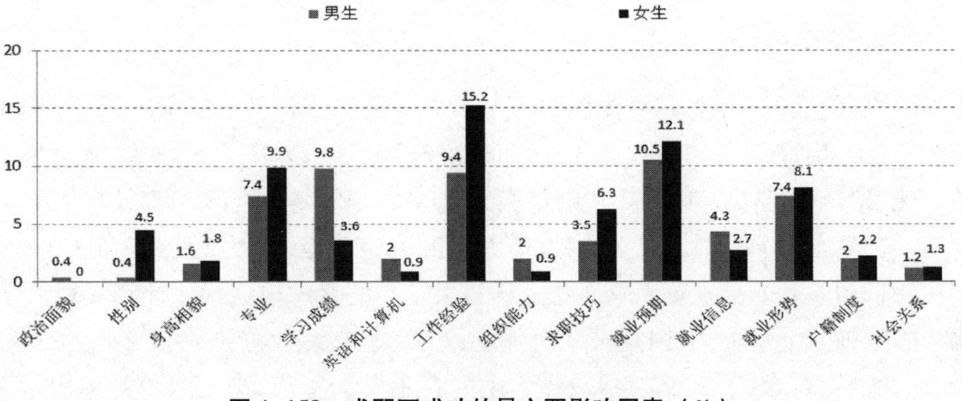

图 4-158　求职不成功的最主要影响因素（%）

4. 未实现就业情况

如图 4-158 所示，学习成绩对男生就业的不利影响较大，而性别、专业、工作经验、求职技巧对女生就业的不利影响较大。除预期太高、经验不足以外，成绩不好为男生求职不成功的主要因素，专业不好为女生的主要障碍。集中度分别为 29.7%和 37.2%，女生面临的障碍更集中。

（四）基本结论

第一，大学生就业意愿：女生较高。除了月薪期望之外，女生在就业地区、城乡分布、就业行业、就业性质方面的期望较高。

第二，大学生就业行为：分层明显。男生在收集信息、主动联系、参加面试方面更积极；而女生更重视投递简历和社会关系的运用，求职费用投入也更多。很难说哪个群体的就业行为更积极，只是各自的侧重点不同。

第三，大学生就业结果：女生较差。男生的接收单位较多，狭义就业率和广义就业率较高，单位性质更稳定，收入水平、专业对口度和满意度较高；女生的就业地区分布和行业分布较好。这表明女生处于就业劣势，一方面可以从就业期望较高方面找到原因，另一方面，也可能存在着就业的性别歧视。

第三节　2013 年北京大学生创业状况

本节分析 2013 年北京 18 所高校的大学生创业状况。

一、样本描述

课题组于 2013 年 6 月对北京地区大学毕业生就业和创业状况展开了抽样调查。回收问卷 2263 份，创业部分有效问卷 1898 份，有效率为 83.9%。包括综合类、理工类、农业类、师范类、财经类、政法类、民族类共 18 所高校，如图 4-159。北京大学、清华大学、中国人民大学和北京师范大学分别占 2.5%、3%、4.4%和 3.9%，北京理工大学、北京科技大学、北京邮电大学、北京交通大学、北京航空航天大学、中国地质大学和和北京建筑大学分别占 4.2%、6.5%、7.6%、5%、6.6%、7.5%、5.2%，中国农业大学占 8.2%，首都师范大学占

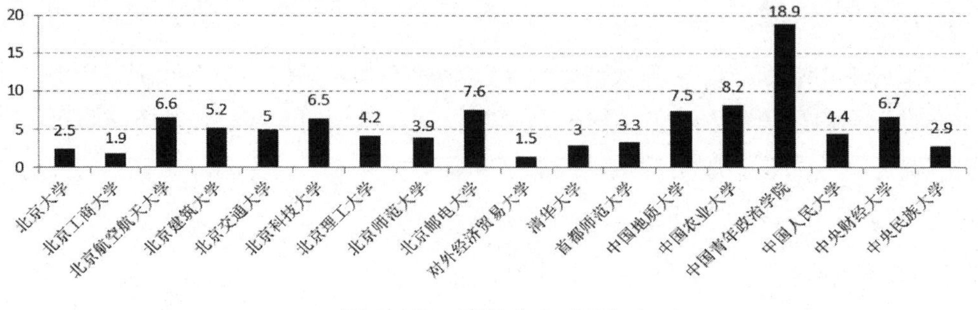

图 4-159　高校分布（%）

3.3%，对外经贸大学、中央财经大学、北京工商大学占 1.5%、6.7% 和 1.9%，中国青年政治学院占 18.9%，中央民族大学占 2.9%。

从学科门类来看，覆盖了 11 个学科门类，哲学占 0.2%，经济学占 14.8%，法学占 9.4%，教育学 0.2%，文学占 6.7%，历史学占 0.3%，理学占 10.4%，工学占 38%，农学占 0.9%，医学占 0.2%，管理学占 18.3%。

他们来自于我国 31 个省区市，如图 4-160 所示，北京最多、占 11.6%，其次是山东、占 5.7%，再次是河北、占 5.4%，四川占 5.1%，河南占 4.5%，山西占 4.2%，其他省份比较分散。农村和城镇分别 32.5%、66.4%。男生占 54.2%，女生占 43.9%。

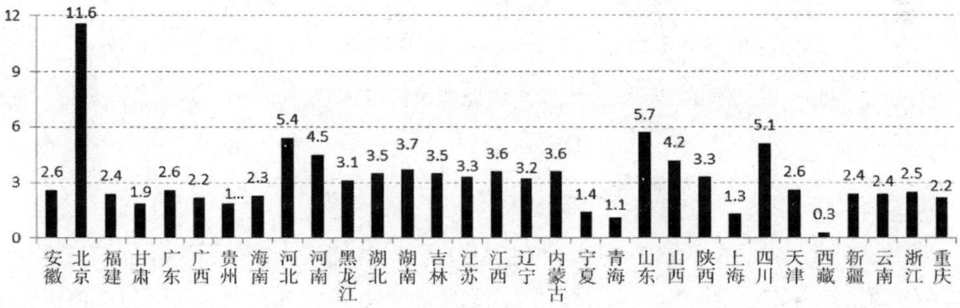

图 4-160 生源地分布（%）❶

二、大学生创业状况

（一）大学生对创业的认识

24.1% 的大学生认为大学生创业“不现实”；11.7% 的认为它是大学生无法实现就业时的“走投无路”的一种替代；57% 的认为创业是“更好地实现自身价值的一种就业形式”，8.6% 的认为是“推动社会发展的动力”。即超过三成大学生对大学生创业持否定的观点，而超六成认识到创业的重要价值。

（二）大学生创业的优势

如图 4-161 所示，认为大学生群体的创业优势为“年轻、勇于拼搏”的占

❶ 香港和澳门各有 1 人，比重太小，图中没有标示。

81.8%，其次是“创新能力强”、占45.4%，再次是“学习能力强”、占42.1%，“知识技能多”占28.8%，“家庭负担轻”占33.3%，时间多、国家支持等其他项，占1.3%。由于具有诸多优势，大学生更可能成为我国的创业主力军。

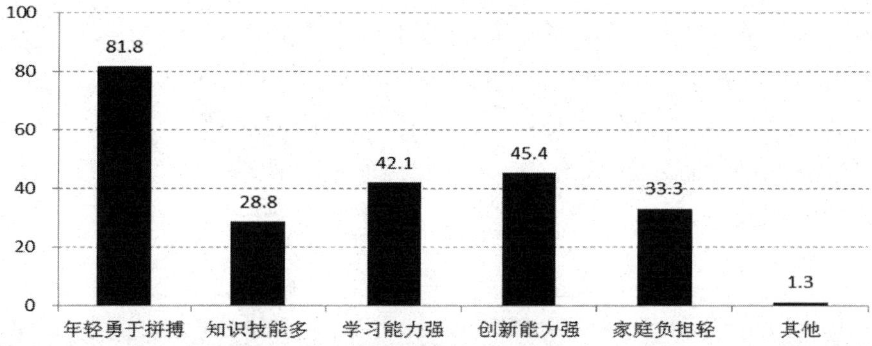

图4-161　大学生创业的优势（多选,%）

（三）大学生创业的障碍

如图4-162所示，58%的大学生认为大学生创业的主要障碍是缺乏资金，56.6%的选择了缺乏社会关系，44.7%的认为是缺乏工作经验，缺乏创业意识和精神占42.7%，创业环境差占36.3%，缺乏创业知识技能占36.1%，缺乏创业团队占31.8%，缺乏创业项目占25.7%，不解决户口和社会保障问题占16.1%，父母及家族成员反对占14.1%。即目前妨碍大学生创业的因素很多，推动大学生创业还有很多工作要做。

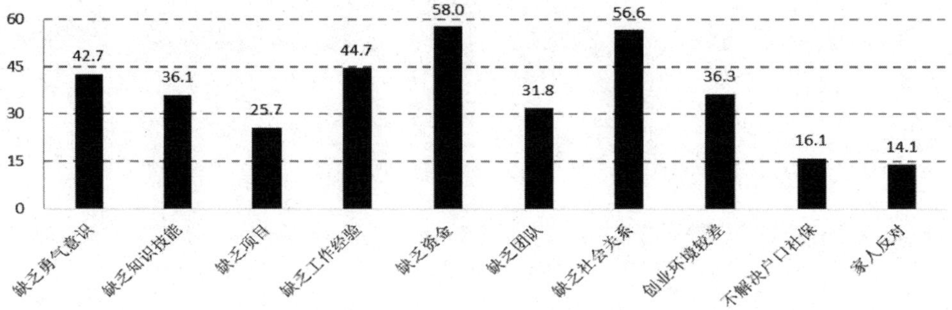

图4-162　大学生创业的障碍（多选,%）

(四) 大学生的创业意愿

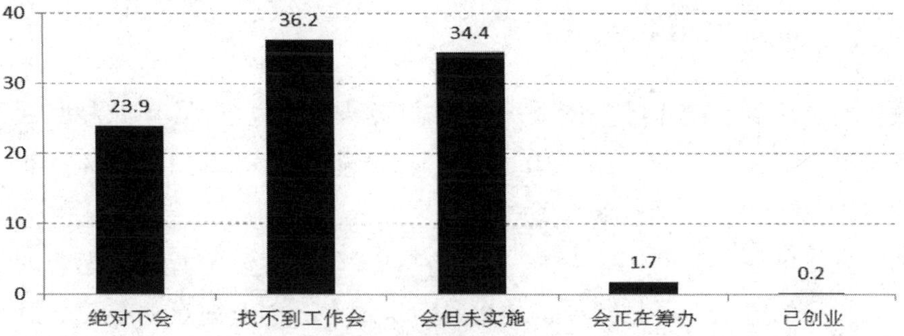

图4-163 大学生的创业意愿(%)

如图4-163所示，宁可失业、也不创业的占23.9%，他们持有很强的排斥态度。找不到工作会考虑的占36.2%，它属于生存型创业意愿的范畴。会主动选择创业的大学生占36.3%，属于机会型创业意愿的范畴；具体又分为三种情况：尚未实施的占34.4%，正准备筹办的占1.7%，已经创业占0.2%。大学生创业意愿总体上较为积极。

(五) 大学生的创业技能

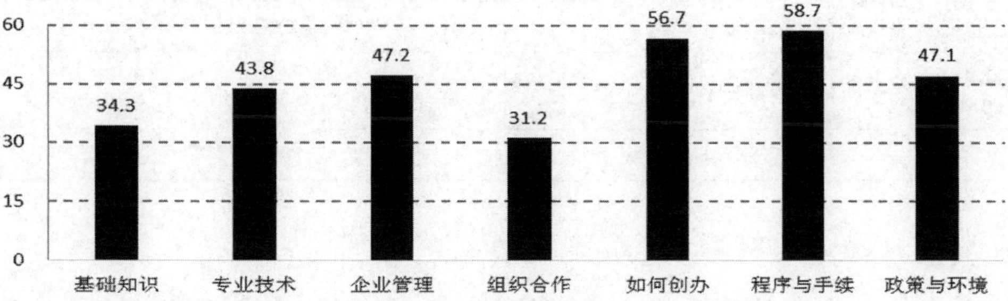

图4-164 缺乏的创业知识和技能(多选,%)

大学生没有掌握任何的创业知识和技能的占54.1%，掌握了一些知识和技能的占43.5%，掌握很多的知识和技能的只占2.1%，绝大多数大学生不具备创业知识和能力。具体来说，如图4-164所示，34.3%的毕业生缺乏基础知识和能力，43.8%的缺乏专业技术，47.2%的缺乏企业管理知识和技能，31.2%的缺乏组织与协调能力，56.7%缺乏创办企业的知识和能力，58.7%缺乏创业程序知识，47.1%缺乏对创业政策与环境的了解。可见，大学生缺乏的创业技能是多方面的。

（六）大学生的创业实践

现实中，已创业或正准备创业的共有13名毕业生，在具有机会型创业意愿和生存型创业意愿的1375名中占0.95%，占全部样本1898的0.68%。很多大学生即使有创业想法，但没有落实到现实中来。

填写具体创业信息的仅有4人，见表4-1。创业大学生所经营主业的范围较广，从高科技的电商、早教到传统的食品、房地产。创业地点分布于北京、山西和新疆。投资额度差距很大，最少的1万元，最多的500万元；筹资途径包括借款、天使投资和外来集资；创业形式方面，合伙3家，公司有1家。经营时间从1个月到28个月不等，员工从2人到100人不等，盈利情况的差异很大，创业困难集中于市场和融资方面。

表4-1　2013届北京大学毕业生创业状况

产品或服务	经营地址	投资（元）	筹资途径	企业形式	经营时间（月）	员工（人）	盈利（元）	困难
食品	新疆克拉玛依	10000	借款	合伙	3	5	50000	
房地产	北京海淀	5000000	借款	合伙	10	100	1000000	
电商第三方服务商	北京海淀	2000000	天使投资	合伙	28	26		市场冲击大，融资渠道少
幼儿早教	山西大同	200000	外来集资	公司	1	2	10000	资金不足

（七）大学生的创业教育

曾接受创业教育的只有15.1%，84.8%的大学生没接触过。高校要通过创业教育为潜在创业大学生提供人力资本保障。如图4-165所示，40.8%的毕业生认为要加大创业教育宣传，34.7%的认为要扩大创业教育规模，38.8%的认为要完善教育内容，26.4%的认为要改善课堂教学，43%的认为要改善实践指导，48.3%的认为要加强与创业者的交流或专家指导，56.6%的认为要提供创业资金支持，37.2%的认为要提供场地支持。可见，加强高校创业教育是一个系统工程。

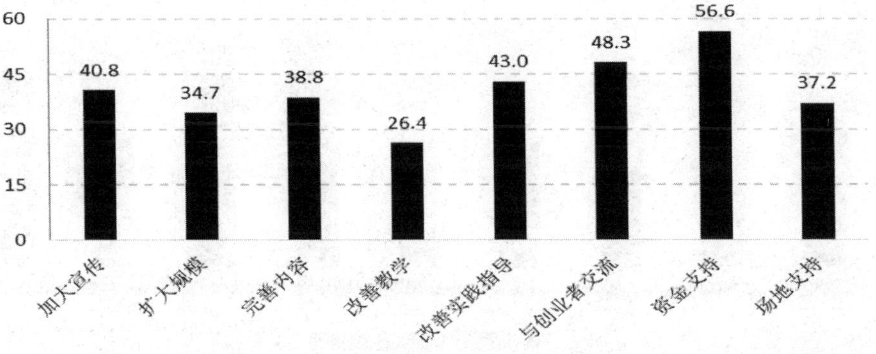

图 4-165　如何促进创业教育（多选，%）

如图 4-166 所示，认为“创业实验”是最好的创业教育形式的占 20.9%，“学校创业园或科技园实训”占 19%，“去企业实习实践”占 18.9%，“KAB 教学或 ERP 沙盘”占 10.7%，“企业家讲座、讲学”占 9.1%，“创业学或创业指导课”占 7.2%，“创业大赛”占 6%，“创业社团或俱乐部”占 5.2%，观看电视栏目《致富经》、《生财有道》等占 1.7%。

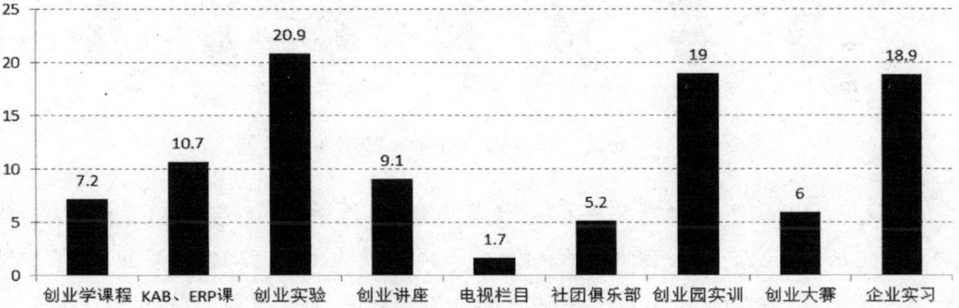

图 4-166　最有效的创业教育形式（%）

其次有效的创业教育形式如图 4-167 所示，创业园或科技园实训占 20.5%，去企业实习实践占 17.8%，创业大赛占 12.2%，企业家讲座、讲学占 11.3%，创业实验占 9.7%，创业社团或俱乐部占 9.7%，KAB 教学或 ERP 沙盘占 5.2%，创业学或创业指导课占 4.2%，观看《致富经》、《生财有道》等电视栏目占 2.7%。这说明高校要对大学生开展全方位的创业教育训练。

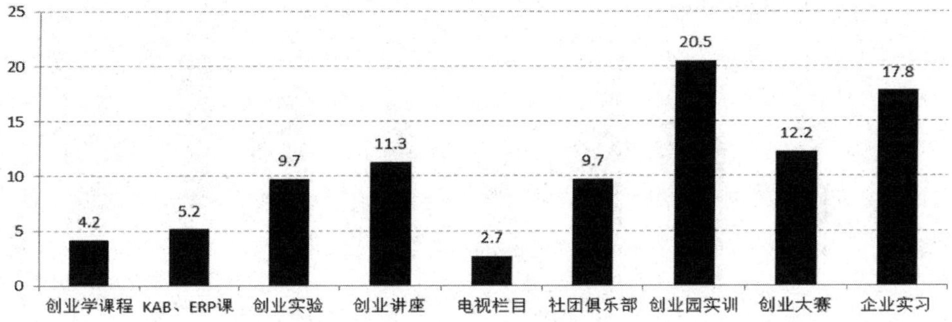

图 4-167　其次有效的创业教育形式（%）

（八）政府提供的创业帮助

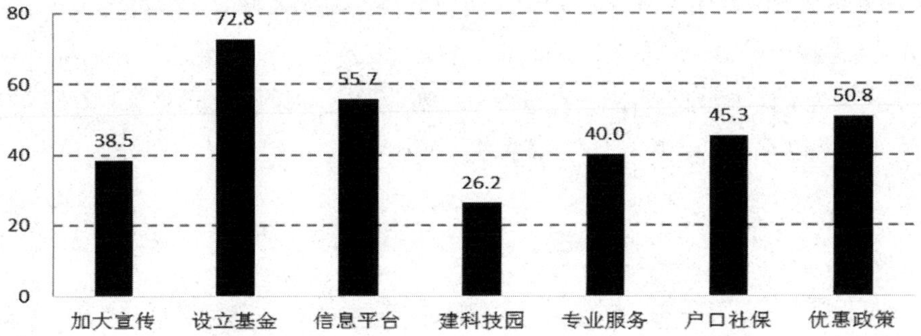

图 4-168　政府为大学生创业提供哪些帮助（多选,%）

大学生创业具有战略意义，政府要为大学生营造一个更好的创业环境。如图 4-168所示，72.8% 的大学生期望政府设立创业基金，以解决创业融资难题；55.7% 的期望搭建创业信息平台；50.8% 的期望提供优惠的财政与信贷政策；45.3% 的希望解决户口和社会保障问题；40% 的期望建立专业化社会服务机构；38.5% 的期望强化宣传，形成鼓励创业的社会文化；26.2% 的期望组建创业科技园。

三、大学生创业的影响因素

（一）大学生创业意愿的影响因素

通过对比，我们分析一下大学生机会型创业意愿和生存型创业意愿的影响因素。

学习成绩：成绩居前 50% 和成绩居后 50% 的大学生的机会型创业比分别占 35.9% 和 37.5%，前者低 1.6%，生存型创业比分别占 36.5% 和 35.4%，前者高 1.1%。这说明，学习较好的大学生主动创业的意愿不强，而在迫不得已的情况更可能创业，但差距不大。

学科专业：理工类、经管类、文法类大学生的机会型创业比分别为 37.2%、33.1% 和 39.7%，文法类最高、经管类最低，最大差额为 6.6%。生存型创业比分别为 37.5%、35.2% 和 33.2%，理工类最高、文法类最低，最大差额为 4.3%。学科专业对大学生创业意愿有较强的影响。

高校：211 高校和非 211 高校大学生的机会型创业比分别占 33.3% 和 43.4%，前者低 10.1%，生存型创业比分别占 38.7% 和 30.2%，前者高 8.5%。211 高校大学生的机会型创业意愿较低，而生存型创业意愿较高。

地区生源：北京生源和非北京生源大学生的机会型创业意愿比分别为 37.1% 和 36.1%，前者高 1%；生存型创业意愿比分别为 37.1% 和 36.1%，前者也高 1%。

城乡生源：来自城镇和农村的大学生的机会型创业意愿比为 34.3% 和 39.5%，前者低 5.2%，生存型创业意愿比分别为 37.3% 和 34.2%，前者高 3.1%。

家庭收入：高收入家庭和低收入家庭大学生的机会型创业意愿比分别为 33.4% 和 39.2%，前者低 5.8%；生存型创业意愿比 37.8% 和 34.6%，前者高 3.2%。

性别：男生和女生的机会型创业意愿比为 37.8% 和 34%，前者高 3.8%；生存型创业比为 37.9% 和 34.6%，前者高 3.3%。男生的创业意愿更高。

（二）大学生创业者的特征

2013 年创业大学生有 13 人，下面就总结一下创业大学生的基本特征。

高校：北京师范大学、北京科技大学、中国地质大学、中国青年政治学院都有 2 人，清华大学、中国人民大学、北京邮电大学、中国农业大学、中央民族大学均有 1 人。即以理工院校、综合院校为主，政法院校、农林院校、民族院校也有一定的分布。

学科专业：经济学 2 人，思想政治教育、小学教育各 1 人，新闻学 1 人，数学与应用数学 1 人，车辆工程、工程物理、生物技术、石油工程、土木工程、信息工程各1人。即工学6人，经济学2人，法学、教育学、文学和理学各1人。

性别：男生有8人，女生有5人，即以男生为主。

政治面貌：具有中共党员身份的大学生5人，非党员身份的大学生8人，以非党员为主。

生源地：贵州、海南、山西、四川生源的各有2人，广东、吉林、新疆、云南、重庆生涯的各有1人。东部地区生源3人，中部生源3人，西部生源7人。

城乡分布：来自城镇和农村分别8人、5人，以城镇生源为主。

父母职业：个体私营企业主4人，党政事业单位负责人2人，国企负责人2人，其他5人，多人的父母有经商经历。

家庭收入：低收入家庭大学生3人，高收入家庭子女10人，以富裕家庭为主。

学习成绩：成绩居前50%和后50%的大学生分别为9人和4人，以成绩较好为主。

英语：通过英语国家四级12人，通过六级1人，英语水平较高。

计算机：通过计算机国家二级3人，三级1人，没取得任何证书的8人，即计算机水平不高。

其他证书：除了1人获得全国大学生创业大赛铜奖，其他12人没获得其他证书。

发表论文：公开发表论文和没发表论文的大学生的分别为3人和10人，以没发表论文为主。

学生干部：曾做学生干部的有9人，非干部4人，即以学生干部为主。

实习经历：有2个月以上的实习经历的有9人，没有实习经历4人。

奖学金：获得奖学金有8人，即多数获得了奖学金。

概括起来，2013年北京大学生创业者的特征为：即以理工院校、综合院校的工学、经济学专业的非党员男生，城镇生源、高收入家庭为主，多人的父母有经商经历。学习成绩和英语较好、大多都曾获得奖学金，曾做过学生干部、并有实习经历。经验总结表明，拥有以上特征的大学生，更可能进行创业。

四、基本结论

（一）大学生创业的可能性

超过三成的大学生对大学生创业持排斥态度，超六成的认识到创业的重要价值。很多大学生认识到大学生创业群体具有勇于拼搏、学习能力强、创新能力强、知识技能多、家庭负担轻等优势，同时，也认识到大学生创业所面临的如缺乏资金、社会关系、工作经验、创业意识和精神，创业环境差，缺乏创业知识技能、创业团队、创业项目等障碍。这反映了当前大学生对大学生创业的认识比较全面和理性。

（二）大学生创业的现实性

已创业或正准备创业的有 13 名，占调查样本的 0.68%，创业率很低。从创业情况来看，行业、选址、投资途径的差异很大，投资和盈利情况的差异也很大，在市场和融资方面面临着一些困难。究其原因，绝大多数大学生不具备创业能力。基础知识、专业技术、企业管理、组织与协调、创办企业、创业程序、创业政策与环境方面的知识，都比较缺乏。也就是说，目前大学毕业生创业素质不高，很多大学生即使有创业意愿，也是心有余而力不足。

政府要在创业基金、创业信息平台、优惠政策、户口和社会保障、专业化社会服务机构、创业宣传等方面为大学生营造一个更好的创业环境。其中，加强高校创业教育是一个重要环节。很多大学生认为高校应加大教育宣传、扩大教育规模、完善教育内容、改善课堂教学、改善实践指导、加强与创业者的交流或专家指导、提供创业资金和场地支持。他们认为最好的三大创业教育形式是创业实验、学校创业园或科技园实训、去企业实习实践。

（三）大学生创业的多因性

关于大学生创业意愿，学习成绩、学科专业、学校层次、地区生源、城乡生源、家庭收入、性别都有一定的影响，但具体影响的方向和力度不尽相同。关于大学生创业实践，以理工院校、综合院校的工学、经济学专业的非党员男生，城镇生源、高收入家庭为主，多人的父母有经商经历。学习成绩和英语较好、大多都曾获得奖学金，曾经做过学生干部、并有实习经历；这样的大学生更可能创业。

第五章　2011—2013 年北京大学生就业与创业状况的变化

将 2011—2013 年调查状况联系起来，可以看到连续 3 年北京大学生就业和创业的基本状况及其动态变化趋势。

第一节　2011—2013 年北京大学生总体就业状况的变化

一、大学生就业状况的变化

（一）就业意愿的变化

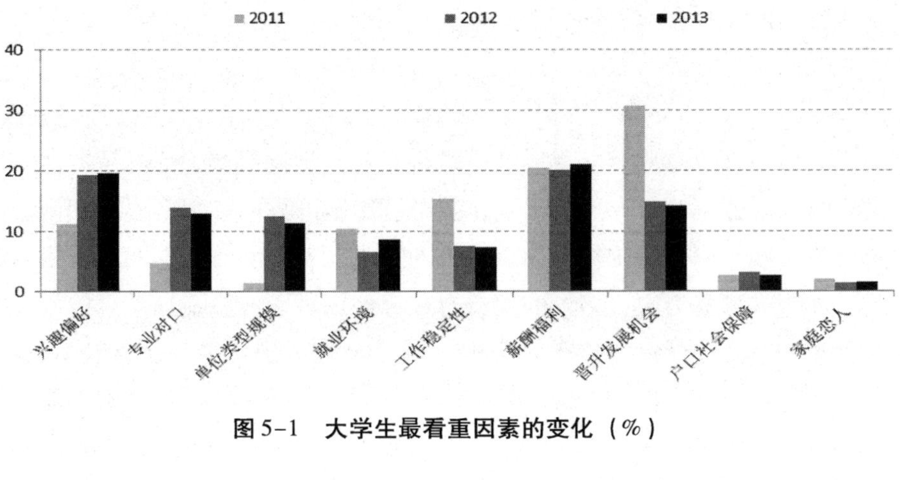

图 5-1　大学生最看重因素的变化（%）

1. 最看重因素

图 5-1 反映了 2011—2013 年大学生最看重因素及其变化情况。从选项比重

来看，根据3年百分比的平均数，薪酬福利、晋升发展机会和兴趣偏好以绝对优势成为最主要的三大因素，专业对口、工作稳定性也有较大的比重。从变化趋势来看，工作兴趣呈现明显的上升之势，而工作稳定性和晋升发展机会则呈显著的下降趋势，说明大学生看重的择业因素的变化既有现实的一面，也有不太实际的一面。

2. 地区期望

如图5-2所示。从选项比重来看，选择在北京就业占绝对多数，每年都在六成以上，其次是其他沿海地区，再次是广东。从变化趋势来看，北京呈明显的下降趋势，上海、其他沿海地区、中西部均上升，表明近期的地区期望分布更加分散。从总体水平来看，北京比分别为71.6%、67.1%、60.5%，最大差额为11.1%，北京比期望不稳定，沿海比分别为92.9%、90%和89.6%，最大差额为3.3%，非常稳定❶。

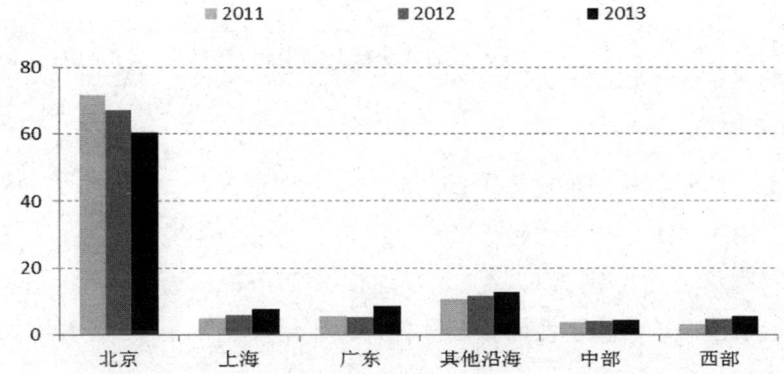

图5-2 最希望的就业地区的变化（%）

3. 城乡期望

2011—2013年不愿意去农村工作的大学生分别占71%、71.1%、64.4%，即超过六成的大学生不愿意去农村工作，呈下降的变化趋势，最大差额为6.7%，较稳定。

❶ 界定：最大的百分比与最小的百分比的差额（如果是数值，则用最大值相对于最小值的变化率来表示）在5%以下的为非常稳定，5%～10%为较为稳定，10%～15%为不稳定，15%以上为非常不稳定。

4. 行业期望

如图 5-3 所示。从选项比重来看，选择金融保险业的最多，教育文化和传媒业、党政机关和社团居第二位和第三位。从变化趋势来看，上升的有采掘业、党政机关社团，下降的是房地产、教育文化和传媒。从总体水平来看，高工资行业比分别为 73.8%、73%、74.4%，是先下降后上升的变化趋势，非常稳定。

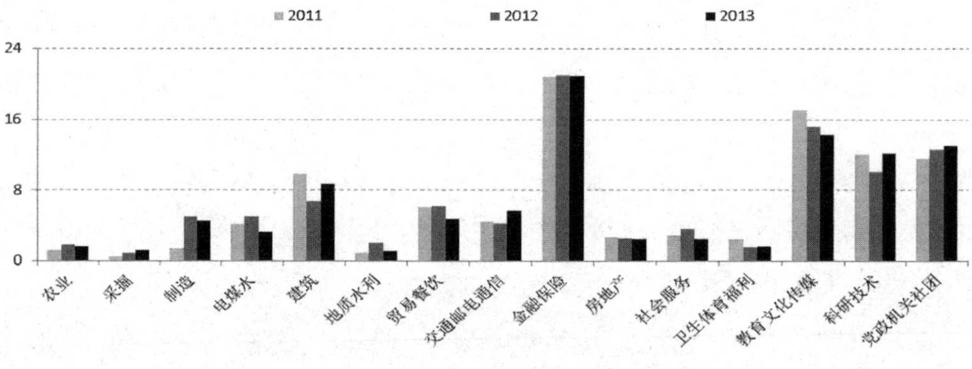

图 5-3　最希望的就业行业的变化（%）

5. 性质期望

如图 5-4 所示。从选项比重来看，前三位分别是国企、党政机关和外企，教育和科研机构居第四。从变化趋势来看，国企下降，个体民企上升。从总体水平来看，体制内单位比分别为 82.4%、78.8%、79.7%，先下降后上升，非常稳定，表明大学生对单位稳定性的要求没有太大变化。

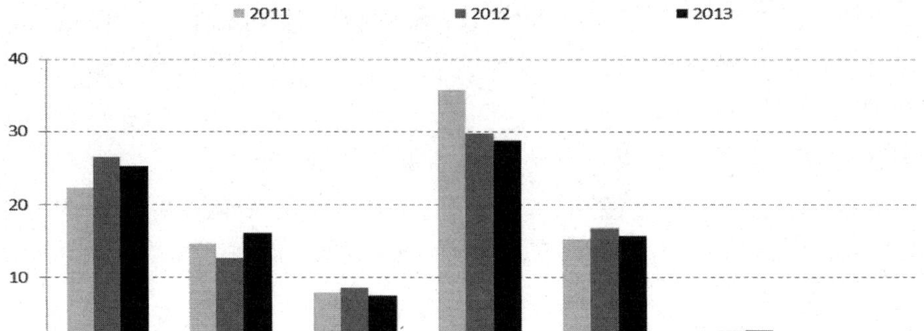

图 5-4　最希望的就业单位性质的变化（%）

6. 期望月薪

如图 5-5 所示。从选项比重来看，4000～4999 元、3000～3999 元、5000～5999 元居前三位。从变化趋势来看，2000～2999 元、3000～3999 元、6000～6999 元下降，而 4000～4999 元、5000～5999 元、7000 元以上上升。从总体水平来看，2011—2013 年的平均期望月薪分别是 4683.8 元、4957.8 元、5186.6 元，最大变化率为 10.7%，对月薪的期望不稳定。

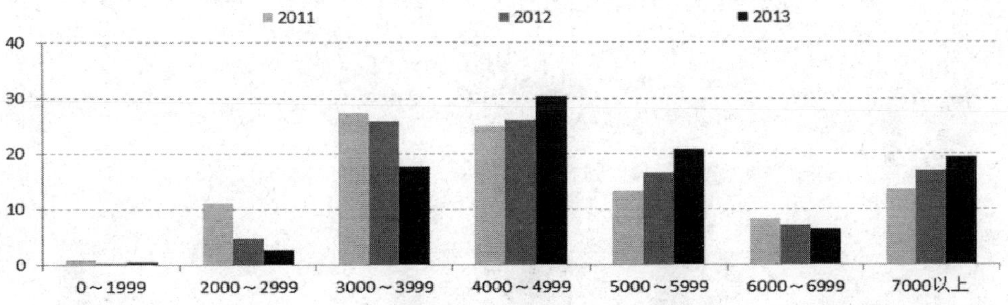

图 5-5 期望月薪的变化（%，元）

如图 5-6 所示。从选项比重来看，3000～3999 元、2000～2999 元、4000～4999 元居保底月薪的前三位。从变化趋势来看，2000～2999 元下降，3000～3999 元、4000～4999 元、7000 元以上上升。从总体水平来看，2011—2013 年的平均保底月薪分别是 3386.8 元、3740.1 元和 3976.4 元，一直上升，最大变化率为 17.4%，非常不稳定。

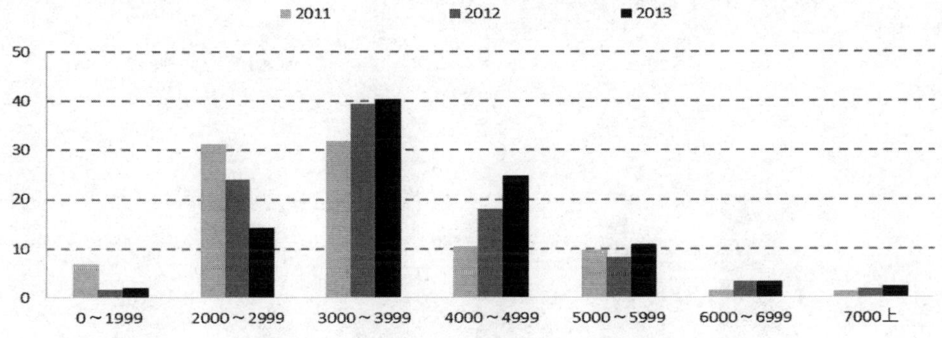

图 5-6 保底月薪的变化（%，元）

(二) 就业行为的变化

1. 收集信息

如图5-7所示。从选项比重来看，10小时以下、20～29小时、10～19小时居前三位。从变化趋势来看，一直上升的只有60小时以上，其他变化趋势不明确。从总体水平来看，平均收集信息时间为25.4小时、30.8小时和29.7小时，先上升后下降的变化趋势，最大变化率为21.1%，非常不稳定。

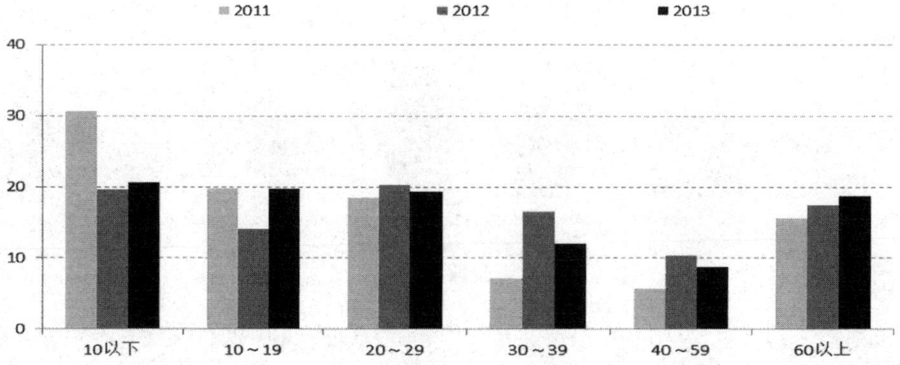

图5-7 收集信息时间的变化（%，小时）

2. 投递简历

如图5-8所示。从选项比重来看，10份以下，10～19份、20～29份居前三位。从变化趋势来看，10～19份上升。从总体水平来看，2011—2013年的平均

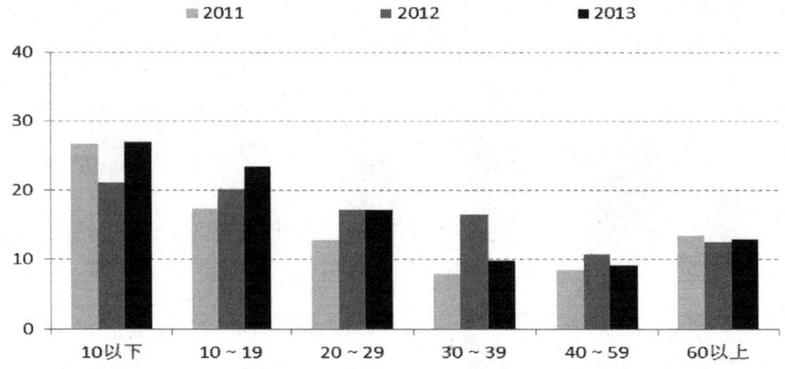

图5-8 投递简历数量的变化（%，份）

投递简历分别为 26.4 份、27.9 份和 25.6 份，先上升后下降趋势，最大变化率为 9%，较为稳定。

3. 主动联系

如图 5-9 所示。从选项比重来看，1～4 次、0 次、5～9 次居前三位，均低于 10 次。从变化趋势来看，不明确。从总体水平来看，平均联系 4.2 次、4.9 次和 4.1 次，先上升后下降，最大变化率为 21%，非常不稳定。

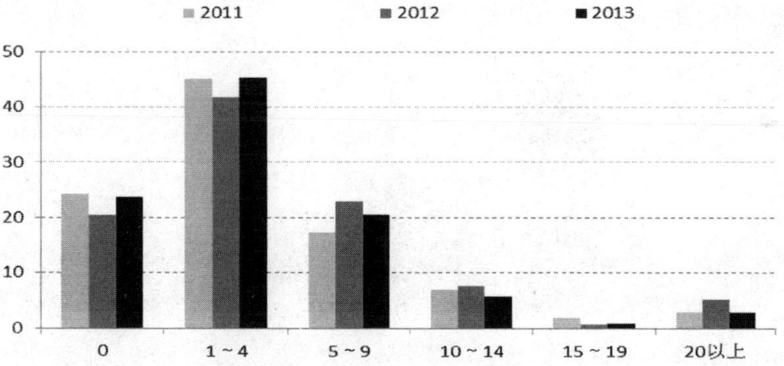

图 5-9　主动联系单位次数的变化（%，次）

4. 求职费用

如图 5-10 所示。从选项比重来看，0～499 元、500～999 元、1000～1999 元分别居前三位。从变化趋势来看，除 4000 元以上下降之外，其他变化不明确。从总体水平来看，平均求职费用分别为 828 元、1075.1 元和 896.8 元，先上升后下降趋势，最大变化率为 29.8%，非常不稳定。

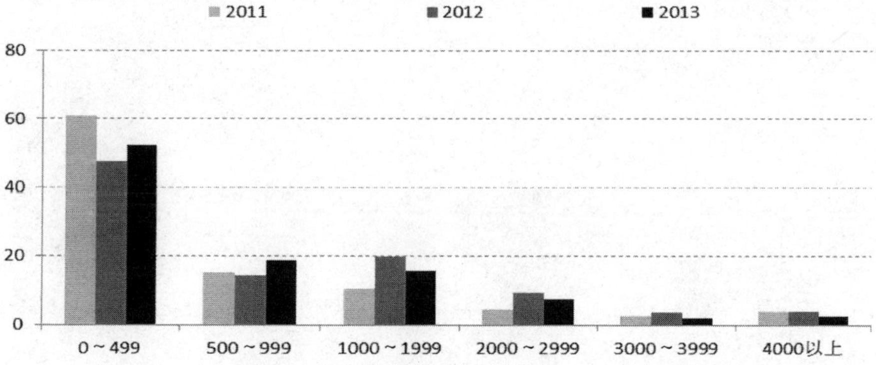

图 5-10　求职费用的变化（%，元）

5. 面试数量

如图 5-11 所示。从选项比重来看，比重最大的依次是 1 ~ 4 家、5 ~ 9 家、10 家以上。从变化趋势来看，1 ~ 4 家上升，15 ~ 19 家下降。从总体水平来看，平均面试 6. 3 次、7 次和 5. 8 次，呈先上升后下降的趋势，最大变化率为 20. 5%，非常不稳定。

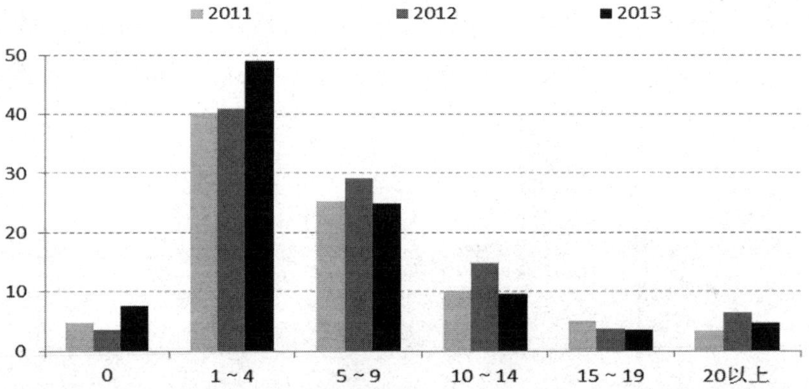

图 5-11　面试次数的变化（%，次）

6. 利用社会关系

如图 5-12 所示。从选项比重来看，“没用过”社会关系的比重最高，其次是“用过、有些帮助”，“用过、至关重要”，说明大学生动用社会关系的现象较为普遍，但其作用却存在着很大的差异。从变化趋势来看，“用过、至关重要”上升，反映了社会资本的作用增强。从总体水平来看，平均运用社会关系的分别占 45. 5%、52. 9%、50. 7%，先升后降，最大变化率为 7. 4%，较为稳定。

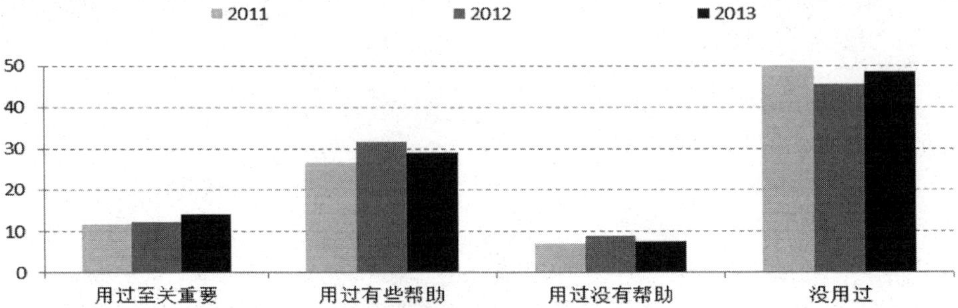

图 5-12　社会关系的运用及其作用的变化（%）

（三）就业结果的变化

1. 接收单位

如图 5-13 所示。从选项比重来看，2～4 个接收单位的最多，其次是 1 个，没有接收单位居第三。可见，大学生就业困难并不是普遍的现象，很多同学都有就业机会。变化趋势不明确。从总体水平来看，2011—2013 年平均接收单位分别为 1.92 个、2.17 个和 1.58 个，呈现先上升后下降的趋势，最大变化率为 37.1%，非常不稳定。

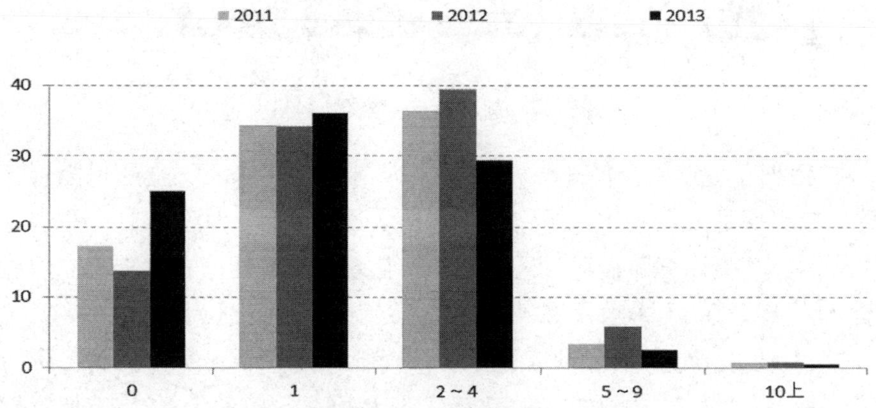

图 5-13　接收单位数量的变化（%，家）

2. 就业率

北京大学生 2011—2013 年狭义就业率分别为 43.36%、39.65%、41.74%，先降后升，广义就业率分别为 53.32%、51.05% 和 48.85%，一直下降，表示就业形势日趋严峻。最大变化率分别为 3.71% 和 4.47%，都非常稳定。

3. 实现就业的情况

（1）就业地区分布。如图 5-14 所示。从选项比重来看，在北京就业的大学生占绝对多数，其次是其他沿海和西部地区。从变化趋势来看，上海和中部地区上升，而广东下降。从总体水平来看，北京比分别为 64.1%、66.1%、52.7%，先升后降，最大变化率为 13.4%，不稳定；沿海比分别达到 82.9%、86.5%、79.4%，也先升后降，最大变化率为 7.1%，较为稳定。从对比角度来看，与地区期望相比，实际的北京比分别下降了 7.5%、1% 和 7.8%，实际的沿海比下降了10%、3.5%和10.2%，反映出大学生期望偏高的现实。

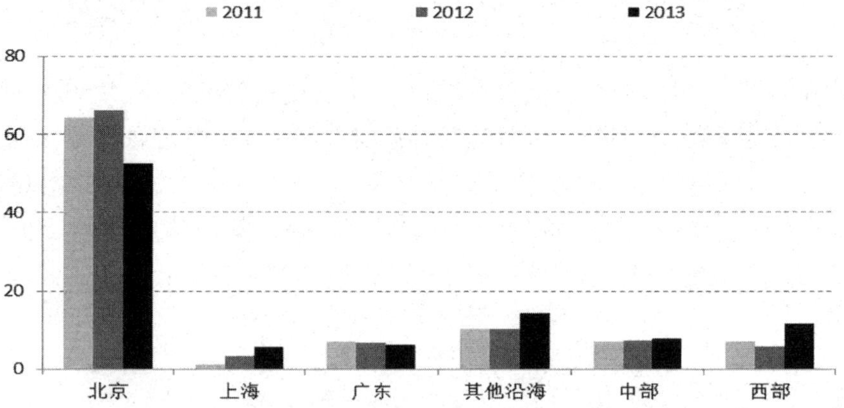

图5-14　就业地区的变化（%）

（2）就业行业分布。如图5-15所示。从选项比重来看，金融保险最多，其次是建筑，再次是教育文化和传媒，科学技术紧随其后。从变化趋势来看，上升的有电煤水、卫生体育和福利、科学技术、党政机关和社团，下降的有农业、教育文化和传媒。从总体水平来看，高工资行业比分别为61.8%、65.8%和64.3%，最大变化率为4%，非常稳定。从对比角度来看，实际的高工资行业比下降了12%、7.2%和10.1%，先升后降，大约有一成的大学生行业梦想没能实现。

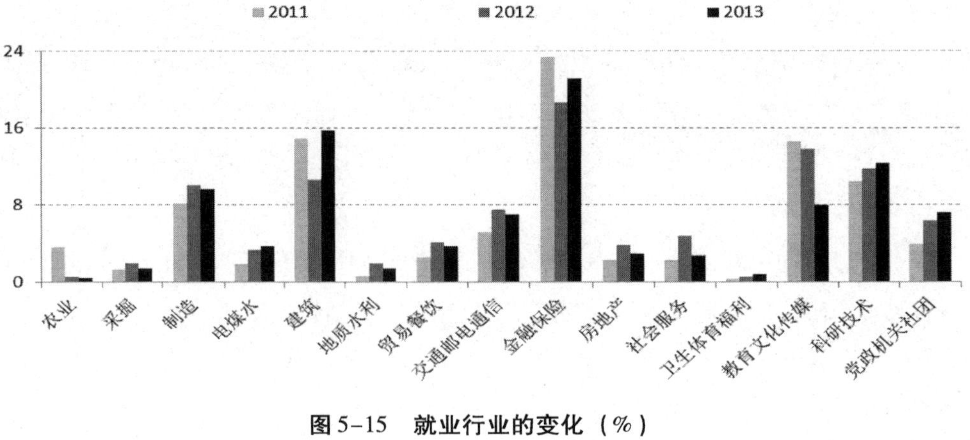

图5-15　就业行业的变化（%）

（3）单位性质分布。如图 5-16 所示。从选项比重来看，就业单位为国企的最多，其次是个体民营企业，再次是其他事业单位，即很多人向往的公务员梦想没能实现，个体民企才是更多大学生的现实选择。从变化趋势来看，党政机关、外企上升。从总体水平来看，体制内单位比分别达到 73.4%、66.6% 和 71.9%，先降后升，最大变化率为 6.8%，较为稳定。从对比角度来看，实际的比期望的体制内单位比分别少 9%、12.2% 和 7.8%，这部分大学生对单位稳定性的需求没能得到满足。

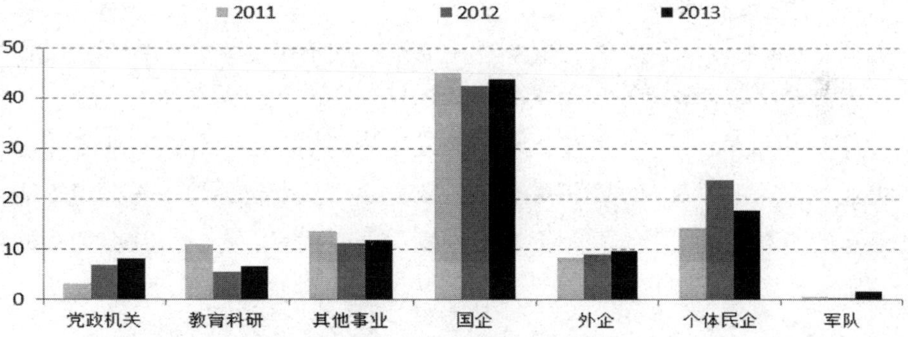

图 5-16 就业单位性质的变化（%）

（4）单位承诺月薪。如图 5-17 所示，从选项比重来看，3000～3999 元、2000～2999 元、4000～4999 元居前三位。从变化趋势来看，4000～4999 元上升，2000 元以下、2000～2999 元下降。从总体水平来看，2011—2013 年平均单位承诺月薪分别为 3483.2 元、3974.6 元和 4046.1 元，一直上升，最大变化率为

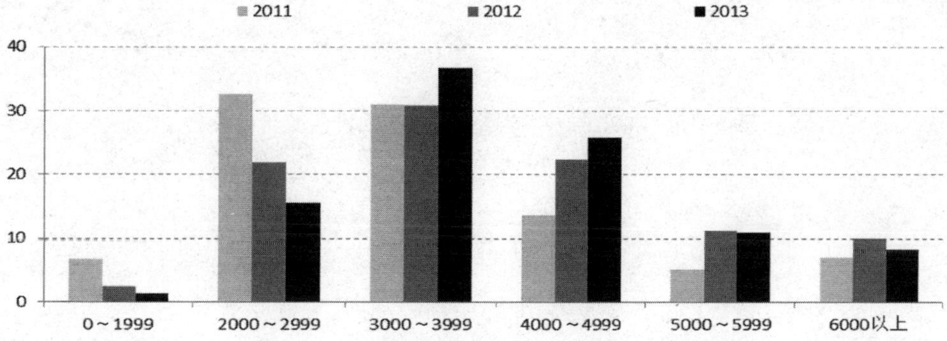

图 5-17 单位承诺月薪的变化（%，元）

16.2%，非常不稳定。从对比角度来看，比期望月薪分别下降了1200.6元、983.2元和1140.5元，即实际收入比理想低不少；但比保底月薪分别高96.4元、234.5元和69.7元，即仍在大学生可接收的范围之内。

（5）专业对口度。2011年没设计此项，2012年和2013年专业对口率分别为81.7%和79.7%，有所下降。

（6）就业满意度。2011年没设计此项，后两年的就业满意度分别为64.8%和66.2%，有所上升。

4. 未实现就业情况

如图5-18所示。从选项比重来看，工作经验不足是大学生找不到工作的最主要原因，其次是预期太高，再次是专业不好。一方面反映了这些大学生的就业愿望过高；另一方面，也反映了高校专业设置与调整滞后而导致有些专业出现结构性失业，培养中不重视实践锻炼也是重要方面。从变化趋势来看，组织能力和就业信息的不利影响上升，政治面貌、性别、身高相貌、专业、社会关系的负面作用下降。

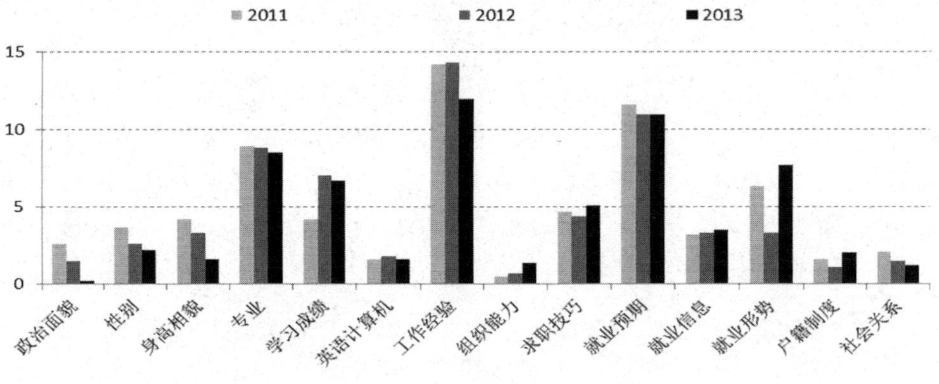

图5-18　求职不成功的最主要影响因素的变化（%）

二、基本结论

（一）大学生就业意愿：就业期望偏高、呈下降的变化趋势

通过3年调查发现，大学生就业意愿总体偏高。从选项比重来看，薪酬福利、晋升发展机会、兴趣偏好是大学生最看重的三大择业因素；希望在北京就业

超过六成，其他沿海地区和广东较多；金融保险、教育文化和传媒、党政机关和社团为三大行业选择；国企、党政机关和外企为三大性质选择；4000～4999 元、3000～3999 元、5000～5999 元为期望月薪的前三位；3000～3999 元、2000～2999 元、4000～4999 元为保底月薪的前三位。显然，大学生比较集中地选择收入高、工作条件优越、稳定性高、发展前景较好的单位。与现实相比，显得偏高。

从总体水平来看，2011—2013 年北京比分别为 71.6%、67.1%、60.5%，沿海比分别为 92.9%、90% 和 89.6%；不愿意去农村工作的分别占 71%、71.1%、64.4%；高工资行业比分别为 73.8%、73%、74.4%；体制内单位比分别为 82.4%、78.8%、79.7%；平均期望月薪是 4683.8 元、4957.8 元、5186.6 元；保底月薪是 3386.8 元、3740.1 元和 3976.4 元。除了月薪期望以外，其他方面总体上呈下降的变化趋势。

从变化幅度来看，北京比期望不稳定，沿海比期望非常稳定，城乡期望较为稳定，行业期望和性质期望非常稳定，月薪期望不稳定，保底月薪非常不稳定。

（二）大学生就业行为：努力程度分层、呈倒 U 形的变化趋势

从选项比重来看，10 小时以下、20～29 小时、10～19 小时居收集信息的前三位；10 份以下，10～19 份、20～29 份居投简历的前三位；1～4 次、0 次、5～9 次居主动联系的前三位；0～499 元、500～999 元、1000～1999 元居求职费用的前三位；1～4 家、5～9 家、10 家以上居面试的前三位。

从总体水平来看，2011—2013 年平均收集信息 25.4 小时、30.8 小时和 29.7 小时；平均投递简历为 26.4 份、27.9 份和 25.6 份；主动联系 4.2 次、4.9 次和 4.1 次；求职费用为 828 元、1075.1 元和 896.8 元；面试 6.3 次、7 次和 5.8 次，运用社会关系的占 45.5%、52.9%、50.7%。均呈现倒 U 形的变化趋势。

从变化幅度来看，收集信息非常不稳定，投简历较为稳定，主动联系和参加面试非常不稳定，费用支出非常不稳定，运用社会关系较稳定。

（三）大学生就业结果：就业率下降、就业质量的差异很大

从选项比重来看，2～4 个、1 个、0 个为接收单位的前三位；北京、其他沿海和西部地区是三大地区分布；金融保险、建筑、教育文化和传媒是三大行业分布；国企、个体民营、其他事业单位是三大性质分布；3000～3999 元、2000～

2999 元、4000 ~ 4999 元为三大承诺月薪分布。

从总体水平来看，近 3 年平均接收单位分别为 1.92 个、2.17 个和 1.58 个；狭义就业率分别为 43.36%、39.65%、41.74%，广义就业率为 53.32%、51.05%和48.85%；北京比分别为64.1%、66.1%、52.7%，沿海比为82.9%、86.5%、79.4%；高工资行业比为61.8%、65.8%和64.3%；体制内单位比为73.4%、66.6%和71.9%；承诺月薪为3483.2元、3974.6元和4046.1元。2012年和2013年专业对口率为81.7%和79.7%，就业满意度为64.8%和66.2%。接收单位、就业地区、就业行业呈倒 U 形变化趋势，狭义就业率、单位性质呈 U 形变化趋势，广义就业率、对口率下降，而承诺月薪和满意度上升。就业率总体上呈下降趋势，就业质量的差异很大，变化趋势也不完全相同。

从变化幅度来看，接收单位非常不稳定，狭义就业率、广义就业率非常稳定，北京比不稳定，沿海比较为稳定，行业分布非常稳定，性质分布较为稳定，承诺月薪非常不稳定。

从对比角度来看，与就业意愿相比，北京比分别下降了 7.5%、1% 和 7.8%，沿海比下降了 10%、3.5% 和 10.2%；高工资行业比分别下降了 12%、7.2%和 10.1%；体制内单位比分别下降9%、12.2%和7.8%；承诺月薪比期望月薪分别下降了 1200.6 元、983.2 元和 1140.5 元，但比保底月薪高 96.4 元、234.5 元和69.7 元。

（四）未就业影响因素：基本相同、有一定的变化

从选项比重来看，工作经验不足、预期太高、专业不好是三大主要障碍；但组织能力和就业信息的不利影响上升，而政治面貌、性别、身高相貌、专业和社会关系的负面作用下降。

第二节　2011—2013 年北京大学生的分类就业状况的变化

由于分类研究的内容较多，我们只概括不同类型大学生的就业质量层面情况。

一、不同学习成绩的大学生就业状况的变化

（一）就业意愿

1. 地区期望

如图 5-19 所示，2011—2013 年成绩居前的大学生的期望北京比分别为 73.1%、68.5%和61.7%，一直下降；成绩居后的大学生的期望北京比分别为 69.1%、64%、57.6%，也一直下降；前者分别高出 4%、4.5%、4.1%，平均值为4.2%，即优秀大学生的北京期望更高，但差异较小❶。成绩居前的大学生的期望沿海比分别为95.2%、91.6%、89.8%，成绩居后大学生的期望沿海比分别为89.4%、86.5%、88.9%，前者分别高出 5.8%、5.1%和 0.9%，平均值为 3.9%，学习成绩有正面影响，但影响力度较小。

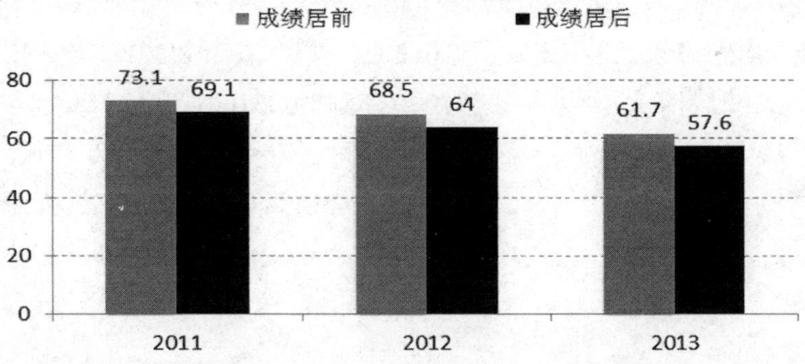

图 5-19 期望北京比的变化（%）

2. 城乡期望

2011—2013 年成绩居前大学生不愿意去农村工作的分别占 74.1%、72.5%、63.1%，一直下降；成绩居后大学生不愿意去农村工作的占 65.3%、68%、66.9%，先上升后下降；前者高 8.8%、4.5%、-3.8%，平均值为 3.2%，有正面影响，但影响力度较小。

❶ 界定：当差额的平均值在 3%以下的为影响很小，3%～6%为影响较小，6%～9%为影响较大，9%以上为影响很大。

3. 行业期望

成绩居前大学生的期望高工资行业比分别为72.5%、68%、69.5%，先下降后上升；成绩居后大学生的期望高工资行业比为65.2%、68.3%、69%，一直上升；前者高出7.3%、-0.3%、0.5%，平均值为2.5%，有正面影响，但影响力度很小。

4. 性质期望

成绩居前大学生的期望体制内单位比分别为80.9%、81.1%、81.8%，有轻微的上升；成绩居后大学生的期望体制内单位比分别为85.1%、73.9%、74.7%，先下降后上升；前者高出-4.2%、7.2%、7.1%，平均值为3.4%，正面影响较小。

5. 期望月薪

成绩居前大学生的期望月薪分别为4814.2元、4950.4元、5185.2元，一直上升；成绩居后大学生的期望月薪为4478.7元、4981.9元和5193.1元，也一直上升；前者高出7.5%、-0.6%、-0.2%，平均值为2.2%，有正面影响，但影响很小。成绩居前大学生的保底月薪分别为3518.1元、3738.8元、3977.4元，成绩居后大学生的保底月薪为3154.9元、3749元和3972.7元，均一直上升；前者高出11.5%、-0.3%、0.1%，平均值为3.8%，有较小的正面影响。

（二）就业行为

1. 收集信息

成绩居前大学生收集信息分别为25.5小时、31.3小时、29.7小时，先上升后下降的趋势；成绩居后大学生分别为24.9小时、29.2小时、29.6小时，一直上升；前者高出2.4%、7.2%、0.3%，平均值为3.3%，成绩有正面影响，但差异较小。

2. 投递简历

成绩居前大学生投简历分别为27.5份、28.7份、25.6份，先上升后下降趋势；成绩居后大学生分别为24.3份、26.2份、25.6份，也是同样的变化趋势；前者高出13.2%、9.5%、0%，平均值为7.6%，成绩有较大的正面影响。

3. 主动联系

成绩居前大学生主动联系4.4次、5.2次、4.2次，先上升后下降趋势；成绩居后大学生联系 3.9 次、4.2 次、3.7 次，变化趋势相同；前者高出 12.8%、23.8%、13.5%，平均值为 16.7%，有很大的正面影响。

4. 求职费用

成绩居前大学生的求职费用分别为 847 元、1174.9 元、911.3 元，先升后降；成绩居后大学生为 772.1 元、845.6 元、871.5 元，一直上升；前者高出 9.7%、38.9%、4.6%，平均值为 17.7%，有很大的正面影响。

5. 面试数量

成绩居前大学生分别面试 6.5 次、6.9 次、5.7 次，先上升后下降；成绩居后大学生面试 5.9 次、7 次、5.9 次，先升后降；前者高出 10.2%、-1.4%、-3.4%，平均值为 1.8%，正面影响很小。

6. 利用社会关系

成绩居前大学生利用社会关系的分别占 47.7%、52.5%、51.5%，先升后降；成绩居后的分别占 41.5%、53.7%、48.8%，先升后降；前者高 6.2%、-1.2%、2.7%，平均值为 2.6%，正面影响很小。

（三）就业结果

1. 接收单位

成绩居前大学生的接收单位分别为 1.93 个、2.19 个、1.62 个，先升后降；成绩居后大学生分别为 1.91 个、2.22 个和 1.5 个，先升后降；前者高出 1%、-1.4%、8%，平均值为 2.5%，有很小的正面影响。

2. 就业率

成绩居前大学生的狭义就业率分别为 44.29%、43.08%、44.46%，先降后升；成绩居后大学生分别为 42.28%、33.22%、37.08%，先降后升；前者高出 2%、9.9%、7.4%，平均值为 6.4%，有正面影响，而且影响较大。前者的广义就业率分别为 55.14%、53.27%、51.22%，后者分别为 50.81%、47%、44.65%，均一直下降；前者高出 4.3%、6.3%、6.6%，平均值为 5.7%，正面影响较大。

3. 实现就业的情况

（1）就业地区分布。成绩居前大学生的北京比分别为 67.9%、69.8%、

57.2%，先升后降；成绩居后分别为59%、58.6%、43.1%，一直下降；前者高出8.9%、11.2%、14.1%，平均值为11.4%，有很大的正面影响。成绩居前大学生的沿海比分别为86.4%、88.5%、83%，成绩居后大学生分别为77%、82%、71.9%，均先升后降；前者高出9.4%、6.5%、11.1%，平均值为9%，正面影响很大。

（2）就业行业分布。成绩居前大学生的高工资行业比分别为61.4%、58.6%、62.3%，先降后升；成绩居后大学生分别为54.9%、67.2%、53.4%，先升后降；前者高6.5%、-8.6%、8.9%，平均值为2.3%，正面影响很小。

（3）单位性质分布。成绩居前大学生的体制内单位比分别为70.1%、68.6%、72.2%，先降后升；成绩居后大学生分别为77.9%、62.5%、71.3%，先降后升；前者分别高出-7.8%、6.1%、0.9%，平均值为-0.3%，有很小的负面影响。

（4）单位承诺月薪。成绩居前大学生的承诺月薪分别为3460.5元、3962.3元、4053.8元；成绩居后大学生分别为3419.5元、4000元、4033.3元，均一直上升；前者高出1.2%、-0.9%、0.5%，平均值为0.3%，正面影响很小。

（5）专业对口程度。2012年、2013年成绩居前大学生的专业对口度分别为82.4%、79.6%；成绩居后大学生分别为80.5%、79.6%，均为下降趋势；前者高出1.9%、0%，平均值为1%，正面影响很小。

（6）就业满意程度。2012年、2013年成绩居前大学生的就业满意度分别为65.5%、67.3%；成绩居后大学生为63.3%、63.6%，均有微弱的上升趋势；前者高出2.2%、3.7%，平均值为3%，正面影响较小。

（四）基本结论

第一，大学生就业意愿：正向影响。通过对比研究发现，从影响方向来看，学习成绩对于地区期望、城乡期望、行业期望、性质期望、月薪期望、保底月薪都有正面影响。从影响力度来看，成绩对行业期望、月薪期望的影响很小，对地区期望、城乡期望、性质期望、保底月薪的影响较小。

第二，大学生就业行为：正向影响。从影响方向来看，成绩优秀大学生在收集信息、投简历、主动联系、面试准备、求职费用支出、利用社会关系方面更积极；而影响力度却不尽相同。从影响力度来看，成绩对面试准备、利用社会关系的影响很小，收集信息的影响较小，对投简历的影响较大，对主动联系和费用支出的影响很大。既存在着正向激励，学习成绩越好，求职行为也更加努力；而成绩不好的学生，更可能破罐子破摔。

第三，大学生就业结果：正向影响。从影响方向来看，学习成绩对接收单位、就业率、就业地区、就业行业、承诺月薪、专业对口度、就业满意度都有积极影响，只有对单位性质的影响为负。从影响力度来看，成绩对接收单位、就业行业、承诺月薪、专业对口度的影响很小，对就业满意度的影响较小，对就业率的影响较大，对就业地区的影响很大。

二、不同学科专业的大学生就业状况的变化

（一）就业意愿

1. 地区期望

如图 5-20 所示，理工工学类大学生期望北京比分别为 67.9%、66.5%、65%，一直下降；经济管理类大学生的期望北京比分别为 74.3%、70%、58.7%，一直下降，比理工类大学生分别多 6.4%、3.5%、-6.3%，平均值为 1.2%，正面影响很小；文学法学类大学生的期望北京比分别为 72.9%、66.4%、54.7%，也一直下降，比理工类大学生分别多 5%、-0.1%、-10.3%，平均值为 -1.8%，有很小的负面影响。即经管类大学生的期望北京比最高，文法类最低。

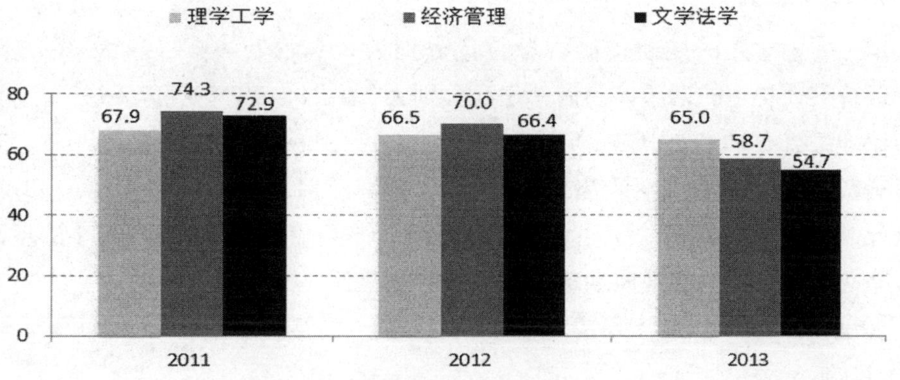

图 5-20　期望北京比的变化（%）

理工类大学生期望沿海比分别为 92.7%、89%、89%，一直下降；经管类大学生的期望沿海比分别为 94.1%、91.7%、92.3%，先降后升，比理工类大学生

分别多1.4%、2.7%、3.3%，平均值为2.5%，正面影响很小；文学法学类大学生的期望沿海比分别为94.3%、88.2%、86.1%，一直下降，比理工类分别多1.6%、-0.8%、-2.9%，平均值为-0.7%，有负面影响。即经管类大学生的期望沿海比最高，文法类最低。

2. 城乡期望

理工类大学生不愿意去农村就业的分别为71%、69.5%、63.8%，一直下降；经管类大学生不愿意去农村就业的分别为75.1%、75.5%、65.1%，先升后降，比理工类大学生分别多4.1%、6%、1.3%，平均值为3.8%，正面影响较小；文法类大学生不愿意去农村就业的分别为68.6%、68.2%、63.7%，一直下降，比理工类多-2.4%、-1.3%、-0.1%，平均值为-1.3%，有负面影响。即经管类大学生的城乡期望最高，文法类最低。

3. 行业期望

理工类大学生的期望高工资行业比分别为63.7%、58.9%、60.1%，先降后升；经管类大学生的期望高工资行业比分别为76.4%、72.8%、74.5%，先降后升，比理工类大学生分别多12.7%、13.9%、14.4%，平均值为13.7%，正面影响很大；文法类大学生的期望高工资行业比分别为71.3%、74.9%、83.2%，一直上升，比理工类多7.6%、16%、23.1%，平均值为15.6%，正面影响很大。即文法类大学生的行业期望最高，理工类最低。

4. 性质期望

理工类大学生的期望体制内单位比分别为84%、75.9%、79.3%，先降后升；经管类大学生的期望体制内单位比分别为79.2%、77.7%、76.7%，一直下降，比理工类大学生分别多-4.8%、1.8%、-2.6%，平均值为-1.9%，有负面影响；文法类大学生的期望体制内单位比分别为81.5%、84.1%、86.5%，一直上升，比理工类多-2.5%、8.2%、7.2%，平均值为4.3%，有较小的正面影响。即文法类大学生的性质期望最高，经管类最低。

5. 期望月薪

理工类大学生的期望月薪分别为4781元、5038.9元、5290元，一直上升；经管类大学生的期望月薪分别为4742.2元、5061.9元、5273.4元，一直上升，比理工类大学生分别多-0.8%、0.5%、-0.3%，平均值为-0.2%，有负面影响；文法类大学生的期望月薪分别为4157.1元、4723.3元、4814.1元，一直上升，比理工类多 -13%、-6.3%、-9%，平均值为 -9.4%，有负面影响。即理工类大学生的期望月薪最高，文法类最低。

理工类大学生的保底月薪分别为 3378 元、3811.8 元、3995.2 元，一直上升；经管类大学生的保底月薪分别为 3556.7 元、3829.8 元、4119.7 元，一直上升，比理工类大学生分别多 5.3%、0.5%、3.1%，平均值为 3%，有较小的正面影响；文法类大学生的保底月薪分别为 3063.5 元、3528 元、3643.5 元，一直上升，比理工类多 -9.3%、-7.4%、-8.8%，平均值为 -8.5%，有负面影响。即经管类大学生的保底月薪最高，文法类最低。

（二）就业行为

1. 收集信息

理工类大学生收集信息分别为 23 小时、28.9 小时、29.9 小时，一直上升；经管类大学生收集信息分别为 28.4 小时、32.7 小时、30.8 元，先升后降，比理工类大学生分别多 23.5%、13.1%、3%，平均值为 13.2%，有很大的正面影响；文法类大学生收集信息分别为 25.1 小时、29.8 小时、26.2 小时，先升后降，比理工类多 9.1%、3.1%、-12.4%，平均值为 0%，没影响。即经管类大学生最积极，后两者相同。

2. 投递简历

理工类大学生投递简历分别为 21.9 份、24.1 份、23.8 份，先升后降；经管类大学生投简历分别为 31.5 份、30.2 份、28.4 份，一直下降，比理工类大学生分别多 43.8%、25.3%、19.3%，平均值为 29.5%，有很大的正面影响；文法类大学生投简历分别为 33.1 份、29.8 份、24.6 份，一直下降，比理工类多 51.1%、23.7%、3.4%，平均值为 26.1%，正面影响很大。即经管类大学生投简历最多，理工类最少。

3. 主动联系

理工类大学生主动联系分别为 4.1 次、4.5 次、4 次，先升后降；经管类大学生联系 4.4 次、5.5 次、4.1 次，先升后降，比理工类大学生分别多 7.3%、22.2%、2.5%，平均值为 10.7%，有很大的正面影响；文法类大学生联系 4.1 次、4.6 次、4.2 次，先升后降，比理工类分别多 0%、2.2%、5%，平均值为 2.4%，正面影响很小。即经管类大学生主动联系最多，理工类最少。

4. 求职费用

理工类大学生的求职费用分别为592.4元、708.8元、698.3元，先升后降；经管类大学生的求职费用分别为1102.4元、1414.3元、1099.7元，先升后降，比理工类大学生分别多86.1%、99.5%、57.5%，平均值为81%，正面影响很大；文法类大学生的求职费用分别为775.4元、1054.1元、998元，先升后降，比理工类分别多30.9%、48.7%、42.9%，平均值为40.8%，正面影响很大。即经管类大学生的求职费用最多，理工类最少。

5. 面试数量

理工类大学生参加面试5.5次、6.2次、5.8次，先升后降；经管类大学生面试7.1次、7.5次、6.4次，先升后降，比理工类大学生分别多29.1%、21%、10.3%，平均值为20.1%，正面影响很大；文法类大学生面试8.5次、7.4次、4.6次，一直下降，比理工类多54.5%、19.4%、-20.7%，平均值为17.7%，正面影响很大。即经管类大学生参加的面试最多，理工类最少。

6. 利用社会关系

理工类大学生利用社会关系的分别占39.6%、49.8%、54.2%，一直上升；经管类大学生利用社会关系的分别占51%、55.5%、44.4%，先升后降，比理工类大学生分别多11.4%、5.7%、-9.8%，平均值为2.4%，有很小的正面影响；文法类大学生利用社会关系的分别占48.6%、52.3%、53.5%，一直上升，比理工类多9%、2.5%、-0.7%，平均值为3.6%，正面影响较小。即文法类利用社会关系的最多，理工类最少。

（三）就业结果

1. 接收单位

理工类大学生的接收单位分别为2个、2.4个、1.66个，先升后降；经管类大学生的接收单位分别为2.03个、2.06个、1.59个，先升后降，比理工类大学生分别多1.5%、-14.2%、-4.2%，平均值为-5.6%，有负面影响；文法类大学生的接收单位分别为1.63个、2.11个、1.4个，先升后降，比理工类多-18.5%、-12.1%、-15.7%，平均值为-15.4%，有很大的负面影响。即理工类最多，文法类最少。

2. 就业率

理工类大学生的狭义就业率分别为48.7%、53.41%、48.46%，先升后降；经管类大学生的狭义就业率分别为39.27%、35.03%、41.78%，先降后升，比理工类大学生多-9.4%、-18.4%、-6.7%，平均值为-11.5%，有很大的负面影响；文法类大学生分别为10.77%、27.18%、24.87%，先升后降，比理工类多-37.9%、-26.2%、-23.6%，平均值为-29.3%，负面影响很大。即理工类大学生的狭义就业率最高，文法类最低。

理工类大学生的广义就业率分别为56.52%、60.57%、55.79%，先升后降；经管类大学生的广义就业率分别为50.61%、46.6%、48.19%，先降后升，比理工类大学生分别多-5.9%、-14%、-7.6%，平均值为-9.2%，有很大的负面影响；文法类大学生分别为29.23%、44.66%、30.69%，先升后降，比理工类增加-27.29%、-15.91%、-25.1%，平均值为-22.77%，负面影响很大。即理工类大学生的广义就业率最高，文法类最低。

3. 实现就业的情况

（1）就业地区分布。理工类大学生的北京比分别为54%、61.8%、51.4%，先升后降；经管类大学生的北京比分别为75%、70.8%、54.7%，一直下降，比理工类大学生多21%、9%、3.3%，平均值为11.1%，有很大的正面影响；文法类大学生分别为62.5%、72.2%、55.4%，先升后降；比理工类多8.5%、10.4%、4%，平均值为7.6%，有较大的正面影响。即经管类的北京比最高，理工类最低。

理工类大学生的沿海比分别为78.6%、81.2%、80%，先升后降；经管类大学生的沿海比分别为89.2%、90.7%、80.3%，先升后降，比理工类大学生多10.6%、9.5%、0.3%，平均值为6.8%，有较大的正面影响；文法类大学生分别为81.4%、91.1%、76.9%，先升后降，比理工类多2.8%、9.9%、-3.1%，平均值为3.2%，正面影响较小。即经管类的沿海比最高，理工类最低。

（2）就业行业分布。理工类大学生的高工资行业比分别为44.3%、47.7%、47.2%，先升后降；经管类大学生的高工资行业比分别为67.4%、70%、76.1%，一直上升，比理工类大学生多23.1%、22.3%、28.9%，平均值为24.8%，有很大的正面影响；文法类大学生分别为62.6%、72.2%、69.6%，先升后降，比理工类多18.3%、24.5%、22.4%，平均值为21.7%，正面影响很大。即经管类大学生的高工资行业比最高，理工类最低。

(3) 单位性质分布。理工类大学生的期望体制内单位比分别为 80.3%、70.2%、74.1%，先降后升；经管类大学生的期望体制内单位比分别为 65.8%、66.2%、73.4%，一直上升，比理工类大学生多 -14.5%、-4%、-0.7%，平均值为 -6.4%，有负面影响；文法类大学生分别为 31.4%、58.9%、59%，一直上升，比理工类增加 -48.9%、-11.3%、-15.1%，平均值为 -25.1%，负面影响很大。即理工类大学生的性质期望最高，文法类最低。

(4) 单位承诺月薪。理工类大学生的承诺月薪分别为 3254.1 元、3811 元、3957 元，一直上升；经管类大学生的承诺月薪分别为 3910.3 元、4209.3 元、4269.2 元，一直上升，比理工类大学生多 20.2%、10.5%、7.9%，平均值为 12.8%，有很大的正面影响；文学法学类为 3285.7 元、3954.5 元、3839.3 元，先升后降，比理工类多 1%、3.8%、-3%，平均值为 0.6%，正面影响很小。即经管类大学生的承诺月薪最多，理工类最少。

(5) 专业对口程度。2012 年、2013 年理工类大学生的对口率分别为 85.4%、85.1%；经管类大学生的对口率分别为 85.3%、75%，比理工类大学生增加 -0.1%、-10.1%，平均值为 -5.1%，有负面影响；文法类大学生的对口率分别为 68.8%、64.3%，比理工类分别多 -16.6%、-20.8%，平均值为 -18.7%，负面影响很大。即理工类大学生的对口率最高，文法类最低。

(6) 就业满意程度。2012 年、2013 年理工类大学生的满意度分别为 65.9%、66.8%；经管类大学生为 67.4%、65.3%，比前者多 1.5%、-1.5%，平均值为 0%，没影响；文法类分别为 60.8%、65.4%，比理工类多 -5.1%、-1.4%，平均值为 -3.3%，影响为负。即理工类、经管类的满意度相同，文法类最低。

(四) 基本结论

第一，大学生就业意愿：经管类高。调查表明，理工类大学生的期望月薪最高，行业期望最低；经管类大学生的期望北京比、沿海比、城乡期望、保底月薪最高，性质期望最低；文法类的行业期望、性质期望最高，期望北京比、期望沿海比、城乡期望、期望月薪、保底月薪最低。总体来看，经管类最高，文法类最低，影响力度存在着较大的差异。

第二，大学生就业行为：经管类积极。理工类大学生在收集信息、投简历、主动联系、参加面试、求职费用、社会关系方面最不积极；经管类大学生在收集信息、投简历、主动联系、参加面试、求职费用方面最积极；文法类利用社会关系最多，收集信息最少。可见，尽管影响的方向和大小有一定的差异，但总体来看，经管类最积极，理工类最不积极。

第三，大学生就业结果：文法类最差。理工类接收单位最多，就业率最高，性质最稳定，对口率、满意度最高，但北京比、沿海比、高工资行业比、承诺月薪最低；经管类的北京比、沿海比、高工资行业比、承诺月薪、满意度最高；文法类接收单位最少，就业率最低，性质最不稳定，对口率、满意度最低。即理工类与经管类不好比，但文法类最差。

三、不同高校层次的大学生就业状况的变化

（一）就业意愿

1. 地区期望

2011—2013 年 211 高校大学生为 61.6%、65.1% 和 58.2%，先升后降；非 211 高校大学生的期望北京比分别为 84.8%、70.1%、64.8%，一直下降；前者分别高出 -23.2%、-5%、-6.6%，平均值为 -11.6%，即 211 高校大学生的北京期望更低，而且差异很大。211 高校大学生的期望沿海比分别为 89.9%、90.3%、89.6%，先升后降；非 211 高校大学生的期望沿海比分别为 97.1%、89.5%、89.3%，一直下降；前者分别高出 -7.2%、0.8% 和 0.3%，平均值为 -2%，高校层次有负面影响，但差异很小。

2. 城乡期望

2011—2013 年 211 高校大学生不愿意去农村工作的分别占 72.3%、70.8%、64.2%，一直下降；非 211 高校大学生不愿意去农村工作的占 69.3%、71.7%、64.6%，先上升后下降；前者高 3%、-0.9%、-0.4%，平均值为 0.6%，有正面影响，但影响很小。

3. 行业期望

211 高校大学生的期望高工资行业比分别为 69.3%、68.8%、67.9%，一直下降；非 211 高校大学生的期望高工资行业比为 70.7%、67%、72.5%，先降后升；前者高出 -1.4%、1.8%、-4.6%，平均值为 -1.4%，有很小的负面

影响。

4. 性质期望

211 高校大学生的期望体制内单位比分别为 81.1%、76.2%、76.8%，先降后升；非 211 高校大学生的期望体制内单位比分别为 84.5%、83.1%、85.5%，先降后升；前者高出 -3.4%、-6.9%、-8.7%，平均值为 -6.3%，有较大的负面影响。

5. 期望月薪

211 高校大学生的期望月薪分别为 4894 元、5255.8 元、5394.2 元，非 211 高校大学生的期望月薪为 4409.6 元、4509.5 元和 4782.1 元，均一直上升；前者高出 11%、16.5%、12.8%，平均值为 13.4%，正面影响很大。211 高校大学生的保底月薪分别为 3586.8 元、4014.9 元、4186.2 元，非 211 高校大学生的保底月薪为 3140.2 元、3325.3 元和 3563.6 元，均一直上升；前者高出 14.2%、20.7%、17.5%，平均值为 17.5%，正面影响很大。

（二）就业行为

1. 收集信息

211 高校大学生收集信息分别为 26.4 小时、31.3 小时、30.3 小时，先升后降；非 211 高校大学生分别为 24.1 小时、29.9 小时、28.4 小时，变化趋势相同；前者高出 9.5%、4.7%、6.7%，平均值为 7%，高校层次有较大的正面影响。

2. 投递简历

211 高校大学生投简历分别为 25.3 份、27.4 份、25.2 份，非 211 高校大学生分别为 27.8 份、28.8 份、26.6 份，均先升后降；前者高出 -9%、-4.9%、-5.3%，平均值为 -6.4%，有较大的负面影响。

3. 主动联系

211 高校大学生主动联系 4.6 次、5 次、3.9 次，非 211 高校大学生联系 3.6 次、4.7 次、4.4 次，均先升后降；前者高出 27.8%、6.4%、-11.4%，平均值为 7.6%，有较大的正面影响。

4. 求职费用

211 高校大学生的求职费用分别为 977.8 元、1121.6 元、886.8 元，非 211

高校大学生为 636.1 元、1004.7 元、916.1 元，均先升后降；前者高出 53.7%、11.6%、-3.2%，平均值为 20.7%，有很大的正面影响。

5. 面试数量

211 高校大学生分别面试 6.2 次、7.2 次、5.9 次，非 211 高校大学生面试 6.4 次、6.7 次、5.5 次，均先升后降；前者高出 -3.1%、7.5%、7.3%，平均值为 3.9%，有较小的正面影响。

6. 利用社会关系

211 高校大学生利用社会关系的分别占 42.2%、51.4%、48.8%，非 211 高校学生分别占 49.9%、55.1%、54.5%，均先升后降；前者高出 -7.7%、-3.7%、-5.7%，平均值为 -5.7%，负面影响较小。

（三）就业结果

1. 接收单位

211 高校大学生的接收单位分别为 1.88 个、2.25 个、1.58 个，非 211 高校大学生分别为 1.97 个、2.12 个和 1.58 个，均先升后降；前者高出 -4.6%、6.1%、0%，平均值为 0.5%，正面影响很小。

2. 就业率

211 高校大学生的狭义就业率分别为 43.19%、37.57%、41.79%，先降后升；非 211 高校大学生分别为 43.58%、43.09%、41.75%，一直下降；前者高出 -0.4%、-5.5%、0%，平均值为 -2%，有很小的负面影响。前者的广义就业率分别为 52.17%、48.51%、50.15%，先降后升；后者分别为 54.86%、55.26%、46.5%，先升后降；前者高 -2.7%、-6.8%、3.7%，平均值为 -1.9%，负面影响很小。

3. 实现就业的情况

（1）就业地区分布。211 高校大学生的北京比分别为 45%、55.8%、43.5%，先升后降；非 211 高校分别为 87.1%、80.6%、69.2%，一直下降；前者高 -42.1%、-24.8%、-25.7%，平均值为 -30.9%，有很大的负面影响。211 高校大学生的沿海比分别为 74.6%、82.9%、76.2%，先升后降；非 211 高校大学生为 92.8%、91.5%、85.4%，一直下降；前者高 -18.2%、-8.6%、

-9.2%，平均值为-12%，负面影响很大。

(2) 就业行业分布。211高校大学生的高工资行业比分别为59.1%、65.7%、61.6%，先升后降；非211高校大学生分别为59.2%、55.1%、55.3%，先降后升；前者高出-0.1%、10.6%、6.3%，平均值为5.6%，有较小的正面影响。

(3) 单位性质分布。211高校大学生的体制内单位比分别为73.5%、72.5%、71.5%，一直下降；非211高校大学生分别为73.6%、58.1%、72.4%，先降后升；前者分别高-0.1%、14.4%、-0.9%，平均值为4.5%，有较小的正面影响。

(4) 单位承诺月薪。211高校大学生的承诺月薪分别为3736.2元、4316元、4258.4元，先升后降；非211高校大学生分别为3114.8元、3490.8元、3660.2元，一直上升；前者高19.9%、23.6%、16.3%，平均值为20%，正面影响很大。

(5) 专业对口程度。2012年、2013年211高校大学生的专业对口度分别为86.7%、83.4%，非211高校大学生分别为74.5%、72.9%，均为下降趋势；前者高12.2%、10.5%，平均值为11.4%，正面影响很大。

(6) 就业满意程度。2012年、2013年前者的就业满意度分别为64.1%、64.7%，后者为65.9%、68.7%，都有微弱的上升趋势；前者高-1.8%、-4%，平均值为-2.9%，负面影响很小。

(四) 基本结论

第一，大学生就业意愿：不太明确。从影响方向来看，高校层次对地区期望、行业期望、性质期望有负面影响，而对城乡期望、月薪期望、保底月薪都有正面影响。从影响力度来看，高校层次对城乡期望的正面影响很小，对月薪期望和保底月薪的正面影响很大。高校层次对大学生就业意愿的总体影响方向是不明确的。

第二，大学生就业行为：正向影响。从影响方向来看，211高校大学生在投简历、利用社会关系方面更消极，在收集信息、主动联系、面试准备、求职费用支出方面更积极。高校层次的正面影响力度不尽相同，对面试的影响较小，对收集信息、主动联系的影响较大，对费用支出的影响很大。总体来看，211高校大学生的求职行为更积极。211高校的学生素质一般较高，因而也具有一定的正向激励效应，非 211 高校学生更可能破罐子破摔。

第三，大学生就业结果：各有优劣。从影响方向来看，高校层次对就业率、就业地区、就业满意度有负面影响，对接收单位、就业行业、单位性质、承诺月薪、专业对口度都有积极影响。从影响力度来看，对接收单位的正面影响很小，对就业行业、单位性质的影响较小，对承诺月薪、专业对口度的影响很大。即经验表明，高校层次对就业结果是有影响的，但不好说，211 高校或非 211 高校的就业结果更好，而是各有优劣。

四、不同地区生源的大学生就业状况的变化

（一）就业意愿

1. 地区期望

2011—2013 年北京生源大学生的期望北京比分别为 95.5%、96.8% 和 95.2%，先升后降；非北京生源大学生分别为 62.5%、61.7%、55.1%，一直下降；前者分别高 33%、35.1%、40.1%，平均值为 36.1%，即北京生源大学生的北京比期望更高，而且差异很大。北京生源大学生的期望沿海比分别为 100%、99.2%、99.4%，先降后升；非北京生源大学生分别为 90.5%、88.4%、88%，一直下降；前者分别高 9.5%、10.8% 和 11.4%，平均值为 10.6%，生源地有正面影响，而且影响很大。

2. 城乡期望

2011—2013 年北京生源大学生不愿意去农村工作的分别占 65.3%、74.4%、71.4%，先升后降；非北京生源大学生不愿意去农村工作的占 73.6%、70.3%、63.3%，一直下降；前者高 -8.3%、4.1%、8.1%，平均值为 1.3%，有很小的正面影响。

3. 行业期望

北京生源大学生的期望高工资行业比分别为 64.2%、53.6%、59.2%，非北京生源大学生为 72.6%、70.9%、71.1%，均先降后升；前者高出 -8.4%、-17.3%、-11.9%，平均值为 -12.5%，负面影响很大。

4. 性质期望

北京生源大学生的期望体制内单位比分别为 83.5%、83.2%、81%，一直下

降；非北京生源大学生的期望体制内单位比分别为81.8%、77.9%、79.7%，先降后升；前者高1.7%、5.3%、1.3%，平均值为2.8%，正面影响很小。

5. 期望月薪

北京生源大学生的期望月薪分别为4614.3元、4604元、4876.3元，先降后升；非北京生源大学生的期望月薪为4715.1元、5022元和5237.8元，一直上升；前者高-2.1%、-8.3%、-6.9%，平均值为-5.8%，有较小的负面影响。北京生源大学生的保底月薪分别为3154.5元、3272.7元、3582.9元，后者的保底月薪为3476.9元、3837.7元和4037.4元，均一直上升；前者高-9.3%、-14.7%、-11.3%，平均值为-11.8%，负面影响很大。

（二）就业行为

1. 收集信息

北京生源大学生收集信息分别为21.3小时、28.7小时、24.8小时，非北京生源大学生分别为27.1小时、31.2小时、30.4小时，均先升后降；前者高-21.4%、-8%、-18.4%，平均值为-15.9%，负面影响很大。

2. 投递简历

北京生源大学生投简历分别为21.1份、27.4份、25.7份，先升后降；非北京生源大学生分别为28.3份、28.2份、25.6份，一直下降；前者高-25.4%、-2.8%、0.4%，平均值为-9.3%，负面影响很大。

3. 主动联系

北京生源大学生主动联系4.1次、4.6次、4.3次，非北京生源大学生联系4.1次、5次、4次，均先升后降；前者高0%、-8%、7.5%，平均值为-0.2%，有很小的负面影响。

4. 求职费用

北京生源大学生的求职费用分别为566.1元、858.9元、598.4元，非北京生源大学生为915.4元、1115.1元、942.8元，均先升后降；前者高-38.2%、-23%、-36.5%，平均值为-32.6%，负面影响很大。

5. 面试数量

北京生源大学生分别面试5.7次、7.3次、6.2次，非北京生源大学生面试

6.5 次、7 次、5.7 次，均先升后降；前者高 -12.3%、4.3%、8.8%，平均值为 0.2%，有很小的正面影响。

6. 利用社会关系

北京生源大学生利用社会关系的分别占 54%、62.4%、60.3%，非 211 高校学生分别占 42.2%、51.1%、49%，均先升后降；前者高 11.8%、11.3%、11.3%，平均值为 11.5%，正面影响很大。

（三）就业结果

1. 接收单位

北京生源大学生的接收单位分别为 2.07 个、2.41 个、2.07 个，先升后降；非北京生源大学生分别为 1.86 个、2.17 个和 1.5 个，先升后降；前者高 11.3%、11.1%、38%，平均值为 20.1%，有很大的正面影响。

2. 就业率

北京生源大学生的狭义就业率分别为 60.74%、69.84%、64%，先升后降；非北京生源大学生分别为 36.05%、33.83%、37.62%，先降后升；前者高 24.7%、36%、26.4%，平均值为 29%，有很大的正面影响。前者的广义就业率分别为 65.03%、77.78%、70.9%，先升后降；后者为 48.37%、46.05%、44.73%，一直下降；前者高出 16.7%、31.7%、26.2%，平均值为 24.9%，正面影响很大。

3. 实现就业的情况

（1）就业地区分布。北京生源大学生的北京比分别为 96.2%、99%、94.4%，非北京生源大学生分别为 45.7%、55.2%、39.6%，均先升后降；前者高 50.5%、43.8%、54.8%，平均值为 49.7%，有很大的正面影响。北京生源大学生的沿海比分别为 97.2%、99%、97.6%，非北京生源大学生分别为 74.6%、82.5%、73.6%，均先升后降；前者高 22.6%、16.5%、24%，平均值为 21%，正面影响很大。

（2）就业行业分布。北京生源大学生的高工资行业比分别为 56.4%、43.6%、45.1%，先降后升；非北京生源大学生为 60.9%、67.1%、64%，先升后降；前者高 -4.5%、-23.5%、-18.9%，平均值为 -15.6%，负面影响很大。

（3）单位性质分布。北京生源大学生的体制内单位比分别为79%、62.5%、72.6%，非北京生源大学生分别为69.6%、68.4%、71.6%，均先降后升；前者高9.4%、-5.9%、1%，平均值为1.5%，有很小的正面影响。

（4）单位承诺月薪。北京生源大学生的承诺月薪分别为3140.8元、3489.5元、3533.3元，非北京生源大学生分别为3648.1元、4142.9元、4208.2元，均一直上升；前者高-13.9%、-15.8%、-16%，平均值为-15.2%，有很大的负面影响。

（5）专业对口程度。2012年、2013年北京生源大学生的专业对口度分别为71.9%、76.7%，上升；非北京生源大学生分别为84.9%、80.5%，下降；前者高-13%、-3.8%，平均值为-8.4%，负面影响较大。

（6）就业满意程度。2012年、2013年北京生源大学生的就业满意度分别为66.5%、68.4%，后者为64.3%、65.5%，均有微弱的上升趋势；前者高2.2%、2.9%，平均值为2.6%，正面影响很小。

（四）基本结论

第一，大学生就业意愿：不太明确。从影响的方向来看，北京生源对行业期望、月薪期望、保底月薪有负面影响，而对地区期望、城乡期望、性质期望都有正面影响。生源地对城乡期望、性质期望的正面影响很小，对地区期望的正面影响很大。可见，生源地对大学生就业意愿的影响方向不明确。

第二，大学生就业行为：负向影响。北京生源大学生在收集信息、投简历、主动联系、求职费用支出方面更消极，在面试准备、利用社会关系方面更积极。生源地对面试的影响很小，对利用社会关系的影响很大。总体来看，非北京生源大学生的求职行为更积极。

第三，大学生就业结果：正向影响。北京生源对就业行业、承诺月薪、专业对口度有负面影响，对接收单位、就业率、就业地区、单位性质、就业满意度都有积极影响。从影响大小来看，北京生源对单位性质和满意度的正面影响很小，对接收单位、就业率、就业地区的正面影响很大。即经验表明，生源地对就业结果是有影响的，北京生源大学生有一定的就业优势。

五、不同城乡生源的大学生就业状况的变化

（一）就业意愿

1. 地区期望

2011—2013 年城镇生源大学生的期望北京比分别为 74.2%、71.3% 和 63.2%，一直下降；农村生源大学生分别为 66.7%、59.5%、56.3%，一直下降；前者分别高出 7.5%、11.8%、6.9%，平均值为 8.7%，即城镇生源的北京期望更高，而且差异较大。城镇生源大学生的期望沿海比分别为 94.9%、91.5%、91.7%，先降后升；农村大学生为 89.4%、87.2%、86.2%，一直下降；前者高 5.5%、4.3% 和 5.5%，平均值为 5.1%，城乡生源有较小的正面影响。

2. 城乡期望

2011—2013 年城镇生源不愿意去农村工作的分别占 76.2%、80.6%、70.6%，先升后降；农村生源大学生不愿意去农村工作的占 61.6%、55.3%、53.8%，一直下降；前者高 14.6%、25.3%、16.8%，平均值为 18.9%，正面影响的力度很大。

3. 行业期望

城镇生源大学生的期望高工资行业比分别为 71.3%、68.8%、71.5%，先降后升；后者为 68%、66.8%、66.3%，一直下降；前者高 3.3%、2%、5.2%，平均值为 3.5%，正面影响较小。

4. 性质期望

城镇生源大学生的期望体制内单位比分别为 80.8%、79.6%、77.1%，一直下降；农村大学生分别为 85.6%、78%、83.8%，先降后升；前者高 -4.8%、1.6%、-6.7%，平均值为 -3.3%，负面影响较小。

5. 期望月薪

城镇生源大学生的期望月薪分别为 4848.6 元、5071.6 元、5302.9 元，后者的期望月薪为 4389.8 元、4762.6 元、5025.9 元，均一直上升；前者高 10.5%、6.5%、5.5%，平均值为 7.5%，正面影响较大。前者的保底月薪分别为 3465.6

元、3828.9元、4081.9元，后者的保底月薪为3221.5元、3594.5元和3819.8元，均一直上升；前者高7.6%、6.5%、6.9%，平均值为7%，正面影响较大。

（二）就业行为

1. 收集信息

城镇生源大学生收集信息分别为23.7小时、30小时、28.3小时，先升后降；农村生源大学生分别为28.2小时、31.8小时、31.7小时，先升后降；前者高 –16%、–5.7%、–10.7%，平均值为 –10.8%，有很大的负面影响。

2. 投递简历

城镇生源大学生投简历分别为24.4份、27.7份、25份，先升后降；农村生源大学生分别为29.7份、28.3份、26.7份，一直下降；前者高 –17.8%、–2.1%、–6.4%，平均值为 –8.8%，负面影响较大。

3. 主动联系

城镇生源大学生主动联系3.9次、4.8次、3.9次，后者联系4.4次、5.1次、4.3次，均先升后降；前者高 –11.4%、–5.9%、–9.3%，平均值为 –8.8%，负面影响较大。

4. 求职费用

城镇生源大学生的求职费用分别为812.5元、1087.6元、905.5元，后者为817.1元、1051.5元、881.7元，均先升后降；前者高 –0.6%、3.4%、2.7%，平均值为1.9%，正面影响很小。

5. 面试数量

城镇生源大学生分别面试5.7次、7次、5.8次，先升后降；农村大学生面试7.4次、7次、5.9次，一直下降；前者高 –23%、0%、–1.7%，平均值为 –8.2%，有较大的负面影响。

6. 利用社会关系

城镇生源大学生利用社会关系的分别占52.6%、61.9%、55.7%，先升后降；后者分别占32.9%、37.9%、42%，一直上升；前者高19.7%、24%、13.7%，平均值为19.1%，正面影响很大。

（三）就业结果

1. 接收单位

城镇生源大学生的接收单位分别为 1.93 个、2.21 个、1.57 个，后者分别为 1.88 个、2.17 个和 1.58 个，均先升后降；前者高 2.7%、1.8%、-0.6%，平均值为 1.3%，正面影响很小。

2. 就业率

城镇生源大学生的狭义就业率分别为 43.09%、40.53%、42.6%，农村生源分别为 43.42%、38.1%、40.49%，均先降后升；前者高 -0.3%、2.4%、2.1%，平均值为 1.4%，正面影响很小。前者的广义就业率分别为 53.04%、52.26%、49.85%，后者分别为 53.51%、49.21%、47.41%，均一直下降；前者高 -0.5%、3.1%、2.4%，平均值为 1.7%，正面影响很小。

3. 实现就业的情况

（1）就业地区分布。城镇生源大学生的北京比分别为 66.1%、69.9%、54%，农村生源大学生分别为 58.8%、59.1%、50.5%，均先升后降；前者高 7.3%、10.8%、3.5%，平均值为 7.2%，有较大的正面影响。前者的沿海比分别为 84.7%、89.4%、81.1%，后者分别为 79%、81.3%、77.2%，均先升后降；前者高 5.7%、8.1%、3.9%，平均值为 5.9%，正面影响较小。

（2）就业行业分布。城镇生源大学生的高工资行业比分别为 64.4%、65.8%、63.3%，后者分别为 50.5%、54.4%、53.7%，均先升后降；前者高 13.9%、11.4%、9.6%，平均值为 11.6%，正面影响很大。

（3）单位性质分布。城镇生源大学生的体制内单位比分别为 69.9%、65.5%、73%，后者分别为 79.8%、69.2%、70.2%，均先降后升；前者高 -9.9%、-3.7%、2.8%，平均值为 -3.6%，有负面影响。

（4）单位承诺月薪。城镇生源大学生的承诺月薪分别为 3615.8 元、4059.4 元、4093.4 元，农村生源分别为 3143.5 元、3843.5 元、3994.7 元，均一直上升；前者高 15%、5.6%、2.5%，平均值为 7.7%，正面影响较大。

（5）专业对口程度。2012 年、2013 年城镇生源大学生的专业对口度分别为 80.1%、80.2%；农村生源分别为 83.8%、78.2%；前者高 -3.7%、2%，平均值为 -0.9%，负面影响很小。

（6）就业满意程度。2012 年、2013 年城镇生源大学生的就业满意度分别为 65.9%、66.8%，农村生源为 62.6%、65.1%，均有微弱的上升趋势；前者高 3.3%、1.7%，平均值为 2.5%，正面影响很小。

（四）基本结论

第一，大学生就业意愿：正向影响。从影响的方向来看，城镇生源对单位性质期望有负面影响，而对地区期望、城乡期望、行业期望、月薪期望、保底月薪都有正面影响。总体来看，城镇生源大学生的就业期望较高。但正面影响的力度不尽相同。城镇生源对沿海比期望、行业期望的正面影响较小，对北京比期望、月薪期望和保底月薪的正面影响较大，对城乡期望的正面影响很大。

第二，大学生就业行为：正向影响。城镇生源大学生在收集信息、投简历、主动联系、面试准备方面更消极，而在求职费用支出、利用社会关系方面更为积极。农村生源大学生的总体求职行为更积极。对费用支出的影响很小，对利用社会关系的影响很大。

第三，大学生就业结果：正向影响。生源地对单位性质、专业对口度有负面影响，对接收单位、就业率、就业地区、就业行业、承诺月薪、就业满意度都有积极影响。总体上，城镇生源大学生的就业结果较好。从影响大小来看，成绩对接收单位、就业率、就业满意度的正面影响很小，对沿海比的影响较小，对北京比、承诺月薪的影响较大，对就业行业的影响很大。

六、不同家庭收入的大学生就业状况的变化

（一）就业意愿

1. 地区期望

2011—2013 年高收入家庭大学生的期望北京比分别为 76.9%、74.9% 和 62.9%，低收入家庭大学生分别为 68.1%、60.4%、58.6%，均一直下降；前者分别高出 8.8%、14.5%、4.3%，平均值为 9.2%，即高收入家庭大学生更期望在北京就业，而且差异很大。高收入家庭大学生的期望沿海比分别为 95.5%、93.1%、92.3%，后者为 91.4%、87.6%、87.4%，均一直下降；前者高 4.1%、5.5% 和 4.9%，平均值为 4.8%，家庭富裕程度有较小的正面影响。

2. 城乡期望

2011—2013 年高收入家庭大学生不愿意去农村工作的分别占 74%、77.3%、70.9%，先升后降；低收入家庭大学生不愿意去农村工作的占 69.1%、65.3%、58.3%，一直下降；前者高 4.9%、12%、12.6%，平均值为 9.8%，正面影响很大。

3. 行业期望

高收入家庭大学生的期望高工资行业比分别为 75.6%、68.7%、69.5%，先降后升；低收入家庭大学生为 66.4%、67.7%、69.4%，一直上升；前者高 9.2%、1%、0.1%，平均值为 3.4%，正面影响较小。

4. 性质期望

高收入家庭大学生的期望体制内单位比分别为 80.5%、78.1%、79.1%，后者分别为 83.4%、79.6%、80.1%，均先降后升；前者高出 -2.9%、-1.5%、-1%，平均值为 -1.8%，有负面影响。

5. 期望月薪

高收入家庭大学生的期望月薪分别为 5039.7 元、5126.7 元、5396.7 元，低收入家庭大学生为 4476.4 元、4812.2 元和 4997.2 元，都是一直上升趋势；前者高 12.6%、6.5%、8%，平均值为 9%，正面影响很大。高收入家庭大学生的保底月薪分别为 3595.6 元、3858.1 元、4151.6 元，后者的保底月薪为 3263.4 元、3649.3 元和 3824.6 元，均一直上升；前者高 10.2%、5.7%、8.5%，平均值为 8.1%，正面影响较大。

（二）就业行为

1. 收集信息

高收入家庭大学生收集信息分别为 24.1 小时、29.7 小时、27.9 小时，低收入家庭大学生分别为 25.9 小时、31.3 小时、31.2 小时，均先升后降；前者高 -6.9%、-5.2%、-10.6%，平均值为 -7.5%，没正面影响。

2. 投递简历

高收入家庭大学生投简历分别为 23.7 份、28.3 份、23.5 份，先升后降；后者分别为 27.6 份、27.5 份、27.5 份，比较平稳；前者高 -14.2%、2.8%、-

14.4%，平均值为-8.6%，有负面影响。

3. 主动联系

高收入家庭大学生主动联系3.9次、4.9次、3.9次，后者联系4.3次、4.9次、4.2次，均先升后降；前者高-7.9%、0.9%、-8.2%，平均值为-5%，有负面影响。

4. 求职费用

高收入家庭大学生的求职费用分别为811.7元、1182.7元、811.7元，低收入家庭大学生为822.9元、987.1元、907.1元，均先升后降；前者高-1.4%、19.8%、-10.5%，平均值为2.6%，正面影响很小。

5. 面试数量

高收入家庭大学生参加面试5.9次、7.3次、5.5次，低收入家庭大学生面试6.4次、6.6次、6.1次，均先升后降；前者高-8.9%、9.4%、-10.2%，平均值为-3.2%，有负面影响。

6. 利用社会关系

高收入家庭大学生利用社会关系的分别占59.5%、62.4%、55.5%，先升后降；后者分别占36.9%、44.2%、46.7%，一直上升；前者高22.6%、18.2%、8.8%，平均值为16.5%，正面影响很大。

（三）就业结果

1. 接收单位

高收入家庭大学生的接收单位分别为1.86个、2.23个、1.68个，低收入家庭大学生分别为1.95个、2.2个和1.5个，均先升后降；前者高-4.5%、1.4%、11.7%，平均值为2.9%，正面影响很小。

2. 就业率

高收入家庭大学生的狭义就业率分别为47.45%、42.7%、43.55%，先降后升；低收入家庭大学生为41.56%、37.07%、40.45%，先降后升；前者高5.9%、5.6%、3.1%，平均值为4.9%，有较小的正面影响。前者的广义就业率分别为57.65%、55.65%、52.22%，后者为51.39%、47.14%、46.18%，均一直下降；前者高6.3%、8.5%、6%，平均值为6.9%，正面影响较大。

3. 实现就业的情况

（1）就业地区分布。高收入家庭大学生的北京比分别为74.5%、76.3%、60%，先升后降；低收入家庭大学生分别为58.8%、56%、46%，一直下降；前者高15.7%、20.3%、14%，平均值为16.7%，正面影响很大。高收入家庭大学生的沿海比分别为91.5%、92.8%、84.4%，后者分别为77.9%、80.5%、75.3%，均先升后降；前者高出13.6%、12.3%、9.1%，平均值为11.7%，正面影响很大。

（2）就业行业分布。高收入家庭大学生的高工资行业比分别为70.6%、63.4%、58.8%，一直下降；低收入家庭大学生分别为52.8%、58.5%、60.1%，一直上升；前者高17.8%、4.9%、-1.3%，平均值为7.1%，正面影响较大。

（3）单位性质分布。高收入家庭大学生的体制内单位比分别为74.5%、66.6%、68.8%，后者分别为72.9%、67%、74.9%，均先降后升；前者高出1.6%、-0.4%、-6.1%，平均值为-1.6%，没有正面影响。

（4）单位承诺月薪。高收入家庭大学生的承诺月薪分别为3742.9元、4081.6元、4193.9元，后者分别为3288.4元、3877.5元、3902.7元，均一直上升；前者高13.8%、5.3%、7.5%，平均值为8.8%，有较大的正面影响。

（5）专业对口程度。2012年、2013年高收入家庭大学生的专业对口度分别为77.4%、80.4%，上升；后者分别为86%、79.5%，下降；前者高-8.6%、0.9%，平均值为-3.8%，有负面影响。

（6）就业满意程度。2012年、2013年高收入家庭大学生的就业满意度分别为65.6%、68.2%，后者为63.9%、64.1%，有微弱的上升趋势；前者高1.7%、4.1%，平均值为2.9%，正面影响很小。

（四）基本结论

第一，大学生就业意愿：正向影响。从影响方向来看，家庭收入水平对单位性质期望有负面影响，而对地区期望、城乡期望、行业期望、月薪期望、保底月薪都有正面影响。高家庭收入家庭大学生的就业意愿较高。从影响力度来看，家庭收入水平对沿海比期望、行业期望的正面影响较小，对保底月薪的正面影响较大，对北京比期望、城乡期望、月薪期望的影响很大。

第二，大学生就业行为：负向影响。高收入家庭大学生在收集信息、投简历、主动联系、面试准备方面更消极，只有在求职费用支出、利用社会关系方面更积极。低收入家庭大学生的总体求职行为更积极。收入水平对费用支出的正面影响很小，对利用社会关系的影响很大。

第三，大学生就业结果：正向影响。高校层次对单位性质、专业对口度有负面影响，对接收单位、就业率、就业地区、就业行业、承诺月薪、就业满意度都有正面影响。经验表明，家庭收入水平对大学生就业结果有正面影响。收入水平对接收单位、就业满意度的正面影响很小，对狭义就业率的影响较小，对广义就业率、就业行业、承诺月薪的影响较大，对就业地区的影响很大。

七、不同性别的大学生就业状况的变化

（一）就业意愿

1. 地区期望

2011—2013 年男生的期望北京比分别为 69%、66.3% 和 59%，女生分别为 76.6%、67.9%、62.7%，均一直下降；前者分别高 -7.6%、-1.6%、-3.7%，平均值为 -4.3%，即男生的北京比期望更低。男生的期望沿海比分别为 92%、89.8%、89.3%，女生的期望沿海比分别为 93.5%、90.2%、90%，均一直下降；前者分别高出 -1.5%、-0.4% 和 -0.7%，平均值为 -0.9%，男生的沿海比期望更低。

2. 城乡期望

2011—2013 年男生不愿意去农村工作的分别占 66.6%、66.3%、59.2%，一直下降；女生不愿意去农村工作的占 74.1%、78.7%、71.3%，先升后降；前者高 -7.5%、-12.4%、-12.1%，平均值为 -10.7%，没有正面影响。

3. 行业期望

男生的期望高工资行业比分别为 66.9%、67.9%、63.4%，先升后降；女生为 73%、68.1%、77.4%，先降后升；前者高出 -6.1%、-0.2%、-14%，平均值为 -6.8%，有负面影响。

4. 性质期望

男生的期望体制内单位比分别为 84%、76.2%、78.7%，先降后升；女生分

别为 78.5%、82.9%、80.5%，先升后降；前者高 5.5%、-6.7%、-1.8%，平均值为 -1%，有负面影响。

5. 期望月薪

男生的期望月薪分别为 4825.1 元、5112.1 元、5246.4 元，女生的期望月薪为 4567.5 元、4722.9 元和 5135.9 元，均一直上升；前者高 5.6%、8.2%、2.2%，平均值为 5.3%，正面影响较小。男生的保底月薪分别为 3505.7 元、3820.5 元、4033.5 元，女生为 3268.4 元、3616.9 元和 3904.8 元，也一直上升；前者高 7.3%、5.6%、3.3%，平均值为 5.4%，正面影响较小。

（二）就业行为

1. 收集信息

男生收集信息分别为 24.7 小时、31 小时、30.7 小时，女生分别为 26 小时、30.3 小时、28.4 小时，均先升后降；前者高出 -4.8%、2.5%、8.2%，平均值为 1.9%，性别有很小的影响。

2. 投递简历

男生投简历分别为 23.8 份、26.2 份、25.2 份，女生为 27.6 份、30.5 份、26 份，均先升后降；前者高出 -13.9%、-14.2%、-3.1%，平均值为 -10.4%，有负面影响。

3. 主动联系

男生主动联系 4.2 次、5 次、4.3 次，女生联系 3.6 次、4.7 次、3.7 次，均先升后降；前者高出 15%、6.8%、14.2%，平均值为 12%，正面影响很大。

4. 求职费用

男生的求职费用分别为 791.1 元、1091.6 元、885.3 元，女生为 772 元、1040.1 元、905.5 元，均先升后降；前者高 2.5%、5%、-2.2%，平均值为 1.7%，正面影响很小。

5. 面试数量

男生参加面试 6.1 次、7 次、6.1 次，女生面试 6.1 次、6.9 次、5.4 次，均先升后降；前者高 0.1%、2.5%、12.9%，平均值为 5.1%，有较小的正面影响。

6. 利用社会关系

男生利用社会关系的分别占 43.2%、50.7%、50.3%，女生占 46.2%、55.3%、51.8%，先升后降；前者高 -3%、-4.6%、-1.5%，平均值为 -3%，有负面影响。

（三）就业结果

1. 接收单位

男生的接收单位分别为 2.04 个、2.27 个、1.67 个，女生为 1.74 个、2.05 个和 1.44 个，先升后降；前者高 17%、10.7%、16%，平均值为 14.6%，有很大的正面影响。

2. 就业率

男生的狭义就业率分别为 48.41%、40.28%、45.95%，先降后升；女生分别为 40.53%、39.33%、35.66%，一直下降；前者高 7.9%、1%、10.3%，平均值为 6.4%，正面影响较大。前者的广义就业率分别为 58.33%、51.3%、52.78%，先降后升；后者为 51.52%、51.33%、43.12%，一直下降；前者高 6.8%、0%、9.7%，平均值为 5.5%，正面影响较小。

3. 实现就业的情况

（1）就业地区分布。男生的北京比分别为 57.1%、63.1%、48.8%，女生分别为 69.9%、70.5%、58.6%，均先升后降；前者高 -12.8%、-7.4%、-9.8%，平均值为 -10%，负面影响很大。男生的沿海比分别为 78.5%、86.1%、79.4%，先升后降；女生分别为 87.2%、86.6%、80.2%，一直下降；前者高 -8.7%、-0.5%、-0.8%，平均值为 -3.3%，有负面影响。

（2）就业行业分布。男生的高工资行业比分别为 45.7%、58.4%、51.8%，先升后降；女生为 73.8%、66.5%、73.4%，先降后升；前者高 -28.1%、-8.1%、-21.6%，平均值为 -19.3%，有负面影响。

（3）单位性质分布。男生的体制内单位比分别为 80.8%、70.9%、73.5%，女生为 69.1%、58.9%、69.1%，均先降后升；前者高 11.7%、12%、4.4%，平均值为 9.4%，正面影响很大。

（4）单位承诺月薪。男生的承诺月薪分别为 3405.1 元、4088.1 元、4087.8 元，先升后降；女生为 3445.3 元、3793.9 元、3983.3 元，一直上升；前者高 -

1.2%、7.8%、2.6%，平均值为3.1%，正面影响较小。

（5）专业对口程度。2012 年、2013 年男生的专业对口度分别为 83%、83.3%，女生为79.9%、73.5%；前者高3.1%、9.8%，平均值为6.5%，正面影响较大。

（6）就业满意程度。2012 年、2013 年男生的满意度分别为 64.7%、66.3%，女生为64.8%、66.2%，都有微弱的上升趋势，几乎没有差异。

（四）基本结论

第一，大学生就业意愿：女生较高。男生的地区期望、城乡期望、行业期望、性质期望较低，而月薪期望、保底月薪较高。对后两者的正面影响均较小。

第二，大学生就业行为：女生消极。男生在投简历、利用社会关系方面更消极，在收集信息、主动联系、面试准备、求职费用支出方面更积极。男生的求职行为总体上更积极。性别对收集信息、费用支出的正面影响很小，对面试的影响较小，对主动联系的影响很大。

第三，大学生就业结果：女生较差。性别对就业地区、就业行业有负面影响，对接收单位、就业率、单位性质、承诺月薪、专业对口度都有积极影响。性别对广义就业率、承诺月薪的影响较小，对狭义就业率、专业对口度的影响较大，对接收单位、单位性质的影响很大。综合来看，女生的就业意愿较高，就业行为较消极，就业结果较差，总体上是合理的。

第三节　2011—2013 年北京大学生创业状况的变化

本节揭示 2011—2013 年北京大学生创业的基本状况及其动态变化的趋势。

一、大学生创业状况的变化

（一）大学生对创业的认识

如图 5-21 所示。从选项比重来看，根据 3 年的平均数，认为大学生创业是“更好地实现自身价值”的最多，其次是“不现实”，再次是一种“走投无路”的被动选择，即大多数大学生都能正确认识大学生创业的价值。从变化趋势来看，“更好地实现自身价值”的认识下降，而认为“走投无路的选择”和“推动社会进步的动力”均有轻微的上升，大学生对大学生创业的总体认可度有下降态势，但变化幅度不大。

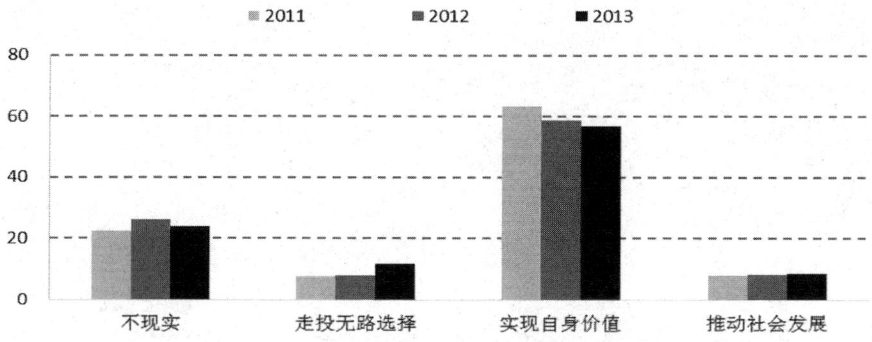

图 5-21 如何看待创业（%）

（二）大学生创业的优势

如图 5-22 所示。从选项比重来看，“年轻有活力、勇于拼搏”、“创新能力强”和“学习能力强”是大学生认同的大学生创业的三大优势。从变化趋势来看，知识技能多、创新能力强上升，而学习能力强下降。即他们认为知识技能和创新能力在创业中的作用在增强，而学习能力的影响减弱。

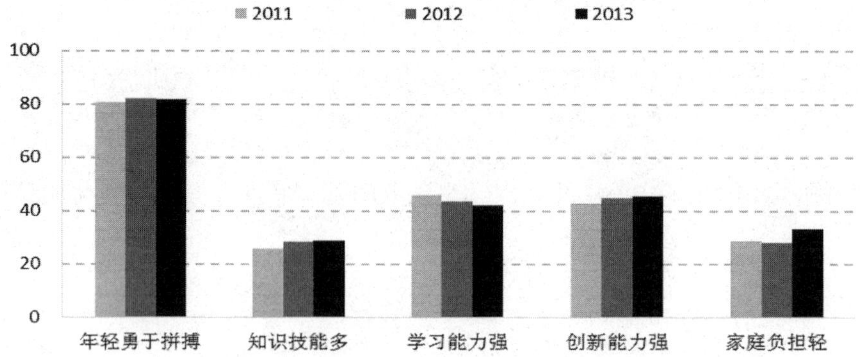

图 5-22 大学生创业的优势（%）

（三）大学生创业的障碍

如图 5-23 所示。从选项比重来看，缺乏社会关系、资金和工作经验是大学生创业的三大主要障碍，缺乏勇气和创业环境差为第四、第五大障碍因素。从变化趋势来看，缺乏创业勇气、缺乏创业知识技能、创业环境较差、不解决户口和社会保障的负面影响上升。即从动态变化的角度，越来越多的大学生认识到大学生创业的障碍因素的负面影响，但总体变化不大。

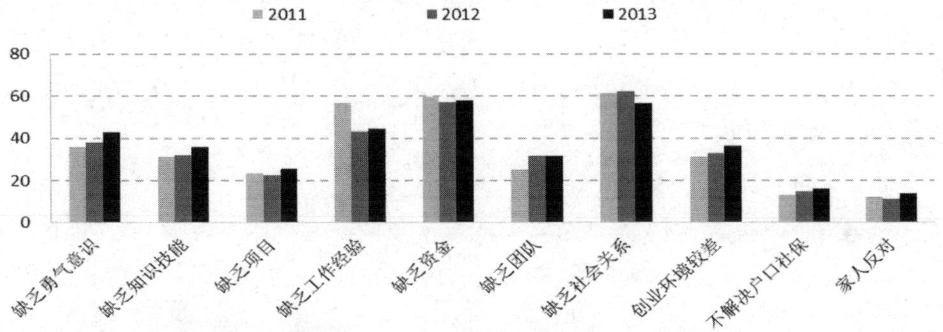

图 5-23　大学生创业的障碍（%）

（四）大学生的创业意愿

对于"您会自主创业吗?"如图 5-24 所示。"会但未实施"、"找不到工作会"、"绝对不会"是大学生的三大创业意愿选择。变化趋势不明显，变化幅度也不大。2011—2013 年绝对不会创业的大学生分别占 23.7%、21.9%、23.9%，生存型创业意愿分别为 35.6%、33.2%、36.2%，先降后升；机会型创业意愿分别为 37.5%、41.5%、36.3%，先升后降。两者之和分别为 73.1%、74.7%、72.5%，先升后降，但变化幅度不大，表明近 3 年的大学生创业意愿比较平稳。

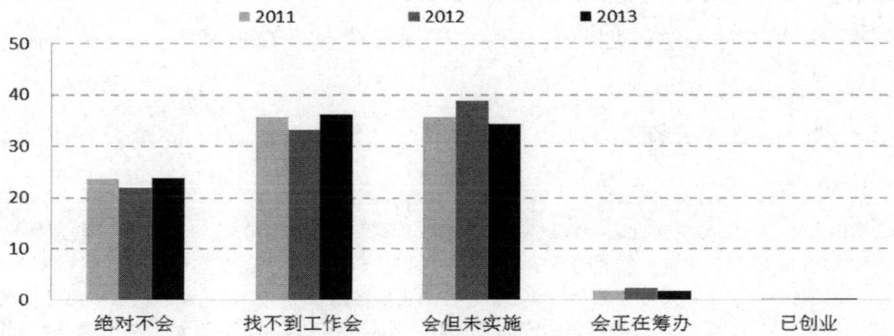

图 5-24　大学生的创业意愿（%）

（五）大学生的创业能力

2011—2013 年大学生没掌握任何创业知识和技能的分别占 54.1%、52.1%、54.1%，掌握一些的分别占 43.5%、44.8%、43.5%，掌握很多的占 2%、2.5%、2.1%。具体情况如图 5-25 所示。从选项比重来看，创业程序与手续、如何创办企业、创业政策与环境为三大选择，企业管理、专业技术也是缺乏的重点。从变化趋势来看，基础知识、如何创办企业、创业程序与手续方面的知识和技能缺乏越来越严重。

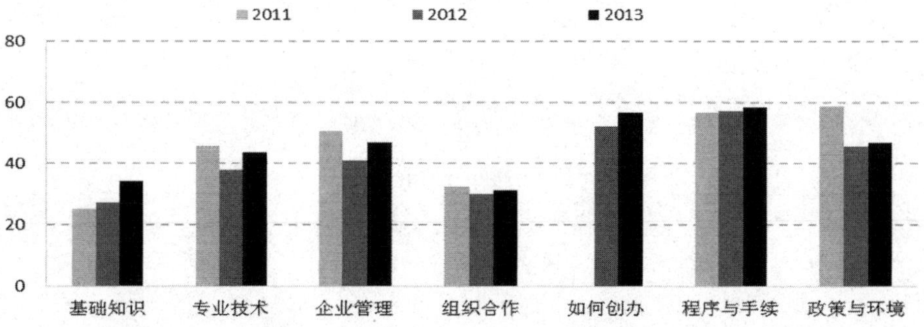

图 5-25　大学生缺乏的创业知识（%）

（六）大学生的创业实践

2011—2013 年已创业或正准备创业的分别有 11 人、13 人、13 人，在具有创业意愿大学生群体中分别占 1.13%、1.02%、0.95%，占调查样本的 0.83%、0.76%、0.68%，呈下降趋势。从宏观层面来看，尽管政府实施了大学生创业引领计划❶，加大了对大学生创业的扶持，但大学生创业率并不高，还有下降趋势，应该引起关注。

填写创业信息的分别有 5 人、5 人、4 人。具体的经营产品和服务比较分散，

❶ 2010 年 5 月人力资源和社会保障部发布了《关于实施大学生“创业引领计划”的通知》，提出 2010—2012 年引领 45 万名大学生创业的目标。要建立模拟公司、信息化创业实训平台，组织大学生参加创业培训（实训），组织多样的创业竞赛活动；给予注册资金优惠、小额担保贷款、税费减免等政策扶持；建立大学生创业项目库，成立创业导师团、专家志愿团、创业大学生俱乐部、联谊会等交流平台，创业指导中心及公共就业服务机构并提供多样的创业指导；建立一批大学生创业园，提供低成本的生产经营场所和企业孵化服务。

从科技含量较高的光纤、网站、安防服装到极为普通的食品、肉类加工、火锅、鲜花、茶、娱乐等。创业地点集中于北京海淀，辽宁、吉林、山西、内蒙古、新疆也有分布。筹资途径主要是个人和家庭积蓄、贷款，投资额的差距很大。法律形式以合伙为主。经营时间较短，员工人数和盈利状况差异很大。主要困难集中于资金、市场和经验方面。

（七）大学生的创业教育

2011—2013 年未接受过创业教育的大学生分别占 85.4%、80.5% 和 84.8%。北京高校创业教育的普及率如此之低，足以看出目前中国创业教育水平极其落后。

如何加强创业教育呢？如图 5-26 所示。从选项比重来看，提供资金支持、加强与创业者交流、加强实践指导是促进高校创业教育发展的三大手段，完善教育内容、加大宣传为第四、第五大手段。从变化趋势来看，加大宣传、扩大教育规模、提供资金和场地支持呈上升趋势，其他变化不明显，变化幅度也不大。

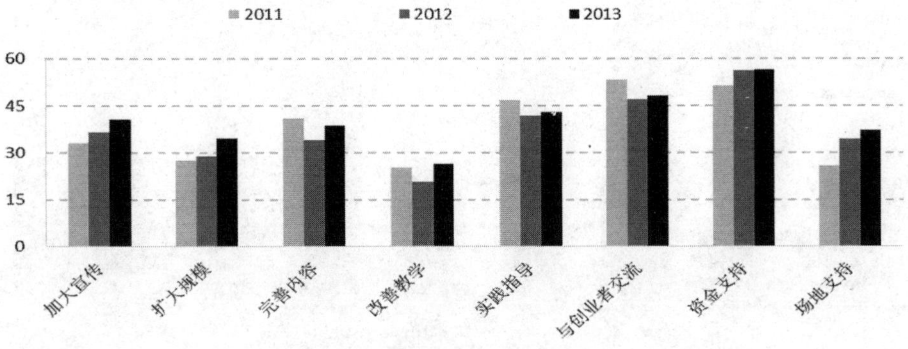

图 5-26 如何促进创业教育（%）

什么样的创业教育形式才是最有效的？如图 5-27 所示。选择“创业实验”的最多，其次是“创业园实训”，再次是“去企业实习实践”，“KAB 或 ERP 教学”和“创业学课程”分别居第四位和第五位，反映出创业教育需要理论与实践并重。从变化趋势来看，大学生对创业实验、创业园实训、企业实习的认可度提高，而对创业学课程的认可度下降，总体变化不大。

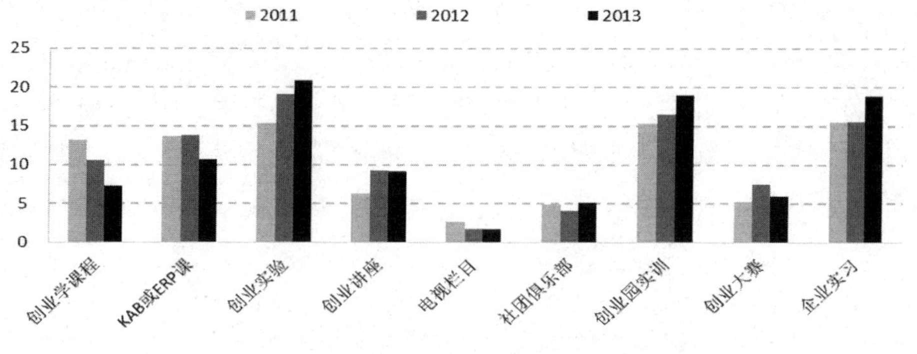

图 5-27　最有效的创业教育形式（%）

其次有效的创业教育形式如图 5-28 所示。选择“创业园实训”的最多，其次是“去企业实习实践”，再次是“创业大赛”，创业讲座和创业实验居第四位和第五位，更突出创业实践训练的重要性。从变化趋势来看，大学生对社团俱乐部、创业园实训、创业大赛的认可度提高，而对创业学课程、KAB 或 ERP 教学、观看电视栏目的认可度下降，总体变化幅度不大。

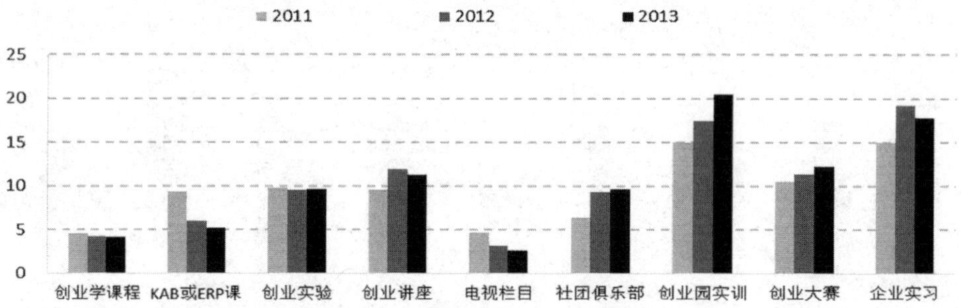

图 5-28　其次有效的创业教育形式（%）

（八）政府提供的创业帮助

如图 5-29 所示，设立创业基金、搭建信息平台、提供优惠政策是大学生认为政府最需要提供的三大帮助，解决户口和社会保障问题、提供专业化创业服务也是重要方面。从变化趋势来看，创业宣传、解决户口和社会保障制度的重要性提高，表明他们更希望政府进一步优化创业环境。

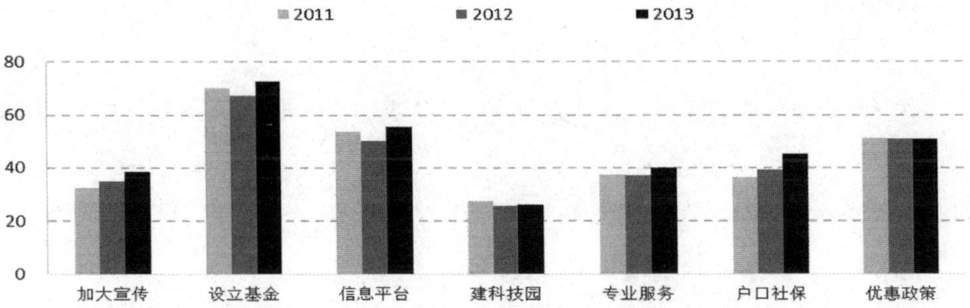

图 5-29　政府为大学生创业提供哪些帮助（%）

二、大学生创业意愿的影响因素的变化

（一）学习成绩对创业意愿的影响的变化

2011—2013 年成绩居前的大学生的机会型创业意愿分别高出 -5%、2.3%、-1.6%，平均高 -1.4%，即学习成绩差的大学生主动选择创业的意愿更强烈。生存型创业意愿分别高 4.5%、1.5%、1.1%，平均高 2.4%，成绩优秀的大学生更可能在迫不得已的情况下选择创业，但差异不大。

（二）学科专业对创业意愿的影响的变化

与理工类大学生相比，2011—2013 年经管类大学生的机会型创业意愿分别高 0.5%、-4.6%、-4.1%，平均高 -2.7%，生存型创业意愿分别高 -8.2%、3.2%、-2.3%，平均高 -2.4%；文法类机会型创业意愿分别高 -3.7%、4.9%、2.5%，平均高 1.2%，生存型创业意愿高 -3.7%、-3.2%、-4.3%，平均高 -3.7%。即文法类主动创业的意愿最高，经管类主动创业的意愿最低，尽管他们掌握的经营管理知识和技能最多；理工类被动创业的意愿最高，文法类被动创业的意愿最低。

（三）高校层次对创业意愿的影响的变化

211 高校大学生的机会型创业意愿分别高 0%、-6.2%、-10.1%，平均高 -5.4%，他们更不愿意主动创业；生存型创业意愿分别高 -0.9%、3.9%、8.5%，平均高 3.8%，更愿意被动创业。

（四）地区生源对创业意愿的影响的变化

北京生源大学生的机会型创业意愿分别高－2.6%、5.8%、1%，平均高1.4%；生存型创业意愿分别高0.2%、－2.2%、1%，平均高－0.3%。即主动创业的意愿更强，被动创业的意愿更弱。

（五）城乡生源对创业意愿的影响的变化

城镇生源大学生的机会型创业意愿分别高2.3%、－0.8%、－5.2%，平均高－1.2%；生存型创业意愿分别高－4.1%、－2%、3.1%，平均高－1%。农村生源大学生的创业意愿更强。

（六）家庭收入对创业意愿的影响的变化

高收入家庭大学生的机会型创业意愿分别高3%、0.2%、－5.8%，平均高－0.9%；生存型创业意愿分别高－3.4%、－0.2%、3.2%，平均高－0.1%，表明低收入家庭子女更愿意选择创业。

（七）性别对大学生创业意愿的影响的变化

男生的机会型创业意愿分别高3.8%、3.7%、3.8%，平均高3.8%；生存型创业意愿分别高1.6%、1.2%、3.3%，平均高2%，即男生的创业意愿明显高于女生。

三、大学生创业者的特征

通过梳理2011—2013年创业大学生的相关情况，总结创业大学生的典型特征。

高校：2011—2013年进行创业的大学生，北京理工大学有6人，中国青年政治学院和中央民族大学各有4人，中国人民大学、北京科技大学、北京邮电大学、中国地质大学、中国农业大学各有3人，北京师范大学2人，北京大学、清华大学、北京航空航天大学、北京建筑工程学院、首都师范大学、中央财经大学各1人。即以理工院校、综合院校、政法院校、民族院校、农林院校为主。

专业：石油工程、土木工程、信息工程各2人，车辆工程、工程物理、生物技术、通信工程、机械设计制造及其自动化、软件工程各1人，工学共12人；工商管理4人、市场营销2人、人力资源管理、劳动与社会保障、旅游管理各1

人，管理学共 9 人；经济学 3 人、国际经济与贸易 1 人，经济学共 4 人；法学、社会工作、思想政治教育各 1 人，法学共 3 人；英语、汉语言文学、新闻学各 1 人，文学共 3 人；数学与应用数学、化学、生态学各 1 人，理学共 3 人；教育学 1 人；历史学 1 人。即以工学、管理学、经济学为主，法学、文学、理学也有一定的分布。

性别：男生 22 人，女生 13 人，即创业大学生以男生为主。

政治面貌：中共党员身份的大学生 15 人，非党员身份的大学生 22 人。

生源地：海南 5 人、北京 3 人、广东 3 人，江苏、辽宁、山东各 1 人，东部地区 14 人；吉林、山西各 3 人，黑龙江、江西各 1 人，中部地区共 8 人；四川 4 人，云南、贵州、内蒙古各 2 人，重庆、陕西、宁夏、新疆各 1 人，西部地区共 14 人；台湾 1 人。生源地分布相对均匀。

城乡分布：来自农村、城镇的分别有 12 人、25 人，以城镇生源大学生为主。

父母职业：党政事业单位负责人 6 人，国企负责人 5 人，个体私营企业主 8 人，其他 18 人。多数有经商的家庭背景。

家庭收入：低收入家庭 13 人，高收入家庭 24 人，以高收入家庭子女为主。

学习成绩：成绩居前和居后的大学生分别为 25 人、12 人，以成绩优秀为主。

英语：通过英语国家四级和没通过的分别为 30 人和 7 人，以英语较好为主。

计算机：通过计算机国家二级的 12 人，没通过的 24 人，多数计算机水平较差。

发表论文：公开发表论文和没发表论文的大学生的分别为 8 人和 29 人。

其他证书：获得其他证书的只有 6 人，其他 31 人未获得。

学生干部：曾做学生干部的有 27 人，非干部 10 人，以学生干部为主。

实习：有 2 个月以上的实习经历的 24 人，没有实习经历的 13 人，多数有实习经历。

奖学金：曾获得奖学金的有 22 人，未获得奖学金的有 15 人，以获得奖学金为主。

2011—2013 年北京创业大学生的基本特征概括为：在家庭背景方面，来自城镇、有经商经历、高收入家庭的男生，多数家庭有经商背景；在学业背景方面，以理工院校、综合院校、政法院校、民族院校、农林院校为主，以工学、管理学和经济学为主；在综合素质方面，成绩优秀，英语较好，曾有做学生干部和实习的经历，并获得奖学金。经过统计分析，具有这些条件的大学生更可能成为创业者。

四、基本结论

（一）大学生创业的可能性

更好地实现自身价值、不现实、一种走投无路的被动选择是大学生对大学生创业的三大价值评价，大多数大学生都认识到大学生创业的价值。“年轻有活力、勇于拼搏”、“创新能力强”和“学习能力强”是大学生创业群体的三大优势。缺乏社会关系、资金和工作经验是三大主要障碍。2011—2013 年绝对不会创业的大学生分别占 23.7%、21.9%、23.9%，生存型创业意愿为 35.6%、33.2%、36.2%，机会型创业意愿为 37.5%、41.5%、36.3%。大学生可能成为我国创业的主力军。

（二）大学生创业的现实性

2011—2013 年已创业或正准备创业的分别有 11 人、13 人、13 人，分别占具有创业意愿大学生群体的 1.13%、1.02%、0.95%，占样本的 0.83%、0.76%、0.68%，创业率很低，而且呈下降趋势。具体创业情况的差异很大。大学生创业率不高，是有现实原因的。2011—2013 年没掌握任何创业知识和技能的大学生分别占 54.1%、52.1%、54.1%，掌握一些的分别占 43.5%、44.8%、43.5%，掌握很多的分别占 2%、2.5%、2.1%。创业程序与手续、如何创办企业、创业政策与环境成为大学生最缺乏的三种创业知识。大学生创业，需要政府的大力扶持。大学生最希望政府设立创业基金、搭建信息平台、提供优惠政策。提供资金支持、加强与创业者交流、加强实践指导是促进高校创业教育发展的三大手段，创业实验、创业园实训、去企业实习实践是最有效的三大创业教育形式。

（三）大学生创业的多因性

学习成绩、学科专业、学校层次、地区生源、城乡生源、家庭收入、性别对大学生创业意愿都有一定的影响。具有以下特征的大学生更可能从事创业实践。在家庭背景方面，来自城镇、有经商经历、高收入家庭的男生；在学业背景方面，理工院校、综合院校、政法院校、民族院校、农林院校，工学、管理学和经济学；在综合素质方面，成绩优秀，英语较好，曾有做学生干部和实习的经历，并获得奖学金。

第六章　主要结论与对策建议

通过对2011—2013年北京大学生就业与创业状况的调查研究，得出了一些结论。在此基础上，我们提出一些对策建议，以便促进我国大学生就业或创业。

第一节　主要结论

一、大学生总体就业状况

（一）大学生就业意愿：就业期望偏高、呈下降的变化趋势

从选项比重来看，薪酬福利、晋升发展机会、兴趣偏好是大学生最看重的三大择业因素；希望在北京就业超过六成；金融保险、教育文化和传媒、党政机关和社团为三大行业选择；国企、党政机关和外企为三大性质选择；4000～4999元、3000～3999元、5000～5999元为期望月薪的前三位；3000～3999元、2000～2999元、4000～4999元为保底月薪的前三位。大学生的就业意愿比较集中于收入高、工作条件优越、稳定性高、发展前景较好的单位。与现实相比，显得偏高。从总体水平来看，2011—2013年北京比分别为71.6%、67.1%、60.5%，沿海比分别为92.9%、90%和89.6%；不愿意去农村工作的分别占71%、71.1%、64.4%；高工资行业比为73.8%、73%、74.4%；体制内单位比为82.4%、78.8%、79.7%；平均期望月薪是4683.8元、4957.8元、5186.6元；保底月薪是3386.8元、3740.1元和3976.4元。从变化幅度来看，保底月薪非常不稳定，北京比期望、月薪期望不稳定，城乡期望较稳定，沿海比期望、行业期望和性质期望非常稳定。

（二）大学生就业行为：努力程度分层、呈倒U形的变化趋势

从选项比重来看，10小时以下、20~29小时、10~19小时居收集信息的前三位；10份以下，10~19份、20~29份居投简历的前三位；1~4次、0次、5~9次居主动联系的前三位；0~499元、500~999元、1000~1999元居求职费用的前三位；1~4家、5~9家、10家以上居面试的前三位。从总体水平来看，近三年平均收集信息25.4小时、30.8小时和29.7小时；投简历为26.4份、27.9份和25.6份；主动联系4.2次、4.9次和4.1次；求职费用为828元、1075.1元和896.8元；面试6.3次、7次和5.8次；运用社会关系的占45.5%、52.9%、50.7%。从变化幅度来看，收集信息、主动联系、参加面试、费用支出非常不稳定，投简历、运用社会关系较稳定。

（三）大学生就业结果：就业率下降、就业质量的差异很大

从选项比重来看，2~4个、1个、0个为接收单位的前三位；北京、其他沿海和西部地区是三大地区分布；金融保险、建筑、教育文化和传媒是三大行业分布；国企、个体民营、其他事业单位是三大性质分布；3000~3999元、2000~2999元、4000~4999元为三大承诺月薪分布。从总体水平来看，平均接收单位分别为1.92个、2.17个和1.58个；狭义就业率分别为43.36%、39.65%、41.74%，广义就业率为53.32%、51.05%和48.85%；北京比分别为64.1%、66.1%、52.7%，沿海比为82.9%、86.5%、79.4%；高工资行业比为61.8%、65.8%和64.3%；体制内单位比为73.4%、66.6%和71.9%；承诺月薪为3483.2元、3974.6元和4046.1元。2012年和2013年专业对口率为81.7%和79.7%，就业满意度为64.8%和66.2%。从变化幅度来看，接收单位、承诺月薪非常不稳定，北京比不稳定，沿海比、性质分布较稳定，狭义就业率、广义就业率、行业分布非常稳定。从对比角度来看，与就业意愿相比，北京比分别下降了7.5%、1%和7.8%，沿海比下降10%、3.5%和10.2%；高工资行业比下降12%、7.2%和10.1%；体制内单位比下降9%、12.2%和7.8%；承诺月薪下降1200.6元、983.2元和1140.5元，但比保底月薪高96.4元、234.5元和69.7元。

（四）未就业影响因素：基本相同、有一定的变化

工作经验不足、预期太高、专业不好是未实现就业大学生的三大障碍；但组织能力和就业信息的不利影响上升，而政治面貌、性别、身高相貌、专业和社会关系的负面作用下降。

二、大学生分类就业状况

（一）学习成绩对大学生就业有正面影响

成绩优秀大学生的地区期望、城乡期望、行业期望、性质期望、月薪期望、保底月薪较高；在收集信息、投简历、主动联系、面试准备、求职费用支出、利用社会关系方面更积极；接收单位较多，就业率较高，就业地区、就业行业较好，承诺月薪、专业对口度、就业满意度较高。

（二）学科专业对大学生就业有较大影响

理工类大学生的期望月薪最高，行业期望最低；经管类大学生的期望北京比、期望沿海比、城乡期望、保底月薪最高，性质期望最低；文法类的行业期望、性质期望最高，期望北京比、沿海比、城乡期望、期望月薪、保底月薪最低。总体来看，经管类的就业意愿最高，文法类最低。

理工类大学生在收集信息、投简历、主动联系、参加面试、求职费用、社会关系方面最不积极；经管类大学生在收集信息、投简历、主动联系、参加面试、求职费用方面最积极；文法类利用社会关系最多，收集信息最少。即经管类的就业行为最积极，理工类最不积极。

理工类接收单位最多，就业率最高，性质最稳定，对口率、满意度最高，但北京比、沿海比、高工资行业比、承诺月薪最低；经管类的北京比、沿海比、高工资行业比、承诺月薪、满意度最高；文法类接收单位最少，就业率最低，性质最不稳定，对口率、满意度最低。理工类与经管类不好比，但文法类的就业结果最差。

（三）高校层次对大学生就业的影响不明确

高校层次对地区期望、行业期望、性质期望有负面影响，而对城乡期望、月

薪期望、保底月薪都有正面影响，对大学生就业意愿的总体影响不明确。

211 高校大学生在投简历、利用社会关系方面更消极，在收集信息、主动联系、面试准备、求职费用支出方面更积极。211 高校学生的总体素质较高，求职行为也更积极，即存在一定的正向激励效应。

高校层次对就业率、就业地区、就业满意度有负面影响，对接收单位、就业行业、单位性质、承诺月薪、专业对口度都有积极影响，但总体影响不太明确。

（四）地区生源对大学生就业的影响不明确

北京生源对行业期望、月薪期望、保底月薪有负面影响，对地区期望、城乡期望、性质期望都有正面影响，总体影响不明确。

北京生源大学生在收集信息、投简历、主动联系、求职费用支出方面更消极，在面试准备、利用社会关系方面更积极，总体上是负向影响。

北京生源对就业行业、承诺月薪、专业对口度有负面影响，对接收单位、就业率、就业地区、单位性质、就业满意度都有积极影响，总体上有正向影响。

（五）城乡生源对大学生就业有正面影响

城镇生源大学生对性质期望有负面影响，而对地区期望、城乡期望、行业期望、月薪期望、保底月薪都有正面影响。城镇生源大学生在收集信息、投简历、主动联系、面试准备方面更消极，在求职费用支出、利用社会关系方面更积极。生源地对单位性质、专业对口度有负面影响，对接收单位、就业率、就业地区、就业行业、承诺月薪、就业满意度有积极影响。

（六）家庭收入对大学生就业有较大影响

家庭收入水平对性质期望有负面影响，对地区期望、城乡期望、行业期望、月薪期望、保底月薪都有正面影响。高收入家庭大学生在收集信息、投简历、主动联系、面试准备方面更消极，在求职费用支出、利用社会关系方面更积极，总体为负面影响。对单位性质、专业对口度有负面影响，对接收单位、就业率、就业地区、就业行业、承诺月薪、就业满意度都有正面影响。

（七）性别对大学生就业有较大影响

女生的地区期望、城乡期望、行业期望、性质期望较高，月薪期望、保底月薪较低，总体就业意愿较高。女生在投简历、利用社会关系方面更积极，在收集信息、主动联系、面试准备、求职费用支出方面更消极，总体较消极。就业地区、就业行业较好，接收单位较少，就业率较低，单位性质较差，承诺月薪、专业对口度较低，就业结果总体较差。

三、大学生创业状况

（一）大学生创业的可能性

更好地实现自身价值、不现实、走投无路的被动选择是大学生对大学生创业的三大评价，大多数大学生都认识到大学生创业的价值。年轻有活力且勇于拼搏、创新能力强和学习能力强是大学生创业群体的三大优势，缺乏社会关系、资金和工作经验是三大障碍。2011—2013 年绝对不会创业的大学生分别占 23.7%、21.9%、23.9%，生存型创业意愿占 35.6%、33.2%、36.2%，机会型创业意愿占 37.5%、41.5%、36.3%。大学生可能成为我国创业的主力军。

（二）大学生创业的现实性

2011—2013 年已创业或正准备创业的分别有 11 人、13 人、13 人，创业率分别为 0.83%、0.76%、0.68%，很低，且呈下降趋势。大学生创业率不高，是有现实原因的。没掌握任何创业知识和技能的大学生分别占 54.1%、52.1%、54.1%，掌握一些的分别占 43.5%、44.8%、43.5%，掌握很多的只占 2%、2.5%、2.1%。创业程序与手续、如何创办企业、创业政策与环境为大学生最缺乏的三类创业知识。大学生最希望政府设立创业基金、搭建创业信息平台、提供优惠政策。提供资金支持、加强与创业者交流、加强实践指导是促进高校创业教育发展的三大手段，创业实验、创业园实训、去企业实习实践为最有效的三大创业教育形式。

（三）大学生创业的多因性

学习成绩、学科专业、学校层次、地区生源、城乡生源、家庭收入、性别对大学生创业意愿都有一定的影响。具有以下特征的大学生更可能从事创业实践。在家庭背景方面，来自城镇、有经商经历、高收入家庭的男生；在学业背景方面，理工院校、综合院校、政法院校、民族院校、农林院校，工学、管理学和经济学；在综合素质方面，成绩优秀，英语较好，曾做学生干部和实习的经历，并获得奖学金。

第二节　促进大学生就业和创业的对策

一、促进大学生就业的对策

（一）大学生：增强就业竞争优势

1. 努力学习、提高综合素质

调查表明，成绩优秀大学生的接收单位数量较多，就业率较高，就业地区、就业行业较好，承诺月薪、专业对口度、就业满意度较高。大学生应通过提高自身的综合素质来增强竞争优势。一是夯实基础知识。现代大学生必须具有“说”、“写”和“办公”三种基本能力。“说”主要指普通话和英语的功底过硬，“写”主要指大学生能写方案策划、工作总结等文书，“办公”主要是指能熟练操作电脑、网络、打印机等基本的办公工具。二是拓宽专业知识。不仅要学好作为必修课的专业基础知识，还要学好作为选修课的专业拓展知识。知识积累是一个潜移默化的过程，大学4年，认真学与不认真学，其专业知识和能力会出现很大差异。同时，很多专业都有对应的从业资格考试，如国际经济与贸易专业对应的有报关员证，人力资源管理专业对应的是人力资源管理师证，汉语言文学对应的是普通话等级证等。大学生要在学好专业知识的基础上，进一步补充学习，争取获得更多的相关从业资格证。三是加强实践锻炼。用人单位一般都看重动手能力、操作能力和创新能力，这都需要通过加强实践锻炼来实现。一方面，大学生要认真完成培养方案中规定的假期社会实践环节，利用所学的理论观察与思考一些相关现实问题，并将成果通过论文或研究报告的方式体现出来；另一方面，在力所能及的情况下，找一些相关的兼职工作，既可以增加收入，又能增进对社会的了解，并提高动手能力和创新思维。四是注重学生工作的锻炼，积极竞聘学生干部和社团干部，通过组织学生活动加强集体意识、组织管理和沟通协调能力。

2. 形成合理的就业观念与意愿

调查也表明，就业意愿和就业行动对大学生就业结果有重要影响。大学生要树立主动的就业观念，为积极的就业行为提供动力。同时，过高的就业预期不利于就业目标的实现，“高也成、低也就”是合乎理性的就业意愿的特征，当就业预期偏高时，大学生要能及时调整。在没有更好选择的情况下，可以采取“骑驴找马”方式，先去一个不太理想的单位工作，有机会再考虑跳槽。

3. 采取积极的就业行动

大学生要在以下几个环节花大力气。一是信息收集环节。有些用人单位在自己的网站上发布招聘信息，有些在高校就业指导网站上发布，有些去人才招聘会直接发布、当场招聘。大学生必须花很多的时间和精力收集就业信息。二是投递简历环节。简历是用人单位对求职者形成第一印象的载体，简历制作不仅要突出自己的优势，还要简洁、别致。要有针对性地选择一些单位投简历，可投可不投的单位、尽量投，以扩大搜寻范围。三是主动联系环节。简历投递之后，尽早与用人单位取得联系，以表明你想进这家单位的诚意；如果没有通过，也可能得到一些具体的原因和建议，为以后的求职积累经验。四是面试环节。要了解用人单位的基本情况，包括单位性质、主营业务、文化理念等，并设想一下面试可能提出的问题以及如何回答，最好做一个书面的材料准备，考虑好如何突出自己的竞争优势。五是注重利用社会关系网络。一方面，大学生要通过家庭、高校的关系网络扩大信息来源和工作搜寻范围，并争取进入下一个考核环节；另一方面，要利用社团活动、实习实践等环节，注重社会关系的建立和维持，增进双方的了解和信任，为将来求职打下良好基础。

（二）高校：加快教育体制改革

知识和技能较多，是大学生与其他就业群体的重要区别。根据笔者对北京某高校814名大学生的调查，目前大学生的学习效果很差。全勤的大学生仅占9%，偶尔逃课占71.5%，经常逃课占16.5%；75.2%的学生曾在课堂上学习其他功课，65.6%的曾看手机、听MP3、玩游戏，56.4%的曾睡觉，54.7%的曾闲聊，2.5%的曾看闲书、画画、吃零食、发呆等。很多大学生将不认真学习归因于高校教学问题，其中，73.7%的认为教学内容没用或没意思，61.2%的认为教学方法过于单调，11.9%的认为教育管理不完善而无学习压力[1]。

---

[1] 黄敬宝：《以就业能力为导向的高校教学内容改革》，《高等农业教育》2013年第3期，第99—102页。

高校应实施就业能力导向的教育体制改革。即根据社会需要和大学生的就业能力来调整高校教育的制度及其规范，为大学生积累更多的人力资本提供条件。推动这项改革要遵循四大原则。第一，全面性原则。高校不仅要传授更多的知识和技能，而且要传授学习方法以及分析和解决问题的方法，还要传授更多的价值观和做人道理，以提升大学生的综合素质。第二，实效性原则。高校传授给大学生的知识和技能要具有实用性，使高等教育服务更多地转化现实的生产力。第三，灵活性原则。反映社会需求的变化和大学生的偏好，高校提供的教育服务具有一定的可选择性，以强化大学生学习的主体性。第四，严格性原则。对于学习不认真或学习效果不佳的大学生，不给学分或不准毕业❶。

推行就业能力导向的高等教育改革，具体通过教学内容、教学方法和教育管理三个方面来实施。

首先，改革教学内容，保证高校传授的知识和技能的数量和质量。①课堂教学。一方面，调整课程结构。适当降低理论课的学分，提高实践课程的学分，以增加课程的现实性和实效性；适当降低必修课的学分，提高选修课的学分，以扩大学生的学习自主权。另一方面，更新教学内容。教师要尽量采用最近3年出版的教材；并将学术前沿和最新研究成果随时补充到教案中去，以提高教学的实用性。②实践教学。目前很多高校的社会实践流于形式，要将实践课作为必修课，并提高其学分；还要保持与实习单位老师的及时沟通，加强监管与考核，切实提高实践教学的效果。

其次，创新教育方法，增强教学内容的吸引力，促进大学生更好地消化、吸收并运用更多的知识与技能。传统的讲授法具有信息量大的优势，但学生处于被动接收的地位，容易产生疲劳感，可以通过语言表达增加讲授的感染力。同时，要更多地引入参与式教学方法。可以将提问法随时穿插于讲授的过程中，启发学生思考、并锻炼他们的逻辑思维和语言表达能力。引入讨论法，以检验大学生对所学知识的理解深度。通过案例分析法，重点提高运用理论解决实际问题的能力。

最后，优化教育管理。①调整专业制度。专业是专有人力资本的基础，在很大程度上决定着大学生的未来职业发展方向，而很多学生在高考填报志愿时具有

❶ 黄敬宝：《试析就业能力导向的高校教育体制改革》，《黑龙江高教研究》2012年第6期，第130—132页。

一定的盲目性。高校应降低门槛，赋予大学生更大的专业调整权，让他们结合自己的偏好、能力和就业形势更改专业，以避免专业性的结构性失业或就业困难。②完善学分制度。扩大开课规模、尤其是选修课的课程总量，给大学生更大的选课空间。同时，实行弹性学制，允许学生根据自己的时间和精力跨学期、跨专业选课，允许学生中途实习。③改革考核制度。加大对平时学习过程的考核，以调动大学生学习的积极性，避免平时不学习、考前靠突击的现象。考试内容应适当弱化识记型知识，而强化对理解型知识和应用型知识的考核。④就业指导制度。实行全程式的就业指导模式，提供职业价值观教育、职业适应性测试、个性化的职业辅导、求职技能技巧、组织校园招聘会、协助材料评审与签约等一条龙服务。还要大力推动创业教育，为大学生创业提供智力支持。

（三）政府：改善宏观就业环境

就业环境是影响大学生就业的重要方面。比如，家庭收入较高的大学生，就业结果较好，这是不合理的，也违背社会公平原则。政府要优化大学生就业的环境。

1. 保持适度扩招的政策

近3年大学生就业率有明显的下降趋势，这与高校扩招是分不开的。要统筹经济发展水平和社会需要，采取适度扩招的高等教育发展政策。

2. 建立人力资本为主、社会资本为辅的大学生就业机制[1]

这种就业机制更好地保证了大学生人力资源配置的效率与公平；但它最终还是要通过众多用人单位的招聘录用制度来实现。政府要通过制度设计，改变微观经济主体的成本－收益方程式，激励用人单位实施人力资本为主、社会资本为辅的大学生就业机制。

（1）树立人力资本至上的人才观。国家应倡导人力资本至上的人才观，强调劳动者在生产经营和财富创造中的主动性和创造性，为人力资本为主、社会资本为辅的大学生就业机制的运行创造基础条件。即谁拥有更多的人力资本，谁就是更高层次的人才，谁就应该获得更好的工作岗位；谁获取人力资本较多的员工，谁就是“伯乐”，谁就拥有了长期可持续发展的战略资源。

[1] 黄敬宝：《人力资本和社会资本视角下的大学生就业研究》，中国社会科学出版社2014年版，第232—235页。

（2）强化公共部门的经济硬约束。加强经济硬约束，强化公共部门用人单位的相关负责人的权利与义务的对等，完善量化管理和绩效考核，建立与业绩挂钩的薪酬管理制度，建立个人利益与单位利益更紧密的联系机制，加强主管部门和普通员工的监督管理，将社会资本的作用限制在合理的范围之内，以保证人力资本为主、社会资本为辅的大学生就业机制的正常运行。

（3）强化用人单位的法律硬约束。要规范用人单位的招聘录用制度。规范信息发布、简历收集与筛选、笔试、面试、技能考核等程序，并加强监管，确保招聘过程的公开、公平、公正，避免“暗箱操作”和不正当竞争，让拥有真才实学的优秀大学生脱颖而出。同时，完善相关法规，简化司法程序，提高违法成本、降低维权成本。一旦有大学生举报或起诉，行政部门或司法部门要及时认真调查，违法的用人单位要依法受到惩罚。

3. 改善劳动力市场环境

劳动力市场分割是很多大学生不愿意去农村就业的重要原因。完善全国统一的大学生就业信息系统，加强就业指导与服务，降低搜寻成本和交易成本，促进大学生与用人单位顺利实现匹配。另外，取消对户籍和地区生源的限制，并建立全国统一的社会保障体系，破除劳动力市场上的人为壁垒。

二、促进大学生创业的对策

（一）政府改善大学生创业环境

政府要制定激励性的创业政策体系，改变大学生创业的资源约束，使创业更具有吸引力，进而引导更多的大学生创业。

1. 营造良好社会氛围

加大创业价值宣传，表彰优秀创业者，推广成功经验，形成一种认同创业、尊重创业、鼓励创新、允许冒险、宽容失败的社会氛围和舆论环境，降低大学生创业者的心理成本，并消除来自家庭和亲友的障碍。

2. 降低创业准入门槛

简化申报和审批手续，取消注册资本限额，减少创业成本，使创业者将时间和精力主要集中于企业的经营管理上。

3. 加大融资支持力度

由于缺乏信用记录和可抵押的资产，创业者很难从银行获得商业贷款；争取风险投资和上市融资一般可望而不可即；家庭和亲友的资金支持又具有很大的不稳定性。因而，应发挥政策性融资的主导作用，形成政府资助、银行贷款、市场融资等多元化的创业金融体系。政府可提供1万~3万、3万~5万元贴息或低息的政策性贷款，或贷款担保，或以财政拨款为基础建立创业基金，或成立政策性的创业银行，为初创企业提供更多的资金支持。

4. 提供税收优惠条件

初创企业的资金链脆弱，容易断流。要根据行业的不同、提供1—3年的税收减免或优惠政策，以降低初创企业的经营成本。

5. 建立专业服务机构

应成立专业化的创业服务网络，为大学生创业提供市场调研、政策咨询、创业培训、项目开发、技术支持与评估、资金筹措、开业指导、经营管理等内容的“一条龙”服务。

6. 开展配套制度改革

推广人事代理制度，统一管理创业者的户口和档案，并在社会福利保障、教育培训、子女入学等方面给予同等待遇，以解除创业者的后顾之忧。

（二）高校提高大学生创业能力

大学生的创业意识和创业能力不足，是一个普遍现象，限制了创业活动的开展。高校应普及创业教育，培养更多的创业人才。

1. 加大创业意识宣传

加强创业意识教育，形成重视创业和创业教育的校园风气，消除大学生对创业的排斥情绪，并萌发创业想法。

2. 加大创业资金投入

开展创业教育活动需要特定的场地、设备、教材和师资。高校可以将就业指导资金的一部分用于创业教育，也可以拨付一定的专门创业资金，保证创业教育的顺利开展。

3. 加强创业师资培训

目前创业教育主要是从事就业指导工作的老师兼职做的，专业水平不高，需开展专业性培训，形成一支理论功底扎实，又有一定实践经历的师资队伍。

4. 加快创业设施建设

要加强教室、教具、创业实验室，甚至实习工厂等硬件建设，提供更好的教学条件以及更多的模拟训练和实践锻炼机会，提高创业教育的质量。

5. 加强教育质量考评

通过课堂意见反馈表、师生互评表、质量考核表等随时检查、评价创业教育的质量，及时发现问题并予以纠正。

（三）大学生积极做好创业准备

创业环境只是外部条件，是否创业最终还是取决于大学生本人。大学生要做好创业准备。

1. 培养创业意识

目前我国大学生就业的压力越来越大。如果创业，不仅能获得一份不错的薪酬；而且随着工作经验和“隐性知识”的不断积累，人力资本也会以加速方式不断增值。同时，随着我国创业优惠政策的扶持力度加大，大学生创业能享受贷款、税收、工商管理等方面的优惠，降低了创业成本。因而，创业并没有想象的那样遥不可及，而是一种现实的就业形式。而且，创业一旦成功，可能创造更多的社会财富，在向国家多缴税、多作贡献的情况下，自己也获得了更丰厚的物质回报和精神回报。大学生要转变就业观念，培养创业意识，并将创业作为一种可能的就业选择。

2. 培养创业能力

创业对大学生素质的要求更高、更全面，准备创业的大学生应该努力提高自身的综合素质。一个重点是培养创新思维、风险意识、团队合作精神。另一个重点是学习经济学和商学的基本知识，如企业管理、市场营销、财务管理等，为以后的企业经营管理做好准备。总之，大学生要学会像创业者一样学习与思考。一旦条件成熟，便可能投身于创业活动，将创业梦想转化为现实。退一步说，即使他将来不创业，由于创业能力较强，也会找到一个更好的工作岗位。

附　录

2013届北京高校本科毕业生就业状况调查

本调查只针对大四毕业生，纯属科研需要。请填写您的真实情况，以期为解决大学生就业问题提供建议。“____”为填空，“（　　）”为单选、请将答案填在括号内，其他题在答案上画“√”。感谢您的合作！

北京大学生就业调查研究课题组

一、基本情况

1. 学校：____________　　2. 专业全称：____________

3. 生源地：________省份　　4. 来自：A. 农村　　B. 城镇

5. 政治面貌：A. 中共党员（预备）　　B. 其他

6. 性别：A. 男　　B. 女

7. 英语证书：A. 国家四级　B. 国家六级　C. 无

8. 计算机证书：A. 国家二级　B. 国家三级　C. 无

9. 大学期间担任学生干部：A. 是　　B. 否

10. 二个月以上的实习经历：A. 有　　B. 无

11. 奖学金：A. 获得　　B. 未获得

12. 在公开刊物上发表学术论文：A. 有　　B. 无

13. 其他证书：________________________________

14. 您在班级的学习成绩排名：

A. 前25%　B. 前25%～50%　C. 前50%～75%　D. 前75%～100%

15. 目前您父母是（多选）：A. 党政、事业单位负责人　B. 国企负责人

C. 个体私营企业主　D. 其他

16. 家庭人均月收入（元）：A. 1000以下　　B. 1000～1999　　C. 2000～2999

D. 3000～4999　　E. 5000以上

17. 社会关系网络中有（多选）：A. 党政、事业单位负责人
B. 国企负责人　C. 个体私营企业主　D. 高级技术人员
18. 目前您的就业状态：A. 无接收单位　B. 有接收单位、寻找更好的
C. 已签三方协议　D. 已签劳动合同或临时合同　E. 考上研究生
F. 出国　G. 创业或正准备创业　H. 继续考研等、暂不准备就业
19. 您有找工作的经历吗？A. 有　B. 没有(跳到第48题)

二、就业意愿（找工作之前的设想）

20. 择业时您最看重的因素是（　），其次是（　）（单选、填在括号内）
A. 兴趣　B. 专业对口　C. 单位的类型和规模　D. 就业环境
E. 工作稳定性　F. 薪酬福利　G. 晋升发展机会　H. 户口社会保障
I. 家庭或恋人　J. ________（请具体填写）
21. 您最希望的就业地区是（　），其次是（　）（单选、填在括号内）。
A. 北京　B. 上海　C. 广东　D. 其他沿海地区　E. 中部地区
F. 西部地区
22. 您是否愿意到农村工作：A. 是(跳到第24题)　B. 否
23. 不愿去农村工作的最主要原因是（　），其次是（　）（单选、填在括号内）。
A. 收入低　B. 发展机会少　C. 环境不好　D. 户籍、社会保障等因素（去了很难返回）　E. ________（请填写）
24. 您最希望的就业单位性质是（　），其次是（　）（单选、填在括号内）。
A. 党政机关　B. 教育和科研机构　C. 其他事业单位　D. 国企
E. 外企　F. 个体民企　G. 军队
25. 您最希望的就业行业是（　），其次是（　）（单选、填在括号内）。
A. 农业　B. 采掘　C. 制造　D. 电煤水供应　E. 建筑　F. 地质水利
G. 贸易和餐饮　H. 交通运输、仓储邮电通信　I. 金融保险　J. 房地产
K. 社会服务　L. 卫生体育社会福利　M. 教育文化和传媒　N. 科研技术
O. 党政机关和社团　P. 军队
26. 您期望的月薪（千元）：A. 2以下　B. 2~2.9　C. 3~3.9　D. 4~4.9
E. 5~5.9　F. 6~6.9　G. 7以上
27. 您可以接受的最低月薪为________元。

三、求职行为

28. 就业信息来源（多选）：A. 校内招聘会　B. 社会招聘会　C. 学校就业指导中心
D. 网络　E. 老师　F. 亲朋　G. 社会实践　H. ________

29. 收集就业信息总共花费大约（小时）：A. 10 以下　B. 10～19

C. 20～29　D. 30～39　E. 40～49　F. 50～59　G. 60 以上

30. 投递出的求职简历大约（份）：A. 10 以下　B. 10～19

C. 20～29　D. 30～39　E. 40～49　F. 50～59　G. 60 以上

31. 主动与用人单位联系（次）：A. 0　B. 1～4　C. 5～9　D. 10～14　E. 15～19

F. 20 以上

32. 参加的面试有（次）：A. 0　B. 1～4　C. 5～9　D. 10～14　E. 15～19

F. 20 以上

33. 求职费用大约（元）：A. 500 下　B. 500～999　C. 1000～1999　D. 2000～2999

E. 3000～3999　F. 4000 以上

34. 您用过社会关系吗？A. 用过、至关重要　B. 用过、有些帮助　C. 用过、没帮助

D. 没用过(跳到 37 题)

35. 动用的社会关系包括（多选）：

A. 父母　B. 配偶恋人　C. 亲戚朋友　D. 邻居同乡　E. 老师同学

F. ________

36. 他们（多选）：

A. 提供信息　B. 递交申请　C. 推荐　D. 说服领导录用您　E. 直接决定录取

F. ________

37. 目前有________家单位同意录用您。

四、求职结果

（一）请已签三方协议或劳动合同的毕业生填写（未签约者跳到第 44 题）

38. 您的就业地区：A. 北京　B. 上海　C. 广东　D. 其他沿海地区

E. 中部地区　F. 西部地区

39. 您的就业行业：A. 农业　B. 采掘　C. 制造　D. 电煤水供应

E. 建筑　F. 地质水利　G. 贸易和餐饮　H. 交通运输、仓储邮电通信

I. 金融保险　J. 房地产　K. 社会服务　L. 卫生体育社会福利

M. 教育文化和传媒　N. 科研技术　O. 党政机关和社团　P. 军队

40. 就业单位性质：

A. 党政机关　B. 教育和科研机构　C. 其他事业单位　D. 国企　E. 外企

F. 个体民企　G. 军队

41. 单位承诺的月薪（千元）：A. 2 以下　B. 2～2.9　C. 3～3.9　D. 4～4.9

E. 5～5.9　F. 6 以上

42. 您找到的工作岗位与专业对口吗：

A. 不对口　B. 基本对口　C. 对口

43. 就业满意度：A. 20%以下　B. 20%～40%　C. 40%～60%

D. 60%～80%　E. 80%以上(跳到第48题)

(二) 请未签约的毕业生填写

44. 对于您没能找到工作，最主要的影响因素是（　），其次是（　）（单选、填括号内）。

A. 政治面貌　B. 性别　C. 身高相貌　D. 专业　E. 学习成绩　F. 英语计算机

G. 工作经验　H. 组织协调能力　I. 求职技巧　J. 预期高（还可能是有岗不找）

K. 信息不畅　L. 就业形势　M. 户籍制度　N. 社会关系　O. ________

45. 若您知识不足，因为（多选）：A. 认为学习没用、不重视

B. 不喜欢该专业　C. 学生干部工作多　D. 打工时间长　E. 准备出国考研

F. 课程陈旧　G. 教学方法单调　H. 教学管理不严格、无压力

I. ________

46. 若您组织或沟通能力不强，原因（多选）：A. 不重视　B. 专注于专业学习

C. 缺乏锻炼机会　D. ________

47. 毕业后，您希望母校提供的服务（多选）：A. 就业信息　B. 技能培训

C. 档案管理　D. ________

五、创业

48. 您认为大学生创业：

A. 不现实　B. 走投无路的选择　C. 实现自身价值的一种就业形式

D. 推动社会发展的动力

49. 您认为大学生创业的优势（多选）：A. 年轻有活力、勇于拼搏

B. 知识和技能多　C. 学习能力强　D. 创新能力强　E. 家庭负担轻

F. ________

50. 目前大学生创业的障碍（多选）：

A. 缺乏勇气和意识　B. 缺乏知识和技能　C. 缺乏项目　D. 缺乏工作经验

E. 缺乏资金　F. 缺乏团队　G. 缺乏社会关系　H. 创业环境差　I. 不解决户口社障　J. 家人反对　K. ________

51. 您会创业吗?

A. 绝对不会　B. 找不到工作才会考虑　C. 会，暂未实施　D. 会，正在筹办

E. 会，已创业

52. 您接受过创业教育或培训吗?　A. 是　B. 否

53. 您掌握的创业知识和技能：　A. 无　B. 有一些　C. 很多

54. 您缺乏的创业知识和技能（多选）：A. 基础知识（语言、计算机等）

B. 专业技术　C. 企业管理　D. 组织沟通合作　E. 如何创办企业

F. 创业程序与手续　G. 创业政策与环境　H. ________

55. 高校应如何加强创业教育（多选）：

A. 加大宣传　B. 扩大教育规模　C. 完善教育内容　D. 改善课堂教学

E. 改善实践指导　F. 促进与创业者的交流　G. 提供创业资金　H. 提供创业活动场地　I. ________

56. 最有效的创业教育形式是（　　），其次是（　　）（单选、填括号内）。

A. 创业学或创业指导课　B. KAB 课、ERP 沙盘　C. 创业实验

D. 企业家讲座、创业大讲堂　E. 电视节目《生财有道》、《致富经》等

F. 学校创业社团或俱乐部　G. 学校创业园或科技园实训　H. 创业大赛

I. 去企业实习实践　J. ________________

57. 政府应该（多选）：A. 加大创业宣传　B. 设立大学生创业基金

C. 搭建创业信息平台　D. 组建创业科技园　E. 建立创业的专业化服务机构

F. 解决户口和社会保障问题　G. 提供创业优惠政策　H. ________________

58. 若您已创业或正在创业，产品或服务为________________，经营地址为__________市__________区，投资_________元，筹资途径________________________________，形式_________（个体、合伙、公司），已经营_______个月，员工_________人，盈利_________元

遇到的问题或困难：____

若愿意进一步联系，Email：________________ QQ：___________ 电话：___________

调查结束，再次感谢您的配合！

参考文献

［1］罗纳德·伊兰伯格，罗伯特·史密斯．现代劳动经济学［M］．北京：中国人民大学出版社，2012.

［2］雅各布·明塞尔．人力资本研究［M］．北京：中国经济出版社，2001.

［3］雅各布·明塞尔．劳动供给研究［M］．北京：中国经济出版社，2001.

［4］蔡昉．中国人口与劳动问题报告：提升人力资本的教育改革［M］．北京：社会科学文献出版社，2009.

［5］蔡昉，高文书．中国劳动与社会保障体制完善与发展道路［M］．北京：经济管理出版社，2013.

［6］黄敬宝．就业能力与大学生就业——人力资本理论的视角［M］．北京：经济管理出版社，2008.

［7］黄敬宝．2008—2010 年北京大学生就业与创业调查报告［M］．北京：中国社会科学出版社，2012.

［8］黄敬宝．人力资本和社会资本视角下的大学生就业研究［M］．北京：中国社会科学出版社，2014.

［9］赖德胜．2012 中国劳动力市场报告：高等教育扩展背景下的劳动力市场变革［M］．北京：北京师范大学出版社，2012.

［10］赖德胜，孟大虎．中国大学毕业生失业问题研究［M］．北京：中国劳动社会保障出版社，2008.

［11］李宝元．人力资源强国之路——中国人本发展战略研究报告［M］．北京：经济科学出版社，2011.

［12］李宝元，刘昕．2014 中国人本发展报告：走出低成本陷阱［M］．北京：经济科学出版社，2014.

［13］麦可思研究院．2010 年中国大学生就业报告［M］．北京：社会科学文献出版社，2010.

［14］孟大虎．专用性人力资本研究：理论及中国的经验［M］．北京：北京师范大学出版社，2009．

［15］全国高等学校学生信息咨询与就业指导中心，北京大学教育学院．全国高校毕业生就业状况（2004—2008）［M］．北京：北京大学出版社，2009．

［16］王善迈．公共财政框架下公共教育财政制度研究［M］．北京：经济科学出版社，2012．

［17］武毅英．转型期的大学生就业问题与对策［M］．广州：广东高等教育出版社，2009．

［18］薛在兴．打开大学生就业之门的钥匙——社会资本、人力资本与大学生就业［M］．北京：中国社会科学出版社，2011．

［19］曾湘泉．变革中的就业环境与中国大学生就业［M］．北京：中国人民大学出版社，2004．

［20］曾湘泉．“双转型”背景下的就业能力提升战略研究［M］．北京：中国人民大学出版社，2010．

［21］边文霞．中国大学生就业状况与面临困境动因研究成果综述［J］．现代财经，2010（4）．

［22］边文霞．高校大学生学习能力与就业质量状况调查与分析［J］．首都经济贸易大学学报，2011（6）．

［23］蔡杨．“大学生村官”制度的改革与创新——基于北京市百位“大学生村官”的调查［J］．华中师范大学学报，2010（4）．

［24］陈成文，孙淇庭．大学生创业政策：评价与展望［J］．高等教育研究，2009（7）．

［25］陈华．大学生农村创业的 SWOT 分析及路径选择［J］．农业经济，2010（8）．

［26］陈啸，董承军，李小晨．“五位一体”的高校就业发展教育工作体系的创新研究［J］．教育与职业，2010（29）．

［27］陈永杰．大学生就业能力与社会不流动［J］．武汉大学学报（哲学社会科学版），2011（3）．

［28］程秀华，李超．高校毕业生“被就业”问题的深层探讨及对策［J］．中国成人教育，2010（16）．

［29］程远义，李英．四川省体育院系毕业生就业现状及影响因素研究

[J]. 教育与职业，2008 (35).

[30] 戴前虎. 高职院校学生成才就业新模式刍议——以工商企业管理专业为例 [J]. 职教论坛，2010 (23).

[31] 邓光平. 大学生薪酬预期与实际支付的对接 [J]. 江苏高教，2010 (1).

[32] 丁小浩. 我国专科与本科毕业生在劳动力市场上的相对位置与比较优势分析 [J]. 北京大学教育评论，2004 (2).

[33] 杜永红. 大学生创业人才培育策略的研究——创业型人格特质和知识结构及技能要求的分析 [J]. 继续教育研究，2010 (7).

[34] 杜育红，孙志军. 中国欠发达地区的教育，收入与劳动力市场经历 [J]. 管理世界，2003 (9).

[35] 段敏芳，田恩舜. 我国高校毕业生待就业调查分析 [J]. 统计研究，2010 (6).

[36] 费英秋. 首都高校大学生创业素质调查 [J]. 教育与职业，2009 (9).

[37] 付嫦娥. 基于社会资本增值的高校毕业生就业服务模式构建——以长沙理工大学的实践探索为例 [J]. 中国高教研究，2009 (8).

[38] 甘春华. 劳动力配置的二次扭曲分析：兼论大学生就业难与企业用工荒 [J]. 深圳大学学报，2010 (3).

[39] 高风民，许秋奎，雷明. 地方本科院校构建创业教育实训基地途径的研究 [J]. 现代教育科学，2010 (2).

[40] 高玉峰，刘泽义. 地方高校本科毕业生择业趋向调查分析 [J]. 国家教育行政学院学报，2010 (4).

[41] 葛建纲，涂明峰. 金融危机下的大学生就业力调查 [J]. 中国青年研究，2010 (6).

[42] 何建华，刘煦. 大学生职业指导服务的现状及其需求分析——来自广东省 4 所高校的调查 [J]. 黑龙江高教研究，2010 (3).

[43] 何军峰. 试论地方高校大学生创业教育体系的构建 [J]. 教育导刊，2010 (6 上).

[44] 何婷英，张丽萍. 大学生创业意识的调查与研究 [J]. 中国青年研究，2007 (1).

［45］胡桂兰，毛翠云，王军霞．高校应对大学生网络创业问题的一些理性思考［J］．技术经济与管理研究，2010（5）．

［46］胡杨，陈兆仓．金融危机下大学生的择业取向与政策认知分析——基于高校学生的问卷调查［J］．湖北社会科学，2009（10）．

［47］胡永远，马霖，刘智勇．个人社会资本对大学生就业市场的影响［J］．中国人口科学，2007（6）．

［48］黄敬宝．创业路上，大学生当如何扬长补短［J］．中国教育报，2008－8－9．

［49］黄敬宝．人力资本和社会资本：大学生就业地区分布的双重驱动［J］．青年研究，2008（10）．

［50］黄敬宝．大学生就业地区分布的实证分析［J］．经济问题探索，2009（4）．

［51］黄敬宝．我国大学生就业的影响因素探究——对人力资本和社会资本作用的考察［J］．中国人力资源开发，2009（12）．

［52］黄敬宝．人力资本与大学毕业生就业——基于2008年北京大学生就业状况调查［J］．中国青年政治学院学报，2010（2）．

［53］黄敬宝．如何认识创业型经济［J］．人民日报，2010－8－30．

［54］黄敬宝．中国大学生创业问题研究综述（2008—2010）［J］．改革与战略，2011（11）．

［55］黄敬宝．中国大学生就业问题研究综述（2009—2011年）［J］．经济研究参考，2012（36）．

［56］黄敬宝．试析就业能力导向的高校教育体制改革［J］．黑龙江高教研究，2012（6）．

［57］黄敬宝．以就业能力为导向的高校教学内容改革［J］．高等农业教育，2013（3）．

［58］黄敬宝．2011年北京大学生就业状况调查［J］．中国统计，2012（3）．

［59］黄敬宝．2011年北京地区大学生创业调查报告［J］．中国经贸导刊，2012（23）．

［60］黄敬宝．2012届北京大学生就业状况调查［J］．北京社会科学，2013（4）．

[61] 黄敬宝. 2012届北京大学生创业调查 [J]. 经济论坛, 2013 (8).

[62] 黄敬宝, 陈曦. 加强高校团委促进大学生就业的功能 [J]. 中国大学生就业, 2014 (24).

[63] 黄文光. 谈地方高校创业教育面临的问题及对策——基于对宁波市高校的调研 [J]. 教育探索, 2010 (2).

[64] 黄勇荣. 提升区域性就业能力:"订单式"人才培养模式的构建 [J]. 成人教育, 2010 (5).

[65] 姜东, 沈毅. 高校家庭经济困难毕业生就业援助研究 [J]. 现代教育管理, 2010 (5).

[66] 柯羽. 当代大学生就业难的道德困境与破解策略 [J]. 教育探索, 2010 (8).

[67] 柯羽. 基于主成分分析的浙江省大学毕业生就业质量综合评价 [J]. 中国高教研究, 2010 (4).

[68] 赖德胜. 劳动力市场分割与大学毕业生失业 [J]. 北京师范大学学报, 2001 (4).

[69] 赖德胜, 吉利. 大学生择业取向的制度分析 [J]. 宏观经济研究, 2003 (7).

[70] 赖德胜. 怎样认识当前大学毕业生就业难问题 [J]. 求是, 2003 (16).

[71] 赖德胜. 大学毕业生就业难的人力资本投资效应 [J]. 北京大学教育评论, 2004 (4).

[72] 赖德胜, 田永坡. 对中国"知识失业"成因的一个解释 [J]. 经济研究, 2005 (11).

[73] 赖德胜, 孟大虎. 专用性人力资本、劳动力转移与区域经济发展 [J]. 中国人口科学, 2006 (1).

[74] 李海宗, 郭欲丹. 论我国高职创业教育课程体系的构建 [J]. 职业技术教育, 2010 (4).

[75] 李慧. 用人单位对高职生需求状况调查 [J]. 教育与职业, 2010 (3).

[76] 李家华, 吴庆. 2000年北京地区大学生就业状况调查报告 [J]. 青年研究, 2001 (3).

[77] 李强天. 高校就业创业类社团建设与大学生就业研究 [J]. 黑龙江高教研究，2009 (8).

[78] 李胜强，李虹，金蕾莅. 大学生就业压力的类型及分析 [J]. 清华大学教育研究，2011 (2).

[79] 李学东，李殿伟. 以创业带动大学生就业体系构建研究 [J]. 天津师范大学学报，2010 (3).

[80] 李友俊，邵强，刘洪颖. 行业院校经管类大学生就业能力缺失的表现及对策 [J]. 教育探索，2010 (4).

[81] 梁红梅，汤黎明. 大学生就业的市场机制缺陷及其财税政策调节 [J]. 财会研究，2010 (9).

[82] 林霓裳. 企业短视行为对知识失业的影响——基于北京市用人市场的调查分析 [J]. 人口与经济，2010 (1).

[83] 刘海鹰. 大学生创业意向影响因素研究 [J]. 科技进步与对策，2010 (18).

[84] 刘丽玲，吴娇. 大学毕业生就业能力研究——基于对管理类和经济类大学毕业生的调查 [J]. 教育研究，2010 (3).

[85] 刘青广. 大学生创业意识现状调查 [J]. 教育与职业，2009 (2).

[86] 刘泽云. 教育对工资不平等的影响：结构效应和价格效应 [J]. 北京师范大学学报，2009 (5).

[87] 罗晓芳，张旭亮. 大学生创业孵育支撑体系理论及评价研究 [J]. 中国高教研究，2010 (7).

[88] 吕江林，桂荷发，陈家洪. 构建高等院校创业教育体系的研究 [J]. 中国高校科技与产业化，2010 (7).

[89] 马力. 缓解“十二五”时期大学生就业矛盾之浅见 [J]. 中国人才，2011 (2).

[90] 马强，付艳茹. 基于大学科技园的高职学生自主创业机制 [J]. 河北师范大学学报，2010 (2).

[91] 马淑文. 大学生创业关键因素的实证分析 [J]. 中国高校科技与产业化，2010 (3).

[92] 孟大虎，王硕. 文凭筛选、人力资本与大专毕业生就业 [J]. 北京社会科学，2005 (4).

[93] 孟芳兵. 大学生志愿服务西部计划服务期满志愿者就业对策研究 [J]. 中国青年研究, 2010 (2).

[94] 苗国. 生育率下降背景下高等教育扩张与大学生就业困难——从"98亚洲金融危机"到2008"次贷金融危机" [J]. 人口与发展, 2010 (4).

[95] 莫税英. 从社会性别视角分析女生就业问题 [J]. 广西社会科学, 2010 (7).

[96] 欧阳琰. 我国高校创业教育的特点、功能及应遵循的原则 [J]. 教育理论与实践, 2010 (1).

[97] 乔雪峰, 操太圣. 表现指标化: 大学生就业市场中的潜规则探析 [J]. 复旦教育论坛, 2010 (2).

[98] 庆祖杰, 周春梅. 残疾人大学生就业存在问题及对策研究 [J]. 江苏高教, 2011 (1).

[99] 沈晓敏. 大学生创业能力现状调查与研究——以在杭高职院校大学生为例 [J]. 中国成人教育, 2010 (3).

[100] 史淑桃. 高校毕业生的就业态势与促进政策 [J]. 教育与经济, 2010 (1).

[101] 石莹. 大学生就业中的歧视现象: 基于离散选择模型的实证分析 [J]. 浙江学刊, 2011 (1).

[102] 石永昌, 林玳玳. 对用人单位选择偏好的调查与分析——一个大学生就业难问题的另解 [J]. 生产力研究, 2010 (3).

[103] 司懿敏. 农业高校就业能力全程指导体系的构建 [J]. 安徽农业科学, 2010 (22).

[104] 宋志海, 李鹏. 高校毕业生校园就业市场运行现状、存在问题及对策 [J]. 现代教育管理, 2009 (7).

[105] 苏益南, 朱永跃, 陈永清. 高校大学生创业素质的灰色模糊综合评价 [J]. 技术经济与管理研究, 2010 (2).

[106] 谭庆刚. 制度性失业与中国大学生就业难 [J]. 人口与经济, 2011 (1).

[107] 谭诤. 从毕业生视角审视高校就业指导工作——基于福建省5所地方本科院校2009届毕业生的调查 [J]. 国家教育行政学院学报, 2010 (4).

[108] 田永坡, 俞婷君, 吴克明. 工作搜寻、配置能力与大学毕业生就业研

究［J］. 青年研究，2007（3）.

［109］童铁江，吴瑾霞. 打造大学生创业服务生态链［J］. 中国人才，2010（8）.

［110］万祎，闫志刚. 科研助理：一项大学生促就业政策带来的启示［J］. 教育与职业，2010（4）.

［111］王保义. 宏观经济政策视角下的大学生就业难问题研究［J］. 教育探索，2010（10）.

［112］王连森，董立平. "两级三域四块"创业教育平台的设计思路［J］. 教育探索，2010（8）.

［113］王霆，曾湘泉，杨玉梅. 提升就业能力解决大学生结构性失业问题研究［J］. 人口与经济，2011（3）.

［114］王志刚，于永梅. 大学生村官的择业动机满意度评价及长效发展机制研究［J］. 中国软科学，2010（6）.

［115］温金海，翁书林，张功云，陶雪平. 扶持大学生创业的海盐模式［J］. 中国人才，2010（10）.

［116］吴彬. 试论"山寨"对大学生就业创业的启示［J］. 中国成人教育，2010（18）.

［117］吴慧芳，佘成. 中国高等教育发展与就业增长相关性的实证分析［J］. 中国劳动关系学院学报，2010（5）.

［118］吴克明. 人力资本理论视角下的教育与辞职——基于中国城镇居民的研究［J］. 经济科学，2007（1）.

［119］吴克明，凌媛. 教育与被解雇的关系［J］. 财经科学，2010（8）.

［120］吴克明，孟大虎. 高等教育收益率上升新解：劳动力流动制度的视角［J］. 高等教育研究，2007（1）.

［121］吴御生，罗三桂. 大学生就业能力培养路径选择［J］. 中国大学教学，2011（5）.

［122］吴忠宁，汪保安. 全国大学生创业意识的调查和研究［J］. 教育与职业，2009（17）.

［123］郗杰英，胡献忠. 当代青年创业与社会的制度安排［J］. 中国青年研究，2008（1）.

［124］肖鹏燕. 建立大学毕业生失业群体就业能力保险的思考［J］. 中国

人力资源开发，2010（1）.

［125］肖云，邹力．大学生就业社会排斥问题研究［J］．中国青年研究，2009（7）.

［126］肖云，邹力．大学毕业生就业十大矛盾分析［J］．人口与经济，2010（2）.

［127］谢维和．对口与适应——高校人才培养与劳动力市场的两种关系模式［J］．北京大学教育评论，2004（4）.

［128］谢勇，王永义．大学生就业成本的调研报告［J］．国家教育行政学院学报，2009（7）.

［129］谢有长，宁陶．论社会资本对促进大学生就业的意义及启示［J］．广西社会科学，2011（8）.

［130］谢志芳，夏大庆．开发校友资源、创新大学生就业工作机制［J］．继续教育研究，2011（9）.

［131］谢志远，邵阳，李上献，刘元录．“大学生村官”创业存在的问题与对策［J］．教育发展研究，2010（19）.

［132］谢志远，李上献，刘巍伟．侨务资源：大学生创业教育的重要方面［J］．教育发展研究，2010（2）.

［133］辛爱洪．西部地区高校大学生就业问题研究［J］．云南民族大学学报，2011（4）.

［134］徐敏．上海大学生就业呈现新特点［J］．中国人才，2010（5）.

［135］徐晓鹃，冯刚，马宏．大学生就业与报考研究生行为选择的影响因素研究——以北京地区某高校为例［J］．教育理论与实践，2010（9）.

［136］徐小洲，李志永．我国高校创业教育的制度与政策选择［J］．教育发展研究，2010（11）.

［137］徐小洲，叶映华．大学生创业认知影响因素与调整策略［J］．教育研究，2010（6）.

［138］徐小洲，叶映华．大学生创业信念的影响因素与提升策略［J］．高等工程教育研究，2010（3）.

［139］许进军．关于我国当前大学生就业问题的实证研究［J］．继续教育研究，2009（8）.

［140］许秀群．优化制度安排破解大学生就业困局［J］．改革与战略，

2010（6）.

［141］薛泉，刘园园．从我国经济发展的阶段性特征看大学生就业难问题［J］．教育发展研究，2010（13、14）.

［142］严建雯，叶贤．大学生创业意向的现状调查［J］．心理科学，2009（6）.

［143］杨观来．收入分配失衡对分工演进和就业增长的影响——对我国大学生就业难的新解释［J］．生产力研究，2010（8）.

［144］杨建超．大学生就业弱势群体的现状调查分析［J］．学校党建与思想教育，2010（5）.

［145］易单立，张陆．关于建立我国自主创业的“微型金融”支持体系的研究［J］．金融与经济，2009（8）.

［146］易世志．大学生运用市场营销理论进行就业营销的策略探析［J］．江苏商论，2010（4）.

［147］余东华，范思远．生产性服务业发展、制造业升级与就业结构优化［J］．财经科学，2011（2）.

［148］余为，付建民，杨立安．大学生创业教育体系构建［J］．中国高校科技与产业化，2010（8）.

［149］岳昌君，文东茅，丁小浩．求职与起薪：高校毕业生就业竞争力的实证分析［J］．管理世界，2004（11）.

［150］岳瑞凤．大学生职业体验行为示范式教学探索——以“低年级大学生求职体验”案例教学为例［J］．教育探索，2010（5）.

［151］张凤林．大学生就业问题研究——基于辽宁数据的理论分析与政策论证［J］．财经问题研究，2010（9）.

［152］张焕镇．独立学院开展大学生创业教育的构建与实践——以温州大学瓯江学院为例［J］．高教探索，2009（4）.

［153］张利君．我国大学生创业实践模式的探索与构建［J］．国家教育行政学院学报，2010（9）.

［154］张平，石亚娟，王胜远．高校毕业生到农村基层就业的对策［J］．现代教育管理，2010（6）.

［155］张晓满，汪贤裕．大学生就业行为对就业影响的实证分析［J］．社会科学家，2010（5）.

[156] 张永智. 构建经济管理创业模拟实验项目—以网上开店为例 [J]. 实验室研究与探索，2010 (7).

[157] 张育广. 就业创业见习基地服务——大学生就业的现状与对策 [J]. 中国青年研究，2010 (8).

[158] 赵晓芳. 少数民族大学生就业问题的特殊性及对策建议 [J]. 西北民族研究，2009 (3).

[159] 中国青少年研究中心课题组. 中国青年就业创业状况研究报告 (2009) [J]. 中国青年研究，2010 (8).

[160] 钟巍，温金海. 杭州：以创业促就业之路是怎样走出来的 [J]. 中国人才，2010 (4).

[161] 周必彧，翁杰. 大学生所学专业与工作岗位的匹配度及其对工资水平的影响 [J]. 教育发展研究，2010 (13、14).

[162] 周必彧，翁杰，韩翼祥. 大学生就业和劳动力市场效率研究 [J]. 高等工程教育研究，2010 (1).

[163] 周建新. 大学生创业现状调查及对策研究——以嘉兴市科技创业服务中心为例 [J]. 人民论坛，2010 (14).

[164] 朱国玮，黄珺. 大学生就业能力影响因素研究 [J]. 教育研究，2011 (8).

[165] 朱健. 解析大学生自主创业的"三年之痒"——以上海某著名工科高校为例 [J]. 中国人力资源开发，2007 (1).

[166] 邹治，陈万明. 非营利组织：政府应对高校毕业生就业困境的路径选择 [J]. 中国行政管理，2010 (3).

后 记

2003年我有幸考入北京师范大学经管学院读博士，正是这一年，一直作为“天之骄子”的大学生出现了就业困难，引起了我的研究兴趣。我国大学生就业难成什么样，没有一个明确答案。教育部公布的数据，不但统计方法有问题，如将考上研究生或出国的情况算作就业；还存在一些“被就业”现象。很多学者做了抽样调查，但有些调查样本有待推敲，且不连续；创业方面的数据更零散。2005年对北京某高校做典型调查，并为博士论文《就业能力与大学生就业——人力资本理论的视角》奠定了基础。2008年6月课题组对北京12所高校展开了抽样调查，2009年扩大到18所高校，已连续做了6年。《2008—2010年北京大学生就业与创业调查报告》已出版，本书《北京高校大学生就业与创业调查研究》是2011—2013年调查研究报告，是一个自然延续。

每年大约2000名北京高校应届毕业生参与了调研。北京建筑大学招生就业处副处长朱俊玲副教授提供了大力帮助。李梦、张瑞楠、张东强、张帆、陈诗佳、胡泽、陈穗倩、舒美琳、岳远博等学生协助了调研和问卷录入，研究生陈曦校对了初稿，均深表感谢。

本书得到北京市教育科学“十二五”规划重点课题“基于人力资本和社会资本视角的北京大学生就业质量研究（ADA12062）”资助。知识产权出版社相关的编辑付出了很多心血和汗水，尤其是责任编辑张筱茶女士，非常感谢。

感谢王善迈教授、赖德胜教授、李宝元教授、林勇教授、袁连生教授、杜育红教授、刘泽云副教授。感谢中国青年政治学院的领导和同事。感谢我的父母和家人。

由于时间和水平所限，可能存在一些遗漏和错误。请广大读者提出批评和建议，我的邮箱是 hjbcyu@163.com，多谢。

黄敬宝
2014年11月于
中国青年政治学院